Franz-Josef Beck

Lesen sehbehinderter
Schülerinnen und Schüler

Franz-Josef Beck

Lesen sehbehinderter Schülerinnen und Schüler

Diagnostik und Förderung

Tectum Verlag

Franz-Josef Beck

Lesen sehbehinderter Schülerinnen und Schüler – Diagnostik und Förderung

© Tectum Verlag Marburg, 2014

Diese Arbeit wurde im Jahr 2013 von der Universität Hamburg, Fachbereich Erziehungswissenschaft, Psychologie und Bewegungswissenschaft, als Dissertation angenommen.

ISBN: 978-3-8288-3312-8

Umschlagabbildungen: verschiedene Sehbehinderungen © Autor
Umschlaggestaltung: Heike Amthor | Tectum Verlag
Satz und Layout: Heike Amthor | Tectum Verlag
Druck und Bindung: CPI buchbücher.de, Birkach
Printed in Germany
Alle Rechte vorbehalten

Besuchen Sie uns im Internet
www.tectum-verlag.de

Bibliografische Informationen der Deutschen Nationalbibliothek
Die Deutsche Nationalbibliothek verzeichnet diese Publikation in der Deutschen Nationalbibliografie; detaillierte bibliografische Angaben sind im Internet über http://dnb.ddb.de abrufbar.

Inhalt

Abbildungsverzeichnis

Tabellenverzeichnis

1 Einleitung

Das Lesen der Schriftsprache ermöglicht es den Menschen, sich die Welt über Medien anzueignen, besonders dann, wenn Gegebenheiten nicht direkt erfahren werden können, weil sie entweder räumlich nicht erreichbar sind, wie bei Reiseberichten aus fernen Ländern, oder zeitlich unmöglich nachvollziehbar sind, wie bei Texten aus Geschichtsbüchern.

Das Lesen fördert die Kreativität und ermöglicht es dem Leser[1], sich geistig in eine individuelle Welt zu versetzen. Des Weiteren kann das Lesen Prozesse der Selbstfindung auslösen, die Neugier und Verständnis für Fremdes fördern oder auch der Unterhaltung allgemein dienen.

Das Lesen dient als Teilgrundlage der Kulturtechniken dem Verständnis der Kultur und dem Denken in einer Gesellschaft (vgl. Niedersächsisches Kultusministerium, 2004, S. 15). „Demokratische Gesellschaften brauchen Bürgerinnen und Bürger, die lesen und schreiben können, denn freie und geheime Wahlen sind ohne

---

1   Im Text werden Titulierungen verwendet, die zwar eine männliche Dominanz darstellen, jedoch sprachlich und schriftsprachlich komfortabler zu lesen und zu schreiben sind. Diese Formulierungen haben sich allgemein in schriftlichen und mündlichen Beiträgen manifestiert und sollen in dieser Arbeit das andere Geschlecht nicht diskriminieren. In dieser Arbeit sind bei der Nennung von Schülern, Pädagogen etc. selbstverständlich die weiblichen und die männlichen gleichermaßen wertfrei gemeint.

schriftsprachliche Basisfertigkeiten nicht oder nur sehr schwer durchzuführen. In jedem Fall ist der freizügige Austausch und die öffentliche Diskussion von Informationen aller Art, ein Kennzeichen funktionierender Demokratien, ohne eine schriftsprachliche Kultur nicht denkbar." (Wember, 1999, S. 7).

Schrift wird seit jeher auch zur Vermittlung von Aussagen und Inhalten genutzt. Zum einen können die Aussagen und Inhalte durch die Wahl der Schriftform beeinflusst werden (Überschriften, Werbung), zum anderen soll die Wahl der Schriftform ein schnelles Erfassen und zugleich ein ermüdungsfreies längeres Lesen (Literatur, Sachtexte etc.) gewährleisten.

Bei der Wahl der Schriftformen für Überschriften oder in der Werbung ist die Gestaltung freigestellt, die Schrift muss durch ihr Aussehen primär Aufmerksamkeit erregen und sekundär Inhalte transportieren. Längere Texte, wie z. B. Sach- und Literaturtexte, unterliegen anderen Bedingungen. Diese Texte müssen in einer Schriftform gesetzt werden, die durch klare und wieder erkennbare Strukturen und Formen die Augen in der optischen Wahrnehmung (Fixation) unterstützen und so den Lesefluss erleichtert.

Diese Anforderungen stellen sich besonders bei dem Umgang mit Texten für sehbehinderte Menschen. Sie sind auf eine gut lesbare Schrift angewiesen. Da die Sehbehinderung bei jedem Menschen individuell ausgeprägt ist, sind aber die optischen Wahrnehmungsvoraussetzungen nicht verallgemeinernd auf alle sehbehinderten Menschen übertragbar.

In der deutschen Sehbehindertenpädagogik werden für sehbehinderte Leser in mehrzeiligen Texten serifenlose Schriften empfohlen (Tanner 1985, Krug 2001, FLUSS 2003, Buser 2004a, Lang 2009), da die Serifen (Serifen: horizontale Linien in den Auf- und Abstrichen von Buchstaben, d. V.) die sehbehinderten Leser irritieren könnten (vgl. Tanner, 1985, S. 146ff; Krug, 2001, S. 224ff). Anders verhält es sich bei Druckerzeugnissen (Zeitungen, Sach- und Literaturtexte) für normalsichtige Leser. Hier werden überwiegend von den Schriftgestaltern der Druckereien mehrzeilige Texte in einer Grundschrift mit Serifen gesetzt. Seit Jahrhunderten arbeiten die Drucker mit der Erfahrung, dass die Serifen auf der oberen und unteren Schriftlinie beim Lesen eine optische Führungslinie für die Augen bilden, diese am Abgleiten hindern und dadurch das Lesen von mehrzeiligen Texten erleichtern.

Inwieweit für Menschen mit einer Sehbehinderung der Vorteil der Serifenschriften, nämlich die optische Führung durch die Serifen, übertragbar ist, wurde im deutschsprachigen Bereich bislang noch nicht experimentell untersucht.

Somit stehen die derzeitigen Erkenntnisse zur Schriftwahl für normalsichtige und für sehbehinderte Leser im Widerspruch zueinander. In dieser Arbeit soll dieser Widerspruch zum Leseverhalten sehbehinderter Leser mittels Untersuchungen aufgeklärt sowie Ansätze zur Förderung des Lesens bei sehbehinderten Lesern vorgestellt werden.

Dem Lesen bzw. Lesenlernen sehbehinderter Kinder kommt eine Bedeutung in doppelter Dimension zu. Zum einen muss die UN-Konvention mit dem Recht auf eine gleichberechtigte Teilhabe im Leben des sehbehinderten Menschen auf der Basis des Grundgesetzes eingehalten werden, zum anderen müssen die individuellen behinderungsspezifischen Voraussetzungen beim sehbehinderten Leser geprüft, diagnostiziert und in Abstimmung mit dem aktuellen fachlichen Wissensstand berücksichtigt bzw. Lösungsmöglichkeiten zu einem besseren Leseverhalten für die sehbehinderten Leser gefunden werden. Insellösungen für sehbehinderte Leser sollten im Unterricht nur soviel eingesetzt werden, wie für das erste Schriftverständnis nötig ist, um später den Leser auf die allgemein gebräuchliche Schrift vorzubereiten. Der Beschulungsort für sehbehinderte Kinder muss nach Artikel 24 „Bildung" der Behindertenrechtskonvention der Vereinten Nationen (UN-Behindertenrechtskonvention, 2009) in einer allgemeinen Schule mit nichtbehinderten Kindern stattfinden. Die bisherige Beschulung in einer Förderschule gilt demnach als Aussonderung, die es zu vermeiden gilt. Die bislang praktizierte schulische Integration von behinderten Kindern steht nicht im Einklang mit den Vorgaben der UN-Konvention, die eine inklusive Schule fordert. Angestrebt wird eine Schule der Heterogenität, in der die Unterschiedlichkeiten der Menschen normal sind. Dies setzt in der korrekten Umsetzung zwingend eine angemessene mediale Versorgung für die sehbehinderten Schüler voraus, die ihren individuellen Bedürfnissen entsprechend fachgerecht angepasste Lernmedien kostenfrei an ihrem Beschulungsort bekommen müssen.

Eine Pädagogik für sehbehinderte Schüler ist aus der über 200 Jahre alten Blindenpädagogik entstanden, nachdem festgestellt wurde, dass die bislang als blind eingeordneten Menschen ein Sehvermögen haben, das mit dem Begriff blind nicht vereinbar war. Andersherum waren viele Kinder mit Sehbehinderungen in Regelschulen, in denen sie wegen ihrer Sehbeeinträchtigung und dem daraus resultierenden Verhalten in ihrer Umwelt (Anstoßen an Möbeln etc.) und im Umgang mit Medien (beschwerlich lesen können) negativ auffielen. Die unterschiedliche Wahrnehmung bei blinden und sehbehinderten Menschen ergab spezifische Pädagogiken, sie stehen sich aber durch eine stufenlose Abfolge der Behinderungsmodalitäten nahe. Da blind nicht kategorisch mit „nichts mehr sehen" gleichgesetzt werden kann, aber bei einzelnen sehbehinderten Menschen die optische Wahrnehmung zu schwach ist, wurde der Begriff hochgradig sehbehindert eingeführt. Bei einer hochgradigen Sehbehinderung handelt es sich um eine Stufe der Wahrnehmung, bei der sehbehindertenspezifische, aber auch blindenspezifische Kompensationstechniken eingesetzt werden. Für blind, hochgradig sehbehindert und sehbehindert ist als übergeordnete Bezeichnung der Begriff sehgeschädigt gebräuchlich. Eine klare Abgrenzung voneinander ist nicht möglich, da die pädagogischen und sozialen Bewertungen unterschiedlich sind und eine Sehbehinderung, die zur Blindheit führt, progressiv verlaufen kann (vgl. Rath, 1987, S. 12ff). Von daher müssen didaktische und pädagogische Entscheidungen unter den Gesichtspunkten des funktionalen Sehens (Möglichkeiten mit der vorhandenen Sehbehinderung die Umwelt wahrzunehmen) und klinischen Untersuchungen (welche

Art der Sehbehinderung liegt medizinisch vor) diagnostiziert werden. Dabei steht die Sehfähigkeit im engen Zusammenhang mit der kognitiven Verarbeitung des Gesehenen. Neben den klassischen Sehbehinderungen, bei denen eine Sehförderungstherapie im herkömmlichen Sinne ausreicht, sind die Sehbehinderungen, die durch Wahrnehmungsstörungen (zerebrale Sehstörungen) erkennbar und im kognitiven Bereich angesiedelt sind, ebenso von Belang (vgl. Walthes, 2009, S. 197). Das rechtzeitige Erkennen von Sehschädigungen in der frühkindlichen Phase ist als vorbereitende Maßnahme während einer Frühförderung für die Beschulung von Kindern wesentlich. Durch diverse Test- und Übungsverfahren können eventuelle Sehbehinderungen rechtzeitig diagnostiziert und therapiert bzw. zeitgerecht Kompensationstechniken entwickelt werden (vgl. Walthes, 2009, S. 198). Für die spätere und weitere Beschulung der sehbehinderten Kinder im inklusiven Schulsystem ist ein individueller Entwicklungsplan (IEP) nötig. Hierfür sollte ein Assessment mit den Schülern durchgeführt werden, in dem unter Berücksichtigung der Stärken des Schülers die Bedingungen zum Unterricht für den Schüler deutlich hervorgehen und daraus ein individueller Lehrplan entwickelt wird (vgl. Watkins, 2007, S. 17). Hierbei muss die Überprüfung im inklusiven Schulsystem die behinderten Kinder berücksichtigen und sich von den allgemeinen Überprüfungskriterien für nichtbehinderte Kinder lösen (vgl. Degenhardt, 2008, S. 12).

Sehbehinderungen können in vielfältiger Weise auftreten, was in dieser Arbeit anhand der klinischen Merkmale und der Auswirkungen auf den täglichen Umgang deutlich gemacht werden soll. Insbesondere die Auswirkungen auf das Lesen werden hierbei fokussiert. Dieses wiederum hat entsprechende Auswirkungen auf den Arbeitsplatz, Sitzplatz im Klassenraum, Beleuchtung, Medien etc. des sehbehinderten Schülers, was über eine Alltagsdiagnostik im Zusammenhang mit dem betroffenen Schüler erkannt und angemessen umgesetzt werden muss (vgl. KMK-Kultusministerkonferenz, 1998, S. 14). Zur genauen Klassifizierung zur Beeinträchtigung der Teilhabe im alltäglichen Leben und den menschlichen Funktionsfähigkeiten sowie deren Auswirkungen in der Umwelt wird die von der WHO entwickelte ICF (Internationale Klassifikation der Funktionsfähigkeit, Behinderung und Gesundheit) betrachtet. Sie ist für die Erfassung der Gesundheit und die Auswirkungen auf die Aktivität und Partizipation der behinderten Menschen in ihrer Umwelt anwendbar und verdeutlicht dies differenziert für den Bereich Sehbehinderung (vgl. WHO, 2001/2005, S. 9; S. 96).

Neben den klar benennbaren Behinderungen durch eine Sehbehinderung im Alltag lässt sich eine Sehbehinderung medizinisch anhand der ICD-10 (Internationale statistische Klassifikation der Krankheiten und verwandter Gesundheitsprobleme) erklären. In der Klassifikation der ICD-10 vom Deutschen Institut für Medizinische Dokumentation und Information (DIMDI) werden die einzelnen körperlichen Zustände und Störungen medizinisch definiert und voneinander abgegrenzt. Die Krankheitsbeschreibungen werden hier auszugsweise anhand von Seheinschränkungen dargestellt (vgl. DIMDI, 2009, o. S.).

Zur Verdeutlichung des optischen Systems wird die allgemeine Entwicklung des Sehens beim Menschen ab der Geburt beschrieben und gedeutet, ab wann eine Sehbehinderung evtl. erkennbar sein kann (vgl. Hyvärinen, 1993, S. 29) und wie diese optischen Funktionseinschränkungen differenziert innerhalb des Oberbegriffs Sehschädigungen zugeordnet werden können (vgl. Rath, 1987, S. 19). Für den Unterricht mit sehbehinderten Schülern ist es unerlässlich, dass der Visus anhand von Optotypen (Sehzeichen, Buchstaben, Texte, Schriftarten) überprüft wird, damit eine entsprechende Diagnose bezüglich des Sehvermögens im Nah- und Fernbereich erstellt werden kann. Wie dies historisch durchgeführt wurde und auf welchem Konsens man sich im Bereich der Ophthalmologie heute befindet, besonders im Bereich der als sehbehindert erkannten Kinder, wird aufgezeigt (vgl. Meister, 1998, S. 15; Javal, 1907, S. 91; Buser, 2004a, o. S.).

Die Entwicklung der Blinden- und Sehbehindertenpädagogik und die Entwicklung der Beschulungsformen werden historisch (unspezifiziert) und aktuell (Inklusion) beschrieben und dargestellt. Welchen Stellenwert hierbei dem Lesen zukommt und welche Bedingungen für das Formenerkennen und Interpretieren wichtig sind, wird auf die Darstellung der Pädagogik aufbauend gezeigt. Die physiologischen und psychologischen Vorgänge beim Lesen werden hierbei mit beachtet.

Die Entwicklung des Leseunterrichts früher und heute unter Berücksichtigung der Textinhalte und der Typographie sowie im pädagogischen Umfeld der allgemeinen Schule und später in der Sehbehindertenpädagogik wird hier erläuternd dargestellt. Zudem werden exemplarisch die Auswirkungen von gängigen Sehbehinderungen und ihre Folgen auf die Textwahrnehmung aufgezeigt.

Wie bereits angedeutet, ist es erforderlich, für jeden Schüler einen individuellen Entwicklungsplan zu erstellen, um ihm eine angemessene Bildung zu gewährleisten. Sehbehinderungen müssen erst erkannt und diagnostiziert werden, damit diese Ergebnisse in einen individuellen Bildungsplan münden können, in dem der aktuelle Stand und die nächsten pädagogischen Schritte aufgezeigt und entwicklungsmäßig fortschreibend festgehalten werden. Möglichkeiten, wie die Lesefähigkeit der sehbehinderten Schüler diagnostiziert und gefördert werden kann, werden im weiteren Verlauf aufgezeigt. Berücksichtigt werden neben den allgemeinen Angaben zur gängigen Alltagsdiagnostik hierbei auch die Möglichkeiten der Unterstützung durch Hilfsmittel wie Lupen und Bildschirmlesegeräte sowie auch der Steigerung der Leseeffizienz durch verschiedene Lesetechniken.

Untersuchungen zum Lesen mit normalsichtigen und sehbehinderten Lesern wurden mit unterschiedlichen Forschungsansätzen und Untersuchungsmethoden bereits durchgeführt, einige dieser Untersuchungen sollen hier beispielhaft dargestellt werden.

Aus den gesamten Vorerkenntnissen (Klassifizierung von Sehbehinderung, Beschulung, Zugänge zur Schrift, Leseverhalten und -verständnis, Diagnostik, Untersuchungsarten) bildet sich die Basis für eine Leseuntersuchung mit sehbehinderten Lesern zum Thema serifenlose bzw. Serifen-Schrift, aus der eine Hypothese für eine detailliertere Leseuntersuchung abgeleitet werden kann. Anhand von vier unterschiedlichen Untersuchungsteilen mit sehbehinderten Lesern unterschiedlichen Alters soll aufgezeigt werden, ob Schrifttypen mit oder ohne Serifen für sehbehinderte Leser wirklich besser oder schlechter zu lesen sind. Hierbei werden die Untersuchungen anhand des Lesens von verschiedenen Texten und mit unterschiedlichen Methoden sowie in mehreren Altersstufen durchgeführt, um einen fachlich fundierten Nachweis zu führen, ob, entsprechend der gängigen Sehbehindertenpädagogik, sehbehinderte Leser serifenlose Schriften besser lesen können.

Auf diesen Untersuchungsergebnissen basierend werden Überprüfungsbögen für den Unterricht mit sehbehinderten Schülern entwickelt. Ein Einstiegsbogen mit Hinweisen, inwieweit erkennbar ein optisches Wahrnehmungsproblem bei einem Schüler vorliegen könnte, bietet einen ersten Zugang zu diesem Thema. Bei einem positiven Ergebnis wird ein aufbauender Bogen für eine genauere differenzierte Überprüfung einer Sehbehinderung entwickelt, deren Angaben Auswirkungen auf den Schulalltag des sehbehinderten Schülers haben können. Dieser Bogen soll später der Schülerakte bzw. dem IEP beigefügt werden. Ein dritter Überprüfungsbogen beinhaltet in der Form einer Checkliste die wichtigsten Angaben für den Unterrichtsalltag des sehbehinderten Schülers. Diese Checkliste ist für den Verbleib am Arbeitsplatz des sehbehinderten Schülers bestimmt und soll die alltägliche Arbeit des Lehrers bzw. des pädagogischen Unterstützungspersonals mit dem sehbehinderten Schüler erleichtern. Sie enthält komprimiert die Angaben, wie sie für den täglichen Unterricht wichtig und nützlich sind.

Mit den Ergebnisen der Leseuntersuchungen eröffnen sich weitere Handlungsfelder im Bereich der Wahrnehmung mit einer Sehbehinderung, die im Ausblick aufgezeigt werden sollen.

Die Diagnostikbögen stehen für die Bearbeitung am Computer als barrierearme Versionen zum kostenlosen Download auf der

Homepage des Verlages zur Verfügung: http://www.tectum-verlag.
de/cms/tl_files/Zusatzinfos/Beck_Sehbehinderung.zip.

2 UN-Behindertenrechtskonvention (UN-BRK)

Die derzeitigen Bemühungen in der Bildungspolitik der einzelnen deutschen Bundesländer, den Förderort Schule für behinderte Menschen zu verändern, basieren auf der UN-Behindertenrechtskonvention vom 13. Dezember 2006 (besonders dem Artikel 24 „Bildung") und der Verpflichtung gegenüber behinderten Menschen (vgl. UN-Behindertenrechtskonvention, 2009; UN-BRK, 2010; Gesetzentwurf der Fraktion Bündnis 90/ Die Grünen, 2009). Die Deutsche UNESCO-Kommission e.V. (DUK) verabschiedete 1994 die Salamanca-Erklärung, worauf sich die derzeitigen Bemühungen der schulischen Integration stützen (vgl. Walthes, 2003, S. 126). Das Leitprinzip der Salamanca-Erklärung in Bezug auf die inklusive Schule ist: „Regelschulen mit einer inklusiven Ausrichtung sind das wirksamste Mittel zur Bekämpfung von diskriminierenden Haltungen, zur Schaffung von nicht ausgrenzenden Gemeinschaften, zum Aufbau einer inklusiven Gesellschaft und zur Verwirklichung der Bildung für alle. Zudem bieten sie eine effektive Bildung für die große Mehrheit der Kinder und verbessern die Effizienz und damit auch die Kosteneffizienz des gesamten Bildungssystems" (DUK, 2009, S. 8).

Deutschland hat die UN-Behindertenrechtskonventionen ratifiziert und nimmt entsprechende Anpassungen in der Bildungspolitik vor. Es handelt sich bei den Erklärungen um das erste universelle Rechtsdokument, welches die bestehenden Menschenrechte, bezogen auf die Lebenssituation von Menschen mit Behinderungen, unterstützt und genau benennt. Im Artikel 1 der UN-BRK wird auf die Förderung, den Schutz und die Gewährleistung der Menschenrechte und Grundfreiheiten für behinderte Menschen verwiesen. Als behinderte Menschen gelten in den Konventionen Menschen, die langfristige körperliche, seelische, geistige oder Sinnesbeeinträchtigungen haben. Diese Faktoren können sie in Wechselwirkung mit verschiedenen Barrieren an der vollen, wirksamen und gleichberechtigten Teilhabe an der Gesellschaft hindern (vgl. UN-BRK, 2010, Artikel 1).

In Artikel 2 werden die Begriffsbestimmungen innerhalb des Gesamttextes der Konventionen näher erläutert. Für den Bereich Kommunikation sind Begriffe wie Sprachen, Textdarstellung, Brailleschrift, taktile Kommunikation, Großdruck, leicht zugängliche Multimedia sowie schriftliche, auditive, in einfache Sprache übersetzte, durch Vorleser zugänglich gemachte sowie ergänzende und alternative Formen, Mittel und Formate der Kommunikation einschließlich leicht zugänglicher Informations- und Kommunikationstechnologie mitgemeint, sie werden nicht immer explizit benannt. Der Bereich Sprache beinhaltet demnach ebenso den Begriff Gebärdensprache und andere nicht gesprochene Sprachen. Die Bezeichnung Diskriminierung aufgrund von Behinderung schließt entsprechend jede Unterscheidung, Ausschließung oder Beschränkung aufgrund von Behinderung mit ein, die zum Ziel oder zur Folge hat, dass das auf die Gleichberechtigung mit anderen gegründete Anerkennen, Genießen oder Ausüben aller Menschenrechte und Grundfreiheiten im politischen, wirtschaftlichen, sozialen, kulturellen, bürgerlichen oder jedem anderen Bereich beeinträchtigt oder vereitelt wird. Dies umfasst alle Formen der Diskriminierung, inklusive der Ablehnung angemessener Vorkehrungen. Eine angemessene Vorkehrung bezieht sich auf notwendige und geeignete Änderungen und Anpassungen, die keine unverhältnismäßige oder unbillige Belastung darstellen und die, wenn sie in einem bestimmten Fall erforderlich sind, vorgenommen werden, um zu gewährleisten, dass Menschen mit Behinderungen gleichberechtigt mit anderen alle Menschenrechte und Grundfreiheiten genießen und ausüben können (vgl. UN-BRK, 2010, Artikel 2). Im Hinblick auf das Design von Produkten, beinhaltet dieser Begriff in den Konventionen ein universelles Design von Produkten, Umfeldern, Programmen und Dienstleistungen in der Weise, dass sie von allen Menschen möglichst weitgehend ohne eine Anpassung oder ein spezielles Design genutzt werden können. Ein universelles Design schließt Hilfsmittel für bestimmte Gruppen von Menschen mit Behinderungen, soweit sie benötigt werden, nicht aus (vgl. UN-BRK, 2010, Artikel 2).

Für das Feld der Bildung finden sich im übertragenen Sinne im Artikel 7 (Kinder mit Behinderungen) erste nähere Angaben. Hier wird darauf hingewiesen zu gewährleisten, dass die Vertragsstaaten alle erforderlichen Maßnahmen treffen, damit Kinder mit Behinderungen alle Menschenrechte und Grundfreiheiten wie nichtbehinderte Kinder genießen können. Hierfür muss das Wohl des Kindes vorrangig berücksichtigt werden. Dies schließt eine freie und gleichberechtigte Meinungsäußerung im Rahmen des Alters und der Reife ebenfalls mit ein (vgl. UN-BRK, 2010, Artikel 7, Satz 3).

Die Anerkennung der Rechte der behinderten Menschen auf eine integrative Bildung wird in der Behindertenrechtkonvention im Artikel 24 dargestellt:

„Artikel 24
Bildung
(1) Die Vertragsstaaten anerkennen das Recht von Menschen mit Behinderungen auf Bildung. Um dieses Recht ohne Diskriminierung und auf der Grundlage der Chancengleichheit zu verwirklichen, gewährleisten die Vertragsstaaten ein integratives Bildungssystem auf allen Ebenen und lebenslanges Lernen mit dem Ziel,

a) die menschlichen Möglichkeiten sowie das Bewusstsein der Würde und das Selbstwertgefühl des Menschen voll zur Entfaltung zu bringen und die Achtung vor den Menschenrechten, den Grundfreiheiten und der menschlichen Vielfalt zu stärken;

b) Menschen mit Behinderungen ihre Persönlichkeit, ihre Begabungen und ihre Kreativität sowie ihre geistigen und körperlichen Fähigkeiten voll zur Entfaltung bringen zu lassen;

c) Menschen mit Behinderungen zur wirklichen Teilhabe an einer freien Gesellschaft zu befähigen.

(2) Bei der Verwirklichung dieses Rechts stellen die Vertragsstaaten sicher, dass

a) Menschen mit Behinderungen nicht aufgrund von Behinderung vom allgemeinen Bildungssystem ausgeschlossen werden und dass Kinder mit Behinderungen nicht aufgrund von Behinderung vom unentgeltlichen und obligatorischen Grundschulunterricht oder vom Besuch weiterführender Schulen ausgeschlossen werden;

b) Menschen mit Behinderungen gleichberechtigt mit anderen in der Gemeinschaft, in der sie leben, Zugang zu einem integrativen, hochwertigen und unentgeltlichen Unterricht an Grundschulen und weiterführenden Schulen haben;

c) angemessene Vorkehrungen für die Bedürfnisse des Einzelnen getroffen werden;

d) Menschen mit Behinderungen innerhalb des allgemeinen Bildungssystems die notwendige Unterstützung geleistet wird, um ihre erfolgreiche Bildung zu erleichtern;

e) in Übereinstimmung mit dem Ziel der vollständigen Integration wirksame individuell angepasste Unterstützungsmaßnahmen in einem Umfeld, das die bestmögliche schulische und soziale Entwicklung gestattet, angeboten werden.

(3) Die Vertragsstaaten ermöglichen Menschen mit Behinderungen, lebenspraktische Fertigkeiten und soziale Kompetenzen zu erwerben, um ihre volle und gleichberechtigte Teilhabe an der Bildung und als Mitglieder der Gemeinschaft zu erleichtern. Zu diesem Zweck ergreifen die Vertragsstaaten geeignete Maßnahmen; unter anderem

a) erleichtern sie das Erlernen von Brailleschrift, alternativer Schrift, ergänzenden und alternativen Formen, Mitteln und Formaten der Kommunikation, den Erwerb von Orientierungs- und Mobilitätsfertigkeiten sowie die Unterstützung durch andere Menschen mit Behinderungen und das Mentoring;

b) erleichtern sie das Erlernen der Gebärdensprache und die Förderung der sprachlichen Identität der Gehörlosen;

c) stellen sie sicher, dass blinden, gehörlosen oder taubblinden Menschen, insbesondere Kindern, Bildung in den Sprachen und Kommunikationsformen und mit den Kommunikationsmitteln, die für den Einzelnen am besten geeignet sind, sowie in einem Umfeld vermittelt wird, das die bestmögliche schulische und soziale Entwicklung gestattet.

(4) Um zur Verwirklichung dieses Rechts beizutragen, treffen die Vertragsstaaten geeignete Maßnahmen zur Einstellung von Lehrkräften, einschließlich solcher mit Behinderungen, die in Gebärdensprache oder Brailleschrift ausgebildet sind, und zur Schulung von Fachkräften sowie Mitarbeitern und Mitarbeiterinnen auf allen Ebenen des Bildungswesens. Diese Schulung schließt die Schärfung des Bewusstseins für Behinderungen und die Verwendung geeigneter ergänzender und alternativer Formen, Mittel und Formate der Kommunikation sowie pädagogische Verfahren und Materialien zur Unterstützung von Menschen mit Behinderungen ein.

(5) Die Vertragsstaaten stellen sicher, dass Menschen mit Behinderungen ohne Diskriminierung und gleichberechtigt mit anderen Zugang zu allgemeiner Hochschulbildung, Berufsausbildung, Erwachsenenbildung und lebenslangem Lernen haben. Zu diesem Zweck stellen die Vertragsstaaten sicher, dass für Menschen mit Behinderungen angemessene Vorkehrungen getroffen werden" (UN-BRK, 2010).

Im Artikel 24 (Bildung) der BRK wird verdeutlicht, dass die Vertragsstaaten ein integratives Bildungssystem auf allen Ebenen und lebenslanges Lernen auf der Grundlage der Chancengleichheit für alle Menschen mit Behinderungen gewährleisten (vgl. UN-BRK, 2010, Artikel 24, Satz 1). So soll das Bewusstsein der Würde und das Selbstwertgefühl voll zur Entfaltung gebracht und die Grundfreiheit der menschlichen Vielfalt gestärkt werden (vgl. UN-BRK, 2010, Artikel 24, Absatz 1, Buchstabe a). Die Persönlichkeit der Menschen mit Behinderungen, mit ihren Begabungen und ihrer Kreativität sowie ihren geistigen und körperlichen Fähigkeiten, sollen bei ihrer Entfaltung unterstützt werden. Sie sollen zu einer wirklichen Teilhabe an der Gesellschaft befähigt werden (vgl. UN-BRK, 2010, Artikel 24, Absatz 1, Buchstaben b und c). Im Absatz 2 stellen die Vertragsstaaten die Verwirklichung des Rechts sicher, dass Menschen nicht wegen ihrer Behinderungen vom allgemeinen Bildungssystem ausgeschlossen werden und die Menschen mit Behinderungen gleichberechtigt mit anderen in der Gemeinschaft leben sowie Zugang zu einem integrativen, hochwertigen und unentgeltlichen Unterricht an Grundschulen und weiterführenden Schulen haben (vgl. UN-BRK, 2010, Artikel 24, Absatz 2, Buchstabe b). Hierfür muss ihnen die nötige Unterstützung gewährleistet werden, die ihre erfolgreiche Bildung erleichtert. Die vollständige Integration ist das Ziel, mit wirksam individuell angepassten Unterstützungsmaßnahmen und in einem Umfeld, in dem die bestmögliche schulische und soziale Entwicklung möglich ist (vgl. UN-BRK, 2010, Artikel 24, Absatz 2, Buchstaben d und e). Es werden die Möglichkeiten der vereinfachten Kommunikationsformen für diesbezüglich behinderte Menschen erläutert. So sollen die Vertragsstaaten geeignete Maßnahmen ergreifen, um das Erlernen von Brailleschrift, alternativen Schriftformen oder Mitteln und Formen der Kommunikation zu gewährleisten (vgl. UN-BRK, 2010, Artikel 24, Absatz 3, Buchstabe a). Im weiteren Verlauf des Artikels 24 werden Kommunikationsmöglichkeiten explizit für die Behinderungsarten Gehörlosigkeit, Blindheit und Taubheit genannt, die Bereiche Sehbehinderung oder Hörschädigung finden hier keine Erwähnung (vgl. UN-BRK, 2010, Artikel 24, Absatz 3, Buchstaben b, c und d), sie stellen im schulischen Alltag jedoch den größten Anteil in den Förderschwerpunkten Sehen und Hören dar. Für die schriftliche Kommunikation, z. B. für sehbehinderte Menschen, kann der Artikel 2 (Begriffsbestimmungen) gelten, in dem der Großdruck diese Textdarstellungsform einschließt. Es wird darauf verwiesen, dass die geeignetste Form der Kommunikation für jeden mit dem entsprechenden Kommunikationsmittel ermöglicht werden soll und die Nutzung von entsprechenden Fachleuten vermittelt wird. Hierbei sollen besonders Fachleute einbezogen werden, die von solch einer Behinderung betroffen sind (vgl. UN-BRK, 2010, Artikel 24, Absatz 4).

Die amtliche deutsche Übersetzung der Behindertenrechtskonventionen wurde ohne die Beteiligung der betroffenen Menschen bzw. ihrer Verbände erstellt, die meist regierungsunabhängig sind und somit zugleich eine überwachende Funktion haben. Die Aufgabe der Verbände ist es, das Komitee bei der Umsetzung der Konventionen beratend zu begleiten, wie es im Artikel 8 gefordert wird. Regelmäßig werden zu den Regierungsberichten von den Verbänden der betroffenen Menschen sogenannte Schattenberichte verfasst und an die Aufsichtskomitees gegeben. Diese Schattenberichte fließen in die Bewertung der überwachenden Komitees mit ein (vgl. Hüppe, 2010, S. 5). Das Netzwerk Artikel 3 e. V. hat auf der Grundlage der amtlichen deutschen Übersetzung der Behindertenrechtskonventionen eine Schattenübersetzung ausgearbeitet, in dem bestimmte Benennungen noch genauer und differenzierter dargestellt werden:

„Das Netzwerk Artikel 3 e.V. hält eine korrekte Übersetzung der Behindertenrechtskonvention (BRK) für unerlässlich, da die Wortwahl zur Bewusstseinsbildung beiträgt. Die Bewusstseinsbildung der gesamten Gesellschaft ist ein wichtiges Anliegen der Konvention, denn der Artikel 8 der BRK beschäftigt sich mit diesem Thema. Deshalb soll mit der Schattenübersetzung eine deutsche Version des Konventionstextes zur Verfügung gestellt werden, die den authentischen Fassungen mehr entspricht als die offizielle deutsche Übersetzung" (Hüppe, 2010, S. 6). Zur besseren Übersicht werden hier im Folgenden die Änderungen der amtlichen Übersetzung der BRK durch das Netzwerk Artikel 3 e. V., abweichend vom Original, fett dargestellt.

Veränderungen sind gefordert in dem Artikel 24, Absatz 1 statt: „(…) gewährleisten die Vertragsstaaten ein **integratives** Bildungssystem auf allen Ebenen und lebenslanges Lernen mit dem Ziel, (…)" zu: „gewährleisten die Vertragsstaaten ein **inklusives** Bildungssystem auf allen Ebenen und lebenslanges Lernen mit dem Ziel, (…)" (vgl. Hüppe, 2010, S. 35). Im Artikel 24 Absatz 1 c wird statt: „Menschen mit Behinderungen zur **wirklichen** Teilhabe an einer freien Gesellschaft zu befähigen." der Text geändert in: „Menschen mit Behinderungen zur **wirksamen** Teilhabe an einer freien Gesellschaft zu befähigen." (vgl. Hüppe, 2010, S. 35).

Im weiteren Verlauf des Artikels 24 wird im Absatz 2 unter dem Punkt b das **integrativ** zu **inklusiv**, unter d das **erleichtern** in **ermöglichen** und in e das **Integration** in **Inklusion** verändert (vgl. Hüppe, 2010, S. 36).

Ferner wird im Artikel 24 Absatz 3 a der Text: „(…) **erleichtern** sie das Erlernen von Brailleschrift, alternativer Schrift, ergänzenden und alternativen Formen, Mitteln und Formaten der Kommunikation, den Erwerb von Orientierungs- und Mobilitätsfertigkeiten sowie **die Unterstützung durch andere Menschen mit Behinderungen** und das Mentoring; (…)" geändert in: „(…) **fördern** sie das Erlernen von Brailleschrift, alternativer Schrift, ergänzenden und alternativen Formen, Mitteln und Formaten der Kommunikation, den Erwerb von Orientierungs- und Mobilitätsfertigkeiten sowie **den peer support** und das Mentoring; (...)" (vgl. Hüppe, 2010, S. 37).

Im Artikel 24, Absatz 3 b: „erleichtern sie das Erlernen der Gebärdensprache und die Förderung der sprachlichen Identität der **Gehörlosen;**" ist eine Änderung in: „**ermöglichen** sie das Erlernen der Gebärdensprache und die Förderung der sprachlichen Identität der **gehörlosen Menschen;**" nötig (vgl. Hüppe, 2010, S. 37).

Im Artikel 24 wird im Weiteren unter Punkt 5 eine Änderung der Bezeichnung **allgemeine Hochschulbildung** in **allgemeine tertiäre Bildung** vorgenommen (vgl. Hüppe, 2010, S. 37).

Die Änderungen in der Schattenübersetzung finden sich besonders im Artikel 24 wieder. Die klaren Nennungen verweisen auf die Verpflichtung in der Umsetzung, besonders im Bereich der inklusiven Beschulung, ohne jegliche ausweichenden Auslegungen.

Die genannten Vorgaben zum inklusiven Beschulungsort für behinderte Kinder entsprechen dem Grundgesetz, wonach niemand wegen seiner Behinderung benachteiligt werden darf. Sie unterstützen zwar die bisherige Empfehlung der Kultusministerkonferenz mit der Vorgabe der Integration, bislang ist sie aber noch nicht in aller Konsequenz umgesetzt worden. Diese Änderung wird durch die Vorgabe der BRK von den Kultusministerien in den Schulgesetzen der einzelnen Bundesländer zukünftig berücksichtigt werden. Die Kultusministerkonferenz darf nur allgemein Empfehlungen verabschieden, die im Nachhinein von den jeweiligen Kultusbehörden der einzelnen Bundesländer zu Gesetzen umgearbeitet werden; diese Umsetzung ist bislang noch nicht geschehen. So wird dies im Ersten Staatenbericht der Bundesrepublik Deutschland zur Umsetzung der Behindertenrechtskonventionen deutlich: „Die Länder haben sich darauf geeinigt, für den Bildungsbereich eine Bestandsaufnahme vorzunehmen, Schritte der Weiterentwicklung festzulegen, entsprechende Maßnahmen zu veranlassen und die ggf. erforderlichen rechtlichen Maßnahmen zur Steigerung der inklusiven Bildung an allgemeinbildenden (allgemeine und Förderschulen) und berufsbildenden Schulen zu entwickeln" (BMAS-Staatenbericht, 2011, S. 52). Dieser Staatenbericht wurde am 03. August 2011 vom Bundeskabinett beschlossen.

Erschwerend war in den letzten Empfehlungen, dass die Kultusministerkonferenz in den Empfehlungen von 1998 den Passus einbaute, dass die personellen, sächlichen und organisatorischen Bedingungen für eine integrative Beschulung erfüllt sein müssen, was die konkrete Umsetzung der Integration bzw. Inklusion bislang behinderte (vgl. Walthes, 2003, S. 128). Dieser Ressourcenvorbehalt beinhaltet eine diskriminierende Komponente, der so keinen weiteren Bestand haben kann. Die Schulbehörden sind verpflichtet, angemessene Vorkehrungen zu treffen, wie es im Rechtsgutachten von Riedel aufgezeigt wird: „Angemessene Vorkehrungen sind notwendige und geeignete Änderungen und Anpassungen, die, wenn sie in einem bestimmten Fall erforderlich sind, vorgenommen werden müssen, um dem Kind ein effektives Lernen zu ermöglichen und um zu gewährleisten, dass Menschen mit Behinderungen gleichberechtigt mit anderen alle Menschenrechte und Grundfreiheiten genießen oder ausüben können, siehe Artikel 2 Abs. 4 BRK.18" (Riedel, 2010, S. 7). Weiter heißt es: „Der Staat muss grundsätzlich nichts tun, was er nicht zu leisten imstande ist. Vor diesem Hintergrund ist allerdings der Ressourcenbegriff weit zu verstehen. Der Staat hat also sämtliche seiner Ressourcenkapazitäten zu berücksichtigen, inklusive etwaiger Umschichtungen" (Riedel, 2010, S. 9).

Der Anspruch auf diskriminierungsfreien Zugang zur Regelschule gemäß Artikel 13 Sozialpakt in Verbindung Artikel 24 BRK beinhaltet dementsprechend auch eine Erfüllungspflicht des Staates, im Einzelfall die Verhältnisse in dem Umfang anzupassen, wie es für eine inklusive Beschulung erforderlich ist.

Vom Bundesministerium für Arbeit und Soziales und weiteren Ressorts wurde ein nationaler Aktionsplan der Bundesregierung entwickelt, in dem die Schritte für die nächsten zehn Jahre, basierend auf Eckwerte eines Finanzplanes der vorhandenen Haushaltsmittel bis 2015, aufgezeigt werden (vgl. BMAS-Nationaler Aktionsplan, 2011, S. 7). Im Handlungsfeld Bildung unter Bezugnahme auf den Artikel 24 hat die Bundesregierung das Ziel: „Die Bundesregierung setzt sich dafür ein, dass inklusives Lernen in Deutschland eine Selbstverständlichkeit wird. Kindergärten und -tagesstätten, Schulen, Hochschulen und Einrichtungen der Weiterbildung sollen alle Menschen von Anfang an in ihrer Einzigartigkeit und mit ihren individuellen Bedürfnissen in den Blick nehmen und fördern" (BMAS-Nationaler Aktionsplan, 2011, S. 26).

Die Umsetzung und Organisation der schulischen Bildung bleibt weiterhin Ländersache. Somit kann die Ausgestaltung der sonderpädagogischen Förderung in den Bundesländern unterschiedlich sein. Die gemeinsame Beschulung soll aber in den Schulgesetzen als vordringliche Möglichkeit empfohlen werden (vgl. BMAS-Nationaler Aktionsplan, 2011, S. 26).

Die Anzahl der integrativ/inklusiv beschulten Kinder soll laut dem Maßnahmenkatalog erhöht werden, dafür soll eine Bestandsaufnahme erstellt und dann weiterführende Schritte und rechtliche Maßnahmen veranlasst werden. Visionen der Zivilgesellschaft, dass ein ergänzendes Lernen zeitweise auch in der „peer group" sinnvoll ist, soll durch den Ausbau von Angeboten berücksichtigt werden (vgl. BMAS-Nationaler Aktionsplan, 2011, S. 27).

Um eine differenzierte Sichtweise von Behinderungen bei jungen Menschen zu erreichen, soll diesbezüglich Bildungsarbeit betrieben werden. So können Schulbücher und Lernmittel in Fächern wie Geschichte, Biologie, Sozialwissenschaften, Deutsch etc. Behinderungen thematisch beinhalten, ohne das Thema Behinderung vordergründig zu behandeln (vgl. BMAS-Nationaler Aktionsplan, 2011, S. 76f).

Eine terminierte Übersicht, welche Maßnahme zu welcher Zeit umgesetzt werden soll, wird tabellarisch aufgeführt. Der Maßnahmenkatalog zeigt auf, mit welchen Initiativen, Expertenkreisen, Wegweiser für die Eltern, Projekten, Preisvergaben für gut gelungene Umsetzungen etc. dies erreicht werden soll und wer für die einzelnen Maßnahmen verantwortlich ist (vgl. BMAS-Nationaler Aktionsplan, 2011, S. 87 ff).

Von der Kultusministerkonferenz wurde eine ad-hoc-Arbeitsgruppe zum Thema der Umsetzung des Leitbildes der Behindertenrechtskonventionen der Vereinten Nationen eingerichtet. Die ersten Überlegungen und Vorstellungen diesbezüglich machen deutlich, dass es das Ziel ist, die Pädagogik der allgemeinen Schule für eine größere Heterogenität der Schüler weiterzuentwickeln. Um dieses zu erreichen, müssen das bestehende System der sonderpädagogischen Förderung verändert werden und neue Wege für die bestmögliche Förderung für Kinder und Jugendliche mit sonderpädagogischem Förderbedarf gegangen werden (vgl. Weigl/Wachtel, 2010, S. 105). In einem Beschluss der Kultusministerkonferenz vom 20.10.2011 wird die Umsetzung der schulischen Bildung unter Berücksichtigung der UN-BRK präzisiert. Die Empfehlungen zur Sonderpädagogischen Förderung von 1994 haben in allen Bundesländern positive Entwicklungen geschaffen. Verfahren zur Feststellung des sonderpädagogischen Förderbedarfs als Grundlage der individuellen Förderung wurden verfeinert und in vielen Bundesländern wurden die Bildungs-, Beratungs- oder Kompetenzzentren ausgebaut (vgl. KMK-Beschluss, 2011, S. 2). Die pädagogischen Empfehlungen orientieren sich an den Vorgaben der Kinderrechtskonvention und der Behindertenrechtskonvention, der Grundsatz hierbei ist die Inklusion. Sie gelten für die allgemeinbildenden sowie für die berufsbildenden Schulen. Besonders beachtet werden soll bei allen Planungen und Entwicklungen, dass

> „- Kinder und Jugendliche mit und ohne Behinderungen an jedem Lernort ihren Bedürfnissen und Ansprüchen entsprechend lernen,
> - die notwendige Qualität und der erforderliche Umfang der Unterstützung für alle Kinder und Jugendlichen gesichert sind,
> - die Zusammenarbeit aller an der Förderung des jeweiligen Kindes bzw. Jugendlichen beteiligten Personen und Einrichtungen gewährleistet ist,

- sonderpädagogische Bildungs-, Beratungs- und Unterstützungsangebote ein qualitativ hochwertiges gemeinsames Lernen ermöglichen" (KMK-Beschluss, 2011, S. 3 f).

Da Eltern die wichtigsten und unverzichtbaren Informatoren über
die Kinder sind, muss die Zusammenarbeit zwischen Eltern, Schule und den Organisationen genutzt werden. Das Wohl der Kinder
ist die gemeinsame Beschulung unter Berücksichtigung der Bedürfnisse des Einzelnen. Das Kindeswohl orientiert sich lt. den
Empfehlungen:

„- an der Individualität als dem Recht des Kindes, in seiner
Unverwechselbarkeit, insbesondere auch mit seinen Stärken
und Neigungen sowie seinen Kompetenzen und Ressourcen
wahrgenommen und an seinen eigenen Möglichkeiten gemessen zu werden;
- an der Eigenaktivität als dem Recht des Kindes, eigene Individualität im Tun zu erleben, auszuformen und weiterzuentwickeln und dem Anspruch, Gestaltender seines Lernens
zu sein;
- am Vertrauen in die eigenen Fähigkeiten als dem Recht des
Kindes, ein realistisches Selbstwertgefühl und Selbstbewusst-
sein zu entwickeln, die Stärkung seiner individuellen Leistungsbereitschaft und -fähigkeit zu erfahren und umsichtiges,
gewaltfreies und verantwortungsvolles Handeln zu lernen;
- an der Selbstbestimmtheit und der Selbstverantwortlichkeit
als dem Recht des Kindes, Eigenaktivität selbstbestimmt zu
erleben und darin Selbstverantwortlichkeit zu entwickeln,
d. h. in den Entwicklungsprozess zunehmend sowohl seine
eigenen als auch die Bedürfnisse anderer und der Gruppe
wahrzunehmen und einzubinden;
- an der Teilhabe als dem Recht des Kindes, mit seiner Individualität anerkannter Teil der Gemeinschaft zu sein und den
Bildungsprozess mitgestalten zu können" (KMK-Beschluss,
2011, S. 5).

Die sonderpädagogischen Bildungs-, Beratungs- und Unterstützungsangebote können zeitlich befristet oder langfristig nötig sein (vgl. ebd., S. 5). Diese Angebote zeigen die notwendigen Erfordernisse unter Berücksichtigung der Barrierefreiheit auf wie die Zugänglichkeit zu den Schulgebäuden, den Lernorten und Medien, auch in Bezug auf die Leistungs- und Kostenträger (vgl. KMK-Beschluss, 2011, S. 8). Das Ziel ist eine Bildung mit dem Gehalt: „Erfolgreiche Bildung zeigt sich neben dem erreichten Schulabschluss am individuellen Bildungserfolg, an einer umfassenden Persönlichkeitsentwicklung, am Erwerb lebenspraktischer, sozialer, kognitiver, sprachlich-kommunikativer und personaler Kompetenzen und an der Fähigkeit zu einer so weitgehend wie möglich selbstbestimmten Lebensführung sowie einer aktiven Teilhabe an der Gesellschaft. Unabhängig von der Art und dem Grad der Behinderung ist es das Ziel der pädagogischen Unterstützung, dem Kind oder Jugendlichen mit Behinderungen eine optimale Form der selbstbestimmten Lebensführung zu ermöglichen und die persönliche Entscheidungskompetenz zu stärken" (KMK-Beschluss, 2011, S. 8). Erreicht wird dies durch einen Unterricht mit vielfältigen individuellen Angeboten und Lerninhalten und -umgebungen, die einen handlungsorientierten ganzheitlichen Ansatz beinhalten sowie innerhalb eines aktiven, selbstständigen und ergebnisorientierten Entwicklungsprozesses (vgl. KMK-Beschluss, 2011, S. 9). Hierfür gewährleistet sein müssen die Nutzung und Gewährung des Nachteilsausgleichs zum Ausgleich bzw. zur Verringerung der Einschränkungen durch die vorhandenen Beeinträchtigungen, so dass eine Bearbeitung von Aufgabenstellungen und deren Bearbeitung möglich ist (vgl. KMK-Beschluss, 2011, S. 10). Die Bewertungen von gleichwertigen und zielgleichen Leistungen sollen individuell abgestimmt werden, da die gleichen Behinderungsformen in ihrer Ausprägung nicht immer bei jedem Menschen miteinander vergleichbar sind und somit auch der Nachteilsausgleich nicht verallgemeinernd anwendbar ist. Die Leistungsbewertung muss die Bewältigung der Anforderungen und eine Würdigung der individuellen Leistungs- und Entwicklungsfortschritte beachten (vgl.

KMK-Beschluss, 2011, S. 11). Die Gewährung des Nachteilsausgleichs darf jedoch nicht Gegenstand eines Abschlusszeugnisses sein (vgl. KMK-Beschluss, 2011, S. 12). Förderschulen mit speziellen Förderschwerpunkten arbeiten mit anderen allgemein- und berufsbildenden Schulen in ihrem Einzugsgebiet eng zusammen und unterstützen eine Rückschulung in die Formen des gemeinsamen Lernens. Die Förderschulen sind zeitlich befristete Bildungsangebote, die Öffnung der Förderschulen für nicht behinderte Kinder ist Sache der einzelnen Bundesländer. Hierfür werden individuell eigene Profile entwickelt (vgl. KMK-Beschluss, 2011, S. 16). Die Inhalte eines qualitativ hochwertigen sonderpädagogischen Bildungs-, Beratungs- und Unterstützungsangebots umfassen laut dem KMK-Beschluss:

„- Diagnostik und Beratung,
- Sicherung der Qualität sonderpädagogischer Angebote,
- Einbindung der vorschulischen Einrichtungen, allgemeinbildenden und berufsbildenden Schulen in ein vernetztes System sonderpädagogischer Bildungs-, Beratungs- und Unterstützungsangebote,
- Beteiligung an der Organisation und Steuerung sonderpädagogischer Unterstützungsangebote in einer Region,
- Ausbau der Kooperationen zwischen den Schulen,
- Mitwirkung bei präventiven Aufgaben,
- Ermöglichen von Begegnungen mit anderen Rollenvorbildern,
- Weiterentwicklung der Professionalität der Beteiligten im kollegialen fachlichen Austausch und im wissenschaftlichen Diskurs,
- Mitwirkung beim Kompetenztransfer,
- Vernetzung mit anderen Hilfesystemen wie zum Beispiel mit Partnern aus dem Bereich der Medizin, der Sozial- und Jugendhilfe,

Berufsorientierung und -vorbereitung in Abstimmung mit den Angeboten in den anderen allgemeinbildenden Schulen" (KMK-

Beschluss, 2011, S. 17). Dies fordert entsprechend die Möglichkeit, Jugendlichen mit Behinderungen die Wege in eine qualifizierte Berufsausbildung zu einem anerkannten Ausbildungsberuf zu ermöglichen (vgl. KMK-Beschluss, 2011, S. 17). Es müssen allgemeinpädagogische und sonderpädagogische Kompetenzen verbunden werden, zu denen die Fähigkeiten und Kenntnisse in den Bereichen:

„- Lern- und Entwicklungsbegleitung,
- Individualisierung des Lernens auf diagnostischer Grundlage,
- Anleitung von Kindern und Jugendlichen beim Erwerb von Kompetenzen, den eigenen Lernprozess zu gestalten,
- Anpassung von Lernanforderungen im Zusammenhang mit den Vorgaben der Lehrpläne,
- Aufbereitung und Auswahl von Lernsituationen sowie von Lehr- und Lernmitteln,
- Planung und Differenzierung von Unterrichtsprozessen,
- Zusammenarbeit bei der gemeinsamen Gestaltung von Lernprozessen,
- Gestaltung der Lernumgebung,
- Zusammenarbeit mit außerschulischen Partnern" (KMK-Beschluss, 2011, S. 19) gehören.

Von daher wird im KMK-Beschluss darauf verwiesen, dass die Lehrkräfte qualifiziert ausgebildet und mit vertieften und wissenschaftlich abgesicherten Kenntnissen vertraut sein müssen und entsprechend in der sonderpädagogischen Fachrichtung Sehen Kenntnisse über die visuelle Wahrnehmung und Verarbeitung sowie Kompetenzen im Umgang mit einer Sehbehinderung oder Blindheit haben. Lehrkräfte, die nicht über diese Fachkenntnisse verfügen, sollen sich die spezifischen Kenntnisse und Fähigkeiten, die sie für ihre Arbeit brauchen, durch die Fachleute aneignen (vgl. KMK-Beschluss, 2011, S. 20). Mit dieser Angabe wird deutlich, dass durch das Multiplikatorenmodell angelernte Fachkräfte nicht mit wissenschaftlich ausgebildeten Fachleuten gleich zu stellen sind. Eine inklusive Beschulung nach den aufgeführten KMK-Maßstäben hebt sich von der bisherigen Integrationspraxis ab.

Quantitativ und qualitativ gibt es laut Sander Unterschiede zwischen der bislang durchgeführten Integration und der angestrebten Inklusion. Er weist in seinem Beitrag auf die unterschiedlichen Variationen der Inklusionsinterpretation in der Fachliteratur hin. Zum einen wird der Inklusionsbegriff als neues Wort der Integration gebraucht, zum anderen nutzen Kolleginnen und Kollegen den Begriff, weil sie pädagogisch die Integration inhaltlich verstärkter mit einer veränderten Sichtweise vertreten. Nicht nur die Addition eines behinderten Kindes in den Unterricht einer Regelschulklasse, sondern die besondere Berücksichtigung der Verschiedenheit aller Kinder macht die Inklusion aus. Die dritte und für Sander folgerichtige Erklärung ist, dass das Klassenleben insgesamt verändert wird und die Unterschiedlichkeit der behinderten Kinder nicht mehr als störend empfunden, sondern als Ausgangslage und als pädagogisches Ziel gesehen wird (vgl. Sander, 2006, o. S.).

Beim Begriff Integration handelt es sich um eine freie Übersetzung in die deutsche Sprache. Im Originaltext der UN-Konvention wird der Begriff „inclusive education" gebraucht, was zu unterschiedlichen Interpretationen des Begriffes und entsprechend unterschiedliche Durchführungen ergab (vgl. Degenhardt, 2008, S. 8; vds-Pressemitteilung, 2010, S. 1). Gemäß des frei übersetzten Begriffs wird in Deutschland die Integration durchgeführt. Hierbei ist seit der Umsetzung der Integration die Förderschule nicht bindend der primäre Schulort für Kinder mit sonderpädagogischem Förderbedarf. Integration bedeutet im derzeitigen Schulsystem, dass Förderschullehrer des Mobilen Dienstes zu den Kindern, bei denen mittels eines Fördergutachtens der sonderpädagogische Förderbedarf festgestellt wurde, in die Regelschule an deren Heimatort fahren und sie dort sonderpädagogisch unterstützen. Kriterien, was eine gute integrative Beschulung personell, sächlich bzw. organisatorisch ausmacht (besonders im Förderschwerpunkt Sehen), sind nicht vorgegeben. Auf der Basis des Lehrplans der

allgemeinen Schule mit entsprechenden individuellen behinderungsspezifischen didaktischen und methodischen Anpassungen,
die gegebenenfalls durch die jeweiligen sonderpädagogischen
Lehrpläne begründet sind, werden die Schüler gemeinsam mit
nichtbehinderten Schülern unterrichtet. In den aktuellen Handbüchern zur Externen Evaluation (Schulinspektionen) der Schulen in den einzelnen Bundesländern, worin die Qualitätsmerkmale
von „Guter Schule" benannt sind, sind die jeweiligen Kriterien-
katalogen unterschiedlich definiert (vgl. Degenhardt, 2008, S. 7).
Nicht thematisiert wird in ihnen die Inklusion bzw. die Einbindung
von Kindern mit Behinderungen / Sonderpädagogischem Förderbedarf (ebd., S. 9). Die sehgeschädigtenpädagogischen Standards
sind nirgendwo platziert, wie auch die Mobilen Dienste / Integration nicht im Qualitätsraster benannt werden. Die Kollegen, die in
den Regelschulen die Begleitung, Beratung und Unterstützung der
Kinder und Jugendlichen mit Sonderpädagogischem Förderbedarf
im Förderschwerpunkt Sehen und ihres Umfeldes (Eltern, Regel-
schulkollegium, Mitschüler) fachlich gestalten und durchführen,
sind kein Kriterium einer „Guten Schule". Weder bei der Externen
Evaluation von Regelschulen noch im Hinblick auf die Sonderschulen mit dem Förderschwerpunkt Sehen kommt die Arbeit der
Mobilen Dienste vor. Die „klassische" Schule bildet den Maßstab
für eine „Gute Schule" (vgl. Degenhardt, 2008, S. 12). Gerade in
den Qualitätshandbüchern muss der Gedanke der Inklusion mit
Beachtung der Frühförderung, Berufsvorbereitung und andere
nachschulische pädagogische Angebote verankert sein (vgl. Degenhardt, 2008, S. 13). Es muss nach Degenhardt eine produktive
Auseinandersetzung mit dem Begriff „Inklusion" unter Beachtung
der individuell angepassten personenbezogenen Hilfsmittel für die
behindertenpädagogischen und -didaktischen Konzepte sowie für
die Gestaltung der Lehr- und Lernprozesse geführt werden (vgl.
Degenhardt, 2008, S. 24).

Eine Arbeitsgruppe mit Mitgliedern aus 23 europäischen Ländern
hat 2005 trotz unterschiedlicher landesspezifischer Ausgangslagen

Kriterien erarbeitet, die für die Umsetzung einer inklusiven Schule berücksichtigt werden sollten. Hierbei bildet das Assessment einen wichtigen Themenbereich vom Übergang eines bislang dominierenden defizitorientierten Ansatzes zu einem pädagogischen bzw. interaktiven Ansatz in inklusiven Schulen. Exemplarisch war hierbei das Landesförderzentrum Sehen Schleswig (Schleswig-Holstein) in der zweiten Projektphase involviert. Assessment ist ein Begriff aus dem englischsprachigen Bereich und umfasst alle Formen von Beurteilungs-, Bewertungs- und Diagnoseverfahren. In der deutschen Terminologie wäre der Begriff Assessment identisch mit den Bezeichnungen Förderdiagnostik oder pädagogische Diagnostik (vgl. Watkins, 2007, S. 7). Die Arbeitsdefinition von Assessment für den Projektbericht der Arbeitsgruppe lautete:

„Assessment bezeichnet die Art und Weise, wie Lehrkräfte und andere Personen, die an der Bildung und Erziehung einer Schülerin/eines Schülers beteiligt sind, systematisch Informationen über ihren/seinen Leistungsstand und/oder ihre/seine Entwicklung in verschiedenen Erfahrungsbereichen (Schule, Verhalten, soziales Umfeld) sammeln und nutzen." (Watkins, 2007, S. 15)

Im Assessment wird untersucht, wie der Unterricht durch Input unterstützt werden kann. Durch das bestehende defektorientierte, medizinische Verständnis steigt die Wahrscheinlichkeit der getrennten Beschulung, da dieser Ansatz die Schwächen und Defizite der Schüler in den Vordergrund rückt. Im Gegensatz dazu wird der pädagogische Ansatz von Assessment die Wahrscheinlichkeit einer erfolgreichen Inklusion vergrößern, da die Stärken eines Schülers berücksichtigt werden und die Informationen aus der Einschätzung des sonderpädagogischen Förderbedarfs direkt in die Unterrichts- und Lernstrategien eingearbeitet werden können (vgl. Watkins, 2007, S. 9). Assessment in der inklusiven Schule bezieht sich auf alle Schüler der allgemeinen Schule und nicht nur auf die Schüler mit sonderpädagogischem Förderbedarf. Inklusive Beschulung beinhaltet ein Spektrum über die Schüler mit sonderpädagogischem Förderbedarf hinaus und sollte die Bildung für alle in physischer Koexistenz aller Schüler sein. Das Umdenken vom früheren Gedanken, dass ein Unterrichten nach den Lehrplänen der allgemeinen Schule ausreichend ist, muss in den Gedanken münden, dass für alle Kinder und Jugendliche ein Lehrplan, der an ihren individuellen Bedürfnissen angepasst ist, erstellt wird. Dementsprechend kann ein Lehrplan nicht mehr statisch sein, sondern dynamisch mit den Möglichkeiten weiterer Entwicklungen, bis der Lehrplan auf den Schüler passt. Die Kernaussagen des Lehrplans beziehen sich auf das schulische und soziale Lernen, wobei der Lehrplan dynamisch ist und die Pädagogen ihre Arbeit kontinuierlich weiterentwickeln, damit Lernen und Teilhabe für alle Schüler gleich möglich ist. Hierbei ist die Regelschule für die Mehrheit der Schüler ein wichtiger Aspekt der Inklusion (vgl. Watkins, 2007, S. 17). Dazu müssen Lehrkräfte positive Einstellungen zu einer inklusiven Schule entwickeln, Angebote zu Aus-, Fort- und Weiterbildung zu inklusionsorientiertem Assessment wahrnehmen und mit Assessment-Teams interdisziplinär eng zusammen arbeiten. Innerhalb der Schulen wird eine inklusive Organisationskultur mit guter Planung von inklusionsorientierten Verfahren und Ressourcen entwickelt im Hinblick auf Gewährleistung einer flexiblen Schulgestaltung (vgl. Watkins, 2007, S. 65). Die Schwächen eines reinen Test-Ansatzes äußern sich derart, dass nicht der Schüler allein, sondern der gesamte Kontext des Lernprozesses berücksichtigt wird. Der Assessment-Prozess entwickelt sich von der Momentaufnahme weg zu einem kontinuierlichen Prozess unter Einbeziehung der Regelschullehrkräfte, Eltern und Schüler und es wird ein Verständnis dafür entwickelt, was und wie die Schüler lernen (vgl. Watkins, 2007, S. 67). So kann das inklusionsorientierte Assessment innovative Impulse für sinnvolle Assessment-Strategien liefern und sorgt für eine gute Assessment-Praxis. Inklusionsorientiertes Assessment wirkt für den Unterricht und ist für das Lernen aller Schüler förderlich (vgl. Watkins, 2007, S. 69).

In der deutschen Sehbehindertenpädagogik werden, je nach Elternwille und Schullaufbahnempfehlung der Schulen, blinde und sehbehinderte Kinder und Jugendliche sowohl integrativ in einer

Regelschule als auch in speziellen Förderschulen unterrichtet. Bevor die sehgeschädigten Kinder und Jugendlichen einer Schule zugewiesen werden, wird von Fachleuten ein Gutachten erstellt, in dem das funktionale Sehvermögen der Schüler im Zusammenhang mit den curricularen Vorgaben festgestellt wird. Hierbei werden die visuellen Fähigkeiten und die individuellen Voraussetzungen mit Hilfe der Eltern, ärztlichen Gutachten und spezifischen Materialien während einer begleitenden Diagnostik ermittelt. Im Anschluss der Überprüfung wird eine Empfehlung von den Gutachtern ausgesprochen, in dem, mit Abstimmung der Eltern, die weitere Schullaufbahn geplant wird. Wenn davon ausgegangen wird, dass durch die Inklusion sehbehinderte Kinder vermehrt an den Unterricht in den Regelschulen teilhaben lässt, muss entsprechend in der Pädagogik für sehbehinderte Kinder ein entsprechendes Assessment entwickelt und regelmäßig durchgeführt werden, besonders, wenn Personen in den Bildungsprozess involviert werden, die bislang nicht mit sehbehinderten Kindern gearbeitet haben und somit deren spezifischen Bedürfnisse und Möglichkeiten nicht kennen. Nur mit diesen Kenntnissen kann eine optimale Förderung mit sehbehinderten Kindern und auf unterschiedlichen Ebenen gewährleistet werden.

3 Blindheit und Sehbehinderung

Um den Gegenstand einer Blinden- und Sehbehindertenpädagogik beschreiben zu können, bedarf es einer grundlegenden Abklärung der Begriffe Blindheit und Sehbehinderung. Dabei gilt es zu beachten, dass beide Begriffe in umgangssprachlichen und fachsprachlichen Zusammenhängen häufig unscharf getrennt benutzt werden. Im deutschsprachigen Raum wird zudem der Begriff Sehschädigung als Oberbegriff verwendet jedoch nur im fachlichen Diskurs akzeptiert (Abbildung 3.1.; vgl. Rath, 1987, S. 14; Krug, 2001, S. 15; Degenhardt, 2007, S. 40). Zusätzlich wurden oder werden Begriffe, wie z. B. Sehbeeinträchtigung, Sehschwäche usw. eingeführt.

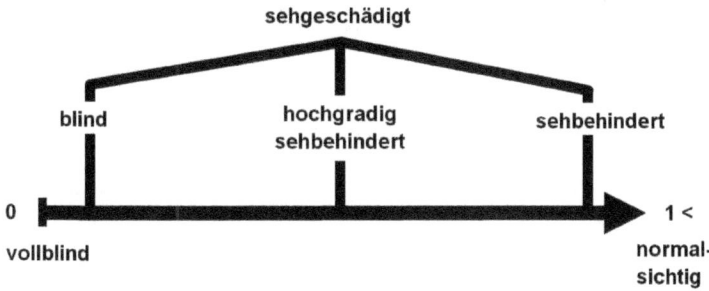

Abbildung 3.1: Hierarchie der Begriffe Blindheit, Sehbehinderung, Sehschädigung (Rath, 1987, S. 14)

Blindheit und Sehbehinderung müssen in den jeweiligen Zusammenhängen definiert werden. Es ist zu erwarten, dass rechtliche, medizinische und pädagogische Definitionen unterschiedliche Akzente setzen. Die unbestrittene Dominanz und Definitionshoheit der Medizin gilt zwar aktuell insbesondere aus pädagogischer Sicht nicht als allein gültiges Merkmal, dennoch liegt ein wesentliches Augenmerk auf der medizinische Beschreibung der Kategorien Blindheit und Sehbehinderung, die letztendlich in sozialrechtliche und pädagogische Betrachtungen einfließen muss.

3.1 Klassifikation nach der ICD-10

Im von der WHO herausgegebenen Klassifikationssystem – aktuell in der Fassung International Classification of Diseases – Tenth Revision (ICD-10) – werden die einzelnen Störungen definiert benannt und klar voneinander abgegrenzt. In der deutschen Fassung ICD-10-GM (GM = German Modification) des Deutschen Instituts für Medizinische Dokumentation und Information (DIMDI) werden die Seheinschränkungen anhand von Krankheitsbeschreibungen abgebildet (vgl. DIMDI, 2009). Im Kapitel VII 'Krankheiten des Auges und der Augenanhangsgebilde' werden, systematisch mit Sternschlüsselnummern versehen und thematisch in Gruppen gegliedert, alle Bereiche des Auges dargestellt. Hierdurch wird eine einheitliche medizinische Diagnostik und Beschreibung unterstützt. Das Kapitel gliedert sich in den Oberpunkten, hier zur Verdeutlichung mit einer kurzen Aufschlüsselung der Bereiche H00.- bis H02.9:

H00-H06 Affektionen des Augenlides, des Tränenapparates und der Orbita
    „Affektionen des Augenlides, des Tränenapparates und der Orbita (H00-H06)
    H00.- Hordeolum und Chalazion

H00.0 Hordeolum und sonstige tiefe Entzündung des Augenlides
   Augenlid:
   Abszess
   Furunkel
   Gerstenkorn

H00.1 Chalazion
   Hagelkorn

H01.- Sonstige Entzündung des Augenlides
H01.0 Blepharitis
   Exkl.: Blepharokonjunktivitis (H10.5)

H01.1 Nichtinfektiöse Dermatosen des Augenlides
Augenlid
   Dermatitis:
   -allergisch
   -ekzematös
   -Kontakt-
   Erythematodes chronicus discoides Xeroderma

H01.8 Sonstige näher bezeichnete Entzündungen des Augenlids
H01.9 Entzündungen des Augenlides, nicht näher bezeichnet

H02.-   Sonstige Affektionen des Augenlides
   Exkl.: Angeborene Fehlbildungen des Augenlides (q10.0-Q10.3)
H02.0   Entropium und Trichiasis des Augenlides
H02.1   Ektropium des Augenlides
H02.2   Lagophthalmus
H02.3   Blepharochalasis
H20.4   Ptosis des Augenlides

H02.5 Sonstige Affektionen mit Auswirkungen auf die Augenlidfunktion
    Ankyloblepharon
    Blepharophimose
    Lidretraktion
    Exkl.: Blepharospasmus (G24.5)
    Tic (psychogen) (F95.-)
    Tic, organisch (G25.6)
H02.6 Xanthelsma palpebrarum
H02.7 Sonstige degenerative Affektionen des Augenlides und der Umgebung des Auges
    Augenlid:
    -Chloasma
    -Madarosis
    -Vitiligo
H02.8 Sonstige näher bezeichnete Affektionen des Augenlides
    Hypertrichose des Augenlides
    Verbliebener Fremdkörper im Augenlid
H02.9 Affektionen des Augenlides nicht näher bezeichnet
    (...)" (DIMDI, 2009, 259f).

Unter diesen Punkten werden weitere mit dem Gebiet zusammenhängende Augenbereiche und spezifizierte Krankheiten dargestellt:
    „*H10-H13* Affektionen der Konjunktiva
    H15-H22 Affektionen der Sklera, der Hornhaut, der Iris und des Ziliarkörpers
    H25-H28 Affektionen der Linse
    H30-H36 Affektionen der Aderhaut und der Netzhaut
    H40-H42 Glaukom
    H43-H45 Affektionen des Glaskörpers und des Augapfels
    H46-H48 Affektionen des Nervus opticus und der Sehbahn
    H49-H52 Affektionen der Augenmuskeln, Störungen der Blickbewegungen sowie Akkommodationsstörungen und Refraktionsfehler

H53-H54 Sehstörungen und Blindheit
H55-H59 Sonstige Affektionen des Auges und der Augenanhangsgebilde"
(DIMDI, 2009, S. 259 ff).

Unter dem Punkt H53-H54 wird eine stufenweise Einordnung der Sehfähigkeit anhand einer Tabelle vorgenommen. Hierbei wird ein Spektrum der Sehfähigkeitseinschränkungen angeboten, die sich durch zuvor kodierte Krankheiten auswirken können. Die nachstehende Tabelle enthält eine Klassifikation des Schweregrades der Sehbeeinträchtigung in Anlehnung an den Beschluss des International Council of Ophthalmology (2002) und die Resolution der WHO-Konferenz zur „Entwicklung von Standards zu Kriterien für Visusverlust und Visusfunktion" (WHO/PBL/03.91; 2003).

Zur Bestimmung der Sehbeeinträchtigung für die Schlüsselnummern H54.0 bis H54.3 sollte die Sehschärfe binokular und mit gegebenenfalls vorhandener Korrektur (Brille oder Kontaktlinse) gemessen werden. Zur Bestimmung der Sehbeeinträchtigung für die Schlüsselnummern H54.4 bis H54.6 sollte die Sehschärfe monokular und mit ggf. vorhandener Korrektur (Brille oder Kontaktlinse) gemessen werden.

„Wenn die Größe des Gesichtsfeldes mitberücksichtigt wird, sollten Patienten, deren Gesichtsfeld des gesünderen Auges bei zentraler Fixation nicht größer als 10 Grad ist, in die Stufe 3 eingeordnet werden. Bei monokularer hochgradiger Sehbehinderung (H54.4) gilt der Grad des Gesichtsfeldausfalls des betroffenen Auges" (DIMDI, 2009, S. 278).

Stufen	Sehschärfe mit bestmöglicher Korrektur (in Ferne)	
	gleich oder geringer als:	höher als:
0 – leichte oder keine Sehbeeinträchtigung		6/18
		3/10 (0,3)
		20/70
1 – mittelschwere Sehbeeinträchtigung	6/18	6/60
	3/10 (0,3)	1/10 (0,1)
	20/70	20/200
2 – schwere Sehbeeinträchtigung	6/60	3/60
	1/10 (0,1)	1/20 (0,05)
	20/200	20/400
3 – hochgradige Sehbehinderung	3/60	1/60 (Fingerzählen bei 1 m)
	1/20 (0,05)	1/50 (0,02)
	20/400	5/300 (20/1200)
4 – Blindheit	1/60 (Fingerzählen bei 1 m)	Lichtwahrnehmung
	1/50 (0,02)	
	5/300 (20/1200)	
5 – Blindheit	keine Lichtwahrnehmung	
9	unbestimmt oder nicht näher bezeichnet	

Tabelle 3.1: Schweregrade der Sehbeeinträchtigung (DIMDI, 2009, S. 278).

3.2 Umschreibung des Problemfeldes gemäß ICF

Eine umfassende Klassifizierung menschlicher Funktionsfähigkeiten und ihre Auswirkungen in der Umwelt werden über die
von der Weltgesundheitsorganisation (WHO) 2001 entwickelten
International Classification of Functioning, Disability and Health
(ICF) gegeben. 2004 wurde die deutsche Fassung hierzu mit dem
Titel 'Internationale Klassifikation der Funktionsfähigkeit, Behinderung und Gesundheit' erstellt. Zu Beginn der deutschen Fassung
wird angegeben, welche Aufgabe die ICF hat: „Allgemeines Ziel der
ICF-Klassifikation ist, in einheitlicher und standardisierter Form
eine Sprache und einen Rahmen zur Beschreibung von Gesund-
heits- und mit Gesundheit zusammenhängenden Zuständen zur
Verfügung zu stellen" (WHO, 2005, S. 9).

Wesentlich an der ICF sind die einheitliche Sprache, in der die
Funktionen und Faktoren beschrieben sind und der Fokus auf die
Funktionseinschränkungen in Bezug auf die Partizipation. Mit diesem Instrument werden Komponenten von Gesundheit und Wohlbefinden dargestellt, mit denen der Mensch in seinem gesamten
Umfeld sowie deren förderlichen und hemmenden Bedingungen
beschrieben werden kann. Für die Erfassung der Gesundheit und
den dazugehörigen Situationen ist die ICF auf die behinderten
Menschen anwendbar und auf ihre Lebenswirklichkeit angepasst
(vgl. WHO, 2005, S. 9). Für den Bereich 'Sehen' sind die Fähigkeiten auf ihren körperlichen Ebenen, die Strukturen und die Funktionen bestimmbar. Zugleich sind die Fähigkeiten aber auch an
Situationen der Umwelt und weitere persönliche Faktoren gebunden, wobei im Verlauf deutlich wird, dass sich sämtliche Faktoren
gegenseitig bedingen. Im Ergebnis lässt sich daraus eine mögliche
Festlegung der Aktivität und der Teilhabe eines Menschen mit seinen Ressourcen, Problemen und Beeinträchtigungen in verschiedenen Lebenslagen bestimmen (vgl. Hofer, 2008, S. 33).

3.2.1 ICF als Klassifizierungssystem

Die ICF besteht in der Struktur aus zwei Teilen mit je zwei Komponenten:

Teil 1: Funktionsfähigkeit und Behinderung
    a) Körperfunktion und -strukturen
    b) Aktivitäten und Partizipation [Teilhabe]

Teil 2: Kontextfaktoren
    c) Umweltfaktoren
    d) Personbezogene Faktoren

Die Komponenten können mit positiven oder negativen Begriffen dargestellt werden (vgl. WHO 2001/2005, S. 16).

In der ICF gelten folgende Definitionen der Komponenten im Zusammenhang mit Gesundheit:

„**Körperfunktionen** sind die physiologischen Funktionen von Körpersystemen (einschließlich psychologische Funktionen).

Körperstrukturen sind anatomische Teile des Körpers, wie Organe, Gliedmaßen und ihre Bestandteile.

Schädigungen sind Beeinträchtigungen einer Körperfunktion oder -struktur, wie z. B. eine wesentliche Abweichung oder ein Verlust.

Eine **Aktivität** bezeichnet die Durchführung einer Aufgabe oder Handlung (Aktion) durch einen Menschen.

Partizipation [Teilhabe] ist das Einbezogensein in eine Lebenssituation.

Beeinträchtigung der Aktivität sind Schwierigkeiten, die ein Mensch bei der Durchführung einer Aktivität haben kann.

Beeinträchtigung der Partizipation [Teilhabe] sind Probleme, die ein Mensch beim Einbezogensein in eine Lebenssituation erlebt.

Umweltfaktoren bilden die materielle, soziale und einstellungsbezogene Umwelt ab, in der Menschen leben und ihr Dasein entfalten."
(WHO 2001/2005, S. 116).

Jede dieser Komponente beinhaltet verschiedene Domänen, die wiederum in Kategorien unterteilt sind. Durch Kodes in den Beurteilungsmerkmalen kann das Ausmaß bzw. die Größe der Funktionsfähigkeit und Behinderung spezifiziert und benannt werden, welche Umweltfaktoren fördernd oder beeinträchtigend sind (vgl. WHO 2001/2005, S. 16). Das System der ICF bietet so einen umfassenden Analysebogen, der die unterschiedlichen Bereiche der Behinderungen und ihre Auswirkungen im medizinischen und sozialen Modell verdeutlicht und erfassbar macht. Diese Modelle, Behinderungen im medizinischen und sozialen Kontext, sind bewusst in die ICF integriert worden, um die Perspektiven der Gesundheit strukturiert auf biologischer, individueller und sozialer Ebene zu ermöglichen (vgl. WHO 2001/2005, S. 25).

Die ICF ist keine Klassifikation funktionaler Diagnosen, mit ihr können aber funktionale Befunde und Symptome auf drei Ebenen angegeben werden. Die drei Ebenen umfassen die Schädigungen bestimmter Funktionen und Strukturen, die Einschränkungen der bestimmten Aktivitäten und die Beeinträchtigung der Teilhabe in bestimmten Lebensbereichen (vgl. Schuntermann, 2006, S. 10).

Es werden in der ICF elementare Bereiche der Aktivitäten und Partizipation/Teilhabe von behinderten Menschen thematisch aufgezeigt, in die auch pädagogische Fehlentscheidungen hineinwirken können.

Im Folgenden wird näher auf die für diese Arbeit wichtigen und in der ICF relevanten Bereiche, die Seh- und verwandte Funktionen (vgl. WHO, 2001/2005, S. 59), eingegangen:

Klassifikation der *Körperfunktionen*,
Kapitel 2: Sinnesfunktionen und Schmerz

Der Bereich Seh- und verwandte Funktionen (b210-b229) beschreibt zu Beginn zusammenfassend die Funktion des Sehsinns mit der Wahrnehmung von Licht, Form, Größe, Gestalt und Farbe als visuellen Reiz. Dies beinhaltet die Funktionen für die Sehschärfe, das Gesichtsfeld, die Qualität des Sehvermögens, Licht- und Farbwahrnehmung, Weit- und Nahsicht, einäugiges (monokulares) und beidäugiges (binokulares) Sehen, die Bildqualität und die Kurzsichtigkeit (Myopie). Differenzierter werden die Sehfunktionen in Sehschärfe (Visus) unterteilt, die die Sehfähigkeit bei einäugiger und beidäugiger Wahrnehmung von Formen und Konturen im Nah- und Fernbereich betreffen (b210) (vgl. WHO 2001/2005, S. 59).

Klassifikation der *Körperstrukturen*, Kapitel 2: Das Auge

Bei der Klassifikation der Körperstruktur wird für das Auge allgemein erst die Struktur innerhalb des Auges, die Augenhöhle (Orbita) (s210) mit ihren Bestandteilen wie Augapfel (Bulbus), Bindehaut (Konjunktiva), Lederhaut (Sklera), Aderhaut (Choriodea), Hornhaut (Cornea), Regenbogenhaut (Iris), Netzhaut (Retina), Augenlinse und dem Glaskörper bezeichnet. Die äußeren Strukturen um das Auge herum (s230) betreffen die Tränendrüsen mit ihren im Zusammenhang stehenden Strukturen, wie die Augenlider, Augenbrauen und die externen Augenmuskeln (vgl. WHO 2001/2005, S. 86).

Klassifikation der Aktivitäten und *Partizipation [Teilhabe]*,
Kapitel 1: Lernen und Wissensanwendung

Aufgrund einer Sehbehinderung kann das Zuschauen, als bewusste sinnliche Wahrnehmung, das Einbezogensein in das Lernen und in der Wissensanwendung beeinträchtigt sein (d110).

Ebenso sind die speziellen Handlungen im Bereich des Elementaren Lernens wie durch -Nachmachen oder Nachahmen (d130), -Gesten interpretieren oder -Buchstaben des Alphabets nachmachen eingeschränkt. Weitere Einschränkungen entstehen in der Partizipation beim Lesenlernen, wie die Fähigkeit Geschriebenes schnell und flüssig richtig zu lesen (d140). Auch beim Schreibenlernen (Symbole produzieren, richtig buchstabieren) (d145) wirken Sehbehinderungen beeinträchtigend hinein (vgl. WHO, 2001/2005, S. 96).

Im Kapitel der Wissensanwendung in der ICF kann das Lesen (d166) als Aktivität beim Erfassen und Interpretieren von Wissen oder das Erlangen anderer Informationen in der Teilhabe eingeschränkt sein. Weitere Einschränkungen sind beim Schreiben (d170) zur Wissens- und Informationsweitergabe oder zur kreativen Nutzung möglich. Beim Rechnen (d172), wie mathematische Prinzipien anhand von Zahlen durchzuführen, zu lösen oder auch Ergebnisse darzustellen, kann die Teilhabe behindert werden (vgl. WHO 2001/2005, S. 97).

Kapitel 2: Allgemeine Aufgaben und Anforderungen
In diesem Kapitel werden Aspekte genannt, die allgemeine Aufgaben und Anforderungen bei Einzel- oder Mehrfachaufgaben durch eine Behinderung beeinflussen können (d210). Hierzu gehören einfache Einzelaufgaben, z. B. wie ein Buch lesen oder einen Brief schreiben (d2100) wie auch komplexe Aufgaben aufeinander folgender Erledigungen, z. B. von Schularbeiten (d2101) etc. (vgl. WHO 2001/2005, S. 98).

Kapitel 3: Kommunikation
Hier unterteilt die ICF die Kommunikation in Kommunizieren als Empfänger (d310-d329) und als Sender (d330-d349). In der Kommunikation der nonverbalen Mitteilungen für den Empfänger werden Körpergesten, Symbole, Zeichnungen und Fotos als vermittelnde Information angegeben (d315). Es sind die Bedeutungen

von Gesichtsausdruck, Handbewegungen oder -zeichen, Körperhaltung und andere Formen der Körpersprache bei der Klassifizierung mit der ICF zu berücksichtigen (d3150, d335). Als Empfänger von allgemeinen Zeichen und Symbolen, wie z. B. Verkehrszeichen, Warnsymbolen, Notationen (musikalisch, mathematisch und wissenschaftlich) sowie Bildsymbolen (d3151), aber auch für den Bereich von Zeichnungen und Fotos (z. B. Strichzeichnungen, grafische Entwürfe, Gemälde, dreidimensionale Darstellungen, Diagramme) (d3152) können die Elemente der Teilhabe Störungen aufzeigen (vgl. WHO 2001/2005, S. 100).

Als Sender könnten Einschränkungen im Bereich des Produzierens von Zeichen, Symbolen, Skizzen und Diagrammen (d3351, 3352) entstehen (vgl. WHO 2001/2005, S. 101).

Zum Feld der nonverbalen Kommunikation als Sender gehören die Gebärdensprache zu verwenden oder auch schriftliche Mitteilungen an andere Menschen zu schreiben (d340, d345) (vgl. WHO 2001/2005, S. 101), sofern es denn erlernt wurde oder aber durch eine Sehbehinderung eingeschränkt wird.

Der Gebrauch von Kommunikationsgeräten und -techniken (d360) ist eine Möglichkeit der Partizipation, die eingeschränkt sein kann. Die Verwendung von z. B. Telefon- und Fax-Geräten (d3600) und Schreibmaschine oder Computer (d3601) als Kommunikationsmittel (vgl. WHO 2001/2005, S. 102) kann sich durch die Schädigung als behindert erweisen.

Kapitel 6, Häusliches Leben

Ein weiterer Faktor der Partizipation beinhaltet das häusliche Leben. Wohnraum zu kaufen oder zu mieten und diesen zu möblieren (d610) sowie Waren und Dienstleistungen des täglichen Bedarfs für den Haushalt zu beschaffen (d620) können mit Einschränkungen behaftet sein (vgl. WHO 2001/2005, S. 111).

Kapitel 8, Bedeutende Lebensbereiche

Zu den bedeutenden Lebensbereichen zählt der Bereich von Erziehung und Bildung (d810-d839), der sich mit der Ausführung und Handlungen für die Beteiligung an Bildung, Erziehung, Arbeit und Beschäftigung sowie wirtschaftlicher Transaktionen befasst. Bei der informellen Bildung, z. B. im privaten Bereich von anderen Familienmitgliedern zu lernen (d810) oder durch Vorschulerziehung das Kind auf den Schulbesuch vorzubereiten, können Einschränkungen durch eine Behinderung vorhanden sein. Auch eine Tagesbetreuung, (d815) um so die Schulbildungsmöglichkeit (d820) zu bekommen, kann Beeinflussungen haben, die eine Teilhabe an der Sache und am gesellschaftlichen Leben verhindern. Im schulischen Bereich können die Teilhabe an schulbezogenen Pflichten und an Rechten sowie die Erfüllung von curricularen Anforderungen erschwert sein. Regelmäßig am Unterricht teilzunehmen und mit anderen Schülern zusammenzuarbeiten, um weitere Stufen der Bildung zu erreichen (vgl. WHO 2001/2005, S. 117), können bei körperlichen Einschränkungen nur erschwert möglich sein. Die für eine nachschulische höhere Bildung und Ausbildung erforderliche Teilhabe, z. B. an Universitäten, Fachhochschulen mit entsprechenden formalen Bildungsgraden (d830) (vgl. WHO 2001/2005, S. 117) kann behindernde Einflüsse haben.

Der Abschnitt Arbeit und Beschäftigung (d840-d859) verdeutlicht, dass eine Beteiligung an allen Programmen in Zusammenhang mit der Vorbereitung auf Beschäftigung, Arbeitsabläufe, Lehre, Praktika und begleitende Trainingsprogramme gegeben sein sollten (vgl. WHO 2001/2005, S. 117).

Kapitel 9: Gemeinschafts-, soziales und staatsbürgerliches Leben

Die Beteiligung an einem „sozialen" Leben in der Gemeinschaft mit all seinen Handlungen und Aufgaben außerhalb der Familie (d910-d950), wie z. B. in Vereinen und Verbänden mitzuwirken, sollte gegeben sein (vgl. WHO 2001/2005, S. 119). Im Freizeitbereich geht es um eine Beteiligung an Spiel und Sport, Erholungsaktivitäten, Besuch von Fitnesseinrichtungen, Kunstgalerien, Kino, Theater etc., deren Teilhabe möglich sein sollte (d920) (vgl. WHO 2001/2005, S. 120).

Auch die Beteiligung an Menschenrechten (d940) und an politischem Leben und Staatsbürgerschaft (d950) steht im Fokus. Der genaue Wortlaut der ICF wird wegen der inhaltlichen Wichtigkeit im Folgenden zitiert:

> „**(d940) Menschenrechte** Die nationalen und internationalen anerkannten Rechte zu genießen, die Menschen allein aufgrund ihres Menschseins gewährt werden, wie die Menschenrechte der Menschenrechtsdeklaration der Vereinten Nation (1948) und die Rahmenbestimmungen für die Herstellung von Chancengleichheit von Personen mit Behinderungen (1993); das Recht auf Selbstbestimmung und Autonomie sowie das Recht, über sein Schicksal selbst zu bestimmen **(d950) Politisches Leben und Staatsbürgerschaft** Sich als Bürger am sozialen, politischen und staatlichen Leben zu beteiligen, der den rechtlichen Status als Staatsbürger besitzt und die damit verbundenen Rechte, den Schutz, die Vorteile und Pflichten genießt, wie das Wahlrecht wahrnehmen, für ein politisches Amt kandidieren, politische Vereinigungen gründen; die Rechte und die Freiheit eines Staatsbürgers zu genießen (wie das Recht auf Meinungs-, Versammlungs- und Religionsfreiheit, Schutz vor unverhältnismäßiger oder unrechtmäßiger Verfolgung und Gefangennahme, das Recht auf Rechtsberatung und Verteidigung, auf ein Gerichtsverfahren sowie andere Rechte und Schutz vor Diskriminierung); den rechtlichen Status als Staatsbürger haben" (WHO 2001/2005, S. 120).

Klassifikation der Umweltfaktoren, Kapitel 1: Produkte und Technologien (e110-e199)

Im Kapitel Produkte und Technologien werden in der ICF alle natürlichen und vom Menschen hergestellten Produkte, Ausrüstungen und Technologien, die sich in der unmittelbaren Umwelt eines Menschen befinden, auf die Verwendbarkeit für jeden behinderten Menschen überprüft. So sollen Behinderungen der Nutzung an den Produkten und Techniken vorgebeugt, gelindert, behoben, überwacht oder kompensiert werden (vgl. WHO 2001/2005, S. 124).

Im Kapitel 4, Einstellungen (e410-e499), werden die Einstellungen der Menschen mit beobachtbaren Konsequenzen gegenüber den Mitmenschen wegen Sitten, Gebräuche, Normen und Werte benannt. Einstellungen beeinflussen das individuelle Verhalten und das soziale Leben auf allen Ebenen. Zwischenmenschliche Beziehungen sowie Kontakte zu Gemeinde, politischen und wirtschaftlichen Strukturen können durch behindernde Einstellungen betroffen sein. Individuelle und gesellschaftliche Einstellungen können Mitmenschen diskriminieren und zu negativem und stigmatisierendem Umgang motivieren. In diesem Kapitel beziehen sich die in der ICF klassifizierten Darstellungen nicht auf die betroffenen sondern auf die mit ihnen agierenden Personen (vgl. WHO 2001/2005, S. 133).

Im Kapitel 6 (e510-e599) werden alle Dienste, Systeme und Handlungsgrundsätze beschrieben, die behindernde Einflüsse auf die Menschen haben können. Hierzu gehören alle strukturierten Programme und Tätigkeiten in verschiedenen Ebenen der Gesellschaft (Wohnungsbau, Telekommunikation, Stadt- und Landschaftsplanung etc.), die von privaten oder freiwilligen Personen, Vereinigungen, Parteien oder Organisationen erbracht werden (vgl. WHO 2001/2005, S. 134ff).

Neben der Möglichkeit durch die Nutzung der ICF und dem daraus resultierenden Bild über das Verhältnis von Funktionsfähigkeit, Aktivität und Teilhabe können weitere Brücken zu einer (behinderten-)pädagogischen Anwendung und Auslegung geschlagen werden. Die Schweizer Standortgespräche (vgl. Hollenweger/Lienhard, 2009, S. 16) verweisen insbesondere auf die Chance, unter Zuhilfenahme der ICF zu einem Rahmensystem für eine behindertenpädagogische Diagnostik zu gelangen und eine einengende Fixierung auf klassische Behinderungskategorien aufzubrechen.

3.3 Blindheit und Sehbehinderung im pädagogischen Kontext

Den Prozess der „Ablösung" eines pädagogischen Konzeptes von Blindheit und Sehbehinderung von den medizinischen Eckdaten (Definition nach Visusstufen vgl. ICD-10) kann mit der Einführung eines Mehrebenenmodells durch Corn datiert werden.

Die Qualität des Sehens bedingt sich neben der visuellen, physiologischen, instrumental messbaren Funktion (wie z. B. Visus und Gesichtsfeld) auch durch die individuellen Voraussetzungen und die visuellen Außenreize. Corn stellte mit ihrem „Faktorenmodell des funktionalen Sehvermögens" (vgl. Corn/Koenig, 2004, S. 11) dessen Vielschichtigkeit anhand eines Würfels dar (vgl. Abbildung 3.2.), hier in der deutschen Übersetzung von Rath. Aus diesem Faktorenmodell lässt sich folgern, dass keine generalisierenden oder verallgemeinernden Aussagen aufgrund einer klinisch diagnostizierten Sehbehinderung allein gemacht werden können. Pädagogische und didaktische Entscheidungen müssen mit dem Kind anhand seiner individuellen visuellen Fähigkeiten, individuellen Voraussetzungen und visuellen Außenreize getroffen werden (vgl. Krug, 2001, S. 17).

Mit der Einführung des Corn'schen Modells hat sich auch die Unterscheidung zwischen physiologischem (zuerst auch funktionellem) Sehen und dem funktionalem Sehen durchgesetzt. Ein weiterer Meilenstein in der interdisziplinären Nutzung dieser Begriffe wurde durch das Wirken der finnischen Ophthalmologin Hyvärinen gesetzt. „Bei der Untersuchung der Schulkinder und der Erwachsenen sind die folgenden vier Bereiche der Sehfunktionen von Bedeutung:

1. Kommunikation (sowohl von Person zu Person als auch in der Gruppe),
2. Orientierung und Mobilität (der gesamte Bereich „Wahrnehmung und Bewegung"),
3. Lebenspraktische Fertigkeiten oder Alltagspraktische Fertigkeiten und

4. Aufgaben, die ein länger andauerndes Sehen in der Nähe erfordern, z.B. Lesen und Schreiben (auf Englisch „sustained near vision tasks")" (Hyvärinen, o. J., o. S).

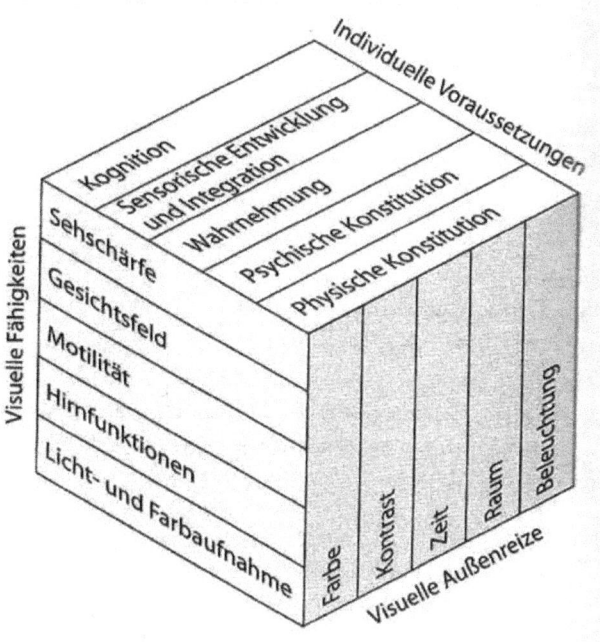

Abbildung 3.2: Faktorenmodell des funktionalen Sehvermögens nach Corn (Rath, 1987, S. 24)

Diese vier Bereiche haben im Report zum „Management of Low Vision in Children" (vgl. WHO, 1992, S. 8) Eingang in die globale Begriffsbeschreibung gefunden.

Pädagogische Relevanz erhalten die vier Bereiche durch den Denkansatz, dass es für einzelne Personen – abhängig von ihren individuellen Beeinträchtigungen des Sehens – unterschiedliche

Interventionen geben kann. Eine Person bedarf des Einsatzes von Blindentechniken in Orientierung und Mobilität (z. B. durch den Einsatz des Langstockes), in dem Bereich des Lesens kommen jedoch klassisch sehbehindertenpädagogische Interventionen (z. B. vergrößernde optische Hilfsmittel) zum Einsatz. Eine Festlegung auf eine der beiden Kategorien blind oder sehbehindert ist somit – bezogen auf die spezifischen pädagogischen Bedarfe der Person – nicht möglich und sinnvoll. Diesem „Näherrücken" der jahrzehntelang getrennt behandelten Fachrichtungen bildet auch die Empfehlung der Kultusministerkonferenz zum Förderschwerpunkt Sehen ab (KMK 1998). „Sehschädigungen können sich in unterschiedlichen Ausprägungen zeigen: Blinde Kinder und Jugendliche können nicht oder nur in sehr geringem Maße auf der Grundlage visueller Eindrücke lernen. Sie nehmen Informationen aus der Umwelt insbesondere über das Gehör und den Tastsinn sowie über die Sinne der Haut, des Geruchs und des Geschmacks auf. Die kompensierenden Funktionen dieser Sinne können durch geeignete Lernangebote entwickelt und gefördert werden.

Kinder und Jugendliche mit einer Sehbehinderung können ihr eingeschränktes Sehvermögen nutzen. Sie sind in vielen Situationen auf spezielle Hilfen angewiesen. Sie bedürfen besonderer Anleitung, sonderpädagogischer Förderung und technischer Hilfen. Dies kann auch bei Sehbehinderungen geringeren Grades notwendig sein wie bei Beeinträchtigungen des Sehvermögens beider Augen oder bei Einäugigkeit" (KMK, 1998, S. 3).

Ermittelt werden muss der schulische Förderbedarf anhand einer augenärztlichen Untersuchung, in der das Sehvermögen in der Ferne und Nähe, das Gesichtsfeld, der Farbsinn, der Lichtsinn mit Blendungsempfindlichkeit sowie das beidäugige Sehen festgestellt wurde (vgl. KMK, 1998, S. 12). Darauf aufbauend soll mittels einer pädagogisch-intendierten Überprüfung das funktionale Sehen erfasst werden, um die Erschwernisse durch die Sehbehinderung in den unterschiedlichen Alltagssituationen zu beurteilen. Zusätzlich werden hierbei die Kompensationsmöglichkeiten und -fähigkeiten des Kindes festgestellt. Durch Beobachtungen im Schulalltag kann auch eine Diagnostik für das funktionale Sehen und den daraus resultierenden Bedürfnissen wie Arbeitsplatzausstattung, Sitzplatz im Klassenraum, Beleuchtung, Medien etc. erstellt werden. Die weiteren individuellen sehbehindertenspezifischen Anpassungen, Methoden und Techniken für die einzelnen Unterrichtsfächer können über eine Alltagsdiagnostik im Zusammenhang mit dem Kind festgelegt werden (vgl. KMK, 1998, S. 13f), die wiederum auch außerhalb der Schule im sozialen Umfeld des Kindes zum Einsatz kommen können.

Dies zu berücksichtigen ist insofern von Relevanz, da Kinder mit einer Sehbehinderung nicht immer wissen, dass sie ein abweichendes Sehen haben, und nicht bemerken, dass sie etwas nicht sehen. Die Grenze des Sehens ist ihnen erfahrungsgemäß nicht bewusst. Bevor nicht eine diagnostische Überprüfung eine Sehbehinderung festgestellt hat, wird es für Außenstehende unerwartete Reaktionen des Kindes geben und diese als Unfähigkeit oder Sturheit missinterpretiert werden (vgl. Dutton, 2009, S. 25). Menschen mit Sehbehinderungen benötigen von daher vor, während und nach ihrer Schulzeit besondere Voraussetzungen in ihrem Alltag. Um festzustellen, welche Bedingungen für diese Menschen in der Schule und im Alltag adäquat sind, müssen spezielle Vorgehensweisen zur Feststellung und Einordnung der Sehbehinderung beachtet werden. Hier kommen die vier alltäglichen Sehfunktionen nach Hyvärinen zum Einsatz. Für das schulische Lernen ist der Punkt des längeren andauernden Sehens, insbesondere in Bezug auf das Lesen und Schreiben, relevant (vgl. Degenhardt, 2007, S. 44). Der Einfluss von Sehschädigungen auf den gesamten Menschen und seine kognitiven sowie körperlichen Fähigkeiten können sehr umfangreich sein. Seh- und visuelle Wahrnehmungsprobleme sind zunehmend auch in Verbindung mit geistigen Behinderungen, Körperbehinderungen, Lernbehinderungen, weiteren Wahrnehmungs- und Verhaltensauffälligkeiten oder auch bei Lese-Rechtschreib-Problemen vorhanden (vgl. Walthes, 2003, S. 10; KMK, 1998, S. 3); laut Hyvärinen haben 70 % der sehbehinderten Kinder weitere Behinderungen (vgl. Hyvärinen, 1993, S. 61).

Eine Unterscheidung von Sehbeeinträchtigungen nach der Lage der ursächlichen physiologischen Funktionsbeeinträchtigung nimmt Hyvärinen vor, wenn sie anteriorischen Sehbehinderungen (Schädigungen im Auge oder im Sehnerv) und posteriorischen Sehbehinderungen (Schädigungen in der Sehbahn und / oder dem Cortex) unterscheidet. Bei Kindern mit CVI (zerebrale Schädigungen) variieren die Sehleistungen im großen Maße. Sie sind nur mit sehr differenziertem und hohem Kenntnisstand über das visuelle System und darauf basierenden Beobachtungen zu ermitteln. Die angemessene Diagnostik beinhaltet Kenntnisse über visuelle Verarbeitungsprozesse, vor allem in den ventralen und dorsalen Gehirnarealen sowie deren funktionale Entsprechungen bezogen auf Bild-, Gesichter- und Objekterkennung (ventral, der „WAS-Pfad"), bzw. Orientierung im Raum und Bewegungswahrnehmung (dorsal, der „WO-Pfad") (vgl. Duton, 2009, S. 19; Bals, 2009, S. 18)

3.4 Diagnostik des Sehvermögens

Historisch waren die Überprüfungsmöglichkeiten für Fehlsichtigkeiten schon im Altertum bekannt. Im Alten Ägypten (ca. ab 2500 v. Chr.) wurden die Sehfähigkeiten durch Priesterärzte an der Wahrnehmung von Doppelsternen am Himmel gemessen. Beeinflusst wurden hierbei jedoch die Ergebnisse der Untersuchungen von den Sternabständen mit ihrer Helligkeit von denen des den Stern umgebenden Himmels und den jeweiligen Wetterbedingungen (vgl. Körner, 1995, S. 3). Erst ab dem 17. Jahrhundert wurden weitere Erkenntnisse über das Sehen, die Augenfunktionen und Anfänge der Korrektur der Fehlsichtigkeiten beschrieben. Die Feststellungen zur Abhängigkeit der Netzhautrezeptorengröße von der Sehfähigkeit feiner Details und dem Auflösungsverhalten waren hierbei für die weitere Forschungsarbeit ausschlaggebend (vgl. Körner, 1995, S. 3). Forschungen zur Messung der optischen Wahrnehmungsmöglichkeit wurden mithilfe von Sternenkonstellationen am Himmel, mit Linien von Schachbrettmustern, Spinnfäden, Streifen wellenförmig und perlschnurartig etc. weitergeführt. Hieraus bildete sich zum Ende des 19. Jahrhunderts, gestützt auf wissenschaftliche Untersuchungen, die Erkenntnis, dass das Sehen nicht entwicklungsgemäß von alleine passiert, sondern dass die quantitative und qualitative Raumanschauung nur durch Erfahrung gewonnen werden kann (vgl. Körner, 1995, S. 4). Basis der durchgeführten Sehuntersuchungen zur Visusbestimmung war die Hauptpunktsehschärfe, die 1862 von Snellen und Giraud-Teulon als „die Fähigkeit, zwei Punkte noch getrennt wahrnehmen zu können" näher beschrieben wurde (vgl. Körner, 1995, S. 6).

Javal beschrieb diese Wahrnehmung zweier zusammen liegender Punkte/ Bilder physiologisch anhand der Zapfenwahrnehmung. Es kann jeder Zapfen nur ein Potential weiterleiten. Wenn zwei Bilder auf einen Zapfen fallen, dann wird auch nur ein gesamtes Bild wahrgenommen und es entsteht das Bild eines Gesamtpunktes. Ist der Abstand der zwei Punkte so weit auseinander, dass sie von zwei nebeneinanderliegenden Zapfen getrennt wahrgenommen werden, werden diese zwei Punkte auch als zwei Bilder wahrgenommen (vgl. Javal, 1907, S. 87).

Zeitgleich mit Snellen wurde von Donders das „Minimum legibile", das beste Formerkennungsvermögen beim Lesen von Buchstaben auf Sehprobentafeln, erstellt (vgl. Huber, 1998, S. 123; Meister, 1998, S. 3; Körner, 1995, S. 120). Um das visuelle Auflösungsverhältnis bestimmen und an vorgegebenen Größen messen zu können, wurden spezielle Sehzeichen entwickelt. Die ersten Sehprobentafeln für die Ferne mit abgestuften Buchstabengrößen, jedoch in individuellen Buchstabenformen, wurden 1854 veröffentlicht. Auf später erscheinenden Sehprobentafeln wurden einzelne Formen wie das E-Zeichen von Snellen (vgl. Abbildung 3.3) in unterschiedlichen Größen und Schriftdicken sowie ein geometrisch geteiltes Quadrat abgebildet, in das lateinische, gotische, russische und japanische Zeichen eingesetzt werden konnten. So wurde eine Gleichmäßigkeit in der Flächenverteilung der Schriftfarbe und der Untergrundfarbe unter der Maßgabe der Winkelminute eingehalten.

Abbildung 3.3: Snellen-Optotypen (Pschyrembel, 1982, S. 1115)

Die Snellen-Sehzeichen, speziell das „E" auch Snellen-Haken genannt, sind in fünf waagerechte und senkrechte gleichmäßig dicke Linien und Abstände aufgeteilt. Die Höhe entspricht somit auch der Breite des Zeichens. Die Gesamtgröße und die Abstände der Sehzeichen auf den Sehtafeln sind proportional zueinander. Durch die quadratische Form sind beim „E" nur die Stellungen der Öffnungen nach links, rechts, oben und unten möglich. Der Proband muss bei der Untersuchung mit diesem E-Zeichen mit der Hand in die Richtung zeigen, in der die Öffnungen sind. Bei erheblichen Verständigungsschwierigkeiten bekommen die Probanden ein E-Snellen-Modell (Sehzeichen-Gabel) und halten es entsprechend der Darstellung.

Aus dieser Zeit entstammt der Begriff Optotypen, da bis dato nur mit einzelnen gleichförmigen und unterschiedlich großen Zeichen zur Visusbestimmung in der Ferne gearbeitet wurde. In der Folgezeit entstanden viele Variationen an Optotypen (vgl. Abbildung 3.4), wobei sich die Messung mit dem Landolt-Ring durchgesetzt hat. Der Landolt-Ring ist ein kreisförmiges Sehzeichen mit einer

Lücke, bei dem die Lücke und die Strichstärke des Zeichens ein Fünftel des Optotypen betragen muss (vgl. Schultze, 2002, S. 1).

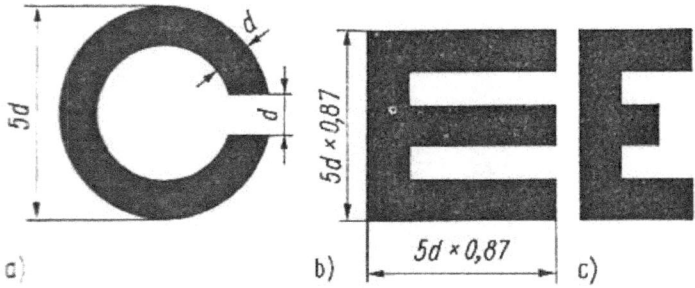

Abbildung 3.4: Der a) Landolt-Ring, b) Snellen-Haken und der c) Pflüger-Haken (Methling / Maxam, 1989, S. 118)

Auf dem Internationalen Ophthalmologenkongress 1909 wurde der Optotyp Landolt-Ring als international verbindliches Sehzeichen zum Messen des Sehvermögens für die Ferne eingeführt. Landolt selbst stellte bei genauerer Analyse fest, dass der Optotyp Landolt-Ring nicht neutral ist, weil der Landolt-Ring in der Stellung mit rechtsseitiger Öffnung dem Buchstaben „C" gleicht und die Fehlerquote für Schriftkundige reduziert sei (vgl. Körner, 1995, S. 8; Buser, 1990, S. 3).

Bei der Sehschärfenprüfung wird im Allgemeinen die Fähigkeit gemeint, zwei nebeneinanderliegende Objekte als gerade noch getrennte Objekte in einem gewissen Betrachterabstand wahrzunehmen. Dies ist bei normaler Netzhaut unter dem Gesichtswinkel von einer Bogenminute möglich. Ausgehend davon, dass ein Vollwinkel (Kreis) 360 Grad beinhaltet, besteht ein Grad in der nächsten kleineren Einheit aus 60 Bogenminuten, somit dem 60. Teil eines Winkelgrads.

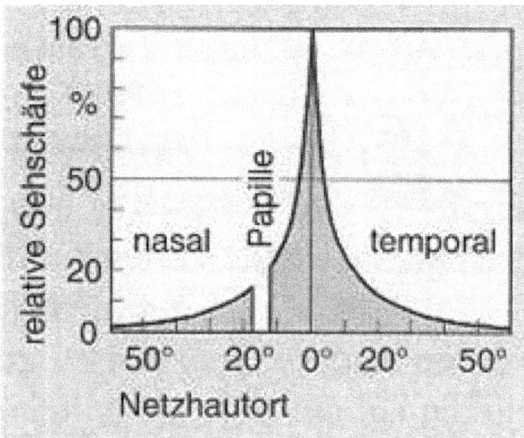

Abbildung 3.5: Die Verteilung der Sehschärfe im Auge (Goersch, 2000, S. 77)

Die höchste Sehschärfe mit dem Visus 100% ist auf der x-Achse (vgl. Abbildung 3.5); nach links (nasal) und rechts (temporal) auf der waagrechten Achse nimmt die Sehschärfe, hier in Grad dargestellt, ab. Im Bereich der Papille (Sehnervenaustritt) auf der Fovea centralis, sie liegt bei ca. 12–17°, wird nichts wahrgenommen (vgl. Grehn, 2006, S. 35).

Basierend auf dieser Erkenntnis besteht der von Snellen entwickelte Snellen-Haken, dessen Gesamthöhe unter einem Winkel von 5 Bogenminuten des Gesichtsfeldes erscheint und dessen Linien jeweils unter einer Bogenminute liegen. Die Strichstärke ist gleich d und der Durchmesser beträgt demnach 5 x d. Wird ein Sehzeichen von einem normalen Auge in fünf Meter Distanz erkannt, entspricht es einem Visus von 5/5 = 1.0. Wird das Sehzeichen von der Testperson erst in vier Meter Distanz erkannt, beträgt die Sehschärfe 4/5 bzw. im Kehrwert 0.8. Diese Visus-Berechnungsgrundlage wird allgemein angewendet (vgl. Meister, 1998, S. 6; Gitter, 2004, S. 25).

Unter Beibehaltung des Symbolcharakters, der Winkelmaße und dem Verhältnis zwischen Vorder- und Hintergrund entwickelten die Wissenschaftler um 1900 noch weitere Varianten an Optotypen. Die gewonnenen Erkenntnisse der optischen Wahrnehmung ermöglichten weiterführende Forschungen im Bereich der Optotypen. Im folgenden Jahrhundert wurden, unter Berücksichtigung der Abhängigkeiten der Helligkeitswerte zwischen Bild und Untergrund sowie die Raumlagebeziehungen benachbarter Sehzeichen, entsprechende Optotypen entwickelt. Dass waagerecht angeordnete Sehzeichen besser zu erkennen sind als senkrechte, war eine weitere Erfahrung in der Entwicklung der Optotypendarstellung (vgl. Körner, 1995, S. 16). In Folge wurde ferner festgestellt, dass jede Optotypenbenennung auch eine Intelligenzleistung ist, bei der es um das Vergleichen von Zeichen geht, wobei die allgemein bekannten Zeichen mit Symbolcharakter schneller erkannt werden. Für das Erkennen dieser Symbole ist dann keine vollkommen visuelle Auflösung mehr nötig, jedoch müssen andererseits die unbekannten Symbole beschrieben werden, was zu verbalen Fehlinterpretationen führen kann. Von daher ist der Landolt-Ring, der bei der Untersuchung in den acht möglichen Stellungsarten dargestellt werden sollte, als das neutralste Sehzeichen für den Fernvisus zu bewerten, wie es in der DIN 58220 vorgegeben ist (vgl. Körner, 1995, S. 119).

Unter dem Aspekt der Einsatzfähigkeit bei Kindern im Vorschul- und Schulalter sowie bei Kindern mit mehrfachen Beeinträchtigungen (insbesondere in Bezug auf Kategorien wie rechts, links, oben und unten bzw. Erfassen komplexer Zeichen) entwickelte Hyvärinen ein Testsystem, bestehend unter anderem aus LEA-Symbols und LEA-Numbers (vgl. Abbildung 3.6).

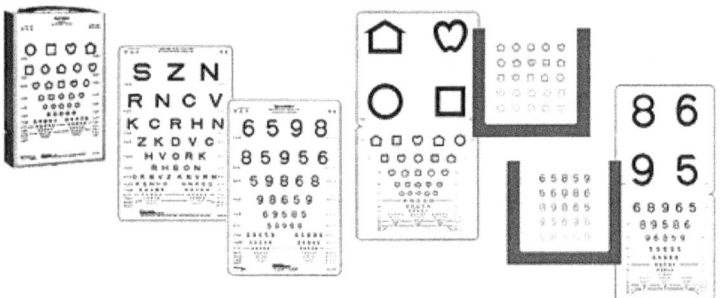

Abbildung 3.6: LEA-Symbols und LEA-Numbers (Hyvärinen, 2009, o. S.)

Abhängig von der Überzeugung, dass der Visus in der Ferne ausreichend Informationen über das Sehvermögen beinhaltet, fanden bei frühen Untersuchungen die Nahsehproben unzureichend Beachtung. Bei den Nahsehproben geht es um das Wahrnehmen von Zeichen (meist Buchstaben) in einem kurzen Abstand, wie es beim Lesen erforderlich ist. Hierfür wurden in einer ersten Phase Lesetexte in unterschiedlichen Größen, die auf das beste Formerkennungsvermögen beim Lesen (legibile) aufgebaut sind, als geeignet angesehen (vgl. Körner, 1995, S. 120). Bis heute wurde jedoch entgegen der Regelungen für die Optotypen in den Fern-Visus-Testtafeln noch keine einheitliche Regelung über die Art der Sehzeichen, der Schrifttypen, des Zeilenabstandes und die Prüfdistanz getroffen. Die Angaben für die konkrete Lesedistanz werden von den Herstellern der Nahsehproben mitgeliefert. Es werden im Schnitt Abstände von 20 bis 40 cm als „Reichweite" bzw. „Arbeitsdistanz" genommen, die sich zwischen Erwachsenen und Kindern unterscheiden können (vgl. Meister, 1998, S. 9; Gitter, 2004, S. 25). Auch ist der Unterschied zwischen einem Fernvisustest (Erkennen eines Abstandes innerhalb eines Zeichens) und einem Nahvisustest, der das Beherrschen der Kulturtechnik des Lesens voraussetzt, dramatisch. Ein weiteres Problemfeld entstand durch die Zielstellung, die Buchstaben an die Form des Snellen-Hakens anzupassen. Damit sollte erreicht werden, dass die grafischen Faktoren, insbesondere die Grauwertverteilung auf der Fläche, ähnlich dem Snellenschen-Prinzip sind. Der Buchstabe lässt sich somit, ähnlich dem Snellen-Haken, in fünf waagerechte und senkrechte Einheiten einteilen (vgl. Meister, 1998, S. 14). Diese Anpassungen an die Snellen-Vorgaben veränderten die ursprünglichen Typographien für die Nahsehüberprüfung stark. Die Varianten an Buchstaben-/Schrifttypen waren dem folgend in der Entwicklung vielschichtig; Buchstabengrößen und -abstände im Verhältnis zur Fläche waren eine Möglichkeit des Variierens. Weiterhin wurden Druckschriften oder gotische Schriften eingesetzt. Um die Gleichwertigkeit der Farbflächen auf der Präsentationsfläche zu erhalten, waren die Entscheidungen nur Groß- oder Kleinbuchstaben mit oder ohne Ober- und Unterlängen nicht immer einheitlich. Ob mehrere Buchstaben als Reihe oder als sinnvoller Text oder selbst entworfene Buchstabenvarianten nach dem Snellenschen-Prinzip etc. die ausschlaggebenden Kriterien an die Formgestaltungen waren, ist nicht einheitlich bestimmt worden. Die Vielfalt der Schriftformen für die Nahsehproben umfassten in ihrem Entwicklungsverlauf Antiqua-, Fraktur- und DIN-Schriften (vgl. Abbildung 3.7), alle mit und ohne Serifen, was im Endergebnis keine einheitliche Klärung darüber brachte, wie die Nahsehschärfe am genauesten gemessen werden kann (vgl. Meister, 1998, S. 15f; Javal, 1907, S. 91).

Abbildung 3.7: Historische Sehtafel mit Fraktur- und Antiquaschrift (optiker.at, 2009, o. S.)

Bislang hat man sich darauf verständigt, neben den herkömmlichen Sehzeichen für die Nah- und Fernvisusbestimmung, für den täglichen Gebrauch Nahsehproben mit Buchstaben, Zahlen und Lesetexte zu nehmen (vgl. Meister, 1998, S. 19; DOG, 2009, S. 22), wobei die Buchstabentype und Textsorte nicht festgelegt ist, sie sollten nur die Bedingungen der Lesbarkeit und Verständlichkeit erfüllen (vgl. Meister, 1998, S. 32; DOG, 2009, S. 22). Die Abstufungen der Optotypengrößen, wie die nächste Stufe der Buchstabengröße zu berechnen sei, wurde 1990 durch die DIN 58220 festgelegt, wonach die Sehprobendarstellungen geometrisch logarithmisch gestuft sein müssen (vgl. Meister, 1998, S. 27).

Eine Lösung für die Aufgabenstellung, einen von der Lesekompetenz unabhängigen Nahvisus zu bestimmen, ist die Übertragung des Optotypenansatzes auf eine definierte Testentfernung von 40 cm, wie sie in den Nahsehschärfetests wie z. B. LEA-Symbols umgesetzt sind.

Eine weitere Herausforderung besteht in dem Abschätzen des Vergrößerungsbedarfs. Hierbei gilt es nicht die Sehleistung unter größtmöglicher Anstrengung zu ermitteln, sondern das Sehen in der Nähe (vorrangig das Lesen) zumeist mit Hilfsmittel in einer komfortablen Art umsetzen zu können. Mit diesen Leseproben wird der Vergrößerungsbedarf für die Verordnungen von optischen oder elektronischen Vergrößerungsmedien abgeschätzt. Die Leseproben mit Texten sind, je nach Hersteller und Testzweck, in der für diese Textgattung gewöhnlichen Typographie und Schriftgröße, wie z. B. Lexikon, Telefonbuch, Fahrplanausschnitt, Musiknoten, Arzneimittelverpackung, Landkartenausschnitt, Tageszeitung, Buch, Geschäftsbrief mit und ohne Serifen hergestellt (s. Anhang: Nahsehproben aus dem Alltag von Oculus-Nahsehprobe, o. J.; Reinecker-Nahsehprobe für elektronische Lesegeräte, o. J.; Schweizer-Optik-Testkarte, o. J.; Zeiss Nahsehprobe (2007); Zeiss Nahsehprobe für sehbehinderte Patienten (2007)).

Für sehbehinderte Testpersonen sind von Buser Sehtafeln speziell für Kinder mit einer Testreihe in Form von serifenlosen Sätzen und Zahlenreihen erstellt worden. Dieser Test wird im Abstand von 25 cm gelesen. Buser geht in der Beschreibung des Lesetests für Kinder davon aus, dass eine serifenlose Schrift von den Kindern, besonders in der Leselernphase, bevorzugt wird. Beim Übergang zum Zahlentest werden die Zahlen, die teilweise in Einerformation aber auch in Blöcken dargestellt sind, einzeln nacheinander vorgelesen (vgl. Buser, 2004a, o. S.).

Für ältere Leser sind von Buser Testtafeln mit Sätzen in Buchstaben mit Serifen entwickelt worden, deren Erscheinungsbild einem Zeitungsdruck angenähert ist. Die dreizeiligen Texte werden von dem Leser im Abstand von 25 cm gelesen und daraus der Vergrößerungsbedarf ermittelt (vgl. Buser, 2004b, o. S.).

Für geistig behinderte Personen wurde von Buser et al. ein zusätzlicher Lesetest mit Zahlen aus der Schriftfamilie der serifenlosen Schriften entwickelt. Mit einfachen Zahlen (0, 2, 3) in unterschiedlichen Konstellationen wird der Vergrößerungsbedarf bei diesen Menschen ermittelt. Warum nur diese drei Zahlen zur Verfügung gestellt werden, wird nicht genannt (vgl. Buser, 2005, o. S.). Alle Buser-Tests gibt es zum kostenlosen Download von der Homepage des Schweizerischen Zentralvereins für das Blindenwesen (www. szb.ch).

Eine Besonderheit bei der Bestimmung des Sehvermögens entsteht bei der Gruppe der Säuglinge und Kleinkindern sowie bei Kindern mit mehrfachen Beeinträchtigungen. Wissen um Schrift und um die Bedeutung von Zeichen, ein sicheres Beherrschen der Raum-Lage-Beziehung und die Fähigkeit der verlässlichen sprachlichen Kommunikation sind Voraussetzungen für die o. g. Testverfahren. Dementsprechend bedienen sich Ophthalmologen und Low-Vision-Spezialisten für die Sehuntersuchungen von Säuglingen und Kindern mit mehrfachen Beeinträchtigungen der

Methode des „preferential looking". Basierend auf dem Wissen um das Sehverhalten bei Säuglingen ab der Geburt und im weiteren Verlauf der Augen- und Sehentwicklung entwickelte Teller 1974 die PL-Methode. So sind, bedingt durch den Wachstumsverlauf der Augen, die Entwicklungen im peripheren Netzhautbereich früher entwickelt als im fovealen Bereich, was sich später im Erwachsenenalter umkehrt. Man geht davon aus, dass die visuellen Funktionen der peripheren Netzhautareale von Säuglingen zuerst genutzt werden, bis die Fovea ausreichend entwickelt ist (vgl. Gottlob, 1999, S. 193). Um bei Säuglingen und präverbalen Kindern die Sehschärfe bzw. das Sehverhalten zu bestimmen, werden als optische Stimuli z. B. schwarz und weiß gestreifte Streifen verwendet. Hiermit wird die Gittersehschärfe bestimmt, was nicht mit einer Optotypenmessung für Erwachsene vergleichbar ist. Die Gittersehschärfetests werden auf z. B. tellerartigen Platten dargeboten und haben strukturierte Flächen, die von den kleinen Kindern vorrangig bevorzugt betrachtet und fixiert als gleichhelle unstrukturierte Flächen (preferential looking (PL)) wahrgenommen werden. Aber auch mit ähnlichen Untersuchungsmethoden wie „visuell evozierte Potentiale (VEP)" und dem „optokinetische Nystagmus (OKN)", bei denen die Streifenmuster im Gesichtsfeld bewegt werden und so Augenbewegungen beim Säugling auslösen (vgl. Gottlob, 1999, S. 194; Degenhardt, 2007, S. 54). Diese Testmethode basiert auf der Erkenntnis, dass für alle höher entwickelten Organismen Bewegungen Signale wie z. B. Gefahr auslösen. Ruhende Teile bedeuten keine Gefahr. Der Reiz wird über die Gesichtsfeldperipherie ausgelöst, da Bewegungen dort reflektorische Blickbewegungen auslösen. Dieser Teil der menschlichen Entwicklungsgeschichte des Auges ist in der Bewegungswahrnehmung erhalten geblieben (vgl. Gregory, 2001, S. 128). Beim optokinetischen Nystagmus stabilisiert ein physiologischer Reflex während des Betrachtens ein Bild auf der Netzhaut, z. B. gleichmäßige Streifen, die auf einer drehbaren Tonne abgebildet sind. Wird dieses Tonnenbild weiterbewegt, folgen die Augen diesen Streifen. Nach einer Strecke, bei der ein neuer Streifen sich in den Blickbereich schiebt, macht das Auge automatisch eine Rückstellbewegung auf den neuen Bildausschnitt (vgl. Abbildung 3.8). Durch diese Rotation kann ein regelmäßiger Nystagmus erzeugt werden. Werden die Streifen und Zwischenräume enger angeordnet, reagiert das Auge des Betrachters ab einem gewissen Abstand nicht mehr und der Visus kann so annähernd festgestellt werden (vgl. Baalbaki, 2003, S. 9).

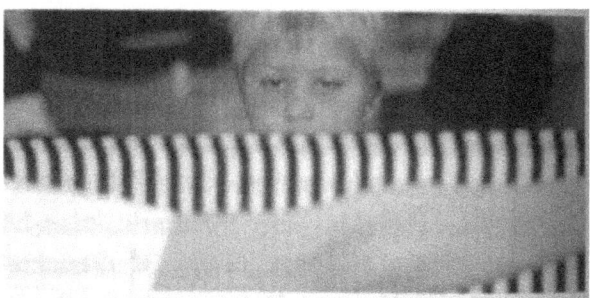

Abbildung 3.8: Testanordnung zum Optokinetischem Nystagmus (Gruber/Hammer, 2000, S. 96)

Arntzen et al. beschreiben eine umfassende Diagnostik mit der Unterscheidung zwischen dem funktionellen/physiologischen Sehen und dem funktionalen Sehen. So sollten bei Augenuntersuchungen Durchführungsarten gewählt werden, die Rückschlüsse auf das funktionelle/physiologische und das funktionale Sehen gleichermaßen geben können. Dies ist besonders dann nötig, wenn die Untersuchungen bei sehgeschädigten Kindern mit zusätzlichen Beeinträchtigungen durchgeführt werden sollen. Bei Untersuchungen in einer Arztpraxis können auf Grund der unbekannten Umgebung mit diesen Kindern in der Kommunikation Probleme entstehen (vgl. Arntzen et al, 2006, S. 2). Eine Beurteilung des Sehens in einer gewohnten Umgebung wie in einem Kindergarten oder in einer Schule geben dem Kind Sicherheit und Geborgenheit und man erhält genauere Angaben zum physiologischen und dem funktionalen Sehen. Bei einer Untersuchung des physiologischen Sehens werden z. B. die Sehschärfe, das Gesichtsfeld oder auch die Funk-

tionstüchtigkeit der Augen überprüft. Die funktionale Leistungsfähigkeit wird in der wirklichen Umwelt des Kindes überprüft und
die visuelle Leistungsfähigkeit wird im Bereich des gut Verwendba-
ren gemessen. Diese Überprüfungen werden im Zusammenwirken
mit den sensorischen, motorischen und kognitiven Systemen bei
alltäglichen Aufgaben durchgeführt (vgl. Arntzen et al, 2006, S. 3).

Die Unterscheidungen zwischen dem funktionellen/physiologi-
schen und dem funktionalen Sehen werden bei Henriksen anhand
einer Tabelle aufgezeigt.

PHYSIOLOGISCHES SEHEN	FUNKTIONALES SEHEN
Beschreibung des Auges und der vi-suellen Funktionen (Refraktion, Seh-schärfe, Gesichtsfeld)	Beschreibung der visuellen Fähigkei-ten und der visuellen Funktionen ei-ner Person
Unter klinischen Bedingungen (beim Augenarzt, in der Klinik)	Bei Anforderungen im Alltag (im El-ternhaus, Kindergarten, Schule)
Monokulare Messung (jedes Auge ein-zeln)	Binokulare Messung (beide Augen)
Absolute Visusgrenze (bei maximaler Anstrengung)	Suprathreshold: Oberhalb der Vi-susgrenze (komfortables Sehen)
Messung einzelner Variablen zur Zeit	Beeinflusst durch mehrere Variablen
Statische Umgebung	Dynamische Umgebung

Tabelle 3.2: Unterscheidung zwischen dem funktionellen/physiologischen und
dem funktionalen Sehen (Henriksen, 2009, S. 2)

Die zu untersuchenden Bereiche können folgende visuelle Aspekte
einbeziehen:
- „Visuelle Aufmerksamkeit (bei Tageslicht und im abgedunkel-
  ten Raum)
- Reflexe (Pupillenreflex, Lidschlagreflex, Hornhautreflex)
- Akkommodation
- Konvergenz und Divergenz

- Visumotorik (Fixation, Folgebewegungen)
- Optokinetischer Nystagmus
- Formwahrnehmung
- Farbwahrnehmung
- Visus (Visusäquivalent)
- Vergrößerungsbedarf
- Kontrastwahrnehmung
- Binokularsehen
- Bewegungswahrnehmung
- Gesichtserkennung
- Gesichtsfeld
- Visuell gesteuerte Bewegungen
- Lichtbedarf" (Henriksen, 2009, S. 3)

4 Pädagogik bei Beeinträchtigung des Sehens

4.1 Historische Entwicklung: Von der Blindenbildung zur Sehbehindertenpädagogik – von der Sehschonung zur Seherziehung

Zu Beginn der Blindenpädagogik in der ersten Hälfte des 19. Jahrhunderts wurden blinde Schüler bis zu ihrem 10.-12. Lebensjahr in den Volksschulen an ihrem Heimatort unterrichtet. Danach hatten sie die Möglichkeit, wenn der Platz dort vorhanden war, in eine Blindenanstalt aufgenommen zu werden (vgl. Beyer, 2008, S. 68). Dabei wurden die Bereiche Blindheit und Sehbehinderung nicht unterschieden. Es handelt sich jedoch bei Blindheit und Sehbehinderung um unterschiedliche Formen und Auswirkungen einer Schädigung bzw. das Nichtvorhandensein oder Einschränkungen der optischen Wahrnehmungsmöglichkeit. Der Oberbegriff Sehschädigung bezieht sich nur auf die Ursachen und Erscheinungsformen bei Blindheit oder Sehbehinderungen, die Anforderungen an die Umwelt sind aber bei Sehschädigungen wie sehbehindert, mehrfachbehindert-sehgeschädigt oder blind, und dabei wiederum blindgeboren oder erblindet gänzlich unterschiedlich (vgl. Walthes, 2003, S. 15).

Durch die andersgearteten optischen Wahrnehmungsmodalitäten, die bei jeder Sehbehinderung individuell und in der Ausprägung verschieden ist, wird deutlich, dass für sehbehinderte Schüler eine andere spezielle Pädagogik gefordert ist als für normalsichtige Menschen (vgl. Boldt, 1971, S. 55).

Die Blinden- und Sehbehindertendidaktik sind zwei spezifische Disziplinen neben der Allgemeinen Didaktik und der Fachdidaktik. Die Didaktik für sehbehinderte Schüler basiert auf der Didaktik für blinde Kinder, die Loslösung ist historisch ein Resultat aus der Aktivität vieler Pädagogen und Ärzte, die die sehbehinderten Schüler nicht als halbblind oder als Versager etc. sahen, sondern wussten, dass sie eine spezielle sehspezifische Förderung brauchten. Der Sehschonungsgedanke spielte bei ihrer Entwicklung eine wesentliche Rolle, die durch den Augenarzt Levinsohn medizinisch als fachlich kontraproduktiv begründet und verworfen wurde (vgl. Levinsohn, 1908, S. 200) und eine Änderung der Pädagogik für sehbehinderte Schüler bewirkte. Statt der Sehschonung wurde nachfolgend im Laufe der Zeit die Sehschulung praktiziert. Levinsohn und andere entwickelten hierfür einen speziellen Lehrplan für die Berliner Sehschwachenschulen (vgl. Rath, 1987, S. 64). Inhaltlich wurde auch für die sehbehinderten Schüler in dieser Zeit der Schwerpunkt auf das Tasten und Hören gelegt, was eine Förderung und Steigerung dieser Sinneskanäle bedeutete aber nicht das Lernen vereinfachte (vgl. Degenhardt, 2009a, S. 67).

4.2 Unspezifizierte Unterrichtung in Blinden- oder allgemeinen Schulen

Historisch war ab ca. 1900 die Beschulung sehbehinderter Kinder aufgrund der Initiative engagierter Blindenpädagogen, Augenärzte, Schulhygieniker (heute Schulärzte) und Heilpädagogen (Hilfsschullehrer) erwachsen. Sie alle hatten ihre speziellen Erfahrungen und Vorstellungen, wie sehbehinderte Schüler zu beschulen seien. Ausgehend von den Kontakten und pädagogischen Interessen von Augenärzten zu Schulen im Ausland (England, Ungarn, USA und Österreich) wurde die institutionalisierte Sehbehindertenbeschulung vorangetrieben. Im deutschsprachigen Gebiet wurden die ersten Sehbehindertenschulen in Mühlhausen/Elsass, Straßburg/Elsass, Berlin, Dortmund und Essen gegründet. Das Ziel war, den sehbehinderten Schüler zu einem körperlich und geistig vielseitig gebildeten Mitglied der Gesellschaft zu machen. Inhaltlich orientierte man sich an den allgemeinen Lehrplänen unter Berücksichtigung der medialen Bedürfnisse (vgl. Rath, 1987, S. 64).

4.3 Segregation

Die eigenständige Sehbehindertenpädagogik in den dafür geschaffenen Sehbehindertenschulen orientierte sich im weiteren Entwicklungsverlauf in ihren Curricula an den Bildungsanforderungen der allgemeinen Schule und integrierte die sehbehindertenspezifischen Aspekte wie Methoden und Medien für den Unterricht. Die extreme Heterogenität der Sehbehinderungsarten der Schüler bedingte auch, dass es eine einheitliche Unterrichtsgestaltung nicht geben konnte, wenn man die spezifischen Sehbehinderungen der Schüler berücksichtigen wollte (vgl. Rath, 1987, S. 85). Durch die Orientierung an den allgemeinen Didaktiken und die Einbeziehung der blinden- bzw. sehbehindertenspezifischen Didaktik wurde der Begriff „Duales Curriculum", auch synonym „erweiterter basaler Bildungsplan", 1988 von Phil Hatlen geprägt (vgl. Hatlen, 1991, o. S.; Beyer, 2008, S. 74).

Entsprechend der KMK-Empfehlungen war man auch bestrebt, kombinierte Blinden- und Sehbehindertenschulen in Deutschland zu schaffen. Hier kann von einer Rückbesinnung aus den Anfängen der Blindenpädagogik gesprochen werden, in der die sehbehinderten Schüler schon in den Blindenschulen mit unterrichtet wurden (vgl. Degenhardt, 2009a, S. 67). Der Unterschied zu den aktuellen Entwicklungen ist, dass eine klare Abgrenzung von außen (blind-sehbehindert) nichts mit der Realität der sehgeschädigten Schüler zu tun hat. Kontraproduktive Diskussionen über die Frage ´wer ist blind und wer ist sehbehindert´ kann keine klare pädagogische Trennung schaffen. Weder medizinisch noch rechtlich festgelegte bzw. pädagogisch anwendbare Bestimmungen der Visusgrenzen können die unterschiedlichen schulischen Zuweisungen begründen. Es entsteht ein Hindernis in der pädagogischen Arbeit, da die verschiedenen individuellen Sehvermögen in bestimmten Handlungen der betroffenen Schüler eine Kategorisierung unmöglich machen. Schulorganisatorische Trennungen in blind, hochgradig sehbehindert und sehbehindert verhindern eine individuelle didaktische Entscheidung. Kombinierte Klassen können sich auf die individuellen Fähigkeiten und pädagogischen Möglichkeiten der sehgeschädigten Schüler konzentrieren ohne dass ein Schulwechsel anstehen muss (vgl. Degenhardt, 2009a, S. 68).

In entsprechenden behinderungsspezifischen Unterrichtsphasen (z. B. Erlernen der Punktschrift/Schwarzschrift) werden blinde und sehbehinderte Schüler im kombinierten Unterricht getrennt unterrichtet, um so den individuellen behinderungsspezifischen Bedürfnissen nachzukommen. Degenhardt stellte in seiner Aqua-Studie schon 1998 einen Trend dieser Veränderungen auf organisatorisch-strukturellem Gebiet durch die Einrichtung von immer mehr Klassen mit blinden und sehbehinderten Schülern fest. Ca. 63 % der Grund- und Hauptschulen an Sonderschulen für Sehgeschädigte unterrichten blinde und sehbehinderte Kinder gemeinsam (vgl. Degenhardt, 1998, S. 57).

4.4 Das Normalisierungsprinzip als Vorbereiter der integrativen/inklusiven Beschulung

1959 formulierte der dänische Jurist Niels Erik Bank-Mikkelsen die sozialpolitische Leitidee der Normalisierung, die zum Ausgangspunkt des internationalen Reformkonzepts für die Hilfe für behinderte Menschen wurde. Ausgehend von geistig behinderten und schwach begabten Menschen sollte laut Bank-Mikkelsen auf die kritikwürdigen Lebensbedingungen und Versorgungsstrukturen hingewiesen werden. Diese Leitidee mit Blick auf die Menschen mit geistigen Behinderungen verbreitete sich nach fachlicher und wissenschaftlicher Durchdringung in Schweden (Bengt Nirje), Amerika (Wolf Wolfensberger) und Deutschland (Walter Thimm). Durch das Normalisierungsprinzip sollte das Dogma Verwahren und Bewahren unter der Prämisse Segregation und Diskriminierung abgeschafft werden. Die Normalisierung beinhaltete die Forderungen, dass die Lebensstandards wie Lebensbedingungen, Rechte, Wahl- und Partizipationsmöglichkeiten denen der nichtbehinderten Menschen entsprechen (vgl. Beck, I., 2001, S. 83). Eine Erweiterung auf die Lebensbereiche wie Arbeit, Wohnen und Freizeit war eine konsequente Forderung. Die bislang von westlichen Gesellschaften vorgenommene Trennung von nichtbehinderten und behinderten Menschen sollte aufgehoben werden. Die Auflösung der getrennten Lebensbereiche sowie in einer Gemeinde integriertes und selbstständiges Wohnen, der Schulbesuch, Berufstätigkeit, Freizeit und Ferien, Partnerschaft und soziale Bindungen sollten auch für behinderte Menschen normal sein. Ein normaler Umgang mit der Respektierung des Individuums sollte einen paradigmatischen Wechsel von der am Defekt orientierten Behandlung zur Persönlichkeitsentwicklung und sozialen Teilhabe durch Bildung und Erziehung bedingen (vgl. Thimm, 1971, S. 83; 1977, S. 101). Die normative Begründung für das Normalisierungsprinzip findet sich in den Werten der Gleichheit, Solidarität und Menschenwürde sowie in einem Verständnis von sozialer Politik und Dienstleistung. Die Gestaltung menschenwürdiger Lebensverhältnisse und die Respektierung und Würde des Individuums sollten bei allen originären Vertretern nachweisbar sein. Selbstverständlich beinhaltet die Normalisierung spezielle Hilfen für eine gleichberechtigte Chance und Entwicklungsbedingungen. Das Ziel der Normalisierung ist es, ein Leben so normal wie möglich für alle zu ermöglichen (vgl. Beck, I., 2001, S. 84/85).

Normalität für alle Menschen in einer Welt heterogener Menschen bedeutet, den Menschen einen Lebensstandard zu ermöglichen, der sich durch individuelle Akzente in einem normalen Umfeld vom Leben der Nichtbehinderten, wie Lebensbedingungen, Rechten, Wahl- und Partizipationsmöglichkeiten unterscheidet (vgl. Beck, I., 1996, S. 23). Gelungene Teilhabe an einem normalen Leben kann sich zudem an den Faktoren soziale Anerkennung und tragfähige soziale Beziehungen, Offenheit für neue Erfahrungen mit den Mitmenschen und das Gefühl, eigenständig ohne Abhängigkeit oder Kontrolle anderer etwas bewirken zu können, bemessen lassen (vgl. Beck, I., 2009, S. 216). Die Salamanca-Erklärung/UN-Behindertenrechtskonvention ist als eine Fortführung der Bestrebungen des Normalisierungsprinzips zu sehen, die allen Menschen gleiche Bedingungen in einer heterogenen Welt ermöglichen will. Die Ziele der Normalisierung lassen sich nur durch Aufklärung und einen Sinneswandel in der Gesellschaft gegenüber den behinderten Menschen erreichen. Mittels einer inklusiven Beschulung in einer Schule für alle, mit Unterstützung von qualifiziertem Fachpersonal sowie einer ausreichenden behindertenspezifischen Umgebung und Materialversorgung ist die Richtung vorgegeben.

4.5 Integration

Eine auf Normalisierung entspringende Form in der Beschulung blinder und sehbehinderter Kinder ist die integrative Beschulung seit den 70-er Jahren. Die blinden bzw. sehbehinderten Kinder gehen wohnortnah in eine Regelschule und werden dort von einer blinden-/sehbehindertenspezifisch ausgebildeten Fachkraft stundenweise unterstützt und erlernen die behinderungsspezifischen Bereiche wie Orientierung &Mobilität, Ordnungsstrukturen, Schriftsysteme, Medienerstellung etc. Die seitdem durchgeführte Integration hat trotz ihrer Bemühungen einige Schattenseiten. Die für eine gute Integration und somit für die behinderten Schüler dringend erforderlichen Komponenten werden leider nicht immer berücksichtigt, wobei hier die gesellschaftlichen bzw. bildungspolitischen Umstände einen großen Anteil daran haben. Die unterstützenden Lehrkräfte für die sehgeschädigten Schüler in der Integration können nur im Rahmen ihrer zeitlichen und materiell zugewiesenen und vorhandenen Ressourcen agieren.

Die Erfahrungen von Eltern integrativ beschulter blinder Schüler in Regelschulen haben sich laut einer nicht repräsentativen Umfrage in der Umsetzung als ungenügend herausgestellt. Der Entschluss mancher Eltern, ihre Kinder in eine Spezialschule einzuschulen, basierte darauf, dass dort das Fachpersonal, die räumlichen Bedingungen und die materiellen Voraussetzungen vorhanden sind. Das Nichterreichen der Rahmenbedingungen für die spezifischen Bedürfnisse der blinden Kinder bewirkte die Entscheidung der Eltern zur Separation (vgl. Jacobs, 2009, S. 277).

Das Ziel der selbstverständlichen Heterogenität in der Beschulung mit nichtbehinderten Kindern beinhaltet zwangsläufig eine Differenz zu den Mitschülern, die das Kind zum Einzelfall werden lassen, wenn es z. B. mit seinen technischen Unterstützungsmedien im Unterricht sitzt oder das Kind für den Sonderunterricht (Tast-, Schreib- oder Sehübungen) aus dem „normalen" Unterricht genommen wird. Eine empathische Sichtweise der Pädagogen für sehbehinderte Kinder lässt den Blickwinkel für sie sich dahingehend erschließen, wenn das für normalsichtige Pädagogen fehlerhafte Abbild nicht unkorrekt ist, sondern die Pädagogen die Abbilder der sehgeschädigten Kinder aus ihrer Sicht verstehen (vgl. Degenhardt, 2003, S. 382).

4.6 Inklusive schulische Bildung

Die aktuellen schulischen Reformen durch das Übereinkommen über die Rechte von Menschen mit Behinderungen, insbesondere durch den Artikel 24 „Bildung", könnten im inklusiven Unterricht mit blinden und sehbehinderten Schülerinnen und Schülern Ziele wie die Aufgabe der homogenen Jahrgangsklassen, zieldifferentes individuelles Lernen, Teamunterricht mit Lehrern verschiedener Fachbereiche und auch die Benotung mit Ziffern beinhalten (vgl. Beyer, 2008, S. 81). Gefordert ist eine Pädagogik der Vielfalt, die alle Schüler individuell beachtet, im gemeinsamen Klassenverband fördert und in Schulen stattfindet, die alle Schüler mit ihren Gegebenheiten an ihrem Heimatort willkommen heißt.

Kinder mit Behinderungen werden lt. UNESCO immer noch überwiegend in einem exklusiven aussondernden Bildungssystem unterrichtet. Um dieses zukünftig zu verhindern, hat die UNESCO auf der Basis der Salamanca-Erklärung (Spanien 1994) Leitlinien für das inklusive Bildungssystem (inclusive education) entwickelt. Das Ziel der Leitlinien ist es, die Staaten in den Bildungsstrategien und -plänen im Aufbau eines inklusiven Bildungssystems zu unterstützen und zu stärken (vgl. DUK, 2009, S. 7). Inklusive Bildung bedeutet `Bildung für Alle` als ein grundlegendes Menschenrecht für Kinder, Jugendliche und Erwachsene (vgl. DUK, 2009, S. 8). Die Inklusion wendet sich der Heterogenität von Gruppen und deren Vielfalt der Menschen positiv zu. Unterscheidende Merkmale wie Einheimische-Ausländer, männlich-weiblich, Behinderte-Nichtbehinderte etc. als „Zwei-Gruppen-Theorie" werden in einer inklusiven Schule vermieden (vgl. Hinz, 2009, S. 171). Ein inklusives Bildungssystem ist jedoch nur möglich, wenn alle Regelschulen inklusiv werden und Kinder in ihren Einzugsgebieten zur Schule gehen können. Regelschulen mit inklusiver Ausrichtung sind das beste Mittel, um diskriminierende Haltungen von Beginn an zu bekämpfen und um Gemeinschaften zu schaffen, die alle willkommen heißen sowie eine integrierende Gesellschaft aufzubauen. Bildung für alle bedeutet zugleich effektive Bildung mit hoher Effizienz neben anderen Randgruppen auch für Kinder mit Behinderungen oder sonderpädagogischem Förderbedarf (vgl. DUK, 2009, S. 9). Inklusion ist ein Prozess für die Bedürfnisse von Kindern, Jugendlichen und Erwachsenen, die durch eine verstärkte Partizipation an Lernprozessen, Kultur und Gemeinwesen sowie durch die Abschaffung von Exklusion in der Bildung erreicht werden kann. Dies setzt Veränderungen im Verhalten, in Ansätzen, Strukturen und entsprechende Strategien voraus. Inhaltlich gestützt wird die Inklusion auf pädagogischer-, sozialer- und ökonomische Begründungen sowie auf Artikel 24 der Salamanca-Erklärung, in dem die inklusive Bildung für alle Menschen gefordert wird. Deutschland hat sich als Mitunterzeichner willens gezeigt, diesen Weg mitzugehen (vgl. DUK, 2009, S. 9). Die Inklusion darf nicht als veränderte Fortsetzung der bisherigen Sonderpädagogik verstanden werden, sondern muss bei der allgemeinen Pädagogik angesiedelt sein (vgl. Hinz, 2009, S. 172). Die Bedürfnisse der an der Inklusion beteiligten Menschen beinhalten grundlegende Lernmittel und Lerninhalte, um zu überleben und Kapazitäten zu entwickeln, um in Würde leben und arbeiten zu können. Sie sollen voll an der Entwicklung teilhaben können sowie ihre Lebensqualität verbessern können. Im UNESCO-Weltbildungsbericht von 2005 wird darauf verwiesen, dass Bildung auf dem Verständnis basieren sollte, dass Lernende individuelle Personen mit verschiedenen Charakteristika und Voraussetzungen sind und daher Bildungsplanungen auf deren Wissen und Stärken aufbauen müssen. Davon ausgehend werden fünf Dimensionen vorgeschlagen, die die Lehr- und Lernprozesse beeinflussen können. Es sind die individuellen Charakteristika, der Kontext, der daraus entstehende aktivierende Input, das Lehren und Lernen und die Ergebnisse, um die Bildungsqualität zu verstehen, zu überprüfen und zu verbessern. Diese Dimensionen stehen in Wechselbeziehung und sind unabhängig voneinander, sie müssen aber im Zusammenhang gesehen werden (vgl. DUK, 2009, S. 10). Allgemein angewandte Lernstandserhebungen sind zwar leicht messbar (Lesen, Rechnen, Schreiben), jedoch die sozialen Fähigkeiten oder deren gesellschaftliche Auswirkungen bei den Menschen sind schwer zu messen. So stehen der Fokus für die Förderung der inklusiven Bildung und das Voranbringen der gesellschaftlichen Entwicklung stark auf der Lehrerausbildung. Lehrer, andere Pädagogen und nicht lehrendes, unterstützendes

Personal müssen dafür entsprechend ausgebildet sein (vgl. DUK, 2009, S. 11).

Die zur Verfügung stehenden Ressourcen haben Einfluss auf die Gestaltung der Lernumgebung, die Faktoren Klassenstärke mit ihrer Vielfalt der Beteiligten und die Qualität des Lehrens. Die Bildung durch die Sichtweise der Inklusion impliziert ein Umdenken, dass beim Versagen in einer Schule der Grund nicht beim Kind, sondern bei den Lebensumständen des Kindes und deren Einflüsse auf das Lernen (Bildungssystem) gesucht wird (vgl. DUK, 2009, S. 14).

Die Blinden- und Sehbehindertenselbsthilfe hat für ihren Bereich aufgezeigt, wie die Inhalte gestaltet sein müssen um eine inklusive Beschulung optimal zu ermöglichen. Gefordert wird ein inklusives Lernumfeld, in dem den Behinderungen entsprechende Kommunikationsformen vorhanden sind. Für sehbehinderte Menschen bedeutet es, dass Lesematerialien in alternativer Schrift, wie sie für jeden am besten zu lesen ist, zeitgleich, in gleicher Qualität und gleichem Umfang, wie für die normalsichtigen Menschen, vorhanden sein muss. Die qualifizierte Anleitung zur Nutzung von Texten in Großdruck, taktile Modelle und Karten müssen fachgerecht vermittelt werden. Die Erstellung dieser Medien muss von Fachleuten angemessen erstellt werden. Technische Hilfsmittel zur Kompensation der Behinderung müssen bei Bedarf vorhanden sein. Die schulische Ausbildung und die unterstützenden Maßnahmen müssen unentgeltlich sein (vgl. Beyer/Delgado, 2009, o. S.). Über die schulische Bildung hinaus zur beruflichen Bildung und Eingliederung muss das inklusive Bildungssystem die behinderten Menschen so fördern, dass sie zur Teilhabe an der Gesellschaft gefördert werden. Der Unterricht mit sehbehinderten Schülern muss von Lehrern durchgeführt werden, die eine sehbehindertenpädagogische Ausbildung auf akademischem Niveau absolviert haben und wenn möglich, von der Behinderung Betroffene sind. Andere Lehrer des

Bildungssystems müssen für alle Behinderungsarten sensibilisiert werden (vgl. Beyer/Delgado, 2009, o. S.).

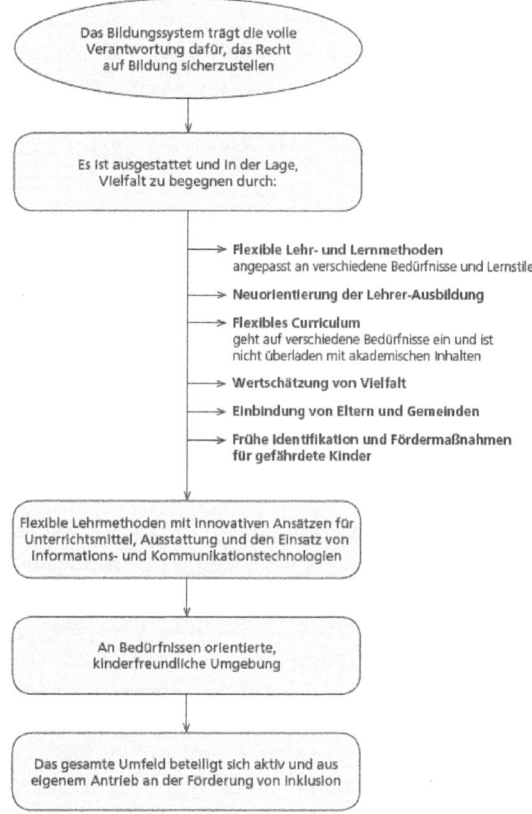

Abbildung 4.1: Die Bildung aus der Perspektive der Inklusion (DUK, 2009, S. 15)

Um dem Modell der inklusiven Beschulung der Deutschen UNESCO-Kommission (DUK) inhaltlich zu folgen, sind in der Bildung viele Arbeitsmethoden und individuelle Förderangebote nötig, damit der Ausschluss des Kindes von der Schulgemeinschaft und an der aktiven Beteiligung vermieden wird. Durch rechtliche Absicherung soll den Kindern die Bildung ermöglicht werden, was nicht nur im akademischen Sinne effektiv ist. Die Inklusion sieht nicht das Kind als Problem, sondern das Bildungssystem, das durch hohe Qualität künftigen Lerndefiziten unter den Jugendlichen und Erwachsenen begegnen kann. Umsetzbar ist die Inklusion nur mit der vollen Unterstützung von Lehrern, Verwaltung und Regierungsvertretern der Gemeinden in allen Ländern (vgl. DUK, 2009, S. 16).

Konkrete Handlungsfelder sind, lt. den Richtlinien zur inklusiven Bildung, bei Vorbereitungskonferenzen der internationalen Bildungsbüros der UNESCO herausgestellt worden:
A. Einstellungsänderung und politische Entwicklung
B. Inklusion durch frühkindliche Bildung sicherstellen
C. Inklusive Curricula
D. Lehrer und Lehrerausbildung
E. Ressourcen und Gesetzgebung (vgl. DUK, 2009, S. 17).

In der inklusiven Bildung sollen die kognitiven, emotionalen, sozialen und kreativen Entwicklungen des Kindes berücksichtigt werden. Auch werden kulturelle, religiöse, sprachliche, geschlechtsspezifische und andere Unterschiede beachtet. Auf der Basis der vier Säulen der Bildung des 21. Jahrhunderts: -Lernen, Wissen zu erwerben; -Lernen, zu handeln; -Lernen, zusammenzuleben und -Lernen für das Leben, sind die Ziele grob umrissen (vgl. DUK, 2009, S. 18). Die Curricula sind im inklusiven Ansatz flexibel und können an die jeweiligen Bedürfnisse auf der Grundlage eines Kerncurriculums angepasst werden, das für den Lernenden verpflichtend ist und mit flexiblen Methoden unterrichtet werden sollte. Zugänglichkeit zu Schulbüchern und Lernmaterialien ist in einer inklusiven Schule Voraussetzung. Klassenzimmer mit mehreren Klassenstufen, Altersstufen und Fähigkeitsstufen sind in manchen Ländern Realität und sind sichtbare Zeichen der Vielfalt (vgl. DUK, 2009, S. 19). Das Feld der Sonderpädagogik wird durch die Inklusion nicht eingeschränkt, sondern erweitert und leistet zukünftig einen wichtigen Beitrag zur allgemeinen Schule, die alle Schüler willkommen heißt (vgl. Hinz, 2009, S. 178). Wie sich Bildungseinrichtungen den inklusiven Bedingungen anpassen können, ist durch die angebotenen inhaltlichen Vorgaben der Leitlinien (vgl. DUK, 2009, S. 14 ff) und dem Fragebogen „Index für Inklusion" (vgl. Hinz, 2009, S. 174) aufgezeigt. In fünf Teilen werden in dem Index unterstützende Vorschläge mit einer gezielten Systematik für Schulen aufgezeigt, um die Umsetzung bei einer ‛Schule für alle Kinder‛ zu fördern bzw. zu überprüfen (vgl. Boban/Hinz, 2003, S. 4).

Eine inklusive Beschulung mit sehbehinderten Schülern muss eine spezifische Didaktik berücksichtigen. Wie anhand der ICF dargestellt, wirken neben den persönlichen Faktoren viele äußere Faktoren auf die Aktivität und die Teilhabe der sehbehinderten Schüler ein, die bei einer inklusiven Beschulung berücksichtigt und gegebenenfalls geändert bzw. angepasst werden müssen. Dabei darf der Fokus nicht auf den bestimmten blinden oder sehbehinderten Schüler gerichtet sein, sondern muss auf die Klassensituation im Hinblick auf die Wahrnehmungsmöglichkeiten sowie die Kommunikations- und Teilhabemöglichkeiten gerichtet sein. Hierbei müssen alle Beteiligten neue inklusive Denk- und Planungsstrukturen ohne sonderpädagogische Fachrichtungen entwickeln (vgl. Boban/Hinz, 2009, S. 35).

Laut Lang lassen sich aus der ICF pädagogische Zielstellungen ableiten, um die Optimierung der persönlichen Aktivität und Partizipation unter Berücksichtigung der Körperfunktionen und -strukturen zu erreichen (vgl. Lang, 2008, S. 171). Anhand der Grafik „Teilbereiche der Didaktik des Unterrichts mit blinden und hochgradig sehbehinderten Schülerinnen und Schüler" von Lang, soll die Didaktik, übertragen auf die sehbehinderten Schüler, verdeutlicht werden (vgl. Lang, 2008, S. 172).

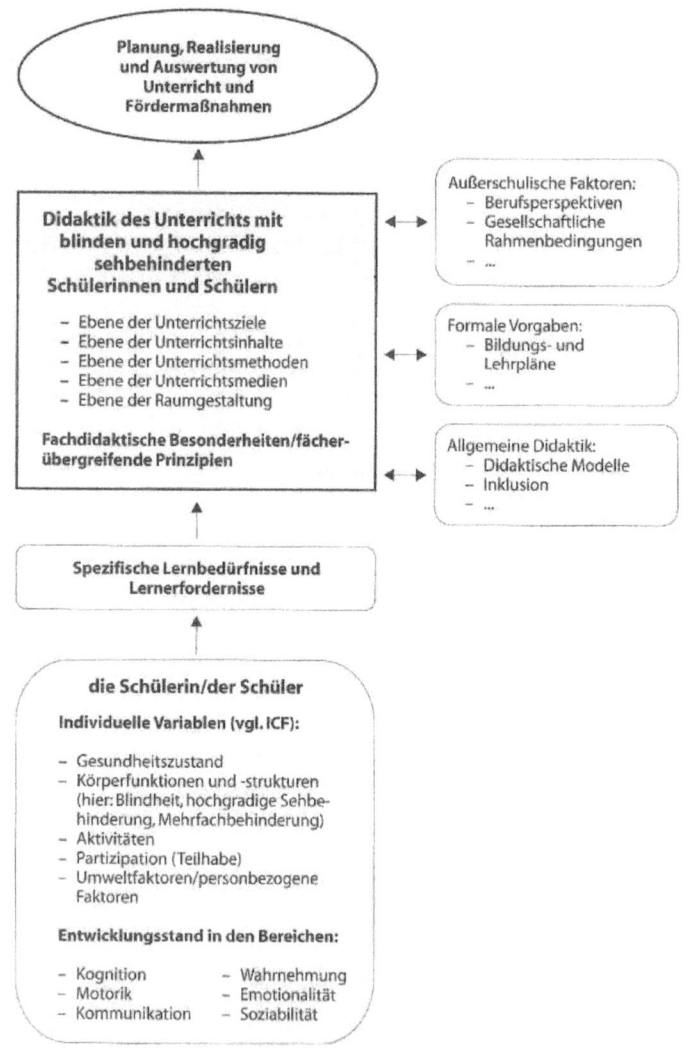

Abbildung 4.2: Teilbereiche der Didaktik des Unterrichts mit blinden und hochgradig sehbehinderten Schülerinnen und Schülern (Lang, 2008, S. 172)

Das Modell zum Unterricht mit blinden und hochgradig sehbehinderten Schüler baut sich bei Lang folgerecht und alle Bereiche der Sehgeschädigtenpädagogik berücksichtigend von unten nach oben auf. Der Entwicklungsstand des Schülers in der Kognition, Motorik, Kommunikation, Wahrnehmung, Emotionalität und Soziabilität in der individuellen Form bildet den Ausgangspunkt. Durch die unterschiedlichen Entstehungen und Verläufe der Sehbeeinträchtigungen der Schüler müssen verschiedene Ausgangslagen für eine individuelle Didaktik berücksichtigt werden. Die Beschreibungen der ICF können als Diagnostikum für die Ermittlung von Gesundheitszustand, Körperfunktionen und -strukturen (Sehbehinderung), die Aktivität und Partizipation, die Umweltfaktoren sowie für die personenbezogenen Faktoren einbezogen werden.

Wie von der UNESCO gefordert und im Modell dargestellt, trägt das Bildungssystem die volle Verantwortung dafür, das Recht auf Bildung sicherzustellen (vgl. DUK, 2009, S. 15). So können die spezifischen Lernbedürfnisse (was wird zum Lernen gebraucht) und die Lernerfordernisse (was soll gelernt werden) (vgl. Lang, 2008, S. 173), lt. der Forderung der UNESCO einbezogen werden. Das Bildungssystem ist für die Bedürfnisse der sehgeschädigten Schüler ausgestattet und in der Lage, der Vielfalt der individuellen Schüler zu begegnen. Sehgeschädigte Schüler brauchen, wie alle anderen Schüler auch, individuelle fachdidaktische Besonderheiten mit fächerübergreifenden Prinzipien auf verschiedenen Ebenen. Dazu gehören die Ebenen der
— Unterrichtsziele,
— Unterrichtsinhalte,
— Unterrichtsmethoden,
— Unterrichtsmedien und die der
— Raumgestaltung,
die eine besondere Didaktik auch für diese Schüler ausmacht (vgl. Lang, 2008, S. 174).

Auf diese Ebenen wirken äußere Einflussfaktoren für die didaktischen Entscheidungen ein. Hierzu zählen die Zukunftsperspektiven im Zusammenhang mit der Arbeitsplatzsituation und der Sehbehinderung. Unterrichtsinhalte müssen diesen Faktoren entsprechend begegnen (frühzeitiger Computerunterricht, Steigerung der sozialen Kompetenzen, Vorbereitung auf den Werkstufenunterricht, Vorbereitung auf Arbeitslosigkeit etc.), um den Übergang von der Schule in den nächsten Lebensabschnitt anzubahnen. Auch die Möglichkeiten der Anwendung von Orientierung und Mobilität (O&M), wie Öffentliche Verkehrsmittel nutzen und Zugang zu öffentlichen Gebäuden trainieren etc., und der Lebenspraktischen Fähigkeiten (LPF), wie Bedienung von Haushaltsgeräten, Einkaufen etc., werden durch außerschulische Faktoren beeinflusst (vgl. Lang, 2008, S. 175). Weiterer Einfluss von außen auf die schulischen Faktoren sind durch die formalen Vorgaben der Bildungs- und Lehrpläne gegeben. Auch Vorgaben wie die Klassengröße sowie die sachliche und personelle Ausstattung sind von außen beeinflussende Faktoren (vgl. Lang, 2008, S. 175). Die vorhandenen didaktischen Modelle und Vorgaben der Bildungs- und Lehrpläne mit den vorgegebenen Unterrichtsinhalten wirken auf die Beschulung ein, für die sehgeschädigten Schüler werden behinderungsspezifische Vorgaben in den Bildungs- und Lehrplänen berücksichtigt. Ein besonderer Aspekt der inhaltlichen Anpassung für sehgeschädigte Schüler ist die inhaltliche Reduktion, spezifische Schwerpunktsetzung und die spezifischen Erweiterungen (vgl. Lang, 2008, S. 178). Sehgeschädigte Schüler haben durch ihre optischen Einschränkungen einen höheren Zeitbedarf für die Erkundung von Medien. Je nach Sehschädigung sind die individuellen Zugangsweisen (haptisch oder visuell mit Hilfsmittel oder beides) bei der Erkundung der Unterrichtsmedien zeitintensiv und unterschiedlich. Ferner ist für sehgeschädigte Schüler das Lernen durch Beobachtung von Alltagssituationen unterschiedlich eingeschränkt. Eine inhaltliche Reduktion der Lerninhalte auf das Wesentliche ist hier gefordert, jedoch müssen die spezifischen Techniken (O&M, LPF) der sehgeschädigten Schülerinnen und Schüler

(Duales Curriculum) einen ausreichenden zeitlichen Rahmen bekommen und von entsprechend qualifiziertem Fachpersonal in einer sehgeschädigtenspezifisch angemessene Arbeitsumgebung und mit individuell angepassten Arbeitsmaterialien vermittelt werden (vgl. Lang, 2008, S. 178).

Fachverbände der Sehgeschädigten-Pädagogik sehen in den aktuellen Bestrebungen eine Chance für die Entwicklung der allgemeinen Pädagogik und für die Pädagogik im Förderschwerpunkt Sehen (vgl. z. B. VBS-Position, 2009, o. S.). Hier wird die Inklusion nicht als eine negative Änderung sonderpädagogischer Förderung oder als Kostenreduzierung des schulischen Systems gesehen, sondern die Weiterentwicklung der allgemeinen Pädagogik zu einer inklusiven Pädagogik, wobei die Heterogenität als Chance und Normalfall des schulischen Lebens verstanden wird und der Abbau von Barrieren für Lernen und Teilhabe aller Kinder, Jugendlicher und Erwachsener einen zentralen Punkt einnimmt. Die auf Inklusion ausgerichtete Pädagogik trägt dazu bei, dass sehgeschädigte Kinder, Jugendliche und Erwachsene ihrem individuellen Förderbedarf entsprechend unterrichtet werden. Dies steht in enger Bereitschaft der politisch Verantwortlichen, diese Veränderungen zu initiieren, zu fördern und vor allem die erforderlichen Ressourcen für die entsprechenden sächlichen, personellen und organisatorischen Mittel zur Verfügung zu stellen (vgl. VBS-Position, 2009, o. S.). Um den Förderort für blinde und sehbehinderte Schüler genau zu ermitteln, muss im Vorfeld eine Mensch-Umwelt-Analyse durchgeführt werden. So können die pädagogischen Bedürfnisse für die sehgeschädigten Menschen ohne Barrieren und bei voller Teilhabe für das Lernen gerecht werden. Die freie Wahl des Förderortes muss im Interesse der blinden und sehbehinderten Schüler erhalten bleiben. Die Ausbildung von qualifizierten Blinden- und Sehbehindertenpädagogen ist zur Sicherstellung der inklusiven Bildung eine Voraussetzung (vgl. VBS-Position, 2009, o. S.).

Degenhardt führt in seinem Modell die Kategorien „Spezifische Didaktik im Unterricht blinder und sehbehinderter Schülerinnen und Schüler" genauer aus, was die spezifische Didaktik für blinde und sehbehinderte Schüler beinhaltet, und zeigt auf, wie umfassend diese spezifischen Inhalte, unabhängig vom Förderort, sind.

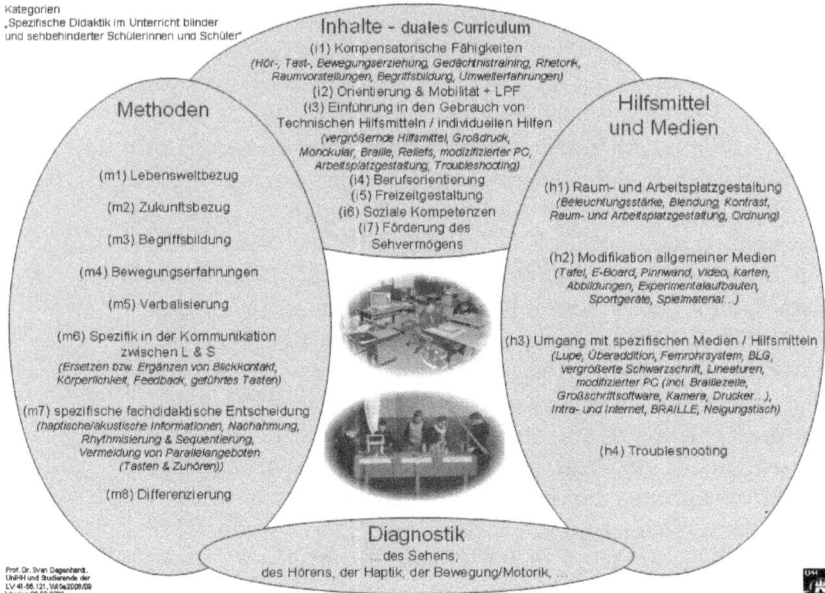

Abbildung 4.3: Kategorien „Spezifische Didaktik im Unterricht blinder und sehbehinderter Schülerinnen und Schüler" (Degenhardt, 2010)

Aus dem Modell wird ersichtlich, dass für jede Schule, speziell mit blinden und sehbehinderten Schülern, die Bereiche Diagnostik, Methoden, Duales Curriculum und die Hilfsmittel/Medien mit dem Lehrplan und mit den Schülern im Zusammenhang gesehen werden müssen. Im Detail handelt es sich in dem Modell um allgemeingültige blinden- und sehbehindertenspezifische Inhalte, Degenhardt spricht an anderer Stelle von „Standards" der Blinden-

und Sehbehindertenpädagogik, wie sie generell anzuwenden sind
(vgl. Degenhardt, 2009b, S. 220).

Um die Umsetzung der inklusiven Schule nachweisbar zu gewährleisten, schlägt Degenhardt die Festsetzung bestimmter Inhalte
in den Handbüchern der Externen Evaluation / Schulinspekti-
on vor. Es soll schon in der Präambel ein eindeutiges Bekennt-
nis zur inklusiven Schule, „eine Schule für Alle", mit konkreten
Maßnahmen (Barrierefreiheit, Nachteilsausgleich, Kooperation
mit anderen Förderzentren etc.) als Indikatoren innerhalb der
Qualitätsbereiche der „Guten Schule" niedergeschrieben werden
(vgl. Degenhardt, 2008, S. 25). Es muss des Weiteren der Begriff
Heterogenität eindeutig beschrieben werden, ohne dass weitere
Bereiche „mitgedacht" werden müssen. Explizit genannt werden
müssen Begriffe wie Bereiche des Sonderpädagogischen Förderbedarfs, Erschwernisse, Beeinträchtigungen, Barrieren in den Bereichen der Kognition, Wahrnehmung und Bewegung in Bezug auf
die (schulischen) Leistungen (vgl. Degenhardt, 2008, S. 25). Auch
die Aufnahme von konkreten Indikatoren, hier bezieht sich Degenhardt auf den Index für Inklusion von Boban und Hinz, die
Schulhandbücher sowie Schulprogramme und Fortbildungspläne
sollten Aspekte der Integration / Inklusion beinhalten. Fortbildungen mit Teilnahme des schulischen und nicht festen pädagogischen
Personals (persönliche Assistenz, Unterrichtshilfen, Therapeuten,
Reha-Lehrern etc.) mit Themen wie: „Kinder mit Sonderpädagogischem Förderbedarf" kann ein Bestandteil im Fortbildungsplan
sein. Die Kompetenzen des nicht festen Personals könnten bei der
inhaltlichen Gestaltung bei Angeboten ebenfalls genutzt werden
(vgl. Degenhardt, 2008, S. 26).

Ein weiterer Indikator kann die Benennung der Barrierefreiheit,
wie z. B. die Schulhofgestaltung sein. Auch die Internetpräsenz
der Schule könnte barrierefrei sein, wie auch der Computerein-
satz (Unterricht, Hausaufgaben, Kommunikation per E-Mail etc.)
durch Sprachausgabe, Vergrößerungssoftware und Braillezeile bar-

rierefrei möglich sein sollte. Das Bildungsfernsehen müsste eine Audiodeskription beinhalten und das Schulmobiliar ergonomisch individuell einstellbar sein für die Nutzung der individuellen Hilfsmittel (Bildschirmlesegerät) (vgl. Degenhardt, 2008, S. 26).

Lern- und Arbeitsbedingungen wären auch ein Indikator für eine inklusive Schule. Hierbei sollte die Schule über gesonderte Räume für die individuelle Förderung und zur Lagerung von Medien und Hilfsmitteln verfügen. Die Beleuchtungen werden nach DIN-Vorschriften installiert und können die individuellen Bedürfnisse beim Gebrauch berücksichtigen. Die Gestaltung des Schulgebäudes und der Klassenräume entspricht bei Bedarf den spezifischen Bedürfnissen von Kindern und Jugendlichen bei Beeinträchtigung des Sehens (Farbe, Kontrast, Treppenstufenmarkierung, taktile Merkmale etc.). Die Teilhabe an außerschulischen Angeboten wird über Fahrdienste gewährleistet (vgl. Degenhardt, 2008, S. 26). Die Unterrichtsgestaltung stellt einen weiteren Indikator dar. Die blinden und sehbehinderten Schüler müssen einen barrierefreien Zugang zu Schrift entweder über Braille oder Großdruck bekommen. Auch der Zugang zu auditiven Informationen mittels DAISY, Hörbuch oder Audiodateien etc. muss gewährleistet sein (vgl. Degenhardt, 2008, S. 27). Das Duale Curriculum (Orientierung und Mobilität (O&M), Lebenspraktische Fertigkeiten (LPF), Gebrauch von Hilfsmitteln, Berufsvorbereitung, Soziale Kompetenz etc.) für blinde und sehbehinderte Schüler ist fester Qualitätsbestandteil im Handbuch für die Externe Evaluation. Die blinden und sehbehinderten Kinder sollten dazu angehalten werden, die Hilfsmittel ihrer Bestimmung und angemessenen Nutzen gemäß einzusetzen, die Kollegen müssen über Grundkenntnisse in der Handhabung der Hilfsmittel und Techniken sowie in den Bereichen vergrößernde Hilfsmittel, Braille, Mobilitäts- und Sicherheitstechniken verfügen. Die Kooperation mit außerschulischen Partnern wie regionale und überregionale Kompetenzzentren mit festen Ansprechpartnern im Kollegium ist vorhanden. Verbindungen mit Verbänden und Behindertenselbsthilfe werden berücksichtigt und die Kooperationen mit externen Medienzentren, inklusive Punktschrift- und Hörbuch-Bibliotheken, sind bei Bedarf ebenfalls vorhanden. Der Einblick und das Mitspracherecht der Eltern bei Prozessen der Diagnostik und Förderung sind möglich. Den Eltern wird für den Erfahrungsaustausch bei spezifischen Lebenslagen eine Kommunikationsform, wie Anwendung des Nachteilsausgleichs etc., ermöglicht (vgl. Degenhardt, 2008, S. 27).

Vom Arbeitskreis der Leiterinnen und Leiter von Blinden- und Sehbehindertenbildungseinrichtungen im Verband für Blinden- und Sehbehindertenpädagogik e. V. (VBS) wurde eine Ad-hoc-Arbeitsgruppe gebildet, die ein Positionspapier für die Bildung, Erziehung und Rehabilitation blinder und sehbehinderter Kinder und Jugendlicher in einer inklusiven Schule unter Berücksichtigung der UN-BRK entwickeln sollte. Im Mai 2011 war dieses Positionspapier (Spezifisches Curriculum) erstellt und vom Arbeitskreis der Leiterinnen und Leiter von Blinden- und Sehbehindertenbildungseinrichtungen des VBS verabschiedet (vgl. Degenhardt, 2011, S. 157). „Ziel dieser Standortbestimmung und Standardbeschreibung ist es, den Entscheidungsträgern in den Ländern der Bundesrepublik Deutschland eine Grundlage für die länderspezifische Umsetzung und qualitative Bewertung des spezifischen Angebots zur Teilhabe blinder und sehbehinderter Schülerinnen und Schüler an schulischer Bildung vorzulegen. Dabei wird davon ausgegangen, dass ein sonderpädagogischer Förderbedarf bei Beeinträchtigung der visuellen Wahrnehmung curriculare Eckpunkte generiert, die im jeweiligen Kerncurriculum (Regelcurriculum, Curriculum im Förderschwerpunkt Lernen, geistige Entwicklung etc.) gar nicht oder nicht in dieser Quantität oder Qualität enthalten sind." (AG-Spezifisches Curriculum, 2011, S. 4).

Mit einbezogen in die Ad-hoc-AG wurden Verbände der Zivilgesellschaft wie der Deutsche Blinden- und Sehbehindertenverband (DBSV) und dem Gemeinsamen Fachausschuss für Erziehung und Bildung (GFEB). In dem Positionspapier wird dargestellt, dass die

Blinden- und Sehbehindertenpädagogik des 21. Jahrhunderts einer Neuüberprüfung und neuer Ansätze bedarf:

— „Die über viele Jahrzehnte gelebte kausale Ableitung: „Blindheit und Sehbehinderung führen zu spezifischen Bedarfen, diese spezifische Bedarfe der Kinder führen zu einer spezifischen Didaktik und diese wird in spezifischen Schulen/Einrichtungen umgesetzt" ist angesichts der normativen menschenrechtlichen und erziehungswissenschaftlichen Vorgaben nicht mehr tragfähig.

— Der die Existenz spezifischer Einrichtungen begründende Auftrag des Schonraums ist – zumindest in der direkten Argumentationstradition – nicht haltbar. Daran ändert auch der Versuch nichts, den Absatz 3 des Artikels 24 der UN-BRK derart auszulegen.

— Das Heranziehen von „best practice" aus einer institutionell auf spezifische Einrichtungen geprägten Blinden- und Sehbehindertenpädagogik als Grundlage für das Ableiten von Standards kann unter den Vorzeichen einer inklusiven Bildung und Erziehung nicht bruchfrei geschehen.

— In der aktuellen bundesdeutschen Debatte um Modelle einer inklusiven Schule mangelt es an einer nationalen Verbindlichkeit in Bezug auf

  • die Definition und Ausgestaltung der Handlungsfelder des Förderschwerpunktes Sehen,
  • die Diagnostik (in ihrer dreigliedrigen Ausrichtung [a] auf das konkrete Kind, [b] die konkreten Lern- und Lebensräume und vor allem [c] auf die Barrieren in der durch das allgemein- und fachdidaktische Setting vorgegebenen Vermittlungsstruktur),
  • die Förderung in ihrer konkreten Form und dem einzufordernden Umfang sowie
  • den für diese Punkte notwendigen Ressourcenbedarf.

— In der aktuellen schulpolitischen Debatte (in der es leider primär um Ressourcenverteilungsstrategien zu gehen scheint) fehlt es an belastbaren, aus der Einheit von Wissenschaft und

Praxis heraus entwickelten Instrumenten" (Degenhardt, 2011, S. 158–159).

Die nationalen und internationalen Ansätze wurden laut einem Fachartikel der Blinden- und Sehbehindertenpädagogik hierzu mit dem Ergebnis folgender grundlegender Aussagen (Axiomen 1–5) berücksichtigt. Im Axiom 1 wird darauf verwiesen, dass bei Blindheit oder Sehbehinderung keine besonderen Bereiche des schulischen Lernens zu dem allgemeinen Curriculum hinzukommen. Lesen und Schreiben sowie die mathematischen und chemischen Kodierungen müssen ebenso erlernt werden wie auch die Orientierung an fremden Orten und selbstständiges Bewegen im Raum. Auch die Entwicklung eines Selbstbildes und das Suchen beruflicher Perspektiven und Finden der peers werden im allgemeinen Bildungs- und Erziehungsplan abgedeckt und gilt für alle Kinder im Schulsystem (vgl. Degenhardt, 2011, S. 159). Im Axiom 2 wird verdeutlicht, dass für blinde und sehbehinderte Kinder eine hohe Spezifik für die gleichwertige Teilhabe an der Bildung notwendig ist (Punktschrift, Berufsfindung und -bildung, Einbindung in peers etc.). Es handelt sich hierbei um die adäquaten Zugänge zu den Bildungsinhalten und nicht um neue Lernbereiche. Für diese Bereiche nehmen die Diagnostik sowie die erforderlichen spezifischen Interventionen erhebliche zeitliche, personelle, sächliche und räumliche Ressourcen ein (vgl. Degenhardt, 2011, S. 160). Das Axiom 3 verweist darauf, dass das allgemeine Curriculum für alle verbindlich ist und die blinden- und sehbehindertenspezifischen Interventionen subsidiär sind. Daraus wird im Axiom 4 gefolgert, dass die Blinden- und Sehbehindertendidaktik in Anbindung an die allgemeinen und fachlichen didaktischen Entscheidungen subsidiär gebunden sind. Somit ist die Sehgeschädigtendidaktik eine Anschlussdidaktik an die allgemeine und fachliche Didaktik mit vorgegebenen Rahmenbedingungen. Sie ist nicht automatisch spezifisch „handlungsorientierter" oder „offener" als die eigentliche Didaktik. Die Blinden- und Sehbehindertendidaktik muss die konkrete Teilhabe ermöglichen und alle Barrieren (personell, räumlich, didaktisch-methodisch) für eine gleichwertige Teilhabe beseitigen. Die Bildung mit Hilfe von Bewegung und körperlicher Wahrnehmung ist in allen fachlichen Bereichen nötig (vgl. Degenhardt, 2011, S. 161). Im Axiom 5 wird der Nutzen für eine spezifische Diagnostik und die anschließende Intervention auf der Basis eines protokollierten Spezifischen Curriculums dargestellt. „Die Spezifik in Diagnostik und Intervention für ein konkretes Kind wird in einem Spezifischen Curriculum festgehalten. Dieses Spezifische Curriculum

— verbindet die internationalen Erfahrungen mit nationalen Traditionslinien,
— transformiert die Rahmensetzungen der ICF (Förderfaktoren, Barrieren, Strukturierung der Diagnostik ...) auf das Handlungsfeld des schulischen Lernens,
— fungiert als Basis für eine nationale Standardsetzung (auch im kultushoheitlichen System) und für die Debatten (nach innen und außen)" (Degenhardt, 2011, S. 161).

So kann für das blinde bzw. sehbehinderte Kind eine spezifische Förderung anhand des Spezifischen Curriculums, verschriftlicht, evaluiert, nach innen und außen belastbar ausgestattet und in enger Kooperation mit allen Partnern, geplant und fortgeschrieben werden. Die Vorgaben der ICF und WHO werden mit diesem System berücksichtigt und werden durch diese Voraussetzung zu Standards für die Beschulung blinder und sehbehinderter Kinder und Jugendlicher. „Auf Basis dieser grundlegenden Aussagen können die Standards für die Beschulung blinder und sehbehinderter Kinder wie folgt zusammengefasst werden:

1. Jedes Kind, jeder Jugendliche mit Blindheit oder Sehbehinderung hat neben seinem schulischen Curriculum (Regelcurriculum) ein spezifisches Curriculum. (...)
2. Für die Umsetzung des spezifischen Curriculums müssen sowohl unterrichtsimmanente als auch zusätzliche organisatorische Formen in den Schulalltag des blinden oder sehbehinderten Kindes/Jugendlichen einfließen; die Umsetzung wird

von Lehrkräften mit einer spezifischen Lehrbefähigung für den Förderschwerpunkt Sehen (Blinden- und Sehbehindertenpädagogik) verantwortet.

3. Für die Realisierung des spezifischen Curriculums gelten Zeitraster, in denen ausgewählte Gegenstände schwerpunktmäßig bearbeitet werden bzw. Schnittstellen, zu denen spezifische Kompetenzen angeeignet seien sollten. Die Zeitraster und Schnittstellen orientieren sich an dem individuellen Bedarf des Kindes/Jugendlichen an einer barrierefreien Teilhabe am Regelcurriculum.

4. Das spezifische Curriculum sowie die Zeitraster sind evaluierbar festzuhalten und regelmäßig zu hinterfragen.

5. In die Prozesse der Erstellung, zeitlichen Strukturierung, Verschriftlichung und Evaluation des spezifischen Curriculums sind die Eltern unter Maßgabe der schulrechtlichen Rahmensetzungen einzubinden" (Degenhardt, 2011, S. 162).

Um die Ressourcenzuweisung bundesweit vergleichbar zu machen, wurde eine Modell-Leistungsberechnung im spezifischen Curriculum aufgenommen. Demnach ist die Teilhabe am Lernen nicht abhängig vom Wohnort der Erziehungsberechtigten sondern von den konkreten Wahrnehmungsbedürfnissen sowie den räumlichen Gegebenheiten und dem didaktischen Angebot für das Kind. Eine angemessene Diagnostik muss entsprechend alle Behinderungsformen berücksichtigen und sollte nicht einseitig auf eine Behinderung fokussiert werden, damit eine angemessene Bildung gewährleistet werden kann (vgl. Degenhardt, 2011, S. 163).

In tabellarischer Form (vgl. Tabelle 4.1) wird das spezifische Curriculum in sechs Bereiche und in fünf Ebenen zur Umsetzung in insgesamt 30 Feldern aufgezeigt. Die Bereiche können ineinander greifen und sind nicht isoliert zu sehen.

| | | Ebenen der Umsetzung | | | | |
		Diagnostik	Intervention	Methodik	Ausstattung & Medien	Handelnde & Handlungsfelder
Bereiche des spezifischen Curriculums	Förderung des Sehens	1.1	1.2	1.3	1.4	1.5
	Wahrnehmung und Lernen	2.1	2.2	2.3	2.4	2.5
	O&M; LPF; Bewegung	3.1	3.2	3.3	3.4	3.5
	Technische Hilfen	4.1	4.2	4.3	4.4	4.5
	Lebensplanung; Beruf & Freizeit	5.1	5.2	5.3	5.4	5.5
	Soziale Kompetenz	6.1	6.2	6.3	6.4	6.5

Tabelle 4.1: Matrix des Spezifischen Curriculums (AG-Spezifisches Curriculum, 2011, S. 6)

Das spezifische Curriculum wird in sechs Bereiche unterteilt, die inhaltlich erläutert werden.

Im Bereich Förderung des Sehens soll, basierend auf einer vorliegenden Diagnostik, das Kind befähigt werden, die vorhandene Sehfähigkeit optimal zu nutzen. Hierbei wird die Sehfähigkeit unterteilt in das physiologische Sehen anhand der gemessenen Sehleistung und das funktionale Sehen durch Messen und Beobachten in Alltagssituationen. Die Nutzung der optischen und elektrischen Hilfsmittel (Lupen, Monokulare, Lesegeräte, Gestaltung der Bereiche mittels Beleuchtung und Kontrast) und die Vermittlung von Wahrnehmungsstrategien (visuelles Abtasten und visuelles Verfolgen bewegter Objekte) sind entsprechend einzubeziehen. Dies geschieht in schulischen Alltagssituationen, mit individuell erstellten Unterrichtsmedien und in altersgemäßen als auch in sinnvollen handlungsorientierten Unterrichtszusammenhängen (vgl. AG-Spezifisches Curriculum, 2011, S. 7).

Der Bereich Wahrnehmung und Lernen verweist darauf, dass mit Einsatz der haptischen, auditiven, olfaktorischen und gustatorischen Sinne sowie im Zusammenspiel mit der propriozeptiven Wahrnehmung die Umweltexploration unterstützt werden kann.

Die durch sensorische Merkmale aufgenommenen Umweltinformationen sind für die Begriffsbildung förderlich. Unterstützend dabei können variantenreiche und wiederholende Wahrnehmungserfahrungen in vielfältiger Art sein. Diese Schulung der Wahrnehmungsförderung stellt einen wichtigen Faktor im Unterricht mit blinden und sehbehinderten Kindern dar. Die hierbei gewonnenen Erkenntnisse der Wahrnehmungsqualitäten eines jeden Kindes müssen benannt sein, da darauf aufbauend spezifische Strategien für den Einsatz von z. B. Punktschrift, Orientierung und Mobilität, taktile Medien, Hörmedien etc. entwickelt werden (vgl. AG-Spezifisches Curriculum, 2011, S. 7).

Die Schulung der motorischen Fertigkeiten und Fähigkeiten werden im Bereich Orientierung und Mobilität (O&M), Lebenspraktische Fähigkeiten (LPF) und Bewegung benannt. Mangelnde Sehfähigkeit wirkt sich auf die motorische Wahrnehmungsentwicklung aus und kann sie stark beeinträchtigen. Im allgemeinpädagogischen Unterricht müssen die grob- und feinmotorischen Fähigkeiten und Erfahrungsansätze (Körperschema, koordinative Fähigkeiten und physiologische Handlungsmuster) erkannt und entsprechend unterstützend geschult werden. Die Fähigkeiten der Nahrungsaufnahme, An- und Auskleiden, Ordnungssysteme, Körperpflege etc. müssen ermittelt und trainiert werden. Ebenso sind die Orientierung und Mobilität zu überprüfen um Strategien der Langstocktechnik, Körper-/Raumwahrnehmung (Arbeitsplatz, Klassenzimmer, Schulgebäude etc.) aber auch eine individuelle raumspezifische Gestaltung (Leitpunkte) zu entwickeln. Die Teilgebiete LPF und O&M sollten von ausgebildeten Rehabilitationsfachkräften/-trainern durchgeführt werden. Eine Überprüfung der motorischen Bedingungen bezüglich der Schüler sollte vorangestellt werden (vgl. AG-Spezifisches Curriculum, 2011, S. 8).

Im spezifischen Curriculum wird der Bereich der technischen Hilfsmittel aufgeführt, da sie den blinden und sehbehinderten Kindern den Zugang zu Informationen wie z. B. digitale Schriftmedien und Internet ermöglichen. Weitere Kommunikationsmöglichkeiten wie unterstützte Kommunikation, E-Mail, soziale Netzwerke etc. sind mittels der Computertechnik gegeben. Die Beherrschung dieser Technik fördert ein eigenständiges und unabhängiges Handeln im Alltag der Kinder. Im Zusammenhang mit den genannten sensorischen, motorischen und kognitiven Voraussetzungen müssen diese Fähigkeiten im räumlich relevanten Umfeld und die dazugehörigen individuellen spezifischen Möglichkeiten ermittelt werden. Der weitere Verlauf durch die mit dem Wachstum einhergehenden physiologischen Veränderungen, z. B. das Sehen der Kinder, muss regelmäßig überprüft und entsprechend den Bedingungen angepasst werden (vgl. AG-Spezifisches Curriculum, 2011, S. 8).

Die Lebensplanung, Berufsorientierung und Freizeit sind für blinde und sehbehinderte Kinder und Jugendliche wesentliche Bereiche, in denen die eigenen Fähigkeiten realistisch eingeschätzt werden und bekannt sein müssen. Hierfür müssen die Teilbereiche der motorischen, sensorischen und kognitiven Fähigkeiten gefördert und in vielfältigen Gelegenheiten und in relevanten Anforderungssituationen gefordert werden. Verschiedene Berufsfelder können u. a. durch direktes Kennenlernen der realen Alltagsabläufe erprobt werden und dabei die eigenen Fähigkeiten und Fertigkeiten unter entsprechenden sächlichen sowie personellen Voraussetzungen für den weiteren mögliche Lebensweg (Schulabschluss, Hilfsmittelbedarf, Arbeitsplatz-Assistenz etc.) aufgezeigt werden. Dementsprechend ist es im Bereich der Freizeitgestaltung (Musik, Sport, Vereine, Politik etc.), in dem ebenfalls die tatsächlichen Fähigkeiten und Fertigkeiten des blinden oder sehbehinderten Kindes und Jugendlichen bekannt sein müssen um eine Teilhabe an den Aktivitäten zu ermöglichen bzw. Barrieren zu verringern (vgl. AG-Spezifisches Curriculum, 2011, S. 9).

Die soziale Kompetenz ist für blinde und sehbehinderte Kinder und Jugendliche von großer Bedeutung. Sie beinhaltet die sozialen

Bereiche und setzen hierfür häufig Fähigkeiten in den Bereichen der alltagspraktischen Fertigkeiten, Orientierung und Mobilität und die kommunikativen Fähigkeiten voraus. Durch das nicht vorhandene oder erschwerte Wahrnehmen von Mimik, Gestik und Körpersprache bei den Mitmenschen müssen die Bedeutung und Funktion nonverbaler Kommunikation systematisch vermittelt werden, was für das eigene Handeln und die Wirkung auf die Mitmenschen ebenfalls gilt. Zum Tragen kommt bei der sozialen Kompetenz der Umgang mit der eigenen Behinderung, was bedeutet, dass das Wissen darum und die entsprechende Selbsteinschätzung mit den Möglichkeiten der Bewältigungsstrategien bekannt sein müssen. Autonomie und Selbstbestimmung aber auch der formelle und informelle Austausch mit Gleichbetroffenen (peers), z. B. in Selbsthilfevereinen/-gruppen haben in der sozialen Kompetenz einen erheblichen Stellenwert (vgl. AG-Spezifisches Curriculum, 2011, S. 9).

Um diese Bereiche adäquat umsetzen zu können, werden sogenannte Ebenen der Umsetzung dargestellt, die eine logisch aufbauende Planung für das blinde bzw. sehbehinderte Kind ermöglicht:

„Diagnostik
Gegenstand des spezifischen diagnostischen Tuns

Intervention
spezifische Interventionen und Maßnahmen der individuellen Förderung auf Basis der Diagnostik

Methodik
spezifische methodische Gestaltung des Lernangebots unter dem Paradigma der Anschlussfähigkeit an allgemeindidaktische und fachdidaktische Entscheidungen im Sinne einer Didaktik der Vielfalt

Ausstattung & Medien
spezifische Gestaltung des Lehr- und Lernumfeldes und Einsatz (modifizierter) allgemeiner und spezifischer Medien

Handelnde & Handlungsfelder
Wer mit Wem Wo? Welche Professionellen setzen in Kooperation (interdisziplinäre Settings) auf welchen Handlungsfeldern die Ebenen „Diagnostik", „Intervention", „Methodik" und „Ausstattung & Medien" um?" (AG-Spezifisches Curriculum, 2011, S. 9f).

Die Ebenen der Umsetzung werden im spezifischen Curriculum im weiteren Verlauf punktuell vertiefend dargestellt.
Um die einheitliche Sprache der anzuwendenden Begriffsbestimmungen zu erleichtern, werden bei der Erstellung eines spezifischen Curriculums für das blinde bzw. sehbehinderte Kind die Bezüge zur ICF hergestellt. Die dort aufgeführten Komponenten, Klassifikationen und Domains können so für das spezifische Curriculum allgemein verständlich kodierbar und strukturierbar beschrieben werden (vgl. AG-Spezifisches Curriculum, 2011, S. 20).
Im spezifischen Curriculum wird zur Orientierung für die Berechnung von Zeiten, die für die Umsetzung des spezifischen Curriculums benötigt werden können, eine sogenannte Modell-Leistungsbeschreibung aufgezeigt. Die Stunden der Aufwendungen sind zahlenmäßig abgebildet, was das Ermitteln und Zuordnen von Zeitaufwendungen für bestimmte Tätigkeiten in den Förderbereichen und den einzelnen Ebenen verdeutlicht. Es handelt sich dabei um ungefähre Angaben, da es in jedem Bundesland unterschiedliche Handhabungen für die Aufwandsbemessungen für den Unterricht mit blinden und sehbehinderten Kindern gibt (vgl. AG-Spezifisches Curriculum, 2011, S. 24f).

5 Lesen – eine entscheidende Kulturtechnik

Unbestritten gehören seit Anbeginn der Institution Schule (neben dem Rechnen) das Lesen und Schreiben, insbesondere die Prozesse des Lesen- und Schreibenlernens zu den zentralen Bestandteilen schulischen Lernens. Gleichsam nimmt der Bereich des Lesens und Schreibens in den Kriterien der ICF eine immer wiederkehrende Position ein, so z. B. im Bereich der Klassifikation der Aktivitäten und Partizipation [Teilhabe]:

Elementares Lernen (d130-d159)
d140 Lesen lernen
d145 Schreiben lernen
Wissensanwendung (d160-d179)
d166 Lesen
d170 Schreiben
Kommunizieren als Empfänger (d310-d329)
d325 Kommunizieren als Empfänger schriftlicher Mitteilungen
(vgl. WHO 2001/2005, S. 42 f.).

Einerseits ist unbestritten, dass Lesen und Schreibens für die Gestaltung der Teilhabe am gesellschaftlichen Leben im Allgemeinen und für die Teilhabe an (schulischem) Lernen im Besonderen eine hohe Bedeutung haben, andererseits ist offensichtlich, dass Beeinträchtigungen des Sehens diesen Bereich stark beeinflussen. Das länger andauernde Lesen als ein Kriterium für die Beschreibung des funktionalen Sehens (vgl. Hyvärinen o . J. und WHO 1992) nimmt einerseits in entwickelten Gesellschaften ab und wird aber ab einem entsprechenden Alter zunehmend wieder durch den Prozess des Lesens ausgefüllt. Lesen, und das über eine längere Zeitspanne hinaus, gilt als Voraussetzung für die Aufnahme von Informationen, für Kommunikation und Lernen und ist dem folgend ein Gegenstand schulischen Lernens.

Bei der Analyse des Lesens als Prozess können unterschiedliche Zugänge gewählt werden. Bei der Betrachtung von möglichen Einflussfaktoren, die den Leseprozess ausformen, fällt eine außergewöhnliche Breite auf. Betrachtet werden müssen:

— die optischen Bedingungen bzw. individuellen Voraussetzungen,
— die physischen und psychischen Bedingungen des lesenden Menschen,
— die Gestaltung des Lesematerials,
— die konkrete Lesesituation in physikalischer und psychischer Hinsicht,
— die psychische Verfasstheit der lesenden Person, das Wohlbefinden, die Stimmungslage, die Vorerfahrungen etc. (vgl. Willberg, 2001, S. 35).

Im Folgenden werden diese Einflussfaktoren hinsichtlich der potentiellen Anknüpfungspunkte für die Analyse von Barrieren beim Lesen in schulischen Kontexten diskutiert.

5.1 Physiologie des Lesens

Bei der Betrachtung der Physiologie des Lesens werden insbesondere die personellen Voraussetzungen für eine visuelle Wahrnehmung einschließlich der Schnittstelle zur inhaltlichen Verarbeitung des Gelesenen betrachtet.

5.1.1 Blickfeld, Blick- und Augenbewegungen

Das Blickfeld eines Auges umfasst einen kegelförmigen Ausschnitt von ca. 100° retinal (Netzhaut), der Bereich des schärfsten Sehens, die Fovea Centralis, umfasst 1°-2° des fixierten Blickortes. Die in der Peripherie des Blickortes liegenden Objekte werden progressiv unschärfer wahrgenommen. Ab 3°-5° des Blickortes vermindert sich die Sehschärfe um die Hälfte (vgl. Joos et al, 2003, o. S.; Radach, 1996, S. 10; Hofmeister, 1998, S. 37). Die Fovea Centralis ist die Stelle des schärfsten Sehens und befindet sich innerhalb der Makula. Sie hat einen Durchmesser von ca. 0,5 mm und beinhaltet ca. 50.000 Zapfen (vgl. Methling, 1996, S. 7f.). Sie sind direkt mit den Ganglienzellen verschaltet. Die Zapfen sind stark lichtempfindliche Rezeptoren und für das Farbensehen zuständig. Im Übergang zur Peripherie schließen sich neben den Zapfen die Stäbchen an, sie ermöglichen das Hell-Dunkel-Sehen.

Bewegungen des Auges lassen sich u. a. abhängig vom betrachteten Problemfeld aus in unterschiedlichen Systematiken strukturieren. Joos et al unterscheiden z. B. Augenbewegungen und Blickbewegungen. Augenbewegungen sind dabei die Bewegungen des Auges, die durch externe Beobachtung erfasst und interpretiert werden können und keine Aufnahme von Daten durch einen Objektbezug beinhalten müssen. Blickbewegungen beinhalten einen optischen Zielort, der mit einer Informationsaufnahme in Verbindung steht. Eine Fixation ohne Objektbezug ergibt ein anderes Untersuchungsergebnis als eine Fixation mit Objektbezug, da hier der Parameter Fixationszeit relevant ist (vgl. Joos et al, 2003, o. S.).

Andere Ansätze unterscheiden Mikrobewegungen, Blickbewegungen und Blickfolgebewegungen. Folgebewegungen ermöglichen das Fixieren eines bewegten Objektes, sie sind langsame gleitende Augenbewegungen und werden, außer Beginn und Ende, unwillkürlich gesteuert. Diese Augenbewegungen können nur durch bewegte Objekte ausgelöst werden. Bewegen sich Kopf oder Körper, dient die Optokinese zur Stabilisierung des Netzhautbildes. Der optokinetische Nystagmus besteht aus schnell und langsam wechselnde Augenbewegungen (Sakkaden), hervorgerufen durch

einen bewegten Stimulus, und diese Augenbewegungen ermöglichen die Stabilität eines Netzhautabbildes (vgl. Joos et al, 2003, o. S.;
Gregory, 2001, S. 128).

Augenbewegungen entstehen durch die drei Möglichkeiten:

1. Blickwechsel zwischen verschiedenen Objekten mittels Sakkaden und Fixationen, wie es beim Lesen geschieht,
2. Verfolgerblick bei bewegten Objekten, bei schnellen Bewegungen mit Sakkaden und starrer Kopfhaltung,
3. Beim Bewegungssehen verfolgt der Kopf eine Bewegung und
   das Auge gleicht diese Bewegungen durch Sakkaden aus (vgl.
   Joos et al, 2003, o. S.).

Sakkaden sind schnelle ballistische Augenbewegungen, die gezielt,
aber auch willkürlich stattfinden. Während der Sakkaden werden
kognitiv keine Informationen aufgenommen. Die Aufnahme des
Wahrgenommenen ist nur bei den Fixationen möglich, dabei ist
das Auge in relativer Ruhe zum Sehobjekt. Die minimale Fixations-
dauer liegt bei 50–100 ms. Vergenzbewegungen halten die Augen-
achsen horizontal in relativer Mitte der Blickrichtung und dienen
der Abbildung des Sehobjekts auf der Fovea beider Augen. Je nach
Abstand der Augen zum Objekt verändert sich die Vergenz und
die Augen bewegen sich langsam aufeinander zu oder der Abstand
vergrößert sich. Die Vergenz wird bei Ermüdung oder Alkoholkon-
sum beeinträchtigt (vgl. Fleischhauer, 2009, o. S.).

5.1.2 Aufgabe der Mikrosakkaden beim Lesen

Wenn ein Auge einen Punkt wahrnimmt, hält es nicht still, sondern
macht mikroskopisch kleine Bewegungen in sogenannten Mikrosakkaden auf und um den Punkt herum. Die Mikrosakkaden verlaufen linear im Wechsel mit nicht beeinflussbaren unregelmäßigen
Ausläufern, den Drifts. Neben den Mikrosakkaden hält der Tremor
(die Grundschwingung des Auges) die optische Wahrnehmung in
Bewegung. Die Mikrosakkaden, die Drift und der Tremor dienen

der Neuausrichtung der Blicklinien zur Informationsversorgung auf einem Fixationspunkt. Durch diese Kleinstbewegungen verschiebt sich das Netzhautbild 30- bis 90-mal pro Sekunde und liefert dem Hirn die notwendigen frischen Impulse für die Rezeptoren zur geistigen Verarbeitung. Würde das Auge ohne weitere Bewegungen stillstehen, würde die visuelle Wahrnehmung verblassen und die Wahrnehmung ausfallen (die sogenannte Rezeptorermüdung) (vgl. Hunziker, 2006, S. 38; Joos et al, 2003, o. S.; Guski, 2000, S. 83). Die Augenbewegungen sorgen dafür, dass immer wieder neue retinale Orte erregt werden und die Informationen trotz lokaler Ermüdung weitergeleitet werden. Zudem erweitern die sakkadischen Augenbewegungen um das Objekt das scharfe Sehfeld im fovealen Bereich auf über 2° und ermöglichen so eine größere Abbildung. Ferner dienen sie der Überwachung des Sehraumes: Bei einer Bewegung am Rande der Retina springt das Auge sofort dorthin, um diese Bewegung kurzfristig scharf zu analysieren. Auf diese Weise wird das Gehirn ständig mit wechselnden Informationen versorgt und die Retina ist ständig aktiv, auch wenn der Betrachter seinen Kopfposition nicht verändert (vgl. Guski, 2000, S. 83).

5.1.3 Augenbewegungen beim Lesen

Beim Bildbetrachten oder beim Lesen wird der Blick bewusst geführt. Liest ein Auge eine Textzeile, springt der Blick (progressive Sakkaden/Progression) abtastend oberhalb der Buchstaben in großen Sprüngen über die Textzeile (vgl. Kapr, 1971, S. 265; Radach, 1996, S. 10). Während der Fixationen bleibt der Blick auf dem Buchstabenbereich kurz stehen (Fixationsort) und springt dann weiter zum nächsten Buchstabenbereich. Dabei werden die Zeichenbereiche im fovealen Bereich von 1°-2° aufgenommen (vgl. Abbildung 5.1). In rechtsläufigen Schriftsystemen werden nach rechts im parafovealen Bereich hin mehr Buchstaben wahrgenommen als nach links. Der parafoveale Bereich umfasst ca. 5° im Radius (vgl. Radach, 1996, S. 10; Hofmeister, 1998, S. 37; Trauzettel-Klosinski et al, 2001, S. 83).

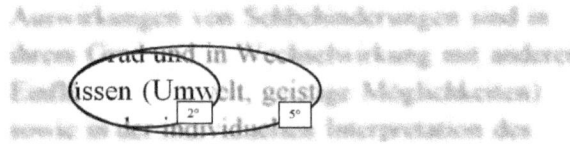

Abbildung 5.1: Das Sehfeld beim Lesen (Abbildung Verfasser nach Trauzettel-Klosinski 2002 aus Koitzsch, 2007)

Muss nach der Fixation der Bereich neu gelesen werden, weil das Gelesene nicht verstanden oder nicht richtig wahrgenommen wurde, macht das Auge einen Rücksprung (regressive Sakkade / Regression). Ist das Auge am Zeilenende angekommen, macht das Auge einen Zeilenrücksprung zum nächsten Zeilenanfang und liest dann weiter.

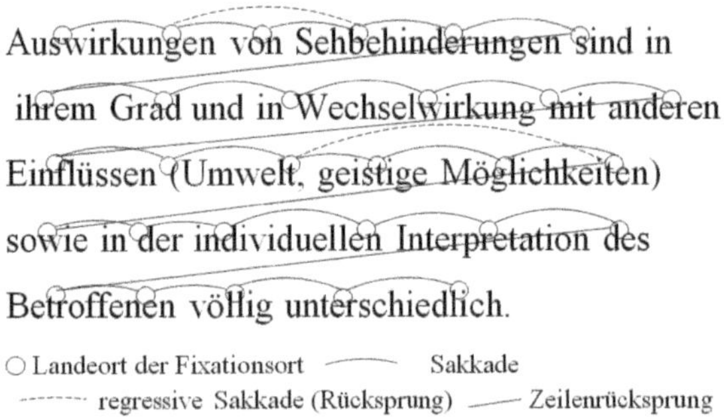

Auswirkungen von Sehbehinderungen sind in
ihrem Grad und in Wechselwirkung mit anderen
Einflüssen (Umwelt, geistige Möglichkeiten)
sowie in der individuellen Interpretation des
Betroffenen völlig unterschiedlich.

○ Landeort der Fixationsort ——— Sakkade
-------- regressive Sakkade (Rücksprung) ——— Zeilenrücksprung

Abbildung 5.2: Die Blicksprünge beim Lesen (Abbildung Verfasser)

Laut Radach liegt die Anzahl der progressiven Sakkaden bei erwachsenen Lesern bei ca. 80–90% und der regressiven Sakkaden bei ca. 10–20%. Die Weite des Blicksprunges kann ca. 7–9 Buchstabenpositionen (Amplitude) betragen (vgl. Radach, 1996, S. 10; Hofmeister, 1998, S. 37; Rayner et al, 2012, S. 91).

Bei Leseanfängern und geübten Lesern sind die Buchstabenwahrnehmungen je nach Leseerfahrung unterschiedlich. Bei jungen Leseanfängern in der Schule resultiert der geringe Buchstabenwahrnehmungsbereich daraus, dass die Schriften in den Lesewerken größer sind und das Kind beim Buchstabieren und bei Leseübungen den Text im geringeren Leseabstand fixiert. Bei Leseanfängern sind die Blicksprünge buchstabenweise und es werden die wahrgenommenen Buchstaben zu semantischen Einheiten verbunden (vgl. Jegensdorf, 1980, S. 43).

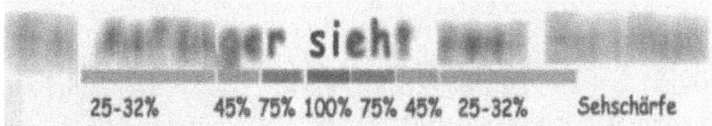

Abbildung 5.3: Ein Leseanfänger kann nur die für ihn groß abgebildeten Buchstaben in einem kleineren Bereich scharf sehen (Hunziker, 2006, S. 113).

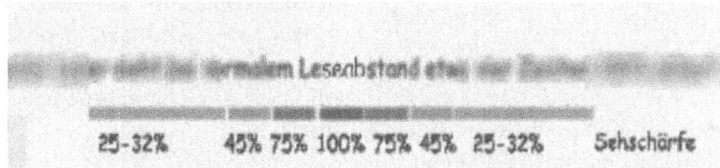

Abbildung 5.4: Der Wahrnehmungsbereich der Buchstaben ist bei einem guten Leser größer (Hunziker, 2006, S. 113)

Können im Laufe der Leseübungen Silben und kurze Wörter gelesen werden, vergrößert sich der Leseabstand und das Kind kann durch die Gewöhnung an die Wortgestalt und den Ausbau des mentalen Wortspeichers in den nächsten Lesestufen Wörter in kleinerer Schrift lesen (vgl. Hunziker, 2006, S. 113). Die Weiten der horizontalen und vertikalen Winkelbreite der Blicksprünge lassen sich durch Übung vergrößern, Vielleser erfassen Bereiche von ein bis zwei Zeilen simultan. Tauchen unbekannte Zusammenhänge oder undeutlich dargestellte Wörter im Leseprozess auf, springt das Auge zurück und wiederholt das Gelesene (Korrektursakkade). Je nach Textsorte (Plakat, Lexikon, Tageszeitung, wissenschaftlicher Text etc.) sind die Blicksprünge unterschiedlich.

Die Werte der Fixationsbereiche und Amplituden sind bei ungeübten Lesern abweichend. Die mittlere Fixationszeit liegt bei 200–260 ms und ist abhängig von individuellen personalen Faktoren wie Einstellung zum Text, Motivation zum Lesen, aber auch von typografischen und inhaltlichen Faktoren des Textmaterials (vgl. Radach, 1996, S. 12/13; Rautenberg, 2003, S. 331; Fischer, 1999, S. 258; Hofmeister, 1998, S. 37). Während einer Sakkade werden keine Textinformationen aufgenommen, dies geschieht nur während der Fixationen. Der Fixationsort besteht solange, bis das retinal Aufgenommene verarbeitet wurde, dann startet die nächste Sakkade (vgl. Radach, 1996, S. 14; Hofmeister, 1998, S. 37). Kann während der Sakkade das Wort bereits aus dem lexikalischen Speicher abgerufen werden, vergrößert sich der Sakkadensprung zum nächsten Landeort der Fixationen. Die parafoveal aufgenommenen Informationen beeinflussen die Amplitude zwischen bedeutungstragenden und redundanten Informationen und verändern so die Sakkade. Das Erkennen der Buchstaben und die Wortzwischenräume beeinflussen die Spanne der Sakkaden unterschiedlich, wobei die parafoveale Unschärfe genügend Informationen auf das zu Erwartende liefern kann (vgl. Hofmeister, 1998, S. 40; Hunziker, 2006, S. 32).

Der Wahrnehmungsbereich, der sich links und rechts neben dem Fixationsort befindet und aus dem die Information entnommen wird, wird als perceptual span bezeichnet. Hierbei sind die kürzere Spanne nach links und die größere Spanne asymmetrisch nach rechts ausgerichtet, da das nächste Sakkadenziel im rechtsläufigen Schriftsystem nach rechts weitergeführt wird. Untersuchungen mit hebräischen Schriftsystemen zeigten eine größere Spanne nach links auf, was die Aussage unterstützt, dass parafoveal Informationen mit aufgenommenen werden. Obwohl der optimale Landeort der Fixation bei Einzelwörtern in der Wortmitte liegen sollte (optimal viewing position), ist der Landeort der Fixation bei der Wortwahrnehmung im Text nicht direkt in der Mitte des Wortes, sondern links neben der Mitte, was zusätzlich durch Fehler in den Lesesakkaden entstehen kann (vgl. Hofmeister, 1998, S. 38, S. 140).

5.1.4 Zeilenrücksprung und Korrektursakkaden

Einen Einfluss auf das Lesen hat der Zeilenrücksprung am Ende einer Textzeile. Je länger die Zeile ist, desto eher kann es passieren, dass der Leser den neuen Zeilenanfang nicht korrekt erreicht und eine Korrektursakkade vorgenommen werden muss. Sind die Zeilen kürzer, so konnte in Untersuchungen festgestellt werden, dass weniger Korrektursakkaden auf der nächsten Zeile durchgeführt werden mussten. Aber auch bei zu kurzen Zeilen konnten nach dem Zeilenrücksprung vermehrt Korrektursakkaden zum Zeilenanfang festgestellt werden. Der Zielort nach dem Zeilenrücksprung befindet sich nicht direkt am Zeilenanfang, sondern innerhalb des ersten Wortes. Als optimal im Sinne der Leseleistung haben sich für normale Lesetexte Zeilenlängen von 8–13 cm erwiesen (was den normalen Breiten der Spaltentexte in Zeitungen und bis zu Taschenbücherbreiten entspricht). Texte im Blocksatz, Flattersatz und rechts bündig erschweren nicht, wie bislang angenommen, das Lesen und den Zeilenrücksprung. Hier kann sich der Leserhythmus den Bedingungen rasch angleichen (vgl. Hofmeister, 1998, S. 143). Große Buchstabenabstände verringern die Rücksprünge beim Lesen zusätzlich und für große Schriften sind längere Zeilen günstiger als für kleine Schriftdarstellungen, weil so der Leserfluss beibehalten werden kann. Der Zeilenabstand beeinflusst das Leseverhalten und die Leseleistung derart, dass ein größerer Zeilenabstand, der sich zwangsläufig durch die Veränderung der Schriftgröße im Verhältnis mit verändert, besser zu lesen ist (vgl. Hofmeister, 1998, S. 149).

Die Blickpositionen verändern sich mit der Veränderung der Schriftgröße. Wird die Schrift größer dargestellt, rückt der Fixationsort näher zum Zeilenanfang. Die Startorte der Korrektursakkaden hingegen wandern mit der größer werdenden Schrift nach rechts zur gleichen Buchstabenposition von kleinen Schriften (vgl. Hofmeister, 1998, S. 87).

5.1.5 Einflüsse von Umweltbedingungen auf das Lesevermögen

Beeinflusst wird die visuelle Wahrnehmung von einer Vielzahl von Außenbedingungen. So ist der zentrale Wert der visuellen Wahrnehmung, der Visus, abhängig von der Beleuchtungssituation. „Die Sehschärfe steigt mit zunehmender Adaptationsleuchtdichte. Eine Steigerung von 100 cd/m² auf 1000 cd/m² bewirkt eine Steigerung der Sehschärfe um eine Visusstufe" (Methling, 1996, S. 131). Diese Steigerung bricht erst mit dem Erreichen einer absoluten Blendung ab. Im Mondlicht können bei Zeitungen nur die Überschriften erkannt werden, die kleine Details liefern zu wenig Energie für die Netzhaut. Es wäre nur durch mühsames Entziffern eventuell möglich, etwas zu lesen. Die Zeitspanne, die das Auge braucht, um mittels der vorhandenen Energie ein vollständiges Bild aufzubauen, liegt bei ca. 1/10 Sekunde (vgl. Gregory, 2001, S. 39).

5.2 Die Bedeutung der Schrift/Typographie für das Lesen

Aus der Diskussion um die Wahl der Optotypen bei der Messung des physiologischen Sehens, insbesondere bei der Messung des Nah- und Fernvisus, ist deutlich geworden, dass die Gestalt der Optotype (insbesondere bei Buchstaben als Optotypen) einen enormen Einfluss auf den messbaren Wert hat. Es ist zu erwarten, dass allein über diese Differenzen ein Einfluss der Gestalt der Schrift auf die Lesefähigkeit gegeben ist. Historisch betrachtet wird diese Aussage gestärkt, wenn man sich verdeutlicht, dass unterschiedliche historische Phasen mit entsprechenden Gründen sich für das Nutzen unterschiedlicher Schriften entschieden haben.

Auch die Tatsache ob Schriften einen dekorativen Charakter haben oder „nur einfach" gelesen werden sollen, führte und führt zu verschiedenen Entscheidungen der Schrifthersteller bzw. -gestalter. Die Aufgabe, im entsprechenden Kontext „lesbar zu sein", ist jedoch allen Schriften gemein.

Die Bezeichnung Typographie setzt sich aus zwei Begriffen zusammen, dem griechischen Wort typos (Buchstabe, Bleiletter) und dem Wort graphein (schreiben). Seit der Erfindung des Buchdrucks ca. 1450 wird dieser Begriff in diesem Sinne genutzt. Typographie kann übergeordnet den Gestaltungsprozess wie den Schriftentwurf, die Anordnung des Schriftbildes auf der Seite, die Wahl des Papiers und die Einbandgestaltung von Druckwerken beinhalten. Differenzierter wird die Typographie in zwei Hauptbereiche unterteilt. Die Mikrotypographie einerseits bezeichnet den Buchstaben, den Buchstabenabstand, das Wortbild und den Wortabstand, die Schriftgröße und das Verhältnis zu Zeilenlänge und Zeilenabstand. Die Makrotypographie andererseits bezieht sich auf das Buchformat, die Anordnung der Satzspiegel (Kolumnen) auf der Doppelseite und die Wahl des Papiers (Farbe, Dicke, Gewicht). Im Vordergrund stehen beim Buchdruck immer die Lesbarkeit und die Funktionalität des Druckes. Individuelle Gestaltungsmöglichkeiten sind zugelassen, wenn sie nicht den Zweck vernachlässigen. Kommunikation und Ästhetik müssen sich in der Typographie harmonisch ergänzen. Voraussetzung für das Lesen ist die Einhaltung der physiologischen Grundlagen des Leseprozesses wie Sakkadensprünge und Fixationszeiten des Auges. Die Erkennbarkeit und kognitive Verarbeitung der graphischen Wortgestalt sowie die Handhabung des Buches wie Abstand zum Auge und die räumlich lineare Anordnung sind Bedingungen, die das Lesen beeinflussen können (vgl. Rautenberg, 2001, S. 22; Gorbach, 2004, S. 41).

Im Folgenden soll sich aus dem Bereich der Mikrotypographie auf die Gestaltung der Buchstaben i. e. S. beschränkt werden.

Die europäische Schrift in der heutigen und vielfältigen Form hat eine über zweitausendjährige Vergangenheit. Die Vorstufen der Schrift waren neben einfachen Zeichen wie Einkerbungen in Bäumen für Wegbezeichnung z. B. auch die Knotenschrift für einfache Gedächtnisstützen (Mnemogramme). Schrift und Zeichen haben den gleichen Ursprung und in vielen Sprachen die gleichen gemeinsamen Wurzeln. Weitere Entwicklungen waren die Ideenschriften, wie z. B. die Abbilder von Erlebnissen in den Höhlenmalereien. Sie symbolisierten in einem Bild ganze Wörter, Sätze oder auch Geschichten. Die Hieroglyphen bildeten eine weitere Stufe in der Abstraktion von Zeichen und Bedeutungen. Regional unterschiedlich entwickelten sich eigene Schrift-/Zeichensysteme in Ländern wie Ägypten, Griechenland, Jerusalem, China etc. (vgl. Kapr, 1971, S. 13).

Die Grundformen der heute in Deutschland eingesetzten Schrift, bestehend aus Strich, Kreis und Dreieck, sind aus der griechischen Schrift um ca. 400 v. u. Z. entstanden (vgl. Kapr, 1971, S. 18).

Abbildung 5.5: Stammbaum der Schrift (Typo-Info, 2010, o. S.)

Eine weitere Strömung in der Schriftentwicklung kam aus Rom. Die für uns heute geläufige lateinische Schrift hat hier ihren Ursprung. Anleihen in der Schriftform aus Griechenland und von den Etruskern sind erkennbar. Die bekannteste Schrift aus der Zeit um 100 u. Z. ist die *capitalis monumentalis*, die in der Form der heutigen Antiqua gleicht. Markant an dieser Schrift sind der Wechselzug zwischen dünner (Haarstrich/Aufstrich) und breiter (Grundstrich/Abstrich) Linie, die durch das Vorschreiben mit einem Flachpinsel auf dem Stein entstanden ist. Die Capitalis wurde nach dem Vorzeichnen mit einem Meißel in den Stein geschlagen. Es werden Handschriften zwischen Griffel-, Feder- und Pinselschriften unterschieden. Jedes Schreibwerkzeug hat auf dem Untergrund und der Schreibflüssigkeit seinen eigenen Charakter und individuelle Liniendarstellung (vgl. Abbildung 5.6). Das gebräuchlichste Schreibwerkzeug ist die Feder. Die Federn werden nach ihrer Art des Linienzuges und nach ihren Federspitzen unterschieden. Jede Federspitze und Federhaltung erzeugt eine unterschiedliche Art von Linien (vgl. Salberg-Steinhardt, 1983, S. 95).

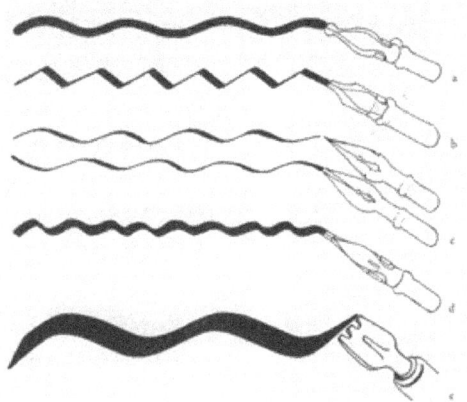

Abbildung 5.6: Verschiedene Arten von Federn ergeben unterschiedliche Linienverläufe und erzeugen unterschiedliche Schriftcharaktere (Salberg-Steinhardt, 1983, S. 97)

„a) Gleichzug (Schnurzug) mit der Redisfeder, b) Wechselzug mit der Atofeder, (c) Schwellzug mit der Spitzfeder, (d) Vielzug mit der Vielzugfeder, (e) Breitzug mit der Breitzugfeder" (Salberg-Steinhardt, S. 97).

Überwiegend wurde die Capitalis in Monumenten und Denkmälern eingesetzt (vgl. Abbildung 5.7) und wird demgemäß auch als Monumentalschrift benannt. Ein weiteres Merkmal dieser Antiquaschrift bzw. Capitalis sind die Endstriche an den Balkenenden der Buchstaben, die als Serifen bezeichnet werden (vgl. Tschichold, 1965, S. 19).

Abbildung 5.7: Inschrift aus dem Jahre 114 (Jegensdorf, 1980, S. 62)

Die Abbildung 5.6 zeigt eine exemplarische Darstellung der Capitalis (Großbuchstaben), wie sie ab dem 1. Jahrhundert nach Chr. in Monumente (Monumentalis) wie Grundsteinen, Triumphbögen, Grabsteinen etc. erst mit dem Pinsel vorgezeichnet und dann mit Hammer und Meißel eingeschlagen wurde. Die Abbildung zeigt einen Teil aus dem Triumphbogen des Kaisers Trajan aus dem Jahre 114 in Rom. Da es sich in diesem Bild um eine Inschrift an einem Gebäude handelt, wurde von den Schriftsetzern bewusst darauf geachtet, dass die Schriftgrößen von oben nach unten kleiner wurden. So konnte aus Entfernung auch die oberste Schriftreihe erkannt werden und es ergab ein harmonisches gleichmäßiges Schriftbild mit einer für den Betrachter optisch fast geleichen Schriftgröße auf der Fläche (vgl. Jegensdorf, 1980, S. 61f).

Große optische Ähnlichkeiten mit der römischen Capitalis weist die heutige Antiquaschrift *Times New Roman* auf. Die Familie der römischen Schriften mit wechselnden dünnen (Aufstrich) und breiten Strichen (Abstrich) hat allgemein ihren Ursprung in der Capitalis (Antiquaschrift) (vgl. Tschichold, 1965, S. 21).

1 Schaft, Stamm, Hauptstrich	5 Anstrich	9 Schlinge	13 Versalhöhe
2 Haarstrich	6 Endstrich	10 Innenform	14 Oberlänge
3 Serife	7 Scheitel	11 Verbindung/Überlauf	15 Mittellänge
4 Schattenachse, Achsstellung bei Rundungen	8 Bauch	12 Kehlung	16 Unterlänge

Abbildung 5.8: Eine der Capitalis ähnliche Serifenschrift mit ihren typographischen Bezeichnungen, die Nummer 3 (Serife) entspricht der 6 (Endstrich) (vgl. Pirr, 1999, S. 30)

Der Grund für die Entstehung bzw. Bedeutung der Serifen ist bis heute nicht eindeutig geklärt. Es kursieren diverse Theorien über die Entstehung und Funktion der Serifen. Ob die Serifen eine gestaltende Aufgabe hatten (vgl. Kapr, 1971, S. 22; Tschichold, 1965, S. 19), die den Lesefluss durch die dadurch entstehende imaginäre Linienführung erleichtern sollte; oder durch einen Querschlag mit dem Meißel am Balkenende entstanden, was das Ausbrechen des Steines in der Linie verhindert sollte (vgl. Salberg-Steinhardt, 1983, S. 116; Jegensdorf, 1980, S. 62); oder ob es von den Keilschriften übernommen wurde (vgl. Hiller, 1980, S. 273), die ebenfalls mit dem Pinsel geschrieben wurden und beim Aufsetzen des Pinsels auf das Schreibgut leicht in die Breite gingen; oder die Linie als Strichabschluss absichtlich verbreitert wurde, damit sie sich nicht „... im Leeren oder, wie die Mathematiker sagen: in der Unendlichkeit ... verlieren" (Frutiger/Heiderhoff, 1989, S. 99) ist bis heute nicht mehr nachvollziehbar.

Zu Beginn bestand die römische Capitalis aus Großbuchstaben (Majuskeln), die Kleinbuchstaben (Minuskeln) entwickelten sich später aufgrund einer schnelleren handschriftlichen Schreibweise in den klösterlichen Handschriften. Auf diesem Grundgerüst der Groß- und Kleinbuchstaben basierend, entstanden die Grundformen der heutigen Schriften und deren Weiterentwicklungen (vgl. Kapr, 1971, S. 39).

Eine Weiterentwicklung im Bereich der Schriften sind die Frakturschriften, die ursprünglich nur mit der Feder auf Papier geschrieben wurden. Die Fraktur war eine markante Schrifttype, die überwiegend für handschriftliche Aufzeichnungen (Buchschrift) genutzt wurde. Die Schreibkunst war um 1400 überwiegend in der Hand der kirchlichen und höfischen Schreiber, die Schriftentwicklung von politischen und künstlerischen Epochen geprägt (vgl. Tschichold, 1965, S. 21; Kapr, 1971, S. 180). Es entstanden in folgender Zeit viele Schriftvariationen, eine Verbreitung der Schriftarten wurde durch die individuelle Weiterentwicklung der Handschriften und die Etablierung der Druckkunst mit beweglichen Buchstaben durch Gutenberg um 1450 (vgl. Abbildung 5.9) sowie die Verbreitung dieser Bücher erreicht.

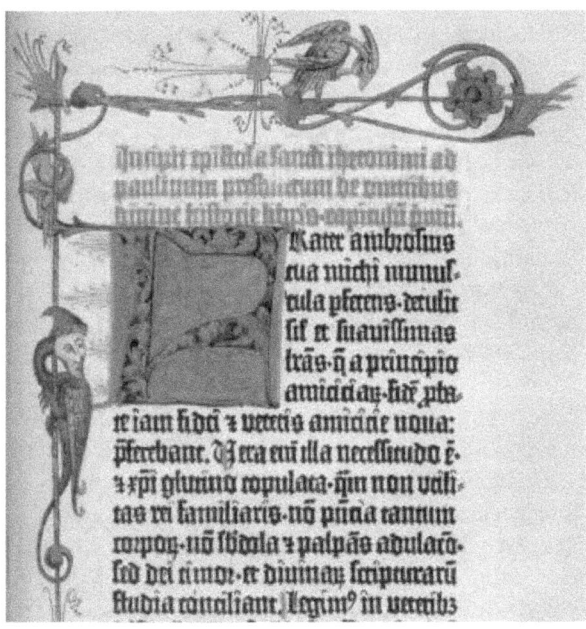

Abbildung 5.9: Ausschnitt aus dem Anfang einer Gutenbergbibel um 1450 mit dem Fraktur-Schrifttyp Textura (Uni-Leipzig, 2010, o. S.)

Bis zur heutigen Zeit erfuhr die römische Schrift noch diverse Veränderungen. Die Weiterentwicklung der Druckkunst ermöglichte es, Schriften neu zu konstruieren und auf Druckwerken wie Plakaten und Büchern zu verbreiten. Eine wesentliche Veränderung der Antiquaschrift war um 1850 das Weglassen der Serifen und eine gleichmäßige Strichbreite in der Buchstabengestalt. Da die Schrift den damaligen Schriftkünstlern sehr grotesk vorkam, wurde sie früher und auch noch heute, umgangssprachlich, als Grotesk tituliert. Namensvariationen zur Grotesk sind Endstrichlose Linearantiqua, serifenlose Schrift oder im Typographiegewerbe sans serif (vgl. Kapr, 1971, S. 187).

Im Folgenden wird die Bezeichnung serifenlose Schrift gebraucht, da sie das eindeutigere Gegenteil zur Serifenschrift ist. Auch wird nicht berücksichtigt, ob die serifenlose Schrift einen Wechselzug (Aufstrich dünn/Abstrich breit) in der Buchstabengestalt aufweist. Die Proportionen der serifenlosen Schriften wandelten sich vom Wechselzug zur gleichmäßigen Strichstärke. Eine typische serifenlose lineare Schrift ist die heute in der Computer-Textverarbeitung häufig genutzte Arial.

Eine wesentliche deutsche Entwicklung im Bereich der Handschriften waren die Deutsche Schrift und die Sütterlin-Schrift (vgl. Abbildung 5.10). Beide Schrifttypen sehen sich relativ ähnlich, wobei hier nicht vertiefend auf die Unterschiede im Einzelnen eingegangen wird. Eingesetzt wurden diese Schriften um 1915 zuerst in Preußen. Später wurde sie in vielen deutschen Ländern in der Schule und im Alltag geschrieben. Ab ca. 1942 wurde die Sütterlin-Schrift durch die Lateinische Schreibschrift abgelöst (vgl. Salberg-Steinhardt, 1983, S. 81).

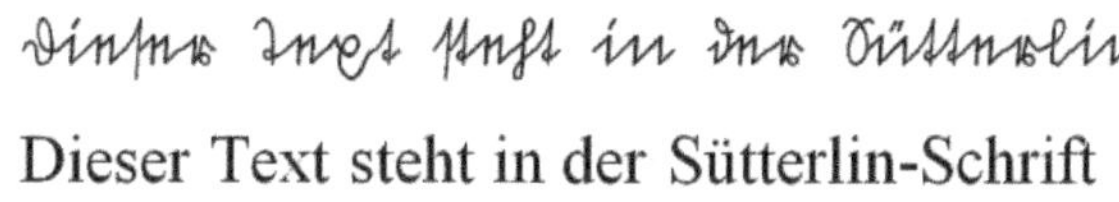

Dieser Text steht in der Sütterlin-Schrift

Dieser Text steht in der Sütterlin-Schrift

Abbildung 5.10: Text in Sütterlin-Schrift mit MS-Word

Die Entwicklung der Schriftformen entsprach dem Zeitgeist der Kultur und Techniken. Hatten anfangs die Schriften einen bildhaften Charakter, wie bei den Hieroglyphen in den Höhlen, so veränderten die Schriftbilder sich durch den Informationsgehalt (Bilder, Zeichen, Laute, Konsonanten etc.). Das Schriftbild wurde einer Geometrie angepasst, die mit den heutigen Großbuchstaben übereinstimmen (vgl. Lehrerfortbildung, 2009, o. S.). Durch den weiteren Schriftwandel (Groß- und Kleinbuchstaben) und den

Wandel der Stilepochen, der Buchdruckerkunst ab 1450 sowie den technischen und kulturellen Entwicklungen wurde eine Vielzahl an Schriften kreiert. Monumentalschriften, Druckschriften und Handschriften wurden weiterhin eingesetzt und brachten die durch den Schreiber verursachten individuellen Veränderungen mit sich. Im 18. Jahrhundert war die Druckerkunst durch den Tiefdruck so weit entwickelt, dass die Herstellung filigraner Linien und unterschiedlicher Schriftformen mit und ohne Serifen möglich war. Diese Entwicklungen hielten im 19. Jahrhundert mit der Weiterentwicklung der Drucktechnik, der Lithographie, an (vgl. Lehrerfortbildung, 2009, o. S.). Immer mehr wurde eine Parallelität im Aussehen von Schriftart und Kunststil geschaffen. Die geistige und kulturelle Epoche drückte sich in Architektur und Schrift aus. Die nachfolgenden Abbildungen und Erklärungen zu den Beziehungen von Schrift und Architektur sind aus Lehrerfortbildung, 2009 entnommen:

Abbildung 5.11: Der enge und hochragende Baustil der Gotik und der angeglichene Schriftstil Fraktur, wie er auch in der Gutenbergbibel gesetzt wurde, zeigen den Grundgedanken des Religiösen auf (vgl. Lehrerfortbildung, 2009, o. S.).

Abbildung 5.12: Die Renaissance des 15. und 16. Jahrhunderts löste sich vom religiösen Charakter in der Architektur, Literatur und Schrifttyp. Die Schriften sind ruhig, klar und mit Serifen, ähnlich der Capitalis. Bei dieser Schrift wurde der griechische-römische Stil (Wechselzug, Serifen) wieder aufgenommen. Die Schriften wurden als eine zusätzliche Entwicklung auch mit und ohne Serifen gedruckt, die Strichstärken und -lagen der Schriften wurden individuell verändert (vgl. Lehrerfortbildung, 2009, o. S.). Die senkrechten Balken stehen im Winkel von 90 Grad und die Serifenansätze sind gekehlt.

Abbildung 5.13: Die der Renaissance anschlie-
ßende Kunstepoche des Barocks Ende des 16.
Jahrhunderts war technisch (Buchdruck), archi-
tektonisch und schriftgestalterisch, wie die
Loslösung von den herkömmlichen
Buchstabenformen, eine Weiterentwicklung. Die
steigende Anzahl der Buchdruckereien und die damit verbundene
Wissensverbreitung eröffnete für viele Menschen neue und kreative
Denkstrukturen (vgl. Lehrerfortbildung, 2009, o. S.). Die senkrechten
Buchstabenbalken sind schräg zur Grundlinie und die Serifen spitz angesetzt.

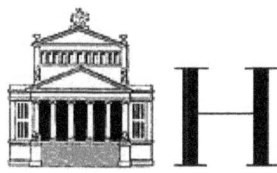

Abbildung 5.14: Beim Klassizismus Ende des
17. bzw. Anfang des 18. Jahrhunderts wurden die Architektur und die Schriftgestaltung
klarer und geometrisch, das heißt, verstärkter Einsatz von Kreis, Vierecke und rechtem
Winkel. Die Kehlungen in den Serifen wurden
vermieden, die Achsenlage der Buchstaben war senkrecht, die Lesbarkeit
wurde durch die extremen Unterschiede zwischen schmalen Haarstrichen und
breiten Grundstrichen erschwert (vgl. Lehrerfortbildung, 2009, o. S.).

Weitere Varianten in der Entwicklung waren gleichförmigere
Schriften mit breiten Serifen, wie z. B. bei der Schrifttype Clarendon.

ABCDEabcde Abbildung 5.15: Schrifttyp
Clarendon (Linotype, o. J., o. S.)

Abbildung 5.16: Jugendstilplakat mit
Eckmann-Schrifttype (Linotype, o. J., o. S.)

Der Jugendstil entstand ca. 1890 in England (Modern Style) und verbreitete sich über Deutschland, Österreich (Sezessionsstil), Frankreich und Belgien (Art Nouveau) in ganz Europa und Ostasien. Das Ziel war die Abkehr von den historisierenden Formen in der Kunst des 19. Jahrhunderts. Der Jugendstil dauerte bis ca. 1914. Stilprägend für den Jugendstil sind die organisch-floralen Naturstudien, die dekorativ in Architektur, Plakatschriften und Möbeln integriert wurden. Die organisch-floralen Motive sind abstrakt und flächig passend in die Werke eingegliedert (vgl. Kunst-Brockhaus, 1987, S. 77). Die Jugendstilschriften wirken durch ihre lebendig-pflanzenhaften Formen nicht konstruiert. Eckmann, ein deutscher Künstler, entwarf die Jugendstil-Schrifttype, an der sich weitere Schriftentwickler orientierten. Die Eckmann-Schrifttype war der Inbegriff der Jugendstilschrift. Sie ist als Plakatschrift entworfen worden und weist kurze Ober- und Unterlängen mit Serifenanklängen sowie eine flächige und schwer wirkende Buchstabenform auf. Dies deutet darauf hin, dass es sich nicht um eine Buchdruckschrift, sondern eine dekorative und werbewirksame Plakatschrift handelt (vgl. Salberg-Steinhardt, 1983, S. 260).

Abbildung 5.17: Neue Sachlichkeit / Bauhaus
(Abbildung Privatbesitz, d. V.)

Die Epoche Neue Sachlichkeit bzw. Bauhaus Anfang des 19. Jhdts. lehnte jeden Schnörkel ab. Die Besinnung auf das Einfache und die klare, geometrisch geleitete Linienführung sowie der Fortschritt in der Technik brachten eine ebenso gleichförmige Architektur und gleichförmige serifenlose sowie serifenbetonte Schriften hervor. Die Bezeichnung Grotesk war ein Pseudonym für die in dieser Zeit entstehenden serifenlosen Schriften des Bauhauses. Die serifenlosen Schriften wurden ab dieser Zeit auch als Leseschriften in Büchern eingesetzt (vgl. Lehrerfortbildung, 2009).

Die sich entwickelnden technischen Möglichkeiten forderten Typographen heraus, mit dem Bild der Buchstaben zu experimentieren.

Der Buchstabe E als Schrifttype in verschiedenen Epochen: a) Griechische
Antike – b) Römische Antike – c) Romanik – d) Gotik – e) Renaissance – f) Rokoko –
g) Klassizismus – h) Egyptienne – i) Jugendstil – j) 19./20. Jh. (Grotesk)

Abbildung 5.18: Der Buchstabe „E" in verschiedenen Epochen
(Salberg-Steinhardt, 1983, S. 131)

Heute werden Schriften grob in drei Bereiche eingeteilt:
— Serifenschriften (z. B. Times New Roman)
— Serifenlose Schriften (z. B. Arial)
— sonstige Schriften (Frakturschrift, Sütterlinschrift, Handschriften, Zierschriften usw.) (vgl. Lehrerfortbildung, 2009,
  o. S.).
Jede Schrift hat ihre eigene Geschichte und ihr eigenes Aussehen
und wird je nach Lesbarkeit und Wirkung entsprechend eingesetzt
(vgl. Pirr, 1999, S. 30).

Das Rezipieren von Schrift besteht nicht aus der Aneinanderreihung dekodierter einzelner Zeichen; folglich wird allein die typografische Gestaltung der Einzelzeichen nicht ausreichend die
Einflüsse auf das Lesen beschreiben können; Schriftschnitt, Zeilenabstand, Absatzgestaltung (Blocksatz, Bündigkeit etc.) nehmen
Einfluss auf die Lesbarkeit eines Textes in Abhängigkeit von dessen
Kontext und Zielstellung.

Neben der Gestaltung von Druckwerken allgemein ist die Wahl der Schrifttype (Blattaufteilung, Papierfarbe, Zeilenabstand, Einrückungen etc.) ein wesentliches Kriterium, um die Lesbarkeit von Texten zu erleichtern. In der frühen Textgestaltung wurde eine der Capitalis ähnliche Form benutzt. Zur Textgliederung (im ca. 2. Jahrhundert) haben die Schreiber bereits Worttrennungen in Texten eingesetzt und die Punkte am Satzende wurden als Markierungen für die Satzstruktur verwandt. Dies erleichterte in frühen Zeiten das Lesen enorm, da das Lesen und das Verständnis der Buchstabenreihenfolge durch diese einfache Gliederung verbessert wurden. Deutlichere Satzstrukturen entstanden durch die Versstruktur der Bibel, die in der Zeit ca. um das 4. Jahrhundert von Skriptoren mit der Hand geschrieben wurde. Bei der Textherstellung der Skriptoren wurde zwischen den offiziellen und den privaten Textformen unterschieden. In den offiziellen Texten wurde hauptsächlich die Capitalis geschrieben, was wegen der Detailgenauigkeit sehr mühsam war, in den privaten Texten wurde andererseits eine kursive, schnell schreibbare, an der Captilalis orientierte Form verwendet. Diese Schrift war für ungeübte Leser nicht immer leicht zu lesen, da individuelle und fahrige Zeichen durch die jeweiligen Schreiber entstanden (vgl. Boeselager, 2004, S. 81). Um eine einheitliche und gegenseitige Lesbarkeit der immer größeren Anzahl von Büchern und Schriftstücken zu gewährleisten, wurde in einer unter dem Kleriker Alkuin (730–804) stehende Hofschule in Aachen die karolingische Minuskel entwickelt. Diese Handschrift musste einheitlich für alle Schriftstücke bzw. Urkunden in allen Kanzleien des Reiches geschrieben werden (vgl. Konrad, 2007, S. 29).

Die Texteinteilung und -farbgebung auf dem Trägermaterial ist bis heute ein wichtiger Bereich für alle, die Texte herstellen. Sie werden dem Lesebedürfnis und -vermögen des Lesers so weit wie möglich und nach wissenschaftlichen Erkenntnissen angepasst. Die Spalten in den Zeitungen und in manchen Fachbüchern ermöglichen durch kürzeren Zeilensprung eine schnellere Lesart und

erleichtern zum Beispiel das Finden der nächsten Zeile beim Beginn einer neuen (vgl. Boeslager, 2004, S. 81; Willberg, 2001, S. 35). In heutigen Texten unterliegt die Schriftgestaltung unterschiedlichen Aufgaben. Es werden Texte typographisch (Schrift und Gesamtgestaltung) unterschiedlich, ihren Aufgaben oder wirtschaftlichen Interessen zweckentsprechend hergestellt. Jegensdorf unterteilt auf der Basis bedeutender Buchgestalter folgende Ansprüche an ein Druckwerk, das entweder empfängergerecht oder kommunikationshemmend sein kann:
— technisch einwandfrei
— leserlich
— ästhetisch und
— zweckentsprechend (vgl. Jegensdorf, 1980, S. 43).

Jegensdorf bemängelt die billige und unüberlegte Herstellung von Taschenbüchern, wenn diese eine zu kleine Schrifttype, keine Einrückungen oder auch sehr kleine Zeilenabstände aufweisen. Dies erspart zwar Material, ist aber für den Leser ein Hemmnis im Leseprozess. Eine optimale Lesbarkeit muss in Nachschlagewerken sowie Schul- und Fachbüchern gewährleistet sein.

In der „Didaktische Typographie" werden die besonderen Bedingungen an Werke herausgestellt, die wie Schulbücher einen lehrenden Charakter haben (vgl. Nadolski, 1984, S. 12; Gorbach, 2001, S. 204). Es wird neben der Lesbarkeit von Schrift besonders auf die pädagogische Gesamtgestaltung eines Lehrwerkes eingegangen. U. a. sind knappe und aussagekräftige Texte sowie angemessenes Bildmaterial als die wesentlichen Dinge in Lehrwerken zu betrachten. Ausgehend von wissenschaftlichen Erkenntnissen wird dargestellt, wie der lernende Leser liest: flüchtig, überfliegend, sich an Ausführungen des Lehrers erinnernd, verstärkt durch das Bildmaterial mit Bildunterschriften (vgl. Gontscharowa, 1984, S. 23; Jegensdorf, 1980, S. 43; Gorbach, 2001, S. 206).

Die Wahl der Schrift ist in der didaktischen Typographie auch für Menschen, die die deutsche Sprache mit Lehrwerken lernen, nicht unbedeutend. Willberg beschreibt das Phänomen, dass für diese Lehrwerke zwei Grundschriftarten zur Verfügung stehen, entweder eine Schrift mit Serifen oder eine serifenlose Schrift. Er appelliert an den Einsatz von Serifenschriften für Lehrbücher, in denen die deutsche Sprache vermittelt wird, mit dem Beispiel, dass das Wort „Igel" in einer serifenlosen Schrift (z. B. Arial: Igel) den Lernenden vor ein Problem stellt. Wie soll jemand, der die Sprache und die Schriftsprache erlernt, verstehen, dass die beiden senkrechten Striche am Anfang und am Ende des Wortes unterschiedliche Sprachbedeutungen haben? Durch die additive Leseweise des Lernenden entsteht eine Lernhemmung im Verständnis. Das Wortbild aber prägen sich zwei senkrechte Linien ein, die dazwischen ein „g" und ein „e" haben. (vgl. Willberg, 1984, S. 126).

5.3   Schrift und Lesen

Schnelles und effektives Lesen ist das rasche Aufnehmen und Erkennen von Buchstaben- und Wortbildern. Neben der Informationsvermittlung erzeugen Wort- und Buchstabenbilder auch ästhetische Empfindungen. Diese ästhetischen Empfindungen können einen emotionalen Einfluss auf die Informationsverarbeitung und die Leistungsfähigkeit auslösen (vgl. Wendt, 2000, S. 50; Wespel, 2003, S. 1). Das ästhetische Empfinden des Lesers gibt Emotionen zur Aktivierung der Handlung frei, was für die Lesemotivation nicht unerheblich ist. In der Literatur werden der Motivationseinfluss und die Leistungsbereitschaft mit dem Yerkes-Dodson-Gesetz beschrieben. Es bedeutet, dass es ein Optimum des Erregungsniveaus gibt, bei dem die maximale Leistungsfähigkeit erreicht wird. Diese maximale Leistungsfähigkeit kann sich auf ihrem Höhepunkt aber auch verschleißen und dann wieder abflachen. Dieses Optimum an Erregung wird durch eine gewisse Unvorhersehbarkeit im Bereich des Erwarteten, z. B. in einer bekannten angenehmen Typographie, erreicht (vgl. Wendt, 2000, S. 51f). Schrift soll nach Wendt in optimalem Ausmaß von der Erwartung des Lesers abweichen, um ihm ästhetischen Genuss zu vermitteln. Die Typographie muss aber auch den gewohnten Erwartungen entsprechen, um optimal lesbar zu sein. Hier entsteht ein Widerspruch, der nach der Situation des Schriftnutzens entschieden werden muss. Motivierende Typographie muss auf Bewährtem und Bekanntem aufbauen, sich aber auch von Altem abheben, um wieder stimulierend zu wirken. So kann für einen Leser eine beschwingte und verschnörkelte Schrift eine Lesemotivation auslösen, ist diese Schrift jedoch in einer Traueranzeige gesetzt, ist die Motivation nicht mehr vorhanden, sondern sie wird gestört. Eine Schrift muss zum Inhalt einer Botschaft passen, um Lesemotivation zu erwecken (vgl. Wendt, 2000, S. 53). Wichtig beim Lesen ist der Kontext, in dem ein Muster, hier die Typographie und die inhaltliche Texterwartung, steht und die Interpretation des Lesers beeinflusst. Werden in einem Text vom Leser Buchstaben erwartet, aber es steht zusammenhanglos eine Zahl zwischen ihnen, gibt es zusätzliche Unterscheidungsprobleme im Kontext und in der Erwartung. Trotz der Unterscheidungsprobleme wird der Kontext interpretiert und es wird, sofern es die Interpretationsmöglichkeiten zulassen, weitergelesen (vgl. Guski, 2000, S. 69). Bei Wahrnehmungsdifferenzierungen spielt der funktionale Charakter der Dinge eine Rolle.

Neben den oben aufgeführten Faktoren ist für die Lesbarkeit von Schrift das optische Auflösungsvermögen ebenso ausschlaggebend. Jegensdorf bezeichnet das Verhältnis der Schwarz-Weiß-Aufteilung eines Großbuchstabens als das „Snellensche Prinzip" (vgl. Jegensdorf, 1980, S. 45). So sind die weißen und schwarzen Aussparungen auch aus großer Distanz gut zu unterscheiden. Wäre das Gleichgewicht des weißen und des schwarzen Bereichs nicht gegeben, würde der Buchstabe eine zu einseitige optische Gewichtung bekommen. Der ideale Lichtwert des gut erkennbaren Buchstabens ist ein oberflächlich ausgeglichenes Grau mit klarer Buchstabenkontrastierung, dass dem Auge das Lesen mit geringster Ermüdungsmöglichkeit erleichtert. Dass der gleichmäßige Grauwert nicht bei allen Buchstaben erreicht werden kann, wird an den Kleinbuchstaben a, e, g etc. deutlich, hier nimmt die schwarze Fläche den größten Raum ein (vgl. Jegensdorf, 1980, S. 46). Die

Schriftgestalter der Buchdrucker haben für dunkle Zonen, die besonders durch spitze Winkel entstehen, die Technik der Linienverdünnung eingesetzt (Irradiation = Lichtüberstrahlung). So wirkt durch diese gewollte optische Täuschung der Buchstabe in den Ballungszonen nicht zu fett oder zu schwer. Eine mathematische Gleichheit des Schwarz-Weiß-Verhältnisses in der Buchstabenfläche entspricht nicht der optischen Ausgewogenheit. Der Grund für diese Irradiation liegt an der Lichtreflexion der Oberflächenstruktur des weißen Papiers, dessen Licht zerstreut zurückgeworfen wird und den Buchstaben in den Winkeln schwerer erkennbar macht (vgl. Jegensdorf, 1980, S. 46).

Schriften müssen nicht unbedingt die gleiche Buchstabenstrichstärke haben, um harmonisch zu wirken. Der Rhythmus einer Wechselzugschrift, Aufstrich dünn, Abstrich breit, wie er häufig bei den Antiquaschriften angewandt wird, kann den optimalen Grauwert in der Gesamtbetrachtung eines Buchstabens erreichen und den Buchstaben sogar prägnant und dynamischer wirken lassen.

Buchstaben bestehen in ihrer Grundgestalt aus Linien, deren Verlauf sich nach dem Schreibduktus richtete. Da bei der Capitalis die Schriften vor dem Einschlag mit einer Feder in schräger Schreibhaltung auf dem Stein vorgeschrieben wurden, entstanden durch den Schreibfluss ein schlanker Aufstrich (Haarstrich) und ein breiter Abstrich (Grundstrich). Der waagerechte Haarstrich und die Serifen entstanden entsprechend dem Schreibfluss ebenfalls schmal. Für Javal stellen die Strichunterschiede ein zusätzliches Erkennungsmerkmal dar, was den Erkennungswert des Buchstabens erhöht, jedoch bei den gleichförmigen Buchstabenstrichen, wie bei der serifenlosen Schrift, nicht gegeben ist. Auch können der Gesamtgrauwert des Buchstabens und somit die Buchstabenerkennbarkeit durch die Balkenvariation gesteigert werden, da der Haarstrich die Wichtigkeit des Grundstrichs fördert (vgl. Javal, 1907, S. 7).

Tschichold verweist bei der Buchstabenbetrachtung darauf, den Buchstaben nicht nur als Liniengefüge zu sehen, sondern dass die Harmonie der Innen- und Außenflächen des Buchstabens das

Wesentliche sei (vgl. Tschichold, 1965, S. 16). Das Verhältnis der Kleinbuchstaben untereinander muss laut Tschichold in der Breite und mit seinen Ober- und Unterlängen ausgewogen sein. Die charakteristischen Ober- und Unterlängen der Kleinbuchstaben entscheiden die Lesbarkeit einer Schrift wesentlich. Sind die Ober- und Unterlängen zu kurz, werden die Buchstaben formloser im Wortumriss. Die Größenverhältnisse der Buchstaben h-n-p zueinander mit den Ober- und Unterlängen sind nicht mathematisch zu berechnen, sondern ergeben sich aus der Strichstärke und der Balkenstärke des Buchstabens (vgl. Tschichold, 1965, S. 16).

Es ist aber nicht der Buchstabe allein, der optisch erfasst wird. Die gesamte Buchstabenreihe über mehrere Buchstaben wird optisch erfasst und als Wortbild dekodiert (vgl. Wendt, 2000, S. 19).

Zur Dekodierung der Schrift genügt es dem Auge, die obere Schrifthälfte abzutasten, da dort die wichtigsten Informationen vorhanden sind (vgl. Jegensdorf, 1980, S. 49; Tschichold, 1965, S. 33). Dies liegt an der differenzierteren Ausgestaltung der oberen Hälfte des Mittelbandes (Kleinbuchstaben) und den markanten Oberlängen. Die Unterlängen und die Buchstabenunterseiten weisen keine starken Unterschiede in der Formgestaltung auf und sind somit nicht ausschließlich sinntragend.

Serifenlose Schrift

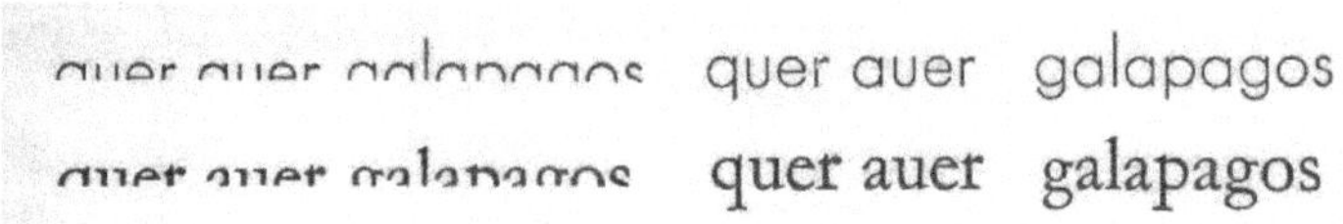

Serifenschrift

Abbildung 5.19: Die Unterschiede der oberen Buchstabenhälften
(Tschichold, 1965, S. 33)

In den serifenlosen Schriften weisen die oberen Buchstabenhälften gleiche, sich wiederholende Formen auf. Bei den Serifenschriften sind alle Buchstabenoberhälften unterschiedlich ausgeprägt, sodass die optische Wahrnehmung schon relativ früh gedankliche

Bedeutungszuordnungen treffen kann (vgl. Jegensdorf, 1980, S. 49; Tschichold, 1965, S. 32; Willberg, 2001, S. 35).

Mehrseitige Druckerzeugnisse (Zeitungen, Sach- und Literatur-texte) werden meist von den Schriftgestaltern der Druckereien in einer Grundschrift mit Serifen gesetzt. Hierbei bilden die Serifen auf der oberen und unteren Schriftlinie der Kleinbuchstaben eine optische Führung für die Augen (vgl. Abbildung 5.20). Durch diese optische Führung wird zudem ein geringerer Zeilenabstand benö-tigt (vgl. Javal, 1907, S. 9; Pirr, 1999, S. 30; Frutiger, 2005, S. 245).

Schriften mit und ohne Serifen

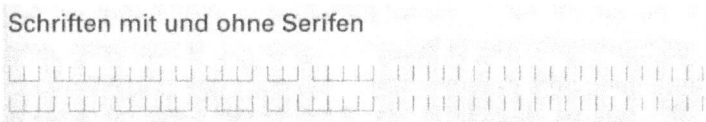

Abbildung 5.20: Serifenschriften fassen Wörter zu Wortgestalten zusammen
(Frutiger, 2005, S. 245)

Die Buchdruckerkunst hat sich aus diesen Gründen (stärkste Buch-stabenunterscheidungen in der oberen Schriftlinie und optische Führung durch die Serifen) seit jeher für Serifenschriften in Bü-chern entschieden.

Beim Dekodieren und dem schnellen Wiedererkennen von Schrift kommen die Regeln der Gestaltpsychologie zum Tragen. Die Gestalttheorie beschäftigt sich im Gegensatz zu anderen Theo-rien vor allem mit zweidimensionalen Figuren und beschreibt dazu Regeln, nach denen diese im Zusammenhang gesehen werden kön-nen. Wichtig bei der Gestaltpsychologie sind die automatische Auf-teilung einer Darstellung in Figur und Grund sowie die gleichzei-tig vorhandenen Wahrnehmungskomponenten von Figuren. Die Gestaltpsychologie ist im Bereich der Wahrnehmungspsychologie etabliert. Im Gegensatz zu anderen Wahrnehmungstheorien be-schreibt die Gestaltpsychologie eher die wahrgenommenen Phäno-mene, als dass sie sie erklärt. Auch gibt es in der Gestaltpsychologie kaum exakte Vorhersagen über die Gruppierungsregeln, von da-her sind die Anwendungsmöglichkeiten sehr begrenzt (vgl. Guski,

2000, S. 79), für diese Arbeit erfüllen sie aber die Anforderungen zur Verdeutlichung sehr gut.

Typographie in Lesetexten wird heutzutage in den zwei wesentlichen Medien Papierdruck und Monitordarstellungen publiziert. Der Unterschied zwischen Texten aus Papier und den digitalen Texten besteht in der Haptik (Papier fühlt sich anders an und lässt sich blättern) und in der optischen Darstellung. Die Auflösung von klassischen Monitorschriften liegt bei ca. 72 dpi (dots per inch), aktuelle elektronische Reader erreichen bereits Werte um 167 dpi. Dennoch bleibt eine Differenz zu Papierdruck, die durch den geschlossenen Farbauftrag Auflösung von ca. 1200 bis 2400 dpi realisieren können. Rundungen und Schrägen wirken durch die gröbere Darstellung der Pixel auf dem Monitor wie Stufen, ab 20 Punkt Schriftgröße müssen die Monitorschriften geglättet werden. Insofern eignen sich bei der Schriftwahl die Serifenschriften, die für den Druck optimal sind, nicht unbedingt für die Monitordarstellung, bei der serifenlose Schriften eingesetzt werden sollten (vgl. Rautenberg, 2001, S. 41).

5.4 Lesen als Prozess

Der innere Vorgang des Lesens und des Textverständnisses unterliegt verschiedenen Dekodierungsarten. Alle stehen miteinander in Abhängigkeit und ergeben gemeinsam ein Lesen mit entsprechendem Leseergebnis.

5.4.1 Bottom-up- und Top-down-Dekodierung

Das Lesen (Textrezeption) basiert sowohl auf dem vom Leser erworbene Vor- und Weltwissen als auch auf dem bereits erlernten Sprachwissen (vgl. Rautenberg, 2003, S. 331; Gross, 1994, S. 12). Der interaktive Akt des Lesens zwischen Leser und Text wird als bottom-up- und als top-down-Dekodierung bezeichnet, die beide gleichermaßen und unabhängig voneinander das Lesen beeinflussen. Die bottom-up-Dekodierung bezeichnet den Einsatz des Erlernten von „unten nach oben" mit den elementarsten Strukturen der Zeichen (den Buchstaben), der phonemischen Struktur (den zum Buchstaben gehörigen Sprachlaut), der lexikalischen Struktur (die Wörter) und der semantischen Struktur (die Bedeutung der Wörter). Die grafischen Zeichen Buchstaben mit den dazugehörigen Lauten sowie die Zusammenstellung der Buchstaben zu Wörtern, die dann einen sinnvollen Text ergeben können, müssen beim Leser bekannt sein. Die bottom-up-Dekodierung steht im unabhängigen Wechselspiel mit der top-down-Dekodierung, die „von oben herunter" das zum gelesenen Text gehörige Vorwissen zu einer verständlichen Aussage und den Erwartungen, die im Sinnzusammenhang mit dem Gelesenen stehen, in Kohärenz bringt (vgl. Rautenberg, 2003, S. 331; Gross, 1994, S. 13; Klicpera/Gasteiger-Klicpera, 1998, S. 16; Costard, 2007, S. 21).

Die Kohärenz von Wahrnehmung und Gedächtnis steht in wechselseitiger Beziehung. Erfahrung beschleunigt den Vorgang des Erkennens und Wahrnehmung fördert wiederum die Erfahrungsbildung (vgl. Schönpflug/Schönpflug, 1995, S. 107; Christmann/Groeben, 2001, S. 145).

Der Leser muss die Textstruktur (Sprache, Buchstaben) erkennen, den Text inhaltlich verstehen und ihn mit seinen Vorerfahrungen in Beziehung setzen können. Aufgrund dieses Wissens sind die im Lesetext nachfolgenden Wörter im Sinnzusammenhang zu erwarten. Je öfter Wörter und Buchstabenverbindungen gelesen wurden, desto mehr prägen sich diese Formen als Ganzheiten im Gedächtnis ein. Der Leser erkennt diese Worte und Buchstabenverbindungen (Wortüberlegenheitseffekt), bringt diese mit der erwarteten Textaussage in Zusammenhang und liest dadurch den Text zügiger (vgl. Jegensdorf, 1980, S. 43; Guski, 2000, S. 69).

Wie die Buchstabenverbindungen sich einprägen und durch überfliegendes Lesen erkannt werden können, soll an einem Beispiel verdeutlicht werden: „Gmäeß eneir Sutide eneir elgnihcesn

Uvinisterät, ist es nchit witihcg, in wlecehr Rneflogheie die Bstachuebn in eneim Wrot sheetn, das ezniige was wcthiig ist, ist dass der estre und der leztte Bstabchue an der ritihcegn Pstoiion snid. Der Rset knan ein ttoaelr Bsinöldn sein, tedztorm knan man ihn onhe Pemoblre lseen. Das ist so, weil wir nicht jeedn Bstachuebn enzelin leesn, snderon das Wort als gseatems." (Füssenich/Löffler, 2005, S. 81). Hier wird unverkennbar anhand der Gestaltwahrnehmung dargestellt, dass Buchstaben, die zu einem Wort gehören, sofort durch die Wortlänge sowie die Buchstabenober- und -unterlängen erkannt werden und in einen sinnvollen Zusammenhang gebracht werden können. Voraussetzung dafür ist, dass der erste und der letzte Buchstabe an der richtigen Stelle stehen, die Groß- und Kleinschreibung eingesetzt wird und die grundlegende Gestalt des Wortes nicht zerstört wird. Diese groben Wortformen (Wortlänge, Sinnzusammenhang, deutsche Syntax und Groß- und Kleinschreibung) prägen sich als Einzelelemente ein und werden geistig automatisch in die richtige Reihenfolge gesetzt. Dies ist jedoch nicht möglich, wenn es sich um Wörter handelt, die beim Leser nicht geläufig sind, wie z. B. Fachwörter aus dem medizinischen Bereich (vgl. Füssenich/Löffler, 2005, S. 81).

Auch Wörter in ungewohnter Schreibweise (UnGeWoHnT) oder in ungewohnten Schrifttypen werden nach einiger Übung sofort erkannt. Untersuchungen mit verschiedenen Text- und Wortarten in ungewohnten Schriftbildern stellten diese Erkenntnisse deutlich heraus. Das Worterkennen baut auf die Buchstabenmerkmale auf und es wird auf die abstrakten Buchstabenschemata zurückgegriffen, die von den Besonderheiten des verwendeten Schrifttyps unabhängig sind. Basale Eigenschaften der Buchstabenumrisse werden, je nach Schriftgewöhnung, vom geübten Leser schneller erkannt und haben keinen Einfluss auf die Leseleistung. Der geübte Leser abstrahiert bei ungewohnten Schriftbildern die Buchstaben auf die vertrauten Buchstabenumrisse, so dass die Eigenart später nicht mehr auffällt (vgl. Klicpera/Gasteiger-Klicpera, 1998, S. 26).

5.4.2 Phonologische Rekodierung beim Lesen

Neben der visuellen Dekodierung von Buchstaben durch das Wiedererkennen von Buchstaben- und Wortformen kann durch die phonologische Rekodierung, (in der Literatur wird dieser Vorgang synonym auch als phonologische Verarbeitung oder als phonologische Bewusstheit (vgl. Blanz, 2001, S. 23) bzw. als Subvokalisation bezeichnet (vgl. Gibson/Levin, 1989, S. 173)), eine Identifikation der Wörter ermöglicht werden. Die Graphem-Phonem-Umwandlung, die Übersetzung von Buchstaben in Lautsprache, setzt neben der Schriftkenntnis einen entsprechenden Sprachvorrat voraus (vgl. Wittmann/Pöppel, 2001, S. 230). Die phonologische Bewusstheit ist für den Leselernprozess entscheidend, da orthographische Zeichen und Buchstaben in Phoneme umgewandelt werden, die wiederum zu Wörtern zusammengesetzt und weiterverarbeitet werden (vgl. Blanz, 2001, S. 25; Costard, 2007, S. 46). Der Zugang über das phonologische System ist, zumindest für seltene Wörter, durch Seidenberg et al 1984 empirisch belegt worden (vgl. Christmann/Groeben, 2001, S. 150).

Phonologische Rekodierung beim lauten Lesen

Leser nutzen auch absichtlich die Möglichkeit des lauten Lesens z. B., um einen Text literarisch stärker zu genießen. Bei diesem Vorgang müssen die Augen der Stimme voraus sein, um genügend Informationen über den folgenden Text zu bekommen, damit die Betonung entsprechend eingesetzt werden kann. Die Subvokalisation beinhaltet das laute Lesen, das Mitbewegen der Lippen ohne Laute sowie das innere Lesen, das physikalisch nicht erkennbar ist. Das innere Mitsprechen und Mithören beim Lesen ist, nach Untersuchungen von Huey aus dem Jahr 1908, wenn auch mit evtl. verkürzter und unvollständiger Aussprache, ein grundlegendes Prinzip bei den meisten Lesern. Bei inhaltlich schweren und bei unleserlichen Texten konnte eine Vermehrung der Subvokalisation festgestellt werden (vgl. Gibson/Levin, 1989, S. 176; S. 199).

Hierbei greift der Leser neben dem Zugriff auf das innere Wortgestaltlexikon auf seine Sprachkenntnis zurück. Unterschieden werden hierbei das laute und das leise Lesen von Texten. Das laute Lesen ist ein elementarer Bestandteil in der Lesefähigkeit, es weist auf, dass das Wort aus der Buchstabengestalt heraus verstanden wurde. Es werden zwei mittlerweile einander angenäherte Modelle vertreten und diskutiert. Das Modell der zweifachen Zugangswege, 1978 von Coltheart dargestellt, zeigt auf, dass der direkte Zugang vom visuellen Reiz der orthografischen Kodierung der Buchstabenfolge direkt mit dem lexikalischen Eintrag des Wortspeichers zur Wortidentifikation hergestellt werden kann (vgl. Klicpera/Gasteiger-Klicpera, 1998, S. 17; Costard, 2007, S. 26; Günther, 1988, S. 125). Nach der visuellen Dekodierung wird der lexikalische Eintrag direkt mit dem inneren Lexikon und der dazugehörigen Aussprache des Wortes verglichen und phonologisch rekodiert. Hierbei handelt es sich um einen indirekten Zugriff auf das innere sprachliche Lexikon. Bei bekannten Wörtern ist dieser Leseprozess einfach nachzuvollziehen, bei Fremd- oder Pseudowörtern ist kein phonologischer Vorrat im Lexikon vorhanden, diese unbekannten Wörter müssen dann phonologisch neu erschlossen werden. Sind es unbekannte Wörter in richtiger Schreibweise, so können über das laute Lesen der einzelnen Buchstaben oder Silben die Wörter erkannt bzw. neu erlernt werden. In diesem Fall wird, basierend auf den Buchstabengestaltspeicher, auf den phonologischen Speicher zugegriffen und danach mit dem Wortgestaltspeicher verglichen bzw. die neue Wortgestalt im Speicher abgelegt. Diese zwei Prozesse, Zugriff auf Graphem oder Phonem arbeiten in diesem Modell unabhängig voneinander, wobei der grafische Speicher meist zuerst eingesetzt wird. Der Kontext zu den anderen Buchstaben muss hierbei immer berücksichtigt werden und ist nicht bei jedem Text und auf alle Sprachen übertragbar (vgl. Klicpera/Gasteiger-Klicpera, 1998, S. 19).

Als weiteres Erklärungsmodell der phonologischen Rekodierung wurde von Patterson und Coltheart 1987 das Analogie-Modell (nach Glushko 1979 das Aktivations-Synthese-Modell) entwickelt, das an dem Modell des zweifachen Zugangs angelehnt ist. Dieses wird durch die Annahme erweitert, dass die phonologische Rekodierung nicht aufgrund der Graphem-Phonem-Korrespondenz-Regeln erfolgt, sondern der Abgleich der unbekannten Wörter durch das Vorwissen der Aussprache und ähnlich geschriebener Wörter stattfindet. Glushko konnte nachweisen, dass durch die Konsistenz der Buchstabenfolgen beim Leser die Wörter mit den gleichen Buchstabenabfolgen und bei immer gleicher Aussprache schneller gelesen wurden. Wenn dann das Modell des zweifachen Zugangs Lücken aufweist, so ist die Aufrechterhaltung der lexikalischen und nicht-lexikalischen Zugänge nötig (vgl. Klicpera/Gasteiger-Klicpera, 1998, S. 20).

Weitere Modelle verzichten auf die Grundlagen der Graphem-Phonem-Zuordnungsregeln und dem vorhandenen Lexikon, hierbei verlässt man sich vermehrt auf die Leseübungen, die ohne Regeln sind und wo vorausgesetzt wird, dass die Buchstabenfolgen und Phonemfolgen verinnerlicht wurden. Hinzu kommen die Erkenntnisse von Seidenberg und McClelland (1989), die drei Arten von Worterkennungscodes, die orthographischen, phonologischen und semantischen bzw. auch morphologischen Informationen (z. B. Wal-Wahl; Mann-man; oder auch Fogl-Vogel; d. V.), beim Lesen unterscheiden (vgl. Klicpera/Gasteiger-Klicpera, 1998, S. 22; Christmann/Groeben, 2001, S. 151).

Phonologische Rekodierung beim stillen Lesen

Es gibt verschiedene Ergebnisse in der experimentellen Leseforschung, bei denen ein inneres Mitsprechen beim Lesen festgestellt werden konnte. Das phonologische Rekodieren erfolgt automatisch, auch wenn die Information über die Aussprache der Wörter das Verständnis des Gelesenen behindert. Das visuelle Worterkennen aktiviert automatisch die Information über die Aussprache der Wörter. Sind in einem Text semantische Unklarheiten, so tritt die phonologische Rekodierung zurück und die semantische Kodierung wird aktiviert. Die phonologische Rekodierung kann subjektiv, je nach Textverständnis, eingesetzt werden (vgl. Klicpera/Gasteiger-Klicpera, 1998, S. 24). Der Unterschied zum lauten Lesen besteht beim leisen Lesen darin, dass der Leser während der Rezeption im Text hin und her springen kann, um Informationen zu überspringen, zu suchen oder erneut nachzulesen. Der zeitliche Faktor ist unerheblich, da der Leser sich in Ruhe Darstellungen ansehen kann und den Lesestil der Relevanz des Textes anpassen kann. Beim leisen Lesen werden Folgerungen gezogen und Textinterpretationen erstellt, die über den Text hinausgehen (vgl. Christmann/Groeben, 2001, S. 204).

Die klassische Art des Lesens verändert sich vermehrt durch den Einfluss neuer Medien wie Computer und ähnliche digitale Lesegeräte. Durch die Nutzung der bildbewegten (Video, Fernsehen, Computer) Medien ist ein Rückgang der Leseintensität von Büchern feststellbar. Die Informationsbeschaffung und Unterhaltung durch diese Medien destabilisiert die Lesemotivation und zeigt in manchen sozialen Bezugsgruppen eine schlechte Lesesozialisation auf, wobei umgekehrt Vielleser von Büchern trotz der zusätzlichen Mediennutzung dem klassischen Buchlesen treu bleiben. Die Computernutzung hat die Lesekompetenz als neue Grundlagenfähigkeit entwickelt, die besonders in der Mediengesellschaft als Schlüsselkompetenz gilt. Die kognitive Aufarbeitung des Gelesenen und der Sprung mittels Links auf unterschiedliche Textarten hebt die klassische lineare Lesestruktur auf und verändert das Leseverhalten erheblich. Inwieweit und wie am Computer Gelesenes verarbeitet wird, ist bislang von der Leseforschung noch nicht belegt worden. Diese Leseveränderung muss jedoch in der heutigen Lesekultur entsprechend berücksichtigt werden (vgl. Christmann/Groeben, 2001, S. 206). Bedeutsam ist, dass das Lesen am Computer meist eine einsame Angelegenheit ist, bei der die Informationsaufnahme in manchen Fällen bruchstückhaft auf das für den Leser Wesentliche begrenzt ist.

5.4.   Der gestaltpsychologische Ansatz zum Leseprozess

Ein Erklärungsansatz, dem es gelingt die Prozesse des Lesens in Abhängigkeit zur konkreten Gestalt des Leseguts zu beschreiben, liefert die gestaltpsychologische Schule.

Auf die klarere Unterscheidung einzelner Buchstaben und den daraus resultierenden Lesefluss lassen sich durch die Erkenntnisse der Gestaltpsychologie interpretieren. Die lateinische Buchstabenschrift besteht aus einem einheitlichen Formensystem, das jedoch in seinen Ausprägungen der Darstellung unterschiedlich sein kann. Diese Unterschiede können das Wiedererkennen der Buchstabenformen und Buchstabenkonstellationen erleichtern und das Lesen kann durch diese prägnanten und wieder erkannten Formen vereinfacht werden.

Die Gestaltpsychologie wurde ca. 1920 u. a. durch Max Wertheimer begründet und setzte sich mit der optischen Wahrnehmungsorganisation bzw. der ordnenden Gestaltbildung auseinander (vgl. Goldstein, 2002, S. 190). Diese Regeln (es werden in diesem Zusammenhang für den Begriff Regeln auch die Bezeichnungen Faustregeln, Gestaltfaktoren oder Gestaltgesetze eingesetzt) der Wahrnehmung, wie sie von den Gestaltpsychologen erstellt wurden, lassen sich m. E. nach auf die Wahrnehmung der Schrift im Text beim Lesen anwenden. Im weiteren Textverlauf wird die Bezeichnung Regeln genutzt, da die Gestaltpsychologen die anderen Bezeichnungen als nicht optimal erachteten (vgl. Goldstein, 2002, S. 192).

Die Grundaussage der Regeln zur Wahrnehmung ist der Satz von Aristoteles: „Das Ganze ist mehr als die Summe seiner Teile" (vgl. Goldstein, 2002, S. 192). Anfangs wurden einige wesentliche Regeln erstellt, die im Laufe der nächsten Jahrzehnte stetig von den Gestaltpsychologen erweitert wurden (Farben, Licht, Zeit). Ausgangspunkt für eine Zusammenführung des gestaltpsychologischen Ansatzes bei der Erklärung des Lesevorgangs sind selbstverständlich die sechs Regeln der Gestaltpsychologie:

1. Regel: Der Faktor der Prägnanz oder guten Gestalt
2. Regel: Der Faktor der Ähnlichkeit

3. Regel: Der Faktor der gestaltgerechten Linienfortsetzung
4. Regel: Der Faktor der Nähe
5. Regel: Der Faktor des gemeinsamen Schicksals
6. Regel: Der Faktor der Bedeutung oder Vertrautheit (vgl. Goldstein, 2002, S. 205)

Setzt man diese Regeln ins Verhältnis zur Buchstabenwahrnehmung, werden folgende Zusammenhänge und Prozesse deutlich:

Die Regel 1 der Gestaltgesetze besagt, dass „die prägnante oder gute Gestalt" so einfach wie möglich vom Betrachter interpretiert wird und somit schneller erkannt werden kann. Eine ausgewogene, abwechslungsreiche und markante sowie harmonische Schrift lässt sich schnell erkennen.

Die Regel 2, der „Faktor der Ähnlichkeit" und die Regel 4, der „Faktor der Nähe", drücken aus, dass mehrere Reihen von Elementen vom Betrachter einfach und übersichtlich sortiert werden. Diese werden durch eine Buchstabenreihe, die in ihren Buchstaben- und Wortabständen harmonisch gesetzt wurde, erreicht.

Die Regel 3, die „gestaltgerechte Linienfortsetzung", und die Regel 5, „gemeinsames Schicksal", lassen die Interpretation zu, dass das Auge auf der oberen Schriftlinie der Kleinbuchstaben sicher und ohne Abweichungen durch den Text geführt wird. Dies wird bei einer Serifenschrift deutlich. Die Serifen bilden zwischen dem oberen und unteren Abschluss der Buchstaben optisch eine Leitlinie, die das lesende Auge innerhalb dieser Linien hält.

Die Regel 6, „Bedeutung und Vertrautheit von bekannten Formen", kann sich auf die vertrauten Buchstabenformen beziehen, die dem Leser in seiner Bedeutung und Gestalt bekannt sind (vgl. Goldstein, 2002, S. 195; siehe auch Hoffmann, 2000, o. S.; Frutiger/Heiderhoff, 1989, S. 30).

Dass die Regeln der Gestaltpsychologie überwiegend bei Personen mit höherem Bildungsniveau zutreffen, wurde laut Hoffmann durch Untersuchungen von A. R. Lurija in den Jahren 1930/31 nachgewiesen. Lurija ging es bei seinen Untersuchungen um den

Nachweis von L. S. Wygotskis aufgestellte These, dass alle höheren psychischen Funktionen des Menschen kulturell, d. h. durch Zeichen vermittelt und somit historisch bedingt sind (vgl. Hoffmann, 2000, o. S.; Füssenich/Löffler, 2005, S. 26). Bei den Untersuchungen, Vergleichen von geometrischen Figuren und so genannten geometrisch-optischen Täuschungen in unterschiedlichen Darstellungen, wurden Bewohner aus entfernten ländlichen Bereichen in Usbekistan und Kirgisien, die des Lesens und Schreibens unkundig waren, im Vergleich zu Frauen aus einem Institut für Lehrerbildung untersucht. Die geometrischen Figuren und geometrisch-optischen Täuschungen sollten in Gruppen und nach Ähnlichkeit sortiert werden. Hierbei stellte Lurija fest, dass die Zuordnungen und Bezeichnungen der geometrischen Figuren bei beiden Untersuchungsgruppen nicht identisch waren. So wurden die Zuordnungsmöglichkeiten der geometrischen Figuren und die geometrisch-optischen Täuschungen überwiegend mit dem Anstieg des Bildungsniveaus erkannt. Bei den lese- und schreibunkundigen Probanden wurden die geometrischen Darstellungen von ca. 27 % erkannt, von den Studentinnen der pädagogischen Fachschule erkannten ca. 70–80 % die optischen Täuschungen (vgl. Hoffmann, 2000, o. S.).

Im Ergebnis der Untersuchung von Lurija wird deutlich, dass die Regeln der Gestaltpsychologie erlernt werden müssen und dass das Wahrgenommene nicht unbedingt auf alle Menschen im gleichen Maße übertragbar ist, wohl aber nach dem Erlernen der Buchstabenschrift durchaus die Regeln der Gestaltpsychologie zutreffen können.

Für Käsmann-Kellner ist das Sehen die Ermittlung von Informationen aus Einzelobjekten, die bei der visuellen Wahrnehmung zu einem stimmigen Bild verarbeitet werden. Die Wahrnehmungen von Form, Lage im Raum, Kontrast, Farbe, Tiefe und Bewegung sind die elementarsten visuellen Erkennungsmerkmale, die eine Kompetenz des Sehens bedingen. Die „Perzeptuelle Organisation" für die Aufgaben Gruppierung und Zusammenhang basieren auf Erkenntnissen der Gestaltpsychologie (vgl. Käsmann-Kellner, 2009,

S. 5). Strukturen, die eine spezifische Beziehung aufzeigen, werden als zusammengehörig erkannt. Dies geschieht auf Basis des Vorwissens und vorgefertigter Schemata. Die Wahrnehmung ist eine aktive Interpretation, die automatisch erzeugt wird, sobald das visuelle System einen Reiz aufnimmt. Die Gestaltprinzipien werden analog zur Wahrnehmung eingesetzt und schon in der frühesten Kindheit erlernt (vgl. Käsmann-Kellner, 2009, S. 9).

Schriften bestehen aus grafischen Elementen, die als zusammengesetzte Formen eine Sprache darstellen. Die schriftliche Sprache ist eine besondere Funktion, die sich in Aufbau und Funktion von der mündlichen ebenso wenig unterscheidet wie die innere Sprache zur äußeren. Die Schriftsprache setzt einen hohen Grad an Abstraktion voraus, die ohne lautliche Emotionen (Betonung, musischer Klang, Expressionen) dargestellt wird. Es handelt sich um eine Sprache im Denken, bei der das Materielle fehlt (vgl. Wygotski, 1974, S. 224).

5.5 Prozess des Lesenlernens unter dem Aspekt der Schriftgestaltung

Zentraler Fokus im Zusammenhang mit den Kulturtechniken Lesen und Schreiben liegen im schulischen Zusammenhang natürlich auf der Frage der Aneignung, des Lernens von Lesen und Schreiben. In dem hier diskutierten Zusammenhang interessiert hierbei jedoch in erster Linie die Frage nach den in diesem Leselernprozess eingebundenen externen Faktoren, insbesondere die Wahl der Schrifttype. Das schulische Lesenlernen wird im historischen Rückblick verstärkt mit dem Lehrbuch Fibel in Verbindung gebracht. Die Gestaltung der Fibel ist somit ein wesentlicher externer, rahmensetzender Faktor für das Lesenlernen.

5.5.1 Die Schriftformen in den Fibeln seit den Anfängen des Leseunterrichts

Die Schriftformen in den Leselernwerken waren für die Unterrichtenden zu Beginn des Leselernunterrichts mit Büchern nicht von großer Wichtigkeit – es sind kaum Diskussionen über derartige Entscheidungen überliefert. Gelesen wurde mit der Schrift, wie sie in den aktuellen Medien, überwiegend der Bibel, für die lesekundigen Menschen geläufig war. Weder Inhalte noch die Gestaltung (z. B. der Buchstaben) wurden an die Bedürfnisse der Lesenlernenden angepasst. Im 16. Jahrhundert hatten nicht alle Menschen die Möglichkeit, das Lesen zu lernen, dies war nur für Menschen der oberen Schichten möglich.

Die Auslöser, über das Lesen auch für die ärmeren Schichten Informationen zugänglich zu machen, waren die Übersetzung der Bibel in die deutsche Sprache durch Martin Luther 1524. Die schnelle Entwicklung des Buchdrucks und die Notwendigkeit für die Weiterentwicklung von Wirtschaft und Militär ein Anwachsen des allgemeinen Bildungsniveaus umzusetzen verliefen parallel. Das einfache Volk und das aufkommende Bürgertum erkannten im Lesen eine Volksbildung, die eine Grundlage für die Bildung der Menschen durch die Lehren der Bibel bot (vgl. Teistler, 2006, S. 13).

Entstehung der Fibeln

Der Ursprung der Leselernwerke beginnt ungefähr im 16. Jahrhundert mit den ABC-Büchern, die es überwiegend im privaten Bereich der Oberschichten gab. Inhaltlich wurden auf biblischer Grundlage die menschlichen Tugenden positiv und die schlechten Eigenschaften negativ beschrieben und mit Bildern illustriert. Da es keine einheitlichen Vorgaben gab, wie die Leselernwerke inhaltlich und grafisch aufgebaut sein mussten, wurden die Bücher nach den Wünschen der Unterrichtenden (Gymnasiallehrer oder zumeist auch Prediger) hergestellt (vgl. Deutsche Fotothek, 2005, o. S.; Teistler, 2006, S. 13).

Bei der Schriftgestaltung in den ABC-Büchern bediente man sich bei den beiden damals genutzten Schrifttypen, der Frakturschrift und der Antiquaserifenschrift. Diese beiden Schrifttypen wurden von den Kindern parallel gelernt und als deutsche (Fraktur) und lateinische (Antiqua) Schriften unterschieden (vgl. Deutsche Fotothek, 2005, o. S.).

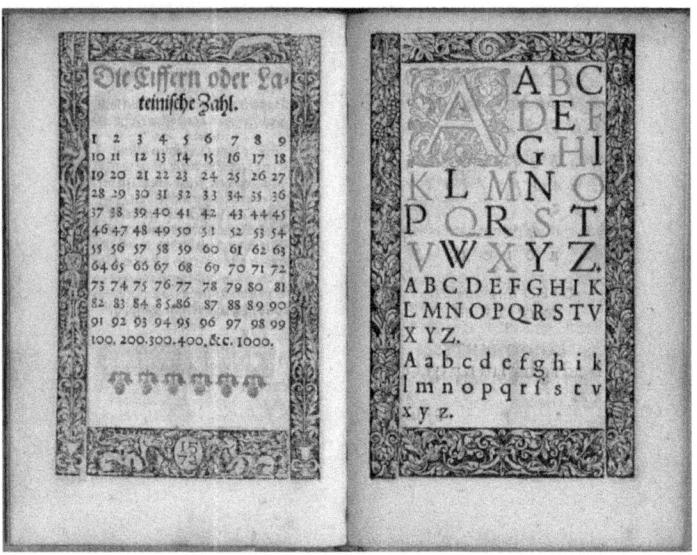

Abbildung 5.21: (deutsche) Fraktur- und (lateinische) Serifenschrift 1594
(Deutsche Fotothek, 2005, o. S.)

Nach und nach wurde ab dem 16. Jahrhundert in den einzelnen Ländern des Deutschen Reiches die Schulpflicht eingeführt. Es entstanden Schulbücher (Fibeln) mit dem Charakter von offiziellen genehmigten Erziehungsmitteln und auf der Basis des christlichen Glaubens. Die Fibel löste das ABC-Büchlein ab und enthielt ein Alphabet mit großen und kleinen Buchstaben, Silben- und Wortlisten. Der Name Fibel leitete sich vom Wort (kleine) Bibel ab, was dementsprechend auf den Inhalt hinwies (vgl. Teistler, 2006, S. 15).

Leselernmethoden und Schrifttypen

Methodisch gab es zwar schon Leselernvorgaben, diese basierten aber meist auf dem Auswendiglernen des Alphabets und dem Erinnern der Buchstabenform. Es entstanden im Laufe der Zeit immer mehr Fibeln und die späteren Leselernmethoden spiegelten sich in einigen Bereichen Deutschlands und Österreichs in der Benennung der Fibeln wider. Es gab die Bezeichnungen, die gleichzeitig die Leselernmethode darstellten:

- Im Namenbuch (ab ca. 1534 bis 1670) auf der Basis der Buchstabiermethode wurde z. B. der Buchstabe H im Zusammenhang mit den ganzen Wörtern wie Holz, Haus, Hundert etc. und den einzelnen Buchstaben vermittelt.
- Im Figurenbuch wurde die Ganzwortmethode mit kindgerechten Bildern vermittelt. Dabei wurde das Bild mit dem dazugehörigen Wort gemeinsam gelernt (vgl. Teistler, 2006, S. 16ff).
- Das Stimmenbuch vermittelte ab 1533 die Schrift durch die Lautiermethode, wobei erst die Vokale (A – Armbrust, E – Egge etc.) ebenfalls im Zusammenhang mit Bildern gelernt wurden. Die Konsonanten („stumme Buchstaben" wie B – Becher, H – Hase) wurden im Anschluss gelernt. Darauf aufbauend kamen die „halblauten" Konsonanten (L – Löwe, M – Messer etc.) (vgl. Bachmann, 1987, S. 18ff; Teistler, 2006, S. 21).

Anfang des 18. Jahrhunderts wurde das lateinische Alphabet vermehrt typografisch eingeführt und die Kinder lernten allgemein ab dem 6. Lebensjahr lesen. Die Frakturschrift wurde weiterhin parallel zum Lesenlernen gelehrt. Nachdem festgestellt wurde, dass das Lesen und Schreiben sich gegenseitig fördern können, entstand methodisch die Lese-Schreibmethode. Bei dieser Methode wurden die Buchstaben erst gelesen und dann geschrieben. War ein Buchstabe gelernt, wurde der nächste Buchstabe eingeführt und später zu Wörtern zusammengesetzt.

Anfang des 19. Jahrhunderts setzte sich als Erstleseschrift zudem die „Steinschrift", eine lineare Antiquaschrift (auch Grotesk benannt) ohne Serifen, durch. Diese Schrift war im Strichverlauf gleichmäßig (linear) und zeigte deutlich das Grundgerüst eines lateinischen Buchstabens. Als Schreibschrift wurde zusätzlich am Ende des 19. Jahrhunderts bzw. Anfang des 20. Jahrhunderts verstärkt durch die Machtergreifung der Nationalsozialisten, die Deutsche Kurrent, eine für die schulischen Zwecke vereinfachte Sütterlinschrift, gelehrt (vgl. Jegensdorf, 1980, S. 69; Deutsche Fotothek, 2005, o. S.; Beck, F., 2006, S. 251).

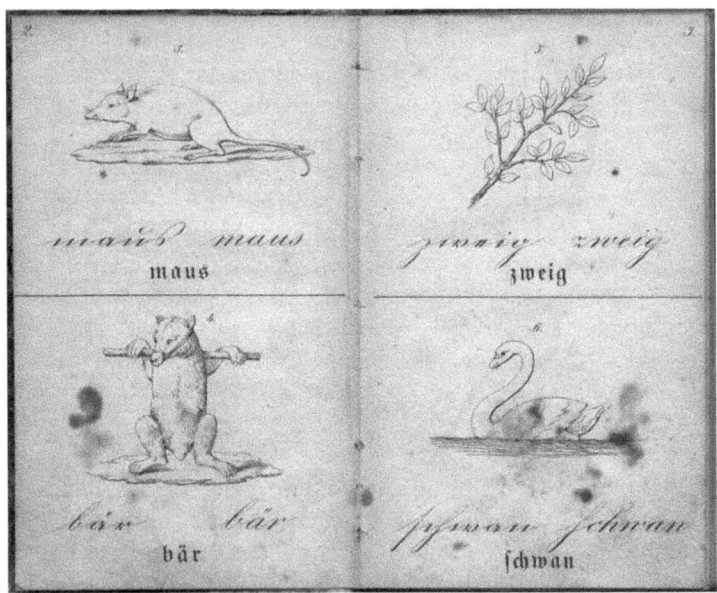

Abbildung 5.22: Fibel mit den drei Schrifttypen Sütterlinschrift, Current und Frakturschrift 1860 (Deutsche Fotothek, 2005, o. S.)

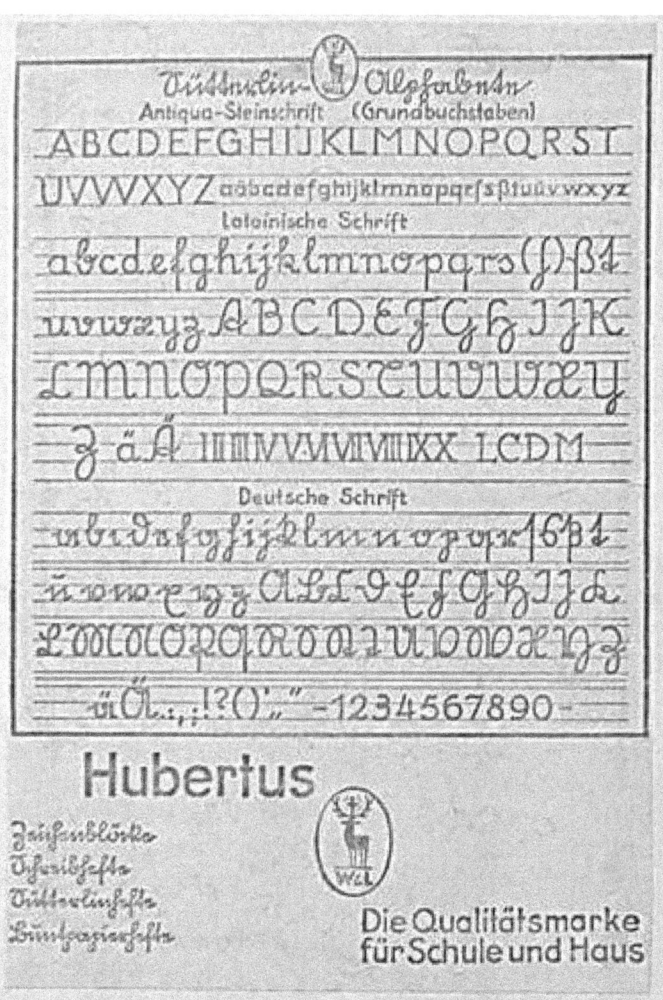

Abbildung 5.23: Löschpapier mit verschiedenen Schrifttypen (Sütterlin-
Alphabete, Antiqua-Steinschrift [Grundbuchstaben], Lateinische Schrift,
Deutsche Schrift), vor 1945 (Deutsche Fotothek, 2005, o. S.)

Offiziell wurde 1934 die Sütterlinschrift für die deutschen Lese-
und Schreiblernbücher verordnet. Diese Entscheidung basierte jedoch nicht auf schreib-/lesedidaktischen oder auf pädagogischen
Erfordernissen, sondern ausschließlich auf der nationalsozialistischen Ideologie. Text und Bild sollten die „Ganzheit des völkischen
Lebens" mit bedeutsamen Männern wie Bismarck, Friedrich dem
Großen, Hitler und den Themen Heimatkunde sowie Geschichten
des deutschen Heldentums repräsentieren (vgl. Götz, 2005, S. 42;
Beck, F., 2006, S. 252).

Neben der Sütterlin-Schrift zum Schreiben- und zum Lesenlernen setzte der Buchdruck zum alleinigen Lesenlernen von Texten
fast ausschließlich die Schwabacher-Schrift, eine Schrift aus der
Fraktur-Familie, ein.

Die „gebrochenen" Schriften galten wegen ihres ständigen in-
nerdeutschen und internationalen Einsatzes durch die deutschen
Setzer über die deutschen Grenzen hinaus als typische „Deutsche
Schrift" (auch Gotische Schrift genannt, d. V.). Dies änderte sich
aber, als 1941 per Runderlass der NSDAP die Schwabacher-Schrift
verboten wurde, da man feststellte, dass die Schrifttype Schwabacher von einem Juden entwickelt wurde. Pauschaliert wurde diese
Anordnung auf alle Arten der Frakturschriften übertragen. Vorgabe für den Buchdruck war ab sofort die lateinische Antiqua-Schrift
mit Serifen, um „... allen Völkern das Studium der deutschen Sprache und das Lesen deutscher Literatur zu ermöglichen" (Beck, F.,
2006, S. 254). Die eigentliche Begründung, die Urheberschaft der
Schwabacher-Schrifttype, wurde nicht genannt. Die schnelle und
unmittelbare Änderung der Schrifttype in den deutschen Druckwerken erwies sich als nicht einfach. Jegensdorf beschreibt, dass
„die Umstellung von Fraktur auf Antiqua als Normalschrift allerdings aus finanziellen, lesepsychologischen und pädagogischen
Gründen nicht rückgängig gemacht worden ist" (vgl. Jegensdorf,
1980, S. 70). Der lesepsychologische Aspekt, der des Wiedererken-
nens, spielte hierbei eine vordringliche Rolle.

Nach dem Zusammenbruch des NS-Regimes wurde in beiden
Teilen Deutschlands die Zweischriftigkeit (Fraktur und Deutsche

Schrift) grundlegend geändert und die bislang vorgegebenen vier Schriftformen: 1. – Fraktur für in der deutschen Nationalsprache gedruckte Texte, 2. – die „deutsche" Schreibschrift für Handschrift-liches in deutscher Sprache, 3. – die Antiqua für fremdsprachige Texte und 4. – die lateinische Schreibschrift für handschriftliche Texte in Fremdsprachen wurden aufgelöst (vgl. Beck, F., 2006, S. 255). Genauer betrachtet handelte es sich um acht Schriftformen, da jede Schrift aus einer Groß- und Kleinschreibung besteht. Die Schriftanwendungen in den Fibeln (Lesebuch etc.) in der Deut-schen Demokratischen Republik (DDR) und in der Bundesrepub-lik Deutschland (BRD) unterschieden sich in Bezug auf den Textin-halt zwar zunehmend; typografisch wurden serifenlose Schriften (Grotesk, in der Form ähnlich der Arial) in den Leselernwerken in der DDR und in der BRD eingesetzt, wie sie heute immer noch in Deutschland zum Lesenlernen genutzt wird.

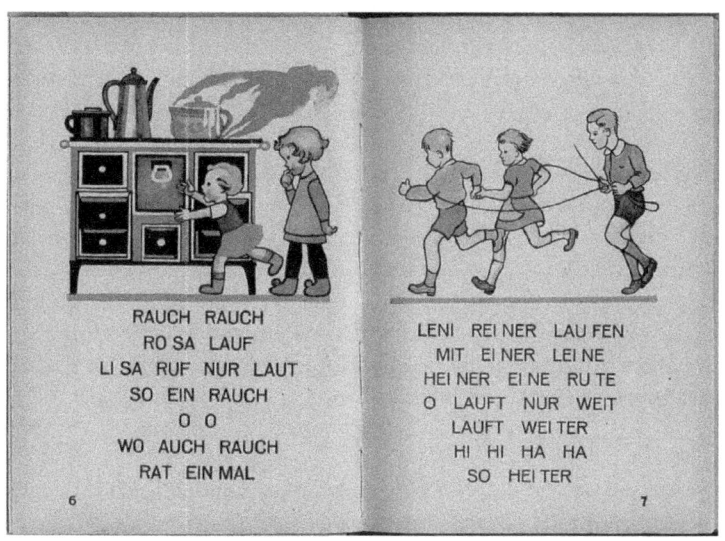

Abbildung 5.24: Lesebuch mit serifenloser Schrift Leipzig 1946
(Deutsche Fotothek, 2005, o. S.)

Abbildung 5.25: Kinderfibel mit Schreib- und serifenloser Schrift aus dem Lehrmittelverlag Offenburg/Mainz gedruckt beim Burda-Verlag Lahr-Dinglingen, ca. 1953 (Eichwaelder, 2009, o. S.)

Diese Gleichheit der Schulbuchgestaltung basierte wohl neben der Überwindung der Vorgaben aus der deutschen Geschichte auch auf dem gestalterischen Austausch von Typografen zwischen den beiden Teilen Deutschlands, wie dem Sammelwerk „Didaktische Typografie" zu entnehmen ist. Dieses Werk entstand 1982 durch Beiträge während der Internationalen Buchkunstausstellung unter Mitwirkung verschiedener pädagogischer Fachleute der Schulbuchverlage aus verschiedenen Ländern (vgl. Nadolski, 1982).

Variantenbreite der Leseschrift im Leselernprozess und aktueller Konsens bei der Schriftwahl

Der historische Rückblick verweist auf mehrfache Wechsel der Schrifttypen im Zeitablauf und auf Phasen, in denen verschiedene

Schrifttypen parallel in Erstlesewerken eingesetzt wurden. Es ist festzustellen, dass trotz der Verwendung z. B. der vier verschiedenen Schrifttypen Fraktur, Antiqua, Sütterlin und serifenlose Linearantiqua in Leselernwerken das Lesen von einer ganzen Generation erlernt wurde. Inwieweit der Prozess des Lesenlernens durch entsprechende Schrifttypen erleichtert werden kann, scheint bislang noch nicht ausreichend geklärt. Brügelmann stellt in seinem Werk lediglich fest, dass die Schrift einen guten Figur-Grund-Kontrast, das heißt, eine klare und deutliche leicht zu erfassende Buchstabenform auf einem kontrastierenden Untergrund bilden muss (vgl. Brügelmann, 2000, S. 43). Brühlmeier weist im Zusammenhang mit dem Leselernprozess von Kindern mit Beeinträchtigung der geistigen Entwicklung auf die Raumlage-Labilität bei Leseanfängern hin und benennt die Serifen-Antiquaschrift als die optimale, da sich die Buchstaben voneinander sehr gut unterscheiden (vgl. Brühlmeier, 2007, o. S.).

In den aktuellen Leselernwerken wird, um die Parallelität zum Schreiben der Druckbuchstaben anzubieten, eine serifenlose Schrift genutzt. Ab der zweiten Klasse wird bei längeren Texten die Serifenschrift eingesetzt. Die Kinder werden auf diesem Wege schon auf beiden grundsätzlich verschiedenen Typographien der Schriften ihres Lebensumfeldes vorbereitet. Die Vertrautheit von Schriftarten bzw. -formen beeinflusst die Lesegewohnheiten und ist zeitlich, in welcher Zeit (in Bezug auf die dort präferierte Schrift) das Lesen erlernt wurde, und regional (in welchem Land das Lesen erlernt wurde) unterschiedlich. Schriften, die schon über Jahre gelesen wurden, werden durch die Gewöhnung an diese Schriftform besonders gerne, leicht und schnell gelesen (vgl. Jegensdorf, 1980, S. 43; Brügelmann, 2000, S. 99). Die in Schulbüchern eingesetzte Serifenschrifttype ähnelt in ihrer Gestalt der Times New Roman; die serifenlose Schrifttype ähnelt der Gestalt der Arial. Es drängt sich also die Notwendigkeit auf, Kindern in ihrem Leselernprozess möglichst schnell serifenlose und Serifenschriften anzubieten.

Bei der Analyse von Erstleselehrbüchern fällt auf, dass – wenngleich kaum thematisiert und damit wahrscheinlich eher erfahrungsgeleitet – eine im Vergleich zur Alltagsschrift von Printerzeugnissen größere Schriftgröße genutzt wurde und wird. In den heutigen Leselernwerken wird dieser Aspekt laut Brügelmann nicht ausreichend beachtet. Brügelmann beschreibt weiter: „Eine Untersuchung von Weiß zeigt, daß die Mehrheit der Drittkläßler und selbst viele Sechstkläßler eine Grotesk-Schrift (»Steinschrift« ohne schmückende Serifen) in 18-Punkt-Größe bevorzugt. Daß sind nach dem englischen Maß-System für Großbuchstaben 4,5 mm Höhe gegenüber 3 mm bei der 12-Punkt-Schrift oder gar 2 mm bei der 8-Punkt-Schrift, die wir in Taschenbüchern finden. Die Neigung zur größeren Schrift ist nicht nur bei jüngeren Schülern, sondern auch bei den schwachen Lesern besonders ausgeprägt." (Brügelmann, 2000, S. 29; Schreibweise gleich dem Original, d. V.). Diese Untersuchung wird von Brügelmann nicht weiter inhaltlich (wann, wo mit wie vielen Probanden) ausgeführt. Er geht aber davon aus, dass eine Vergrößerung der Schrift zur Lesesteigerung und -Motivation beitragen kann (vgl. ebd. S. 29).

Javal empfahl des Weiteren im Bezug auf die didaktische Typographie in Schulbüchern, für Lesetests zur Wahrnehmung der Schrift die Schriften von einer kleinen Darstellung kontinuierlich größer werden zu lassen, bis die Schüler darauf verzichten, die Texte näher an die Augen heranzunehmen. Bedauert wird von Javal, dass wegen der Papierpreise die Verlage versuchen, mit kleineren Schriften und engem Zeilenabstand Papier zu sparen, was sich auf die Leserlichkeit für die Schüler auswirkt (vgl. Javal, 1907, S. 205). Dass Schriften beim Lesen oberhalb abgetastet werden und wegen der Fixationen unterschiedliche Merkmale (Serifen, Ober- und Unterlängen) zur schnelleren Dekodierung haben müssen, stellte Javal in weiteren Untersuchungen fest (vgl. Javal, 1907, S. 213).

6 Leseuntersuchungen

Folgt man der zentralen Bedeutung des Lesens für die Teilhabegestaltung am gesellschaftlichen Leben und betrachtet die herausgehobene Stellung des Lesens beim schulischen Lernen wird die Notwendigkeit strukturierter und breit gefächerter Test- und Analyseverfahren des Lesens deutlich. Die Passung zwischen individuellen Voraussetzungen und variierbaren Außenbedingungen beim Lesenlernen und beim Ausformen von leistungsfähigen Lesestrategien kann nur auf detaillierte Kenntnisse der Leseprozesse aufbauen.

Leseuntersuchungen fokussieren ihre Aufmerksamkeit auf unterschiedliche Aspekte; auf die Rahmenbedingungen bezogen (Varianten in der Präsentation des Lesegutes bzw. Lesesituation der Versuchsperson) sowie auf die individuellen Ausprägungen des Lesens (physiologische Unterschiede, z. B. der Augenbewegungen, inhaltliche Kriterien, wie z. B. Sinnentnahme, Fehlerhäufigkeit, Geschwindigkeit etc.).

Ableitung von Kriterien in der Leseforschung

Es können – abhängig von der Fragestellung und dem theoretischen Kontext – verschiedene Ordnungssysteme insbesondere für die experimentelle Leseforschung aufgestellt werden.

Ein Ordnungssystem orientiert sich an den Begrifflichkeiten der Erkennbarkeit, der Leserlichkeit und der Lesbarkeit. Kriterien, die eine hohe Bedeutung der Textgestaltung nahelegen.

Die Schrift in Druckwerken muss lesbar sein, damit ihr eigentlicher Zweck, Informationen zu vermitteln, erfüllt wird. Ist eine Schrift nicht lesbar, treten Probleme beim Dekodieren auf. Um festzustellen, welche Schriften in welcher Darstellungsform am besten lesbar sind, wurden schon seit dem 19. Jahrhundert diverse Leseuntersuchungen durchgeführt. Meist ging es bei den Untersuchungen um das Blickverhalten beim Lesen und die Zeitlänge für das Erlesen eines Wortes oder Textes. Bei Druckschriften ist es im Normalfall selten der Fall, dass sie nicht erkannt werden, häufiger entstehen die Leseschwierigkeiten bei Handschriften. Die Lesbarkeit ist das eindeutige Erkennen der Buchstaben- und Wortbilder (vgl. Wendt, 2000, S. 10).

Die Lesbarkeit von Schrift in begrenzten Mengen (Ausschilderungen etc.) wird lt. Gorbach in der DIN 1450 unterteilt in Erkennbarkeit, Leserlichkeit und Lesbarkeit: „Erkennbarkeit ist die Eigenschaft von Einzelzeichen, die es ermöglicht, eine Information unter definierten Darbietungsbedingungen zu erfassen. Leserlichkeit ist die Eigenschaft einer Folge erkennbarer Zeichen, die es ermöglicht, solche im Zusammenhang zu erfassen. Lesbarkeit ist die Eigenschaft erkennbarer Zeichen und leserlich angeordneter Zeilenfolgen, die es ermöglicht, die Informationen zweifelsfrei zu verstehen" (Gorbach, 2004, S. 41).

Für die Textgestaltung bei längeren Texten, z. B. literarischen, sind keine DIN-Normen vorgegeben. Das Leseverständnis lässt sich bei dieser Textgattung nicht DIN-mäßig in visuelle und kognitive Elemente aufteilen. Die Wahrnehmung von Schrift- und Bildtexten ist auch gleichzeitig ein Entziffern und eine Hypothesenformulierung, was bedeutet, dass jeder visuelle Eindruck vom Leser interpretiert wird.

Diese mehr auf die menschliche Tätigkeit des Lesens ausgerichtete Leseforschung kann unterteilt werden in:
— die Forschung der Textlinguistik, hiermit ist die Sprachwissenschaft an sich gemeint, z. B. die Sprachen und ihre Strukturen,
— die Forschung der Experimentellen Psychologie, sie beinhaltet den psychophysiologischen Lesevorgang und
— die Forschung der Kognitiven Psychologie, hierbei werden die kognitiven Abläufe (Denken und Verstehen des Wahrgenommenen) untersucht (vgl. Gorbach, 2004, S. 41).

Im Folgenden sollen zwei Gruppen von Untersuchungsmethoden des Lesens betrachtet werden: die Untersuchungen, die aus der Analyse der Blickbewegungen Rückschlüsse auf den Prozess ziehen und die Untersuchungen, die die Textrezeption selbst in ihren unterschiedlichen Ausprägungen (Zeit, Fehler etc.) analysieren.

Bei der Interpretation der Ergebnisse von Leseuntersuchungen ist zwischen solchen im englisch- und im deutschsprachigen Bereich zu unterscheiden. Die beiden Sprachen unterscheiden sich z. B. in der Satzstruktur erheblich. Auch ist im Englischen die erste Hälfte des Wortes charakteristischer als in der deutschen Sprache, somit dürfen die Untersuchungsmethoden und Ergebnisse nicht gleichermaßen angewandt oder übernommen werden. Gemeinsam sind bei den Leseuntersuchungen die psychologischen und physiologischen Prozesse beim Lesen (vgl. Javal, 1907, S. 145; Aebli, 1989, S. 8; Dürrwächter, 2003, S. 10).

Blickbewegungen als Schlüssel zur Analyse von Lesevorgängen

In vielen Laborexperimenten wurden in den letzten Jahrzehnten die Augenbewegungen in klar definierten Fragestellungen untersucht, wobei zumeist durch das Erscheinen von optischen Stimuli eine Reaktion beim Probanden erwirken sollte. Bei diesen Untersuchungen ist das Auge nur der Sensor, der sofortige Bewegung auslöst. Tatsächliche Augenbewegungen setzen jedoch eine vorherige Explorationsphase der Umwelt zu anstehenden Handlungen voraus. Unmittelbares Sehen und gleichzeitiges Handeln sind nicht möglich. Es wird davon ausgegangen, dass im Schnitt eine halbe Sekunde vor den Handlungen die Exploration beginnt, wie z. B. beim Basteln, Lesen, Auto Fahren etc. Augenbewegungen reagieren in komplexen kommunikativen Handlungen wie Auge-zu-Auge-Kontakten mit hinweisendem Charakter („schau mal dorthin") anders als bei Untersuchungen mit Stimuli (vgl. Joos et al., 2003, o. S.).

Die ersten bekannten Beschreibungen zu Augenbewegungen als Folge schneller Einzelbewegungen wurden bereits im 11. Jahrhundert vom Arzt Ibn al Haytham in Ägypten gemacht und er unterschied zwischen dem peripherem und fovealem Sehen.

Javal aus Paris setzte mit seiner Veröffentlichung von 1878/79 Maßstäbe in der Leseforschung, in der er durch Beobachtung von Augenbewegungen feststellte, dass beim Lesen der Blick in Sakkaden und Fixationen unterteilt ist (vgl. i4. psychologie, 2009, o. S). Das umfangreiche Werk von Javal wurde 1907 autorisiert von Haass aus Leipzig in die deutsche Sprache übersetzt. Javal beschrieb zu der Zeit, dass sich die Augen beim Lesen ruckartig im Bereich von 10 Buchstaben bewegen und in den Abschnitten zwischen den Sprüngen (Sakkaden) kein Sehen stattfindet. Nachgewiesen wurde dieser Vorgang mit einer Konstruktion, bei der ein Halm an dem Oberlid des Lesers befestigt wurde und neben diesem Halm ein Mikrofon die Augenbewegungen auditiv verstärkte. Dieser Ton wiederum wurde mit einem Gummischlauch in das Ohr des Lesers gesteckt, sodass er die Geräusche wahrnehmen konnte. Jeder Sprung in Sakkaden machte ein gleichlanges Geräusch, bei einem Zeilensprung für den Zeilenwechsel war das Geräusch länger. Für diese Untersuchungsmethode musste der Kopf des Lesers fixiert werden, damit die angeschlossenen Instrumente nicht verschoben werden konnten. Zum Selbsttest der Augensprünge setzte Javal zusätzlich die Möglichkeit des eigenen Tastens beim Lesen ein. Hierbei wird beim Lesen ein Auge geschlossen und mit einem Finger werden auf dem geschlossenen Augenlid die Sprünge ertastet und mitgezählt (vgl. Javal, 1907, S. 135). Der Einsatz bei Leseuntersuchungen mittels sogenannter Augapfeluntersuchungen (Javal) war wegen der ständigen Berührung der Augäpfel durch einen Gegenstand nicht optimal. Die Probanden empfanden diese Berührungen als unangenehm.

Als ein weiteres Untersuchungsinstrument beschrieb Tinker die Cornea-Reflex-Methode. Hierbei werden Lichtstrahlen auf die Augenhornhaut projiziert, um Lichtreflexionen zu bekommen. Für die Leseuntersuchungen brachte es ebenso den Nachteil mit sich, dass die Probanden ihren Kopf mit Kopfklemmschrauben fixieren lassen mussten. Über die mitgefilmten Lichtreflexe der Augenhornhaut konnten später die beim Lesen vollzogenen Augenbewegungen recht genau festgestellt werden, jedoch nicht die Lesegenauigkeit (vgl. Tinker, 1958, S. 216).

Wie die Blickbewegungen beim Lesen differenzierter verlaufen, wurde von Radach 1995 untersucht. Die Probanden für diese Untersuchung waren vier deutschsprachige Diplomphysiker der Universität in Illinois (vgl. Radach, 1996, S. 56). Unter den Fragestellungen, welche Faktoren die Positionen bestimmen, die innerhalb eines Wortes fixiert werden und wo die Blicksprünge landen, wurde die Untersuchung mit der „dualen Purkinje-Methode" durchgeführt. Hierbei werden verschiedene Bilder der Augenbewegungen mittels Augenreflexionen während des Lesens aufgezeichnet. „Das Anfang der der siebziger Jahre von Cornsweet und Crane entwickelte Verfahren wird heute vor allem in der ophthalmologischen Forschung und Augenchirurgie angewandt. Das Meßprinzip beruht auf der Bestimmung der relativen Distanz der Purkinje-Reflexionen in der Pupillenebene des Auges. Die erste Purkinje-Reflexion ist ein intensives, virtuelles Bild, das von dem an der Corneaoberfläche reflektierten Lichtanteil hervorgerufen wird (Corneareflex). Das vierte Purkinje-Bild ist ein um den Faktor 200 schwächeres reales Bild, das an der Rückseite der Augenlinse entsteht. Fällt Licht genau senkrecht auf die Augenmitte, liegen die auf beiden Oberflächen entstehenden Reflexionen übereinander. Ändert sich durch eine Blickbewegung der Einfallswinkel des Lichts, besteht eine annähernd lineare Beziehung zwischen der Rotation des Auges und der resultierenden relativen Lageveränderung der Reflexionen innerhalb der Pupillenebene" (Radach, 1996, S. 50).

Tinker beschreibt diese Aufnahmeweise 1958: „This bidimensional camera provides an efficient, flexible, and reliable instrument for research in a variety of eye-movement studies including reading. Allen (1) also describes a relatively simple corneal reflection photographic technique for continuously recording vertical and horizontal eye movements on one 35mm film" (Tinker, 1958, S. 215).

Durch punktförmige Projektionen des Bildes auf die Augenoberfläche und durch die Pupille können die horizontalen und vertikalen Augenbewegungen registriert und ausgewertet werden. Diese Technik beinhaltet einige Ungenauigkeiten, die für die Güte des gemessenen Ergebnisses vertretbar ist. Radach begründet es mit: „Trotz dieser Liste von Einschränkungen und potentiellen Fehlerquellen gilt die Purkinje-Methode im Vergleich mit anderen derzeit verfügbaren Verfahren als ausgesprochen genau und zuverlässig. (…) Für die Leseforschung ist jedoch nicht die theoretisch oder technisch mögliche, sondern die im Experiment tatsächlich erreichbare (empirische) Meßgenauigkeit das entscheidende Gütekriterium" (Radach, 1996, S. 52).

Negativ beeinflusst wurde diese Untersuchung wiederum durch die Kopffixierung des Lesers mittels einer Dentalplatte und durch die örtlichen Untersuchungsbedingungen (vgl. Radach, 1996, S. 56; Tinker, 1958, S. 216).

Der von Radach eingesetzte Lesetext, Teil 1 und 2 der deutschen Übersetzung von Gullivers Reisen, bestehend aus 48.334 Wörtern, wurde in 32 gleich lange Abschnitte unterteilt. Der Text wurde mit heller ASCII-Schrift auf dunklem Hintergrund, Zeilenbreite von 72 Zeichen, in einem Abstand von 80 cm von einem 15-Zoll-Monitor abgelesen und danach inhaltliche Verständnisfragen zur Überprüfung an die Leser gestellt. Jeder der vier Probanden führte 12 bis 15 Sitzungen durch (vgl. Radach, 1996, S. 56). Warum der Lesetext in ASCII-Schrift mit Serifen eingesetzt wurde, wird von Radach nicht erläutert.

Die Untersuchung ergab Ergebnisse zur Wahrnehmung der Position auf der Zeile: „Die Untersuchung der Position eines Wortes innerhalb der Textzeile hat zwei vergleichsweise starke Effekte zutage gefördert: einen Zeilenanfangseffekt in Form einer Rechtsverschiebung für das zweite Wort auf der Zeile sowie einen Zeileneffekt in Form einer Linksverschiebung für das letzte Wort auf der aktuellen Zeile. Diese Befunde belegen nachhaltig die Bedeutung von Faktoren der räumlichen Gesamtkonfiguration von Textinformationen (Zeilenlänge, Zeilenabstand, Layout) auf das Blickverhalten. Damit rückt insbesondere die funktionale Bedeutung des Zeilenrücksprungs für den Leseprozeß erneut ins Zentrum der Diskussion" (Radach, 1996, S. 94).

Als optimale Blickposition ist in der Untersuchung die Nähe der Wortmitte herausgefunden worden: „Die Analyse der Verteilung der Landeorte initialer Sakkaden über die Buchstabenpositionen innerhalb von Wörtern hat eine erhebliche interindividuelle Variabilität bezüglich der Lage der zentralen Tendenzen der Verteilungen ergeben. Dagegen liegt das Minimum der Refixationskurven für alle betrachteten Wortlängen jeweils in unmittelbarer Nähe der Wortmitte. Diese kann daher als Schätzung der „optimalen Blickposition" verwendet werden" (Radach, 1996, S. 94).

Hofmeister untersuchte 1998 in sieben unterschiedlichen Einzel-Experimenten die Korrektursakkaden und den Zeilenrücksprung beim Lesen von Texten mittels eines Eyetrackers in zwei Ausführungen. „Das Meßsystem beider Versionen beruht darauf, daß das Auge von einer Lichtquelle diffus mit infrarotem Licht beleuchtet wird. Das Licht wird vom Auge reflektiert und von einem Spiegel, der für Licht im Bereich der sichtbaren Wellenlängen durchsichtig ist, auf ein Objektiv gelenkt. Über dieses Objektiv wird das Licht mit Hilfe eines drehbaren Spiegels auf eine Zeile lichtempfindlicher CCD-Dioden gelenkt. (…) Neben dem eigentlichen Blickbewegungssystem besteht die Anlage aus zwei Computern und der Steuerelektronik. Ein Computer dient zur Darbietung des Stimulusmaterials, der andere übernimmt die Aufzeichnung der Meßwerte" (Hofmeister, 1998, S. 57f). Das Auge wird während der Untersuchung von einer Strahlungsquelle diffus mit infrarotem Licht beleuchtet. Die IR-Strahlung wird von der Hornhaut reflektiert, danach über einen Spiegel und auf Umwegen auf lichtempfindliche Dioden gelenkt. Diese Signale stellen die Positionen der Pupille auf einem Gerät dar und werden als Ergebnisse in einem Computer gespeichert. Während des Lesens ist der Kopf des Lesers mit einer Bissgabel fixiert (vgl. Hofmeister, 1998, S. 57).

Dargeboten wurde während der Untersuchung ein literarischer Text über einen Monitor mit der Schrifttype New Courier (nichtproportionale Serifenschrift, alle Buchstaben sind gleich breit) und mit drei (14, 22 und 30 cm) unterschiedlichen Zeilenlängen. Die Textlänge betrug etwa sechs bis acht Zeilen (vgl. Hofmeister, 1998, S. 66). Eine Begründung für die Schriftwahl in den Texten wird von Hofmeister nicht angegeben. An diesen Untersuchungen nahmen zwischen sieben bis neun Probanden, alle Mitarbeiter eines Instituts für Psychologie, teil. Den Probanden war die Untersuchungsmethode bekannt, sie hatten bereits vorher an mindestens einem Versuch zur Blickbewegungsmessung teilgenommen (vgl. Hofmeister, 1998, S. 67). Die Untersuchungen wurden mit verschiedenen Fragestellungen zum Zeilenrücksprung (Hofmeister kürzt in seinem Werk das Wort Zeilenrücksprung auf ZRS ab) durchgeführt. „Im Mittelpunkt der Untersuchung stand die Frage nach der Auswahl und der Programmierung des Zielortes des ZRS sowie den Faktoren, die bei der Ausführung von Korrektursakkaden maßgeblich sind. Der experimentelle Ansatz erfolgte primär über eine Variation von typographischen Textmerkmalen (Zeilenlänge, Schriftgröße, Buchstabenabstand, Lesbarkeit der Buchstaben, Textformat [Flattersatz, Blocksatz]) und wurde durch zwei Experimente ergänzt, in denen ein leseähnliches Blickverhalten induziert wurde" (Hofmeister, 1998, S. 137).

Hofmeister stellte bei den Untersuchungen fest, dass beim Lesen die Sakkadentypen Zeilenrücksprung und Korrektursakkade Ähnlichkeiten aufwiesen. Ist eine Sakkade beim Lesen zu kurz geraten (Undershot), wird eine Korrektursakkade vorgenommen und der Bereich neu gelesen. Korrektursakkaden werden nach dem Verfehlen eines angezielten und verfehlten Landeorts des Blickes vollzogen (vgl. Hofmeister, 1998, S. 137). „Daß nicht der linke Zeilenrand angezielt wird, ergibt sich aus der Beobachtung, daß nach der Ausführung von Korrektursakkaden der Leser fast nie den ersten Buchstaben auf der Seite fixiert und auch unkorrigierte Rücksprünge nur selten zum linken Zeilenrand führen. In den Leseexperimenten dieser Arbeit fixierten die Vpn nach dem ZRS im Mittel etwa den vierten bis fünften Buchstaben auf der Zeile. Aufgrund der eingeschränkten Sehschärfe im peripheren Gesichtsfeld muß man davon ausgehen, daß am Zeilenende keine Information über visuelle Details am linken Zeilenrand zur Verfügung steht. Der Leser kann den vierten oder fünften Buchstaben der der nächsten Zeile nicht visuell identifizieren und direkt als Sakkadenziel anvisieren. Daß das sakkadische System hier dennoch in der Lage ist, konsistente Sakkadenziele zu programmieren, zeigt ein Vergleich der Variabilität der Landeorte des ZRS mit den Ergebnissen einer Studie von Knowler Blaser (1995)" (Hofmann, 1998, S. 138).

Hofmeister weist hier nach, dass nach dem Zeilensprung in die nächste zu lesende Zeile das Auge nicht bis an den linken Zeilenrand springt, sondern in die vierte bzw. fünfte Buchstabenposition. Diese Automation ist bei einem geübten Leser vorhanden, da er nicht im peripheren Sehfeld schon die nächste Zeile und den anzuspringenden Buchstaben differenziert fixieren kann, aber mit dessen Existenz rechnet. Hierbei kann davon ausgegangen werden, dass das periphere Sehfeld beim Lesen am Zeilenanfang einer Zeile schon die Zeilen über und unter der zu lesenden Zeile (unscharf) wahrnimmt und diese Information nach dem Zeilenrücksprung entsprechend anwendet.

Die Zielorte der Sakkaden sind aufgabenabhängig, je größer die Schrift ist, desto weiter wandert der Landeort des Zeilensprungs und die Blickposition nach einer Korrektursakkade nach rechts. „In dieser Untersuchung zeigte sich eine Verschiebung der Landeorte des ZRS und der Blickpositionen nach Korrektursakkaden nach rechts und mit zunehmender Schriftgröße. Geht man davon aus, daß bei einer Verschiebung der Landeorte nach rechts mit zunehmender Schriftgröße der erste Buchstabe auf der Zeile zwar weiter entfernt, aufgrund seiner größeren Ausdehnung aber besser identifizierbar ist, erscheint es sinnvoll, für jede Schriftgröße annähernd auf dem gleichen Buchstaben zu landen. Eine alternative Erklärung, die anhand der vorliegenden Befunde nicht völlig ausgeschlossen werden kann, basiert auf der Verfügbarkeit von visueller Information über den linken Zeilenrand. Mit zunehmender Schriftgröße sind die einzelnen Buchstaben einerseits weiter auseinandergezogen, andererseits wird die Strichstärke größer" (Hofmeister, 1998, S. 140).

Auch Unterschiede zwischen Block- und Flattersatz konnte Hofmeister in seinen Untersuchungen nicht feststellen. „Der Vergleich von Blocksatz mit Flattersatz und einem rechtsbündig formatierten Text ergab weder ausgeprägte Unterschiede für die Amplituden und Landeorte des ZRS, noch für die Fixationsdauern vor dem ZRS oder die Auftretenshäufigkeit von Korrektursakkaden" (Hofmeister, 1998, S. 143).

Vielleser und Schnellleser benötigen, auch bei längeren Zeilen, weniger Korrektursakkaden beim Zeilenrücksprung, was darauf verweist, dass diese Leser durch diese Lesetechnik parafoveal eine Vorverarbeitung des Textes vornehmen. Da die Untersuchungsgruppe aus Erwachsenen bestand und homogen war, ist deren Leseverhalten nicht unbedingt auf das Lesen bei Kindern übertragbar, hier könnten andere typografische Textmerkmale elementar sein (vgl. Hofmeister, 1998, S. 148f).

Teschner untersuchte 2004 den Lesevorgang bei gesunden Lesern (n=10) und bei Patienten mit einer Makuladegeneration (n=11) (vgl. Teschner, 2004, S. 49) mit zwei unterschiedlichen Messmethoden. „Ziel der Untersuchung ist es, zwei Meßmethoden zur Untersuchung von Augenbewegungen während des Lesens einzusetzen und ihren Einsatz für diese Zwecke zu optimieren: ein Infrarot-Eye-Tracker (Ober2-System) und ein modifiziertes Scanning Laser Ophthalmoskop (SLO). (…) Hier soll die Genauigkeit und praktische Verwendbarkeit des Ober2-Systems bei mehreren Minuten dauernden Leseversuchen näher untersucht werden und mit anderen Infrarot-Reflexionsmethoden verglichen werden. Hierzu wird der Geräteaufbau, insbesondere die Meßbrille modifiziert, um eine möglichst störungsfreie Meßableitung zu erreichen" (Teschner, 2004, S. 13).

Infrarot-Eye-Tracker sind seit Längerem als Messinstrumente im Einsatz (s. Hofmeister-Untersuchung). Bei dem hier eingesetzten Modell handelte es sich um eine modifizierte und störungsfreiere Version. Mit dem SLO können Reize, Texte und Abbildungen mit synchronisierbaren Videoeingang auf die Netzhaut projiziert werden. „Für beide Meßgeräte kommen hier längere (mehrere Bildschirm- bzw. Textseiten umfassende) Lesetexte zum Einsatz, um Lesebewegungen unter physiologischen und pathologischen Bedingungen zu analysieren. Dabei wird eine Gruppe gesunder Probanden und eine Patientengruppe mit degenerativen Netzhauterkrankungen untersucht. Da die Patientengruppe vergrößerten Text benötigt, sollen in einer Vorstudie Lesebewegungen gesunder Probanden bei verschiedenen Textvergrößerungen untersucht werden, um unter den hier vorliegenden Versuchsbedingungen zu zeigen, daß das Lesemuster in weiten Grenzen nicht von der Schriftgröße abhängt. In einer weiteren Versuchsreihe werden beide Meßgeräte kombiniert, um eine simultane Aufzeichnung von Augenbewegungen zu ermöglichen" (Teschner, 2004, S. 14).

Im Endresultat will Teschner mit den Ergebnissen ein individuelles Lesetrainingprogramm für die teilnehmenden Patienten entwickeln. „Aus den hier durchgeführten Leseversuchen ergeben sich Ansätze für ein Lesetraining, bei dem ein Text in einzelnen Ausschnitte angezeigt wird, deren Ausdehnung und Anzeigege-

schwindigkeit individuell auf das Lesemuster eines Patienten ange-
paßt werden können; anschließend kann die Lesegeschwindigkeit
schrittweise gesteigert werden. Hierdurch soll insbesondere bei
Patienten mit instabiler exzentrischer Fixation ein regelmäßiges
Augenbewegungsmuster während des Lesens eingeübt werden. Im
Schlußteil werden Entwürfe zur Weiterentwicklung des Lesetrai-
ningsprogramms vorgestellt und mögliche Anwendungen diskutiert" (Teschner, 2004, S. 15).

Das Messprinzip des Ober2-Systems ist ähnlich dem Modell
der Hofmeister-Untersuchung. Auch bei diesem Messinstrument
wird Infrarotlicht auf das Auge gelenkt und mit Infrarotsensoren
die Intensität der Reflektion gemessen. Eingesetzt wird zusätzlich
eine Messbrille mit Sehöffnungen und den Infrarotdioden. Zum
einen wird das Infrarotlicht reflektiert, zum anderen kann das
Licht durch die Hornhaut in das Auge eintreten. Durch Augenbewegungen wird die Lichtintensität geändert, die Messabhängig-
keit ist hierbei nicht die Reflektion, sondern die Augenprojektion.
Das gemessene Licht wird mit einer Videokamera aufgenommen
und die Augenbewegungen lassen sich später nachvollziehen (vgl.
Teschner, 2004, S. 18). Während der Leseuntersuchung wird der
Kopf mit Kinnstütze und Stirnband fixiert und der Leser muss die
Texte von einer beleuchteten Tafel ablesen (vgl. Teschner, 2004,
S. 32). Das SLO arbeitet mit drei unterschiedlichen Lasern, deren
Strahl durch ein Loch in einem Spiegel in eine Scaneinheit fällt.
Der Text wird spiegelverkehrt und auf dem Kopf stehend in das
Auge des Lesers projiziert. Das von der Netzhaut reflektierte Licht
läuft dann umgekehrt zurück in die Scaneinheit zu einem Video-
aufzeichnungsgerät. Das Auge muss während der Untersuchung
medikamentös erweitert werden, um größere Einblicke auf die
Netzhaut zu ermöglichen und um die Texte auf die Netzhaut pro-
jizieren zu können. Die Eingangsdiagnostik mit den teilnehmenden Probanden (Erwachsene) wurde mit Snellen- und Zeisstafeln
durchgeführt. Die Lesetexte während der Untersuchung bestanden
aus Zeitungsartikeln in der Schrifttype Times New Roman, inhalt-

liche Fragen wurden zur Überprüfung des Gelesenen gestellt und beantwortet (vgl. Teschner, 2004, S. 44).

Festgestellt wurde durch diese Untersuchungen, dass sich die Lesemuster bei den Patienten erheblich von den gesunden Lesern unterschieden und verlangsamt waren. Die Sprünge stiegen mit der Vergrößerung der Schrift, auch Vertikalsakkaden konnten festgestellt werden. Die Leser mit der Makuladegeneration brauchten mehr Sakkaden pro Zeile und auch mehr sowie längere Fixationen am Zeilenende. Die Anzahl der Korrektursakkaden erhöhte sich am Zeilenende, es wurden mehr Rücksprünge durchgeführt, bei fortschreitender Krankheit lässt die Lesegeschwindigkeit nach. Obwohl das Lesen von den Probanden ohne Krankheit erlernt wurde, veränderte sich durch die Krankheit das Lesemuster (vgl. Teschner, S. 68).

Die Veränderung des Lesemusters ist bedingt durch diese Art der Augenerkrankung ein fortschreitender Akt, insofern kann über die Nachhaltigkeit der Untersuchung mit den ermittelten Ergebnissen, insbesondere für ein darauf aufbauendes Lesetraining, nur spekuliert werden.

Analyse der Textrezeption

Schon 1920 wurden von Paterson und Tinker erste Anforderungen festgelegt, die für einen standardisierten Lesetest erfüllt sein müssen um die Auswirkungen der typografischen Gestaltung auf die Lesbarkeit objektiv aufzeigen zu können:

— hinreichend große Anzahl an Versuchteilnehmern
— konstanter Schwierigkeitsgrad des Lesetextes
— Lesematerial in verschiedenen gleichwertigen Alternativformen mit typografisch unterschiedlichen Gestaltungen. Die Alternativformen müssen inhaltlich, aber nicht im Schwierigkeitsgrad unterschiedlich sein um Übungseffekte zu vermeiden

— Überprüfungsmöglichkeit des Gelesenen, wie sorgfältig und gründlich gelesen wurde, damit die Lesezeiten vergleichbar sind
— die Überprüfung darf jedoch nicht die Lesezeiten verlängern
— eine ausreichende Zuverlässigkeit bei der Ermittlung der Lesezeiten kann erreicht werden, wenn die parallelen Testtexte genügend lang sind (vgl. Wendt, 2000, S. 23).

Tinker entwickelte 1936 mit anderen Forschern einen instrumentenunabhängigen Lesetest (Speed-of-Reading-Test) mit der Aufgabenstellung, einen Text zu lesen und innerhalb eines Doppelsatzes, das falsch genutzte Wort herauszufinden und durchzustreichen: "When I am enjoying anything very much, time seems to go very quickly. I noticed this the other day, when I spent the whole afternoon reading a very uninteresting book" (Tinker, 1963, S. 21). Hier im Beispiel ist das Wort „uninteresting" das unkorrekte Wort, das durchgestrichen werden musste. Mit diesem Test wurde die Lesegeschwindigkeit ermittelt und es konnte durch diese Überprüfung des Sinnzusammenhangs kontrolliert werden, ob der gelesene Text tatsächlich vollständig gelesen und erkannt wurde. Es gab eine A- und eine B-Variante, beide hatten ähnliches Textmaterial, um so die Zufälligkeit des gestrichenen Wortes auszuschließen bzw. ein Auswendiglernen zu verhindern. Voraussetzung war zudem, dass die Testsituationen in beiden Durchgängen identisch waren. Tinker führte den Test mit einer nicht näher erläuterten Studentengruppe durch, das Textmaterial wurde bewusst gängig und einfach erstellt (vgl. Tinker, 1963, S. 21; Wendt, 2000, S. 23).

Wendt entwickelte in den 60er Jahren eine deutsche Version zu dem von Tinker entwickelten Lesegeschwindigkeitstest, die auf deutsche Verhältnisse abgestimmte Veränderungen enthielten. Auch hier war für den Testeinsatz entscheidend, dass das Streichen der Wörter auf die Lesegeschwindigkeit einen unwesentlichen Einfluss hatte und gleichzeitig der gelesene Inhalt überprüft werden konnte (vgl. Wendt, 2000, S. 24, 25). Die deutsche Version enthielt Sätze wie: „Ilse putzte am Samstagmorgen das ganze Haus, weil sie ihre Mutter damit überraschen wollte. Als Frau Piper vom Einkaufen nach Hause kam, fand sie das Auto sauber und glänzend vor." (Wendt, 2000, S. 24). In diesem Satz musste das Wort „Auto" angestrichen werden, um neben der Lesezeit das Satzverständnis zu überprüfen. Wendt konnte bei seinen Übersetzungen die Satzaussagen von Tinker nicht einfach in die deutsche Sprache übersetzen, er musste hierbei den kulturellen Kontext beachten. So können Schreibutensilien wie „pen" ins deutsche übersetzt mit Feder und Tinte im Vergleich zu „ball pen", dem Kugelschreiber, leicht die inhaltliche Nachvollziehbarkeit für die Testpersonen erschweren (vgl. Wendt, 2000, S. 25).

Tinker untersuchte mit 49 Lesern und mittels Filmaufnahmen der Augenbewegungen unter Berücksichtigung der Wahrnehmungszeit, Fixationsfrequenz, Pausendauer und Leserücksprünge beim Lesen die besten Farbkombinationen zum Lesen von Schrift auf Papier. Für diese Untersuchungen mussten die Köpfe der Leser fixiert werden um die Augenbewegungen aufnehmen zu können. Die Leser mussten dann entsprechend unterschiedlich farbige Schrifttafeln lesen. Tinker kam nach seinen Untersuchungen zu dem Ergebnis, dass schwarze Farbe auf gelbem Papier, Rot auf Weiß, Grün auf Rot und Schwarz auf Weiß die besten Resultate ergab und dieser Faktor ausschlaggebend für das Leseergebnis ist, während schwarz auf lila, hellorange auf weiß und rot auf grün am schlechtesten zu lesen ist. „ Each of the eye-movement measures (perception time, fixation frequency, pause duration, and regression frequency) showed variations from one color combination to another in such a way as to indicate print of good and of poor legibility. Black (ink) on yellow (paper), red on white, green on red, and black on white provided best legibility. Black b on purple, pale orange on white, and red on green provided worst legibility" (Tinker, 1958, S. 225).
Weiter untersuchte Tinker das Lesen der Buchstaben unter den Prämissen Buchstabenähnlichkeiten und Serifen. Diese Untersuchung führte er mit unterschiedlichen Distanzen mit nicht näher beschriebenen Probanden und Lesematerial durch, um auf diese

Weise die Buchstaben, die wegen ihrer Ähnlichkeit verwechselt werden können, zu ermitteln. Buchstaben, die durch ihre Ähnlichkeiten zu schlechter Lesbarkeit führten, stellte Tinker bei den Großbuchstaben B-R, G-C-O, Q-O und M-W fest, den größten Unterschied ermittelte er bei den Buchstaben A und I.

Tinker beschreibt in seinem Werk eine weitere Untersuchung von Ovink, der neben der Buchstabenwahrnehmung auf Entfernung verschiedene serifenlose und Serifen-Zeitungsschriften untersuchte. Die Schrifttypen waren gängige Drucktypen der Zeitungen mit und ohne Serifen. Die Testpersonen mussten zur Überprüfung und Ermittlung der Ergebnisse die Buchstaben beschreiben. „Ovink (69) studied by at distance method the effect of variations of thickness of the constituent parts on legibility of capital letters. Capitals from the following display types were used: Block, Futura, Reform Grotesk B, Fanfare, Goudy Heavy, Poster Bodoni, Lo, Futura Black, Shadow Nobel, and Bifur. The subjects were required to give a detailed and complete description of what they saw, in addition to naming the letter" (Tinker, 1963, S. 33). Tinker bemängelt natürlich die Untersuchung hinsichtlich des im Alltag wenigen Einsatzes ausschließlich von Großbuchstaben in Druckwerken. Zeitungen, Bücher etc. werden meist mit Kleinbuchstaben geschrieben und sind durch ihre Formenvielfalt besser erkennbar (vgl. Tinker, 1963, S. 34).

Von daher sind Kleinbuchstaben für Tinker durch ihre schnelle Erkennungsmöglichkeit auch leichter zu lesen. Die Lesbarkeit der Kleinbuchstaben unterteilte er als Einzelbuchstaben in die drei Ebenen:

— Buchstaben mit hoher Lesbarkeit: d m p q w
— Buchstaben mit niedriger Lesbarkeit: c e i n l
— Buchstaben mit mittlerer Lesbarkeit: j r v x y

Starke Ähnlichkeiten gab es nach Tinker und anderen Forschern bei den Buchstaben c-o-e, i-j, f-t, n-a und l-j sowie b-d, p-q und k, die aber durch Serifen, Ober- und Unterlängen und dem Farbkontrast von Schriftfarbe und Papierfarbe entkräftet werden können.

Untersuchungsmethoden waren das Lesen auf Entfernung, tachistoskopische Einblendungen und das Erkennen auf weitester Entfernung, in der ein Buchstabe noch erkennbar ist (vgl. Tinker, 1963, S. 33, 36). Über die Probanden und Untersuchungsmodalitäten dieser Untersuchungen werden bei Tinker keine Angaben gemacht.

Interessanterweise stellte Tinker in seinem Werk fest, dass ein Unterschied zwischen dem Lesen von serifenlosen Schriften und Serifenschriften nicht erkennbar war. Die Meinung der Unterschiede im Leseergebnis wurde bislang von den Schriftsetzern vertreten, jedoch nicht durch Untersuchungen festgestellt: „Interest in the legibility of letters began with personal observations and subjective judgments as early as 1825. Opinions concerning the best type of serifs to use, the effects of ascenders and descenders, brightness contrast between paper and ink, and various other factors in legibility of letters were freely expressed throughout the nineteenth century and even up to the present. In 1949, a publication on typography (177) emphasized *legibility of the specific letters* in defining legibility of print. This point of view was derived from opinions expressed by type designers and typographers rather than from research data" (Tinker, 1963, S. 32). An anderer Stelle wird auf Tinker verwiesen, dass laut seiner Untersuchungen einige Schriften schwerer zu lesen sind und der Leseprozess, hier bezieht er sich auf die deutsche Frakturschrift, langsamer verläuft: „There are some fonts that appear to be pathologically difficult (such as the elaborate script used in German known as „fractur"), and these slow the reading process appreciably." (Rayner et al, 2012, S. 96).

Die Untersuchungsmöglichkeit mit dem Tachistoskop setzte Tinker zur Feststellung der Buchstabenerkennung bei seinen Untersuchungen zusätzlich ein. Bei diesen Untersuchungen wird in der Zusammenfassung deutlich, dass ähnliche Buchstabenformen, gerade bei schwachen Lesern, leicht zu Verwechslungen führen können (vgl. Tinker, 1963, S. 42). Um eine Schrift besser erkennbar zu machen, schlägt Tinker in seiner Zusammenfassung die Anwendung typographischer Stilmittel vor: „4. The legibility of certain letters, capital and lower case, can be improved by more judicious use of the following: (a) Serifs, (b) heaviness of stroke, (c) delineation of distinguishing characteristics, (d) simplification of outline, (e) white space within a letter, and (f) width of the letter." (Tinker, 1963, S. 42). Demnach können die Serifen ein gestalterisches Mittel neben Strichstärke, Textgliederung und Leerzeichen sein. Schriftgrößen und -typen untersuchte Tinker im Vergleich von Zeitungs- und Buchdrucken und kam zum Ergebnis, dass die Schriftgestaltung in den Medien unterschiedliche Bedingungen haben müssen (Zeitungsdruck ca. Punktgröße 7–8, Buchdruck ca. 10) und von daher die Schriftwahl variieren und die Laufweite der Schriften nicht zu eng sein sollte (vgl. Tinker, 1963, S. 179). Die Art der Ermittlung speziell der Testpersonen und -material und die Untersuchungsergebnisse werden bei Tinker nicht näher erläutert.

Eine andere Sichtweise der Leseuntersuchungen wurde von Wespel mit der Aussage formuliert, dass es eine Reihe an Merkmalen gibt, die einen Text schwer lesbar machen, und dass diese Merkmale auch benannt werden können. Der Schwerpunkt lag hier in der Mikrotypographie (Textgestaltung) und in den sprachlichen und syntaktischen Merkmalen von Kinder- und Jugendbüchern. Allgemein herrscht die Meinung, dass Leseprobleme durch eine zu kleine Schrift, schlechte Textgliederungen und umständliche Satzstrukturen entstehen könnten. Weiteren Einfluss auf die Leseleistung haben zusätzlich individuelle Faktoren wie Fach- und Weltwissen, Motivation und Interesse, Lesefertigkeiten und -erfahrungen (vgl. Wespel, 2008, S. 12). „Neben einer Befragung von 91 Lehrern und Lehrerinnen und von 15 Lektoren/Lektorinnen von Kinderbuchverlagen stand im Mittelpunkt eine Versuchsreihe, in der bei insgesamt 1713 Probanden (Klasse 2 bis 8) acht unterschiedliche/binäre Kategoriendimensionen im Hinblick auf leichter/schwerer lesbar getestet wurden (Schriftgröße, Schriftart, Zeilenlänge, Wortaufbau, Satzaufbau, Modalität, Worttrennung, Satzgliedfolge)" (Wespel, 2003, S. 103).
   Die Studie wurde mit der allgemeinen Fragestellung, welche Merkmale das Lesen erleichtern bzw. erschweren und ob die Wir-

kung dieser Merkmale in der Erwerbsgeschichte des Lesens eine gleich bleibende Rolle spielt, durchgeführt. Der überwiegende Teil der Untersuchungen zum Schriftspracherwerb rücken das Kind in den Vordergrund (Erstleser/Lehrer), die Faktoren aus der Sicht der Texte und seine Eigenschaften rücken in den Hintergrund (Lektoren) (vgl. Wespel, 2003, S. 1; 2008, S. 13). Das von Wespel durchgeführte Projekt „Leseleichte Texte" erhob im Vorfeld per Umfragebogen Daten aus den drei Bereichen – kategoriengestützte Umfrage bei den Lehrern und – bei den Lektoren, sowie eine empirische Erhebung mit Lesetests mit -Probanden der Klassenstufen 2, 4 und 8. „Die Ausgangshypothese war, dass bei jedem Merkmal die „leichte" Variante zu einer höheren Leseleistung führt" (Wespel, 2008, S. 13). Aus der Umfrage wurden vier mikrotypografische Merkmale (Schriftgröße, Schriftart, Zeilenlänge und Silbentrennung am Zeilenende) und weitere vier Merkmale (Wortlänge, Satzgliedfolge, Satzkomplexität, Konjunktiv) ausgewählt, woraus die Merkmalsausprägungen binär dargestellt wurden:

leicht	schwer
größere Schrift 20 pt	kleinere Schrift 10 pt
Groteskschrift Arial	**Antiquaschrift** Times New Roman
zwei kurze Zeilen Die Kinder lernen lesen.	**eine lange Zeile** Die Kinder lernen lesen.
keine Silbentrennung am Zeilenende In unserer Schule…	**Silbentrennung am Zeilenende** In unserer Schu- le…

zwei Wörter	ein Wort
ein hohes Haus	ein Hochhaus
normale Satzgliedfolge (Subjekt, Prädikat, Objekt)	hervorgehobene Satzgliedfolge (Objekt, Prädikat, Subjekt)
Du möchtest ein Bonbon?	Ein Bonbon möchtest du?
einfache Satzstruktur (zwei Sätze)	komplexe Satzstrukur (Haupt- und Nebensatz)
Wir kochen heute Pilze. Opa hat sie gesammelt.	Wir kochen heute die Pilze, die Opa gesammelt hat.
Indikativ	Konjunktiv
Er sagte:»Ich komme heute Abend.«	„Er sagte, er komme heute Abend."

Tabelle 6.1: Wespel, 2008, S. 12

Die Fragebögen der Lehrer ergaben zusammenfassend, dass die Schriften in den Lesetexten genügend groß mit ausreichendem Zeilenabstand, serifenlos (eine Groteskschrift) sein und kurze Zeilen sowie keine Worttrennungen aufweisen sollten. Auch seltene Buchstaben wie x, y, j, qu, ä, ö, und ü bereiten Probleme. Schnell erlernt werden im Verlaufe des Lesefortschritts nach Aussagen der Lehrer kleine Schriften, die Schrifttype Antiqua (Serifenschrift), kursive Formatierungen, ein geringer Zeilenabstand und längere Zeilen (vgl. Wespel, 2003, S. 1).

Abhängig davon, ob sie die Entscheidungen selber treffen, bevorzugen Lektoren für Kinder- und Jugendbücher die Schriftgrößen 14, breiten Zeilenabstand, kurze Zeilen (nicht mehr als 6 Wörter), Zeilenumbruch nach Sinnschritten, keinen Blocksatz, keine Worttrennungen, wenige Zeilen auf der Seite und eine klare Gliederung der Textblöcke; bei den Schrifttypen Grotesk oder Antiqua waren sie geteilter Meinung (vgl. Wespel, 2003, S. 6).

Für die Untersuchung mit den Schülerinnen und Schülern wurde der Stolperwörtertest von Metze eingesetzt. Die Probanden mussten in einer festgesetzten Zeit jeweils 40 isolierte Sätze bearbeiten, in dem sie ein syntaktisch-semantisch nicht passendes Wort in dem Satz kennzeichnen mussten. Beispiel: Mir gefällt dein gestern Bild gut. Das Wort „gestern" passt syntaktisch-semantisch nicht in den Satz und musste entsprechend gestrichen werden. „Da der Stolperwörtertext eine hohe Korrelation mit anderen Lesetests und mit Lesenoten aufweist, kann er als valides Messinstrument angesehen werden, auch wenn er keine differenzierte Aussagen über das Textverstehen liefert" (Wespel, 2008, S. 13).

Nach dem Lesetest konnte festgestellt werden, dass die global gemachten Aussagen auch für die Erstleser (Ende 2. Klasse) nicht aufrechterhalten werden können. Die Steigerung der Lesefähigkeit steigt mit der Klassenstufe. Große Schriften hatten einen Vorsprung, ebenso die Antiqua-Schrift:

„**6.2.1 Schriftgröße (20 Pkt versus 10 Pkt)**
Entgegen den Erwartungen kann die Schriftgröße ab Ende Klasse 2 nicht eindeutig zugeordnet werden. In allen Stufen gibt es widersprüchliche Ergebnisse, für eine nicht geringe Zahl von Kindern scheint ein Größe von 20 Pkt sogar das Lesen zu erschweren; die sehr hohen Werte bei den nichtdifferenten Werten (51% in Klasse 2, 41% in Klasse 4 und 50% in Klasse 8) zeigen auch, dass dieses Merkmal schon Ende Klase 2 keine bedeutsame Rolle mehr spielt uns später eine zu große Schrift (wie 20 Pkt) es nicht erlaubt, eine genügend große Zahl von Wörtern „in den Blick zu nehmen."

6.2. 2 Schriftart (Antiqua versus Grotesk)
Auch bei der Schriftart zeigen sich disparate Ergebnisse (Grotesk leicht positiv in Kl. 2 und 4, deutlich negativ in Kl. 8). Vermutlich liegt hier ein Übungseffekt vor, da Antiquaschriften zu den häufigsten Alltagsschriften gehören" (Wespel, 2003, S. 13).

Die Zeilenlängen stellten sich nicht als relevant heraus, zusammengesetzte Hauptwörter wurden besser gelesen. Nebensätze stellten in den nächsten Klassenstufen keinen Unterschied mehr dar, die

Worttrennungen waren auch unerheblich different, nur die Satzstrukturen stellten Unterschiede dar (vgl. Wespel, 2003, S. 12).
Zusammenfassend resümiert Wespel, dass die Unterschiede zwischen leseleicht und leseschwer nicht eindeutig sind. Die typographischen Dimensionen Schriftgröße, Schriftart, Zeilenlänge und
Wortstruktur erschweren das Lesen nicht erheblich. Die syntaktischen Dimensionen wie Satzgliedumstellungen, Worttrennungen,
Nebensätze und Sätze im Konjunktiv weisen Unterschiede in der
Gesamtbewertung auf (vgl. Wespel, 2003, S. 15).

Auf Mailanfrage des Verfassers zur Typographie in Fibeln bei
Herrn Wespel schrieb er zurück, dass die Frage der Typographie
nicht generalisiert werden kann, ausschlaggebend sind wohl das
Alter und die Gewöhnung. Die Schrifttype, mit der das Lesen erlernt wurde, spielt ab der zweiten Klasse bei den meisten Kindern
keine (wesentliche) Rolle mehr.

> „Diese Frage kann man nicht generalisieren, man muss wohl
> nach Alter (und Gewöhnung) unterscheiden, d. h. für Anfän-
> ger muss nicht gelten, was für Geübte gilt.
> Bei mir hat sich gezeigt, dass die Frage der Schrifttype schon
> in der 2. Klasse bei den meisten Kindern keine (wesentliche)
> Rolle mehr spielt, ich will das noch für Klasse 1 prüfen (aber
> methodisch: wenn man 1. Klassen im Februar zwei Varianten
> vorlegt -Antiqua und Grotesk -, dann lesen sie natürlich ihre
> gewohnte besser!)" (Mail von Herrn Wespel vom 18.01.2005).

Bei einer Untersuchung von Woods et al. mit 86 Kindergartenkin-
dern im Alter vom 1. bis 4. Lebensjahr und 5 Kontrollpersonen der
Universität sollte trotz der noch nicht vorhandenen Schriftkennt-
nisse ebenfalls festgestellt werden, ob die Schrifttype Arial oder die
Schrifttype Times New Roman für die Kinder schneller erkennbar
ist. Der Ansatz war, schon vor den eigentlichen Schriftkenntnissen
der Kinder zu ermitteln, welche Schriftform von ihnen am besten,
oder auch nicht, gelesen werden kann. Dies erschien Woods et al.
deshalb so wichtig, weil für Kinder viele Lehrwerke, Lesebücher
und Tests in gedruckter Form eingesetzt werden und so evtl. eine

Leseerleichterung erreicht werden könnte. „Much research has been dedicated to the effects of typeface and font size on legibility and readability of text in adult populations. Researchers have applied little of this information, however, to empirical studies of these topics in children. It is important to examine children as a specific population due to the effects that developmental changes and familiarity with characters (or the lack of) may have on the readability of text. Because a large majority of children's reading material (i.e., textbooks, standardized tests, literature) is found in printed form, it is particularly important to examine readability of printed text for children. Publishing companies have guidelines, but these are often based on font types and sizes most frequently used by other publishing companies rather than on empirical data investigating legibility and readability" (Woods et al., 2005, S. 86). Mit tachistoskopischen Einblendungen (zwei Sekunden) mittels eines Diaprojektors mussten Buchstabenpaare in den Punktgrößen 12 und 18, die gleich oder unterschiedlich sind, erkannt werden (vgl. Woods et al., 2005, S. 86). Woods et al. stellten zur Verdeutlichung der Schriftunterschiede die Hauptunterscheidungsmerkmale zwischen den Schrifttypen Times New Roman und Arial tabellarisch heraus:

Font Characteristics	Arial	Times New Roman
Serifs	No	Yes
Stroke Width	Uniform	Variable
Letter Height	Larger	Smaller

Tabelle 6.2: Woods et al., 2005, S. 88

Für das Untersuchungsergebnis wurde angenommen, dass die Schrifttype Arial wegen der gleichförmigen Buchstabenkontur und die größere Buchstabenhöhe besser gelesen werden kann: „We expected Arial to have higher measures of legibility due to its uniform stroke width and larger letter height. Of the two type sizes used, we expected that the larger type size would be more legible" (Woods et al., 2005, S. 91).

Dargestellt wurden vergleichend die Buchstabenpaare: m und w, b und h sowie e und s, die sich in der Grobgestalt ähneln. Die dargestellten Buchstabenpaare waren z. B.: mm, mw, wm und ww (vgl. Woods et al., 2005, S. 92). Unterschieden sich die Buchstabenpaare, mussten die Kinder in der Aufgabenreihenfolge um ein „D" einen Kreis ziehen, waren die Buchstabenpaare gleich, mussten sie um ein „S" einen Kreis ziehen. Trotz einiger Abweichungen im Ergebnis, die Kinder übersprangen manche Aufgaben oder schauten beim Nachbarn ab, stellten Woods et al. fest, dass zum Lesenlernen Arial wegen der einfachen Figuren und den Ähnlichkeiten am besten zu lernen ist: „All hypotheses were supported and some additional interactions were obtained. As was expected, Arial was found to be more legible than TNR across all grades" (Woods et al., 2005, S. 97).

7 Lesen unter den Bedingungen einer Sehbehinderung

Auswirkungen von Sehbehinderungen sind in ihrem Grad und in Wechselwirkung mit anderen Einflüssen (Umwelt, geistige Möglichkeiten) sowie in der individuellen Interpretation des Betroffenen völlig unterschiedlich; es gibt also i. e. S. nicht DAS Lesen unter der Bedingung EINER Sehbehinderung. Es soll aber trotzdem ein kurzer Überblick über die gängigen Sehbehinderungen mit ihren Auswirkungen auf die Tätigkeit Lesen dargestellt werden.

7.1 Darstellung der Auswirkungen ausgewählter Sehbehinderungen auf den Lesealltag

Die im Folgenden simulierten Bilder der Wahrnehmung von einem Formularausschnitt eines sehbehinderten Menschen sollen nur „Annäherungen schaffen, Verständnis wecken und vor allem Gesprächsanlass sein. Sie können nie ein (Ab-)Bild der tatsächlichen visuellen Eindrücke vermitteln" (vgl. Degenhardt, 2007, S. 45; s. a. Appelhans / Krebs, 1995, S. 17). Der normalsichtige Betrachter hat im Rahmen seines Sehvermögens immer die Möglichkeit, seine gelernten Sehtechniken einzusetzen. Die Beispiele stellen einen ungefähren Seheindruck in einer für diesen Zeitpunkt bestimmten Wahrnehmungsstufe dar, die nicht auf jeden sehbehinderten Menschen allgemeingültig übertragbar ist. Bei jedem sehbehinderten Menschen sind die Ausprägungen der Sehbehinderung und progressiven Veränderungen des Sehvermögens individuell unterschiedlich und somit sind unterschiedliche Wahrnehmungsleistungen möglich (Hupfeld, 1989a, S. 8). Ebenfalls die Angaben der Hilfsmittel für das Lesen mit diesen Sehbeeinträchtigungen können demnach nur ungefähre Anhaltspunkte sein, eine individuelle Diagnostik muss immer durchgeführt werden.

Die Abbildungen 7.1 bis 7.6 zu den Sehbehinderungen wurden der Internetseite des Allgemeinen Blinden- und Sehbehindertenverbandes Berlin (absv: www.absv.de, 2009) entnommen.

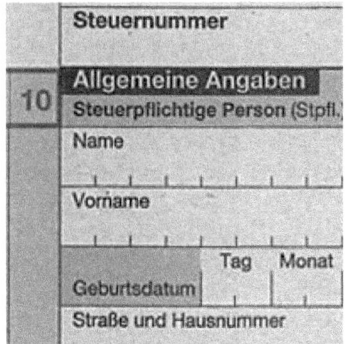

Abbildung 7.1: Wahrnehmung eines Formularausschnitts von einem normalsichtigen Menschen (absv: www. absv.de, 2009)

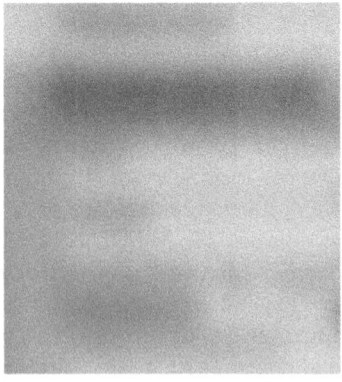

Abbildung 7.2: Die Wahrnehmung des Formulars mit einer Katarakt (Grauer Star) ist ähnlich dem dargestellten Bild (absv: www.absv.de, 2009)

Die Katarakt ist mit eine der häufigsten Erblindungsursachen bei Kindern (weltweit ca. 1,5 Millionen), wobei die Rate der Betroffenen in den entwickelten Industrieländern geringer ist. Es werden zwei Katarakt-Formen unterschieden, zum einen die angeborene Katarakt und die erworbene Katarakt. Die angeborene Katarakt kann durch Rötelinfektionen (ca. 19% der Kataraktfälle), Masern, Mangelernährung und physikalisch bedingt durch Röntgenstrahlen auftreten, begleitet meist noch durch weitere visuelle Einschränkungen wie Amblyopie, Strabismus oder auch Nystagmus (vgl. Kaiser, 1999, S. 161–163).

Die erworbene Katarakt entsteht meist im Alter ab ca. 40 Jahren. Es trübt sich im Verlauf, bedingt durch Erbgut, zu starker Sonneneinstrahlung, aber auch Nikotin und Alkohol die Augenlinse ein und es entsteht ein verschwommenes unscharfes Bild (vgl. Degenhardt, 2007, S. 49). Auswirkungen hat diese Sehbehinderung auf die Akkommodation, Kontrastintensivität, Farbensehen, Visus, Blendungssensitivität und Gesichtsfeld (vgl. Walthes, 2003, S. 57). Der Leser ist auf vergrößernde Hilfsmittel wie Lupen, Bildschirmlesegeräte etc. angewiesen. Der Arbeitsplatz sollte dann eine blendungsfreie Beleuchtung beinhalten. Brillen mit Lichtschutzgläsern können eine Blendung reduzieren (vgl. Diepes et al, 2007, S. 39). Große Schriften und gute Beleuchtung des Arbeitsplatzes erleichtern das Lesen und Arbeiten, wobei an besonders hellen Sonnentagen die Orientierung schwerfällt (vgl. Appelhans/ Krebs, 1995, S. 24).

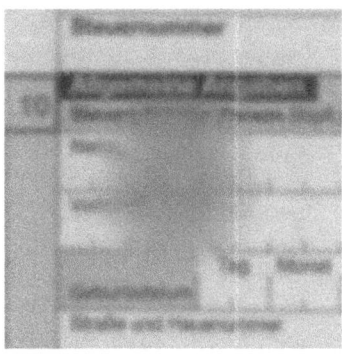

Abbildung 7.3: Die Wahrnehmung des Formulars bei einer Makuladegeneration (absv: www. absv.de, 2009)

Die Wahrnehmung des Formulars ist ebenfalls sehr undeutlich. Die Makuladegeneration kann sowohl angeboren sein, aber auch altersbedingt entstehen. Bei der altersbedingten Makuladegeneration (AMD) kommt es überwiegend zu altersbedingten Dysfunktionen des Pigmentepithels im Bereich des schärfsten Sehens (Makula), wodurch die Sehnervenzellen zerstört werden (vgl. Degenhardt, 2007, S. 49). So ist bei der „feuchten" Makuladegeneration der Sehzellenabbau relativ schnell und entsprechend die Verschlechterung des Sehvermögens; bei der „trockenen" Makuladegeneration bauen sich die Zellen langsam, aber kontinuierlich ab. Auswirkungen dieser Sehbeeinträchtigung sind verzerrtes Sehen und Ausfälle in der Makula. Obwohl sie nicht zwangsläufig zu einer Erblindung führen muss, ist doch die Visusminderung sehr stark, sodass eine verzerrte Wahrnehmung die Lesefähigkeit stark einschränkt (vgl. Diepes et al, 2007, S. 22). Neben der Einschränkung des Visus sind das Gesichtsfeld, Nachtblindheit, Blendungssensitivität, Kontrastsensitivität, Hell-Dunkel-Adaption, Farbensehen und die Auge-Hand-Koordination in der Wahrnehmung beeinträchtigt (vgl. Walthes, 2003, S. 56). Bei dieser Seheinschränkung werden häufig vergrößernde Hilfsmittel wie Lupen und Bildschirmlesegeräte eingesetzt. Ob Kantenfilter eine Hilfe bei der Wahrnehmung des Leseguts sind, ist noch nicht eindeutig nachgewiesen worden (vgl. absv, 2009, o. S.; Diepes et al, 2007, S. 24). Leser mit Makuladegeneration brauchen vergrößerte Schriften und Materialien sowie eine gute Arbeitsplatzbeleuchtung (vgl. Appelhans/ Krebs, 1995, S. 29).

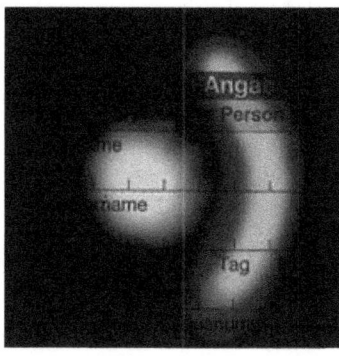

Abbildung 7.4: Die Einschränkungen beim Lesen durch ein Glaukom (Grünen Star) (absv: www.absv.de, 2009)

Mit Glaukom werden Augenkrankheiten umfassend benannt, bei denen der Augeninnendruck zu hoch ist, wodurch der Sehnerv oder Teile der Retina zerstört werden. Primäre Glaukomerkrankungen sind nicht durch Augenerkrankungen entstanden, während ein sekundäres Glaukom durch einen Unfall oder Ähnliches verursacht wird (vgl. Degenhardt, 2007, S. 49). Das Glaukom bedingt Blendungssensitivität, Visuseinschränkung, Kontrastsensitivität und die Einschränkung in der Akkommodation (vgl. Walthes, 2003, S. 56). Es entstehen Gesichtsfeldausfälle, die eine umfassende Orientierung im Raum und die Lesefähigkeit sehr stark einschränken. Hilfsmittel gibt es für diese Sehbehinderung nicht, auch Vergrößerungen sind nicht hilfreich (vgl. Diepes et al, 2007, S. 26). Wenn sie eingesetzt werden sollen, muss eine individuelle Überprüfung vorweg durchgeführt werden. Jedenfalls sollte eine ausreichende Arbeitsplatzbeleuchtung gegeben sein (vgl. Appelhans/ Krebs, 1995, S. 24).

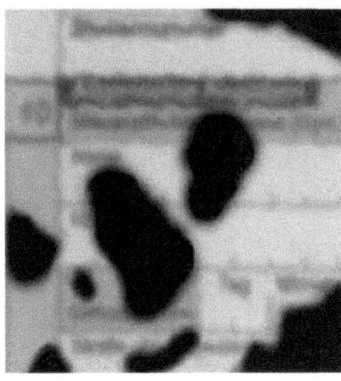

Abbildung 7.5: Wahrnvehmung mit
einer Diabetischen Retinopathie
(absv: www.absv.de, 2009)

Die Diabetische Retinopathie ist eine Erkrankung der Retina und entwickelt sich von den Rändern der Retina und verbreitet sich zur Mitte, zur Makula, hin. Sie entsteht u. a. durch zu hohe Blutzuckerwerte: Fett- und Eiweißstoffe lagern sich in den Gefäßwänden des Auges ab und schädigen sie. Zu den Sicht einschränkenden Flecken kommt noch ein unklares verzogenes Bild dazu (vgl. absv, 2009, o. S.; Diepes et al, 2007, S. 28). Zu der Netzhautveränderung stellt sich eine Visusverminderung ein, die in der Entwicklung zu einer Erblindung führen kann. Der Bildeindruck wird durch die Gesichtsfeldeinschränkung dunkler und der Leser ist auf einen gut beleuchteten Arbeitsplatz angewiesen. Die Kontrastwahrnehmung ist ebenfalls beeinträchtigt, sodass Kantenfilter hilfreich sein können (vgl. Diepes et al, 2007, S. 29). Zusätzlich entwickelt sich eine Nachtblindheit, das Farbensehen und die Auge-Hand-Koordination sind ebenfalls eingeschränkt (vgl. Walthes, 2003, S. 56).

Bei der Retinopathia Pigmentosa (RP) (früher Retinitis Pigmentosa genannt) wird im Krankheitsverlauf ebenfalls die Netzhaut zerstört.

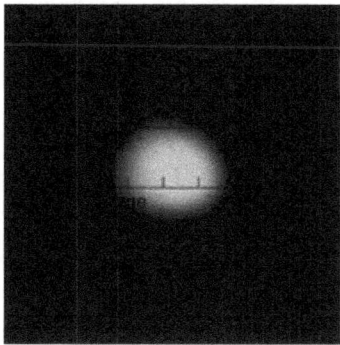

Abbildung 7.6: Wahrnehmung des Formulars mit einer Retinopathia Pigmentosa (RP) (frühere Bezeichnung Retinitis Pigmentosa) (absv: www.absv.de, 2009)

Die Erkrankungen mit Retinopathia Pigmentosa zählten mit 1:4000 zu einer der häufigsten Augenerkrankungen. Der Verlauf ist auf beiden Augen symmetrisch, einseitige Verläufe sind selten. Wenn Abweichungen vorhanden sind, handelt es sich zumeist um ein Zwischenstadium (vgl. Kaiser, 1999, S. 58). Diese Augenkrankheit ist eine erblich bedingte Netzhauterkrankung, die sich bei Menschen in jungen Jahren durch Nachtblindheit und durch Schwierigkeiten bei der Hell-Dunkel-Anpassung äußert. Das Sehfeld wird so stark eingeschränkt, dass der Mensch wie durch eine Röhre (Tunnelblick) schaut. Die Retinopathia Pigmentosa kann auch mit Begleiterkrankungen wie Verlust des Hörens und Entwicklung zur Blindheit (Usher-Syndrom bei 15–20%) auftreten (vgl. Degenhardt, 2007, S. 50; Kaiser, 1999, S. 73). Eine optische Orientierung im großen Raum ist fast unmöglich, kleine nahe Dinge wiederum können gut wahrgenommen werden. Im Verlauf der Entwicklung wird neben einem Bildschirmlesegerät auch ein Kantenfilter für den Lichtschutz benötigt (vgl. Diepes et al, 2007, S. 35). Weitere Einschränkungen betreffen ebenfalls das Nachtsehen, das Farbsehen und die Auge-Hand-Koordination (vgl. Walthes, 2003, S. 56).

Bei der allgemeinen Netzhautablösung äußert sich die Seheinschränkung zu Beginn mit Lichtblitzen und Sehfeldausfällen. Möglichkeiten, die Netzhautablösung zu operieren, sind vorhanden, es wird aber immer eine Sehbehinderung verbleiben. Auch diese Seh-behinderungsart äußert sich durch Flecken im Gesichtsfeld, die eine Wahrnehmung eines Gesamtbildes stören.

Bei Albinismus (es gibt ca. 15 Krankheitsbilder des Albinismus) wird durch eine Stoffwechselkrankheit eine weitere Sehbehinde-rung verursacht, bei der die Farbpigmente und das Melanin nicht ausreichend vorhanden sind. Menschen mit okulokutanem Albi-nismus sind sehr blendempfindlich und haben häufig eine helle Haut, die Haare sind hell bis weißlich und die Augen graublau mit einer hellen Iris, die eine rote Pupille bedingt. Bei okularem Albi-nismus sind nur die Augen betroffen. Neben der Blendempfind-lichkeit ist meist noch ein stark herabgesetztes Sehvermögen durch die Schädigung der Makula mit einem Nystagmus vorhanden. Die Orientierung im Raum oder auf einem Blatt Papier ist durch die extrem helle Blendung stark eingeschränkt. Als Hilfsmittel dienen Kantenfilter, die den Spektralbereich des Lichtes vermindern (vgl. Degenhardt, 2007, S. 51; Diepes et al, 2007, S. 39).

Beim Nystagmus sind die Raumwahrnehmung und die visuel-le Orientierung ebenso wie das Binokularsehen, der Visus und das Lesevermögen beeinträchtigt (vgl. Walthes, 2003, S. 56). Die Schrift für Menschen mit Nystagmus sollte nicht zu klein und kontrastreich sein, da ein Erkennen und Unterscheiden eng zu-sammenstehender Buchstaben dem Leser Schwierigkeiten bereiten (vgl. Appelhans/ Krebs, 1995, S. 19). Um die nystagmustypische Pendelbewegung auszugleichen, können die Buchstaben breiter ge-setzt werden, so hat das Auge bessere Möglichkeiten, den fixierten Buchstaben abzutasten ohne dass sich die nebenstehenden Buch-staben ins Bild rücken.

Bei der Diagnose Strabismus (Stellungsfehler der Augen) sind die beeinflussenden Auswirkungen ähnlich wie beim Nystagmus (Raumwahrnehmung, visuelle Orientierung, das Binokularsehen, der Visus und das Lesevermögen) (vgl. Walthes, 2003, S. 58).

Als eine cerebrale Sehstörung wird das Crowding beim Lesen beschrieben. Beim Crowding entsteht der Effekt, dass Buchstaben bei zu dichter Setzung miteinander verschwimmen bzw. „tanzen" (vgl. Jaritz-Tschinkel, 2009, o. S.). Die Auswirkungen beim Lesen mit Crowding können Zahlenverwechslungen (z. B. 6 + 9), keine Differenzierung von eng nebeneinanderliegenden Gegenständen, gestörte Figur-/Hintergrunddifferenzierung oder kein Wiedererkennen von Personen in einer Menge sein. Eine Förderung der optischen Wahrnehmung muss, nach einer neuropsychologischen und optischen Diagnostik, individuell für jeden Leser ermittelt werden. So können große Schrifttypen, große Laufweite der Buchstaben, geringe Buchstabenzahl, farbige Differenzierungen der Buchstaben oder Zahlen, klare Strukturierungen in der Materialordnung (Setzkasten), deutlich abgegrenzte Bereiche auf einem Blatt Papier, aber auch eine Brillenverordnung etc. Therapieansätze sein (vgl. Jaritz-Tschinkel, 2009, o. S.; Dutton, 2009, S. 32; Mundhenk, 2008, S. 12 f).

Hemianopsie (Hirnschädigung) oder Ektomie im Gehirn kann einen Sehverlust im linken oder rechten Gesichtsfeld verursachen. Das Fehlen dieses Seheindrucks bedingt dann, je nach betroffener Seite, einen nicht wahrnehmbaren Bereich beim Lesen. Der Aufmerksamkeitsfaktor muss, z. B. im Unterricht, dann immer so gewählt werden, dass das Kind die Möglichkeit hat, mit dem sehfähigen Gesichtsfeld die Dinge wahrnehmen zu können. Das kann zur Folge haben, dass das Kind mit Hemianopsie bei ungünstiger Sitzordnung den Lehrer nicht sehen kann. Der Einfluss einer Hemianopsie beim Lesen eines Textes kann unterschiedliche Auswirkungen haben, sodass bei rechtsseitiger Hemianopsie jedes Wort neu ins Gesichtsfeld springt, da ein Vorausschauen nicht möglich ist. Ist das Zeilenende erreicht, kann der Zeilenrücksprung korrekt erfolgen. Bei einer linksseitigen Hemianopsie verhält sich der Leseablauf umgekehrt, der Text kann flüssig gelesen werden, aber der Zeilenrücksprung ist erheblich gestört. Hilfsmöglichkeiten können sein, den Finger beim Lesen mitführen zu lassen und den Text vertikal oder in Schiefstellung auf den Tisch zu legen (vgl. Dutton, 2009, S. 27; Felder, 2009, S. 139).

Weitere Störungen tauchen bei den visuellen Agnosien auf, bei denen die Buchstaben zwar visuell erkannt werden, der Leser aber unfähig ist, diese Buchstaben zu benennen. Es treten Probleme bei der Buchstabenerkennung mit einer einhergehenden Lesestörung (optische Alexie) auf, was zu einer Leseunfähigkeit führen kann (vgl. Lurija, 1998, S. 95).

7.2 Einflüsse von Farbfehlsichtigkeiten auf den Lesealltag

Neben den unbunten Farben Schwarz und Weiß gestatten weitere Farben eine zusätzliche Unterscheidung von Texturen auf Objekten. Sie ermöglichen an Objekten und in der Umwelt einen höheren Erinnerungswert und besitzen zudem einen Signalcharakter (rote Ampel, giftiger roter Frosch etc.) (vgl. Jänisch, 2007, S. 24). Das menschliche Auge besteht im retinalen Bereich aus lichtempfindlichen Zapfen und Stäbchen. Beide Zellenarten sind für das korrekte farbige Sehen gleichermaßen aktiv. Die Zapfen verarbeiten die Farbwahrnehmung (photopisches Sehen), die Stäbchen die Hell-Dunkel-Wahrnehmung (skotopisches Sehen). Die Zapfen und Stäbchen sind nicht gleichmäßig auf der Netzhaut verteilt. Im Bereich des schärfsten Sehens (fovea centralis) befinden sich die Zapfen und im Übergang weggehend vom Bereich des schärfsten Sehens erhöht sich die Anzahl der Stäbchen. Am Rand der Netzhaut befinden sich entsprechend überwiegend Stäbchen. Das Farbensehen ist somit nur im Zentrum des Gesichtsfeldes einwandfrei möglich, weiter außen sind Farben kaum wahrnehmbar. Die Zapfen sind nicht sehr lichtempfindlich, was bedeutet, dass bei geringer Beleuchtung eine schlechte Sehschärfe entsteht (vgl. Jänisch, S. 5, 2007; Bleckwenn, 1991, S. 14). Das durch die Pupille eintretende Licht löst auf den Sehnerven einen chemischen Prozess durch Ausstoß von Rhodopsin (Aktivierung der Stäbchen) und Iodopsin (Aktivierung der Zapfen) aus und wird als umgewandelter elektromagnetischer Lichtimpuls auf die in der Netzhaut befindlichen Stäbchen und Zapfen geleitet. Diese Signale werden an das Gehirn weiter geleitet und entsprechend zu einem Farbeindruck verarbeitet. Je nach Intensität der Zapfenreizungen durch die in das Auge eintretende Lichtstärke entstehen im Gehirn die Farbwahrnehmungen bzw. die entsprechenden Farbmischungen. Bei einer ausgeglichenen Reizung der Zapfen wird ein Grau bis Weiß wahrgenommen. Die Stäbchen sind durch ihre überwiegende Hell-Dunkel-Wahrnehmung bei heller Beleuchtung schneller überreizt und es entsteht eine Blendung. Es gibt im menschlichen Auge nur einen Stäbchentyp, somit ist mit den Stäbchen keine Farbunterscheidung, sondern nur eine Hell-Dunkel-Unterscheidung möglich (vgl. Käsmann-Kellner, 2009, S. 2). Die spezifische Wahrnehmung von Farben kann durch regelmäßiges Betrachten von Farben trainiert werden, wieder erkannte Farben wirken dann vertraut (ähnlich dem gestaltpsychologischen Ansatz), es besteht für den Betrachter eine Farbkonstanz. Die Farbkonstanz kommt bei unterschiedlichen Lichtmengen zum Tragen, ein erlernter Farbton kann wiedererkannt werden und erleichtert so das Wiederfinden von farbigen Gegenständen (vgl. Bleckwenn, 1991, S. 15).

Farbsinnstörungen sind häufig erblich bedingt, wobei Männer (8 %) häufiger als Frauen (0,5 %) betroffen sind. Unterschieden werden die Farbsichtigkeitsstörungen in
— Deuteranopie (Grünblindheit), Deuteranomalie (Grünschwäche), fehlende oder verminderte Zapfen im Grünspektrum
— Protanopie (Rotblindheit), Protanomalie (Rotschwäche), fehlende oder verminderte Zapfen im Rotspektrum
— Tritanopie (Blaublindheit), Tritanomalie (Blauschwäche), fehlende oder verminderte Zapfen im Blauspektrum
— Monochromasie (Einfarbensehen) und
— Achromatopsie (totale Farbenblindheit) (vgl. Batscheider, 2009, o. S.).

Je nach Farbsinnstörung sind die Auswirkungen auf farbige Darstellungen unterschiedlich. Um einen ungefähren Eindruck von der Wahrnehmung von farbigen Darstellungen zu bekommen, gibt es kostenlose Simulationsmöglichkeiten im Internet. Simulieren lassen sich die Farbsinnstörungen bei (http://vischeck.com), hier können Abbildungen hochgeladen und, je nach Einstellung, die Darstellung mit einer Farbsinnstörung simuliert werden.

Eine weitere Möglichkeit wird mit dem Computerprogramm „Color Oracle" unter der Internetadresse (http://colororacle.cartography.ch/) angeboten, das die Möglichkeit bietet, ein Programm auf den Computer zu installieren und auf Tastendruck die entsprechenden Simulationen der Monitordarstellung direkt anzeigen lassen.

Farben besitzen eine Leuchtdichte, die entsprechend dem Farbton einen Helligkeitswert hat. Je höher die Leuchtdichte, desto mehr blendet diese Farbe. Werden unterschiedliche Farben mit gleicher Leuchtdichte kombiniert, ist der Kontrast vermindert (Blau und Schwarz; Weiß und Gelb). Für Menschen mit Einschränkungen in der Farbwahrnehmung entstehen dann ähnlich wirkende Grautöne. Kontraststufen wie Lila und Gelb oder Schwarz und Weiß ergeben auch bei Menschen mit Farbsehschwäche einen optimalen Kontrast (vgl. Krug, 2001, S. 126).

Ebenfalls mit einer starken Blendempfindlichkeit und einem herabgesetzten Sehvermögen geht die Achromatopsie (Farbenblindheit) einher. Das Wahrnehmen der Farbe ist gar nicht oder nur eingeschränkt möglich sowie individuell unterschiedlich. Das Sehen ist nur über die Stäbchen-Zellen der Netzhaut möglich, die für das Dämmerungssehen zuständig sind. Verbunden mit einer Achromatopsie entsteht schon früh in der Sehentwicklung des Kindes ein Augenzittern (Nystagmus) (vgl. Degenhardt, 2007, S. 51), was durch diese Fixations- und Blickrichtungsstörungen entsprechende Auswirkungen auf das Leseverhalten hat. Texte sollten bei einer Farbsinnstörung kontrastreich sein, die Helligkeitswerte bei farbigen Vorlagen müssen ebenfalls kontrastreich sein (helles Gelb, dunkles Blau), damit die unterschiedlichen Grautöne wahrgenommen und unterschieden werden können; bestenfalls eignen sich, wenn möglich, Schwarz-Weiß-Abbildungen (vgl. Appelhans/ Krebs, 1995, S. 21; Dutton, 2009, S. 26).

7.3 Lesen mit vergrößernden Hilfsmitteln

Für viele Sehbehinderungen sind bei Optikern Hilfsmittel im Angebot, die meist nur aufgabenspezifisch eingesetzt werden können. Es muss bei der Anwendung von Hilfsmitteln genau überlegt und ausprobiert werden, für welche Tätigkeit im normalen Alltag dieses Hilfsmittel sinnvoll ist.

Die einfachste Form der Vergrößerung ist bei sehbehinderten Schulkindern die Vergrößerung durch das Nähernehmen. Das Lesegut wird dadurch größer auf der Netzhaut abgebildet. Durch die meist im jungen Alter leistungsfähige Akkommodationsfähigkeit ist ein Lesen mit einer Sehbehinderung möglich. Ab dem 12. Lebensjahr lässt die kindliche Akkommodationsfähigkeit nach und die Brechkraft der Linse kann nicht mehr in der Sehschärfeneinstellung variiert werden, dann müssen andere vergrößernde Maßnahmen zur besseren Wahrnehmung ermittelt werden (vgl. Gottlob, H. 1990, S. 16; Krug, 2001, S. 231).

Es kann davon ausgegangen werden, dass bei geringer Restsehschärfe höhere Vergrößerungen des Bildes angebracht sind. Sind keine Möglichkeiten durch eine Akkommodation mit den Augen gegeben, ist das einfachste Hilfsmittel eine Brille. Bei stärkeren Vergrößerungen sind Lupenbrillen von Vorteil.

Optische und elektronische Hilfsmittel für das Lesen

Mit jeder Bildvergrößerung durch ein optisches Hilfsmittel geht zwangsläufig eine Gesichtsfeldeinschränkung einher und somit ist nicht unbedingt eine Maximierung der Lesegeschwindigkeit zu erreichen. Bei Vergrößerung des Textfeldes mittels einer Sehhilfe verringern sich die Darstellung des Gesamttextes und die Orientierung auf dem Lesegut. Die vergrößerten Worte verringern die Anzahl der Sakkadensprünge innerhalb der Zeile, die nur ausschnittweise im Bereich des lesbaren Textes erkennbar sind. Einfluss auf die Leseleistungen haben zudem die unterschiedlichen Sehhilfen, die konstruktionsbedingt das Gesichtsfeld entsprechend beeinträchtigen (vgl. Hupfeld, 1989a, S. 8; Gottlob, H., 1990, S. 16; Krug, 2001, S. 230). Vergrößernde Hilfsmittel sind mit unterschiedlichen Vergrößerungsstufen im Handel und ständigen Entwicklungen unterworfen, somit werden hier nur bedingt nähere Angaben zu diesen Werten gemacht.

Lesestein, Lesestab, Lupe, und Lupenbrille (vgl. Abbildungen 7.12) sind Vergrößerungsgläser, die meist eine Halterung haben und entweder auf das Lesegut aufgelegt werden (Lesestein, Lesestab) oder mit Distanz über das Lesegut gehalten werden (Lupe) bzw. wie eine Brille aufgesetzt werden (Lupenbrille).

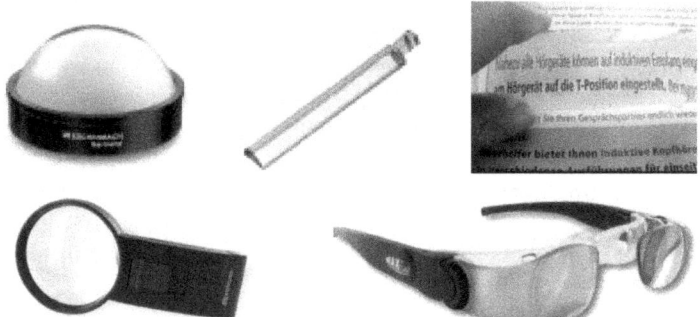

Abbildung 7.7: Lesestein, Lesestab mit und ohne Text, Lupe, Lupenbrille, (Sehhelfer, [www.sehhelfer.de] 2011)

Beim Lesestein und Lesestab fällt das Licht durch die Wölbung auf das Lesegut, der Leseausschnitt ist nur auf den vergrößerten Bereich begrenzt. Durch das Abstellen des Lesesteins und des Lesestabs direkt auf dem Text kann eine zitterfreie und klare Vergrößerung erzielt werden. Der Blick durch den Lesestein ist aus verschiedenen Winkeln möglich. Beim Lesen muss der Lesestein in der Schriftlinie mitgeschoben werden, der Lesestab kann zeilenweise bewegt werden. In der Darstellung wird bei einem Lesestab das Schriftbild durch die vertikale Vergrößerung in die Höhe verzogen. Bei einer aufliegenden Vergrößerung wie mit dem Lesestein oder Lupenlineal ist es nicht möglich, Lückentexte, bzw. freie Felder auszufüllen, hierbei sind Handlupen besser geeignet. Ein Lesestein ist wegen der direkten Auflage für Atlanten und graphische Darstellungen brauchbar (vgl. Krug, 2001, S. 233).

Bildschirmlesegeräte
Tragbare Bildschirmlesegeräte
Lesegeräte (vgl. Abbildungen 7.13) unterscheiden sich von Lupen durch ihre Leistungskapazität (Bildschirmdarstellungen, Einstellmöglichkeiten von Vergrößerungen, Farbdarstellungen etc.) und der Energieversorgung. Meist werden zum Betreiben entweder Batterien oder ein Netzanschluss benötigt.

Abbildung 7.8: Tragbare elektronische Lupen, rechts mit schwenkbarer Kamera (Sehhelfer, [www.sehhelfer.de] 2011)

Das Bildschirmabbild des Schriftstücks kann je nach Modell umgeschaltet werden in Schwarz auf Weiß, Weiß auf Schwarz, Gelb auf Blau, Echtbilddarstellung etc. Bei einigen Modellen ist eine Kamera eingebaut, so kann das Schriftstück als Ausschnitt fotografiert und zusätzlich vergrößert werden. Tragbare Lesegeräte können durch eine zweite Kamerafunktion teilweise auch für die Fernsicht eingesetzt werden. Auch ist es durch eine zweite eingebaute Kamera möglich, diese so zu positionieren, dass ein Abbild einer handschriftlichen Aufzeichnung mittels einer Schwenkkamera auf den Monitor übertragen wird. So können handschriftliche Aufzeichnungen besser kontrolliert werden (vgl. [www.sehhelfer.de] 2011).

Stand-Bildschirmlesegeräte

Einen Übergang zu den kleinen mobile Bildschirmlesegeräten bilden die größeren mobilen Lesegeräte (vgl. Abbildungen 7.14). Mit z. B. einer Kameramaus kann das Lesegut abgetastet und in bis zu ca. 16-facher Vergrößerung auf einem Flachbildschirm dargestellt werden.

Kameralesesysteme bestehen aus einer Kamera, die auf einem Tisch befestigt ist und auf das Lesegut gerichtet wird. Das Projektionsbild wird auf einem angeschlossenen Notebook bzw. einen Computer-Monitor dargestellt. Die Abbildungen können als Fotos im Computer abgelegt werden.

Stationäre Bildschirmlesegeräte sind für den festen Arbeitsplatz konzipiert und schaffen eine bis zu 70-fache Vergrößerung. Sie haben einen großen Monitor und einen beweglichen Projektions- oder Lesetisch, auf dem das Lesegut abgelegt wird. Darüber befindet sich eine Kamera, die das Bild auf den Flachbildschirm überträgt. Bei allen diesen Geräten können die Farben (Schrift, Hintergrund, Laufweiten, tlw. Schriftanordnungen etc.) individuell eingestellt werden. Ist eine Sprachausgabe installiert, lassen sich bei manchen Geräten diese Textinhalte einscannen und können dann durch die Sprachausgabe vorgelesen werden (vgl. Blankenagel, 1990, S. 29f; Krug, 2001, S. 237).

Alle Stand-Bildschirmgeräte haben zwar ein großes Abbild mit unterschiedlichen Größen- und Farbeinstellungsmöglichkeiten, die Größe erschwert jedoch die Handhabung. Für die Arbeit mit Bildschirmlesegeräten ist ein veränderter motorischer Bewegungsablauf nötig. Die Kamera bzw. der Leseschlitten muss gut koordiniert mit dem Leseverlauf des Textes mitgeführt werden (vgl. Hupfeld, 1989a, S. 9; Krug, 2001, S. 237).

Abbildung 7.9: Stand-Bildschirmlesegeräte (Sehhelfer, [www.sehhelfer.de] 2011)

Eine weitere Möglichkeit ist es, Lesetexte an einem Computer mit großem Monitor zu lesen. Wenn die Text-Datei als typographisch veränderbares Dokument vorliegt, können in dem Dokument Schrifttypen, Schriftgrößen, Schriftschnitte (standard, halbfett, fett etc.) Hintergrund- und Schriftfarben, Buchstabenabstände, Buchstabenbreiten, Zeilenabstände etc. individuell angepasst werden (Krug, 2001, S. 237).

Auswirkungen des Hilfsmitteleinsatzes auf den Leseprozess
Je nach Art des Hilfsmittels ist durch den partiellen Textausschnitt ein fließendes Lesen mit großen Sakkaden damit kaum möglich bzw. die Anzahl der Fixations-Landeorte über mehrere Wörter gering. Der Grad der Nutzbarkeit einer vergrößernden Sehhilfe ist die nutzbare Sehfeldgröße, je kleiner das Sehfeld ist, desto weniger Schrift wird abgebildet und das Lesen wird mühsamer (vgl. Hupfeld, 1989a, S. 9; Gottlob, H., 1990, S. 19). Auch das diagonale „überfliegende" Lesen bzw. in großen optischen Sprüngen über den Text gleiten ist mit diesen Hilfsmitteln nur beschwerlich möglich, wenn bedacht wird, dass die Wahrnehmung der Buchstabenanzahl bei ca. sieben Buchstaben liegt. So besteht das Lesen eines Textes

aus dem Zusammensetzen von Einzelbildern, zumal der Zeilenanfang der nächsten Zeile nach einem Zeilensprung nicht immer
treffsicher gefunden wird. Mit Hilfsmitteln wird die Körperkoordi-
nation, je nach Hilfsmittel, unterschiedlich beansprucht. Bei einer
Fernrohr-/Lupenbrille und Lupe wird die Kopf- bzw. Handhaltung
auf das Lesegut ausgerichtet, bei einem Bildschirmlesegerät wird
das Lesegut auf dem Leseschlitten parallel mit der Hand im Leseverlauf beansprucht und bei einem Kameralesesystem muss meist
die Kamera über dem Lesegut nachjustiert werden, was in allen
Fällen nur bedingt ein entspanntes Lesen gewährleistet.

Die Vergrößerung der Papierformate durch Kopierer ermöglicht
das Vergrößern von Originalen von DIN A4 auf DIN A3, was
einen Vergrößerungsfaktor von 1.41 entspricht. Um eine dop-
pelte Vergrößerung zu bekommen, muss von DIN A5 auf DIN
A3 vergrößert werden. Die Herstellung von Abbildungen, Schul-
buch-/Arbeitsblattvergrößerungen ist mit einem Kopierer schnell
möglich, wobei in der Herstellung die individuellen typografischen
Faktoren (Schriftformen, Zeilen- und Buchstabenabstände, Farben
etc.) nicht berücksichtigt werden können und zusätzlich die Ab-
bildungsqualität sich verschlechtert. Die Zeilenlängen werden mit
jeder Stufe der Vergrößerung entsprechend länger, was die Zei-
lenführung beim Lesen, besonders bei peripheren Gesichtsfeld-
einschränkungen, beeinträchtigen kann. Der Textausschnitt ist
andererseits bei einer Vergrößerung nicht begrenzt wie bei einer
Vergrößerung mit einem Hilfsmittel, was bedeutet, dass der gesamte Text überblickt werden kann. Dies erleichtert im Leselernprozess
das Erkennen und somit den Zugang zu Buchstabenformen (Krug,
2001, S. 239). In der Praxis sollten deshalb die Textblätter klare Ge-
staltungs- und Gliederungsmerkmale beinhalten, wie kurze Zeilen
in z. B. Spalten, klare optische und thematische Textgliederungen,
markante Zeichen an Merksätzen und Lückentexten, einfache reduzierte Abbildungen etc.

Bedacht werden muss auch, dass vergrößerte Kopien für den
Schüler unweigerlich ein Mehr an Papiermaterial bedeutet, was

sich auf die Handhabung beim Lesen auswirkt sowie das Transportgewicht des Papiers verdoppelt.

8 Konsequenzen des spezifischen Leseprozesses auf pädagogische Interventionen und Diagnostik

Bereits im vorschulischen Bereich machen Kinder erste Erfahrungen mit schriftsprachlich strukturierten Texten und literarischen Formen. Durch Vorlesen, Erzählen über Geschriebenes und durch Medien sind Kinder sehr früh in Kontakt mit der Schriftsprache. Die Art, ob und wie Schriftsprache aus Medien und Büchern mündlich aufgenommen und vermittelt wird, beeinflusst die spätere Lesekompetenz. Die phonologische Bewusstheit, die Wörter in ihrer Klanggestalt und in der Bedeutung als unterschiedlich zu erkennen, beeinflusst das Bewusstsein für den Schriftspracherwerb, was eine wichtige Vorläuferfähigkeit für den systematischen Schriftspracherwerb in der ersten Klasse bildet. Diese frühen Erfahrungen mit Texten aus dem Mündlichen sind literarisch getönt und bedeuten aber bis zum Schulbeginn für das Kind noch keine Trennung zwischen literarischen und nicht-literarischen Formen des Darstellens (vgl. Rosebrock/Nix, 2006, S. 25). In der kindlichen Entwicklung ist der Eintritt in die Schule in Bezug auf die Schriftsprache von Bedeutung. Hier begegnet dem Kind mit heterogenen Voraussetzungen der Mitschüler beim Lesenlernen die Sprache im Zusammenhang mit Zeichen, die Schrift. So wird im Leselernprozess u. a. ein Vergleichen der Richtigkeit des optisch Wahrgenommenen durch die Sprache kontrolliert. Sprache wird nun schriftlich dokumentiert und bedient sich je nach Textgattung anderer Formen (Prosa, Lyrik, Wissenschaft, Theologie etc.). Die Schriftsprache wird durch die Verschriftlichung (Grammatik, Syntax) komplexer und unterscheidet sich von der persönlichen Sprechweise erheblich. Diese Aspekte beeinflussen das Kind in seiner Entwicklung, je nach Persönlichkeit, unterschiedlich stark. Der kontinuierliche Fortschritt im Schreib- und Leseverständnis während der Schulzeit ermöglicht neben dem Lesen als Wissenserwerb und Unterhaltung später das Verstehen von Bedienungsanleitungen und Ausfüllen von Formularen (vgl. Oerter, 1998, S. 289).

8.1 Lesen und Schreiben als notwendiges Aufgabengebiet einer spezifischen Pädagogik und Didaktik für sehbehinderte Kinder

Im Bereich des Lesens und Schreibens werden besondere Aufgabenfelder für sehbehinderte Schülerinnen und Schüler im Unterricht deutlich. Durch flexible Lehr- und Lernmethoden müssen die Lese-Rechtschreibkenntnisse bei sehbehinderten Schülerinnen und Schülern, die aufgrund der eingeschränkten Buchstabenwahrnehmung und somit des reduzierten Lesens oft geringer als bei normal sehenden Schülerinnen und Schülern sind (vgl. Krug, 2001, S. 203 u. 207), gefördert werden. Das Lesen kann durch die geringere und undeutlichere Buchstabenwahrnehmung eingeschränkt sein, was auf die abgespeicherten Buchstaben- und Wortgestalten Einfluss haben kann. Das reduzierte und undeutliche Erkennen der Formen kann eine fehlerhafte Formeninterpretation bedingen, was ein Abschreiben von Texten etc. erschwert oder fehlerhaft werden lässt (vgl. Krug, 2001, S. 208). Die Handschriften bei sehbehinderten Schülerinnen und Schülern sind häufig unleserlich, da durch die herabgesetzte Auge-Hand-Koordination und eine evtl. unzureichend entwickelte Handmotorik der Schreibfluss erschwert sein kann. Schülerinnen und Schüler mit einer Sehbehinderung müssen fähig sein, einerseits eine Handschrift als Gebrauchsschrift lesen und schreiben zu können und andererseits mittels der computergestützten Textbearbeitung Lesen und Schreiben zu beherrschen, um sich so ihrer Umwelt mitteilen zu können (vgl. Krug, 2001, S. 210). Der Schreibfluss kann nur bei einer guten Übersicht über die Schreibfläche und dem zu erstellenden Textbereich erreicht werden. Die Blickwanderung der Augen über das geschriebene Blatt ist nicht wie bei normal sehenden Lesern nur mit den Augen allein möglich, häufig muss dafür der ganze Kopf bewegt werden, was eine zusätzliche Belastung beim Lesen bedeutet (vgl. Krug, 2001, S. 211). Bei dem Schreiblehrgang muss von daher auf ästhetische Belange wie klare, leserliche Schrift, Linieneinhaltung, normgerechte Buchstaben und parallele Zeilenabstände geachtet werden. Die Schreibfläche sollte dann aus einem quer ausgerichteten DIN-A 4-Format mit deutlichen und kontrastreichen, aber nicht zu dicken Lineaturen bestehen (vgl. Krug, 2001, S. 212). Bedingt durch die Leseeinschränkung kann das Schreibtempo verlangsamt sein. Das handschriftliche Schreiben mit verbundenen Buchstaben, wie bei einer Schreibschrift, ist nur erschwert möglich, oft werden von sehbehinderten Schülerinnen und Schülern Druckbuchstaben eingesetzt. Das Ziel muss für die sehbehinderten Schülerinnen und Schüler trotzdem sein, eine gut leserliche und schnell zu schreibende Schrift zu erlernen (vgl. Krug, 2001, S. 213). Empfehlenswert ist es, im Unterricht Auge-Hand-Koordinationstraining sowie Hand- und Arm-Motorikübungen zu integrieren (vgl. Krug, 2001, S. 214). Dieser besondere Lernstil muss den Bedürfnissen der sehbehinderten Schülerinnen und Schüler angemessen sein.

Ein weiteres Problem besteht für sehbehinderte Schülerinnen und Schüler bei der Tafelarbeit in der Klasse. Da die Übersicht über die Tafelfläche meist eingeschränkt ist, kann die Tafel als Ganzes nicht überschaut und Buchstaben in übergroßer Schrift nur beschwerlich angeschrieben werden. Entsprechend vorausgesetzt werden muss eine saubere, schlierenfreie Tafel (vgl. Krug, 2001, S. 214). Eine flexible Unterrichtsmethode muss diese Einschränkung beachten und mit zu bewältigenden Anforderungen die sehbehinderten Schülerinnen und Schüler wohldosiert fordern.

Die Informationsentnahme von alltäglichen Standardmedien für die sehbehinderten Schülerinnen und Schüler ist nicht ohne Probleme. Die oft ungenügende Lesefähigkeit und daraus resultierende Sinnentnahme aus schriftlichen Informationen bringen zusätzliche Erschwernisse für die sehbehinderten Schülerinnen und Schüler mit sich (vgl. Krug, 2001, S. 215). Hierbei sollte von den allgemeingültigen Richtlinien individuell abgewichen werden, um die Frustration und die Misserfolge so gering wie möglich zu halten. Die Wertschätzung und Beachtung kommt so in einer heterogenen Klassengemeinschaft zum Tragen.

Krug stellt die Teilaspekte des Lesens im Verhältnis von nicht sehbehinderten zu sehbehinderten Lesern in einer Tabelle dar (vgl. Krug, 2001, S. 216):

Teilaspekte des Lesens	ohne Sehbehinderung	Probleme bei Sehbehinderung
Leselernprozess	Das Erlernen des Symbolsystems (Grapheme werden Phonemen zugeordnet).	Leselernprozess vollzieht sich verlangsamt bzw. merklich sukzessive.
Lesefertigkeit	Rekodierung: Graphische Zeichen werden in mündliche Rede zurückgewonnen (Lautsumme wird zur Sprache).	Es besteht die Gefahr, dass die Lesefertigkeit nicht voll erreicht wird, die reduzierte Lesefertigkeit wird zu einer zusätzlichen „Behinderung".
Leseleistung	Lesegeschwindigkeit, gemessen in Wörter pro Minute (WpM).	Zum Teil starke Verringerung der durchschnittlichen Leseleistung bzw. der Lesegeschwindigkeit.
Textverständnis	Dekodierung: Bedeutungsrekonstruktion des Textes, den Sinn des Textes verstehen.	Textverständnis kann aufgrund der verringerten Leseleistung herabgesetzt sein!

Tabelle 8.1: Teilaspekte des Lesens im Verhältnis von nicht sehbehinderten zu sehbehinderten Lesern (Krug, 2001, S. 216)

Die Tabelle 8.1 zeigt auf, welche Probleme beim Leselernprozess aufgrund einer Sehbehinderung im Verhältnis zu normalsichtigen Schülerinnen und Schüler beachtet werden müssen.

Dem Bereich Lesenlernen und Lesen sollte in der Schulzeit ausreichend Zeit, unter Einbeziehung der angemessenen Medien und abgestimmt auf die Sehbehinderung, eingeräumt werden. Die Gestaltung der Texte beinhaltet auch den Einsatz einer für sehbehinderte Leser individuell angemessenen Schrift, was an anderer Stelle noch genauer aufgezeigt wird.

8.2 Beginn eines spezifischen Leseunterrichts für sehbehinderte Kinder

Die Sehbehindertenpädagogik schaut noch nicht auf eine so lange Geschichte wie die Blindenpädagogik zurück. Im 19. Jahrhundert war eine eigene Sehbehindertenpädagogik, wie sie heute existiert, nicht vorhanden. Sehbehinderte Schüler wurden entweder in normalen Regelschulen beschult, weil das Problem der Sehbehinderung nicht erkannt wurde, oder sie waren in Blindenschulen als Halbblinde untergebracht (vgl. Boldt, 1971, S. 55; Mersi, 1975, S. 139; Hudelmayer, 2006, S. 203). Die meisten der dort unterrichteten sehbehinderten Schüler mussten bis zur eigenständigen Sehbehindertenpädagogik die Schriften der Blinden erlernen, eine eigene Schrift oder ein einheitliches Leseprogramm war in den Blindenschulen nicht vorhanden. Da die Punktschrift erst 1879 überall in den deutschen Blindenschulen eingeführt wurde, mussten die blinden Schüler in den Jahren davor die Schwarzschrift (Flachschrift) bzw. die fühlbare lateinische Schrift (Serifenschrift, d. V.) lesen und schreiben lernen. Das flüssige Schreibmaterial wurde, um sie für die blinden Schreiber nach der Trocknung fühlbar zu machen, aus einer Substanz mit Wasser, Kreide, Gummiarabikum und Kandis hergestellt. 1784 wurden von Haüy Texte für blinde Leser im sogenannten Hochdruck hergestellt. Der Text wurde als Matrize von hinten in das nasse Papier geprägt (Pressschrift) und konnte so nach der Trocknung ertastet werden. Hierbei wurden ebenfalls die lateinischen Buchstaben eingesetzt. Ein weiteres Medium war die Stachelschrift (eingesetzt bei Klein und Knie), auch hier wurde die lateinische Schrift, deren Oberfläche mit Nadeln bestückt war, rückseitig ins Papier gedrückt, sodass an der Vorderseite die Schrift ertastet werden konnte (vgl. Graßmann, 2006, S. 91). Für die sehbehinderten Schüler in den Blindenschulen war es sicher ein Vorteil, da sie die lateinische Schrift durch die zusätzlich taktile Qualität besser lesen und schreiben lernen konnten. Ein weiterer Vorteil war, dass die blinden und sehbehinderten Schüler die lateinische Schrift statt der in dieser Zeit geläufigen Frakturschrift lernen mussten, was eine starke Vereinfachung für die Schüler bedeutete (vgl. Beyer, 2006, S. 131). Gaheis entwickelte um 1802 zwar die Theorie, dass eine Abteilung für „Halbblinde" in einer Einrichtung zum zweckmäßigen Gebrauch des wenigen Augenlichtes durchaus denkbar wäre (vgl. Wanecek, 1970, S. 53; Rath, 1987, S. 52; Mersi, 1985, S. 58; Solarová, 1983, S. 322), umgesetzt wurde diese Idee aber erst später.

Pädagogisch galt für sehbehinderte Schüler das Prinzip der Sehschonung, die sogenannte usus-abusus These, wie Klein es 1819 propagierte. Man ging davon aus, dass sich das noch vorhandene Sehvermögen bei Beanspruchung verschlechtern oder gar zur Erblindung führen könnte. Der Grund hierfür waren die Erfahrungen der Blindenpädagogen, dass sie miterleben mussten, wie sehbehinderte Kinder erblindeten. Dass es sich hierbei auch um progressive Augenerkrankungen handeln konnte, war nicht primär bewusst (vgl. Rath, 1987, S. 52).

Um die Jahrhundertwende wurden bereits Sehübungen, wie 15 Minuten Naharbeit für Schreiben und Lesen pro Stunde, eingeführt (vgl. Mersi, 1975, S. 190; Walthes, 2003, S. 177). Die Sehschonung wurde von den Sehbehindertenpädagogen nicht so resolut umgesetzt, Augenhygiene und der Schutz vor Verletzungen waren ihre primären Ziele (vgl. Solarová, 1983, S. 354). Widersprüchlich erscheint an der Sehschonungstheorie auch, dass die Schüler in ihrer Freizeit sich frei in ihrer Umgebung bewegten und bei

Bedarf auch Bücher oder Zeitschriften herkömmlicher Art lasen. Diese Lesetexte wurden individuell nicht nur nach der gedruckten Schrifttype ausgewählt, sondern wahrscheinlich auch nach dem literarischen Inhalt. Zum Niedergang des Prinzips der Sehschonung haben die Beobachtungen des Berliner Augenarzt Levinsohn beigetragen, der feststellte, dass sich die Sehschonung eher nachteilig auf das vorhandene Sehvermögen auswirken könnte, da wider der bislang gemachten theoretischen Erkenntnisse die vorhandene Sehfähigkeit durchaus durch Training bzw. Sehübungen gesteigert werden kann. Beim 12. Blindenlehrerkongress 1907 in Hamburg stellte Levinsohn seine Erkenntnisse den Blindenlehrern vor. Teilweise wurden die Erkenntnisse angenommen, es gab aber auch Kritiker dieser Meinung, die diese Auffassung infrage stellten (vgl. Levinsohn, 1908, S. 200). Die pädagogische Denkweise der Sehschonung und der gleichzeitigen Sehförderung als Unterrichtsinhalte ließ unter anderem verstärkt die Forderung nach speziellen Sehbehindertenschulen aufkommen (vgl. Boldt, 1971, S. 56). In den folgenden Jahren wurden die ersten Sehbehindertenschulen in großen Städten wie Straßburg 1909, Berlin 1919, Leipzig 1927, Dortmund 1928, Essen 1932 gegründet (vgl. Wißmann, 2006, S. 265ff) und verbreiteten sich im Laufe der Zeit auch in das ländliche Gebiet, teilweise mit Heimunterbringung, wie es sie bereits in den Einrichtungen für blinde Kinder gab.

8.3 Leselernmethoden und Schrifttypen

Nach der Errichtung der Sehbehindertenschulen wurde das Problem der didaktischen und methodischen Vermittlung der Lese- und Schreibkenntnisse deutlich. Das Problem der Schrift als geschriebene und gedruckte Version und deren Vermittlung, besonders beim Lese-Schreiblehrgang, war vordringlich (vgl. Solarová, 1983, S. 356). Heller veröffentlichte 1901 seine Erfahrungen mit der „heilpädagogischen Behandlung" sehschwacher Menschen (vgl. Wißmann, 2006, S. 64) und Wanecek bot 1912 in seiner Einrichtung in Österreich als erster Sehbehindertenpädagoge Österreichs die ersten „Lese- und Schreibkurse für Schwachsichtige" mit Erfolg an (vgl. Degenhardt/Rath, 2001, S. 114). Sein Unterricht basierte zu Beginn auf dem Unterricht der sehenden Schüler und entwickelte dann zunehmend eine eigene sehbehindertenspezifische Methodik. Neben der Schultafel setzte er eine große Wandfibel und eine Schreiblesefibel sowie Setzkastenbuchstaben in der Schrifttype Fraktur ein. Diese Schrifttype wurde gewählt, weil sie die in Deutschland gebräuchlichste Schrift war und zudem die Lateinschrift als Setzbuchstaben für den Unterricht nicht existierte. Er merkte aber in seinem Werk zum Lese- und Schreibunterricht mit sehbehinderten Schülern an, dass die Lateinschrift sich zum Lesenlernen besser eignen würde. An der Wandtafel wurde das Lesen der Druckschriftbuchstaben in großer Größe geübt. Hierbei stellte Wanecek fest, dass das Erkennen der Buchstaben meist sehr schnell beherrscht wurde. Als weiteres Leselernmaterial setzte Wanecek die gängigen Fibelwerke der normalsichtigen Schüler ein, sie hatten eine große Schrift und waren seiner Ansicht nach für sehbehinderte Schüler zum Lesenlernen gut geeignet (vgl. Wanecek, 1970, S. 21 f).

Der Leselernprozess der sehbehinderten Schüler orientierte sich zwar immer noch an den Erkenntnissen der allgemeinen Pädagogik für normalsichtige Schüler, aber dass die physiologisch-optische und die technische Problematik besonders beim Leselernprozess wichtige Rollen spielten, war den Sehbehindertenlehrern bekannt (vgl. Beermann, 1966, S. 195). Beermann stellte fest, dass das Lesen mittels der Worterkennung bzw. dem visuellen Wiedererkennen bei ungenügendem Sehvermögen beeinflusst wird und ein anderes Wortbild als bei normalsichtigen Lesern entsteht. Um den sehbehinderten Schülern den Leselernvorgang zu erleichtern, wurde ihnen im Vorfeld der Text vorgelesen, inhaltlich erklärt und danach selbst erlesen. Den sehbehinderten Schülern sollte so vermittelt werden, welche Buchstaben bzw. -formen in welchem Sinnzusammenhang kommen mussten (vgl. Beermann, 1966, S. 195).

Die didaktische Intention beinhaltete auch, sehbehinderten Schülern Lese- und Arbeitstexte in prägnantem Großdruck zu geben, um erst ihre Leseschwierigkeiten abzufangen und das Maß, soweit es im Rahmen der psycho-physischen Belastungen möglich war, später herabzusetzen (vgl. Boldt, 1971, S. 59). Zusätzliches Leselernmaterial zu den Fibeln der ersten Klassen, mit vergrößerten Schriften für die sehbehinderten Schüler, musste vom Lehrer selbst hergestellt werden. Spätestens ab der zweiten Schulstufe wurde, wo es möglich war, die Druckgröße auf Normalschriftgröße, wie sie in den allgemeinen Büchern und Zeitschriften vorhanden ist, reduziert. Inhaltlich entsprachen die Kinderdruckwerke in großen Buchstaben später natürlich nicht mehr dem Niveau der Kinder und dienten nur der Übung. Ein eigenes Druckwerk mit entsprechender Drucktypengröße wurde damals von Wanecek abgelehnt: Er sah darin die Isolierung der sehbehinderten Schüler in eigens für sie entwickelten Büchern, die sich dann inhaltlich von den allgemeinen Schulbüchern unterscheiden. Zudem wurde das Problem erkannt, dass die Sehbehinderungen und somit die Sehfähigkeit der Schüler individuell und nicht zu verallgemeinern sind und somit eine einheitliche Schriftgröße und Drucktype nicht erstrebenswert ist (vgl. Beermann, 1966, S. 197).

Mit der Entwicklung der sich verbreitenden Sehbehindertenpädagogik an den einzelnen Blinden- und Sehbehindertenschulen kamen auch die Überlegungen zur Gestaltung und Erleichterung der Lesemöglichkeit des Schriftguts für die sehbehinderten Leser verstärkt ins Blickfeld. Man behalf sich bis dato damit, das Vergrößern des Leseguts durch Nähernehmen zu erreichen. Bei Bedarf wurden zusätzlich zu den individuellen Vergrößerungen der sehbehinderten Schülerinnen und Schüler Lupen eingesetzt.

1969 wurde erstmals für die sehbehinderten Schülerinnen und Schüler in Westdeutschland das Schullesebuch *Der rasende Schuhmacher* als Großdruck hergestellt (vgl. Bibliothek der Deutschen-Friedrich-Schiller-Stiftung, 1969), ein Jahr später folgte aufgrund der positiven Resonanz als weiterer Großdruck *Der Leseteufel* (vgl. Deutsche-Friedrich-Schiller-Stiftung, 1970). Die Texte und -gestaltung wurden mit Beteiligung von Lehrern und Augenfachärzten ausgesucht und zusammengestellt (vgl. Bibliothek der Deutschen-Friedrich-Schiller-Stiftung, 1969). Typografisch wurden in beiden Bänden die Texte mit serifenlosen und Serifen-Schriften sowie einzeilig und eineinhalbzeilig gesetzt. Die von Wanecek befürchtete Isolierung der sehbehinderten Schüler durch ihr eigenes Lesewerk konnte nicht eintreten, da die Texte neben den gängigen Schrifttypen von verschiedenen bekannten Autoren waren.

In den Schulen der DDR lasen die sehbehinderten Schüler ebenfalls die Bücher der normalsichtigen Schüler. Ausnahme waren im Verlauf der sehbehindertenspezifischen Schulbildung Wörterbücher (Deutsch, Englisch und Russisch), Rechtschreibbücher und Tafelwerke Mathematik 7–10 und 11–12, die in Großdruck und u. a. mit der Schrifttype Times-Antiqua hergestellt wurden (vgl. Taschenwörterbuch 1989; Möller, 1994, S. 100; Korrespondenz mit der DZB 2010). Im Jahr 1971 wurde in der DDR ein Buchclub für sehbehinderte Leser gegründet, über den regelmäßig Großdruckbücher der Unterhaltungs- und Weltliteratur für sehbehinderte Leser hergestellt und vertrieben wurden. Die Texte waren typografisch in der Größe Punkt 14 gesetzt (vgl. Jaedicke, 1971, S. 86f; Jaedicke, 1990, S. 20). Um das Format und Gewicht der Großdruckbücher handlich zu gestalten, wurde das Buchformat unter anderem in der Größe DIN A5 hergestellt und zusätzlich das Papiergewicht verringert; als Leseschrift wurde eine serifenlose Schrift (Helvetica) in den Punktgrößen 14, 16 und 18, je nach Werk, gesetzt (vgl. Krahl, 1990, S. 18f).

1985 veröffentlichte Schindele eine Leselernmethode für sehbehinderte Schüler. Die methodische Empfehlung für den Erstleseunterricht bei sehbehinderten Schülern war bei Schindele die Ganzwortmethode mit danach anschließender intensiver Analyse der einzelnen Buchstaben der erlernten Wörter (vgl. Schindele, 1985, S. 111). Hier kommen, ebenfalls wie schon bei Beermann, das Wiedererkennen der Buchstabenformen im Zusammenhang und als Einzelbild zum Tragen.

Tanner führt die physiologische Ebene beim Lesen an und stellt fest, dass sehbehinderte Schüler beim optischen Wahrnehmungs- prozess ein herabgesetztes Unterscheidungsvermögen haben, was sich, je nach Sehbehinderungsart, nachteilig auf das Lesen auswirkt. Diese Beeinträchtigungen sind individuell in der Ausprägung und Entwicklung. Demnach sollte der Leselernprozess nach Tanner in Kleingruppen oder besser, wenn möglich, im Einzelunterricht durchgeführt werden. Ganzwörter mit prägnanter Wortgestalt und mit einer anschließenden Analyse sollen den Einstieg in das Le- sen erleichtern. Mit einer serifenlosen Schrift können die Formen der Buchstaben erarbeitet werden, was den Vorteil beinhaltet, dass später diese Formen im handschriftlichen Schreiben wiederkehren können. Den unterschiedlichen Bedürfnissen an das Lesegut für die sehbehinderten Leser können durch Besuche in Bibliotheken begegnet werden, dort sind Bücher in der für sie nötigen Form vorhanden (vgl. Tanner, 1985, S. 146; Krug, 2001, S. 224). Ob je- doch die in der Bibliothek gefundenen Bücher mit einer großen Schriftgröße auch die leserbezogenen inhaltlichen Aspekte berück- sichtigten, wird nicht genannt.

Eine ausführliche Leselernmethode für lernbeeinträchtigte seh- behinderte Schüler mit wissenschaftlichem Hintergrund erschien 1988 in der Fachzeitschrift des Blinden- und Sehbehindertenbil- dungswesens *blind sehbehindert* von Nater. Er bezieht sich bei der Veröffentlichung auf eine Untersuchung von Born u. a. (Bornsche Fibel) zum Leselernverhalten bei lernbehinderten Schülern. Hier- bei wird die Methode zum Lesenlernen auf Silbenbasis propagiert (vgl. Nater, 1988, S. 27). Nater unterteilt in Anlehnung an Radigk den Leseakt in 12 Teilfunktionen:

1. Perzeption der Grapheme als elementarste Vorbedingung: für sehbehinderte Leser ist diese Funktion schon gefährdet
2. Orientierungsfähigkeit des Lesers auf dem Blatt allgemein: bezogen auf Lage/Raum und der typografischen Anordnung
3. Optische Graphemerfassung und -differenzierung: meint die Wahrnehmung der Buchstabengestalt und die Unterschei- dung von ähnlichen Zeichen

4. Graphem-Phonem-Beziehung: Zusammenspiel von Zeichen und Laut
5. Optische Wortgestalterfassung: Erfassen von Wortteilen und dem Wortganzen
6. Optische Raumlagefixierung: Stellung des Buchstabens in der Zeichenfolge eines Wortes
7. Akustische Analyse: Lauterkennung in einem Wort
8. Akustische Raumlagefixierung: die Stellung des Lauts in dem Wort
9. Lautsynthese: Zusammenziehen der Einzelbuchstaben zu einem gemeinsamen Laut
10. Akustische Wortsynthese: Aneinanderreihung der Lautfolge zu einer korrekten Aussprache und Sprachmelodie
11. Sinnentnahme: Erkennen der Bedeutung des Gelesenen und als Letztes die
12. Graphemantizipation und -verifikation: die Erwartung eines Graphems aufgrund der Worterwartung mit einer schnellen Überprüfung im Bezug auf das tatsächlich dargestellte Graphem (vgl. Nater, 1988, S. 28).

Nater zählt die Funktionen zum Leseakt auf, die bei Unvollständigkeit einer Funktion den Leseprozess negativ beeinträchtigen können. Zusätzlich zu den zwölf Teilfunktionen bezieht Nater die sensorischen, sensomotorischen, gedächtnismäßigen und sprachlich-kognitiven Bereiche ebenfalls ein. In dieser Darstellung wird der große Bereich des gesamten Leseaktes mit seinen diffizilen ineinandergreifenden Einzelsystemen deutlich. Auch Nater kommt zu der Erkenntnis, dass das Lesen ein Wiedererkennen von Gestaltsmerkmalen mit gleichzeitiger Synthese ist. Diese Gestaltsmerkmale werden in ihrer Größe (Buchstaben, Silben, Wörter Wortgruppen etc.) mit der Leseerfahrung und -übung erweitert (vgl. Nater, 1988, S. 30). Die ständige Speicherung der Grapheme und die zeitadäquate Abrufbarkeit und Zuordnung der Graphemmuster können eine physiologische Maximierung der Optik bewirken, die den sehbehinderten Leser situativ zukünftig ohne vergrößernde Lesehilfen auskommen lassen kann (vgl. Nater, 1988, S. 32). Diese These ist nicht untersucht worden, bekannt ist aber, dass das Lesen bei ständiger Übung stark gesteigert werden kann. Ob dadurch zukünftig auf vergrößernde Hilfen verzichtet werden kann, ist, je nach Art der Sehbehinderung, individuell abzuwägen. Die Möglichkeit des farbigen Untergrunds zur Leseerleichterung für sehbehinderte Leser wird von Nater in seinem Aufsatz ebenfalls angeführt, jedoch nicht weiter erläutert, auf die Typographie zur Leseerleichterung wird ebenfalls nicht weiter eingegangen (vgl. Nater, 1988, S. 34). Ob die Übertragung der Leselernmethode für lernbeeinträchtigte Schülerinnen und Schüler von Born auf nicht lernbeeinträchtigte sehbehinderte Schülerinnen und Schüler allgemein möglich ist, bleibt fraglich, da sehbehinderte Schülerinnen und Schüler nicht zwangsläufig lernbehindert sind.

Im Deutschunterricht für normalsichtige Lese- und Schreibanfänger wird eine serifenlose Schrift mit gleichmäßiger Strichbreite (Gemischtantiqua) empfohlen, da sie laut Grundschulpädagogen die vorherrschende Schrift in der Lebensumwelt dieser Schüler, z. B. auch in den Schulbüchern der ersten Klasse, ist. Das Schreibenlernen wird parallel zum Lesenlernen ebenfalls mit einer serifenlosen Schrift gelehrt, da die Buchstabenformen, basierend auf Strich, Kreis, Bogen und Schlaufe, leichter miteinander vergleichbar sind (vgl. ThILLM, 2004, S. 37). Mit diesen einfachen geometrischen Elementen werden die grundlegenden Buchstabengestalten in den Schulbüchern dargestellt und auf die Handschrift übertragen.

Dieses Verfahren wird häufig von den Sehbehindertenschulen übernommen, da serifenlose Schriften für die Ersterkundung der grundlegenden Formen für sehbehinderte Schüler einfacher sind.

Spezielle Empfehlungen zur typographischen Gestaltung der Texte für sehbehinderte Schüler gibt es seit 1971. In der deutschen Sehbehindertenpädagogik wird eine serifenlose Schrift (Grotesk) seit den Veröffentlichungen von Tanner empfohlen (vgl. Tanner, 1971, S. 178; 1985, S. 147). Tanner schrieb 1971:„Bevorzugt wird die klare Groteskschrift. Hinzutreten können im Grundschulalter die „Prima", die allerdings im Leselernprozess die Analyse bei Sehbehinderten etwas erschwert, und auf allen Lesestufen die Antiqua, wobei die kräftigeren Drucke (halbfett, fett) bevorzugt werden." (Tanner, 1971, S. 178)

Die Groteskschrift ist im Gegenteil zur Antiquaschrift eine serifenlose Schrift, sie wird aber bei Tanner nur als Bevorzugung genannt, um welche Schriftart es sich bei der Type „Prima" handelt, wird nicht genauer benannt. Erst 1985 wird von Tanner die Groteskschrift näher empfohlen (vgl. Tanner, 1985, S. 147) und 2001 von Krug, 2003 in FLUSS, 2004 von Buser und 2009 von Lang weitergeführt (vgl. Krug, 2001, S. 224; FLUSS, 2003, S. G2–5; Buser, 2004a, o. S.; Lang, 2009, S. 208). Dieses Bewusstsein hat sich seit dem in den Sehbehindertenschulen und in der integrativen Beschulung durch- und festgesetzt.

Bei einer eigenen Umfrage unter Fachkollegen entstand ein ähnliches Bild. Während eines Kongresses zur Blinden- und Sehbehindertenpädagogik wurde dem Fachpublikum eingangs die Frage gestellt, ob sie serifenlose Schriften oder Serifenschriften im Unterricht mit sehbehinderten Schülerinnen und Schüler einsetzen. Der überwiegende Teil meldete sich für die erste Kategorie, für die zweite war keine Meldung zu sehen (vgl. Beck, F.-J., 2009, S. 1). Auf Nachfragen zum Warum, wurden als Begründungen die bislang in der Sehbehindertenpädagogik propagierten Empfehlungen genannt.

Eine Untersuchung zum Schrifteinsatz für sehbehinderte Schülerinnen und Schüler wurde von Fromm bereits 1964 durchgeführt und kam zu dem Ergebnis: „Es zeigte sich, dass sich die Veränderung der Schrifttype nicht wesentlich auswirkte." (Fromm, 1964, S. 141). Gleichzeitig stellte Fromm in seiner Untersuchung fest, dass mit einer serifenlosen Schrift bessere Ergebnisse erzielt wurden (vgl. Fromm, 1964, S. 141; Fromm/Degenhardt, R., 1990, S. 106).

Nicht nur im Unterricht für sehbehinderte Menschen, sondern auch für ältere sehbehinderte Leser werden serifenlose Schriften in Dokumenten empfohlen (vgl. Christiaen, 2005, S. 44), nähere Belege werden nicht angegeben. Die sehbehinderten Leser, die Bücher in Großschrift zu lesen vermögen, werden zunehmend von den Verlagen der Unterhaltungsliteratur bereits mit einer kleinen Auswahl an Büchern im Großdruck berücksichtigt. Diese Originalbücher sind typographisch einheitlich auf Punkt 16 vergrößert und auch mit den jeweiligen ursprünglichen Serifenschriften gesetzt worden (vgl. Panzer, 2007, S. 21).

Einen anderen Weg ging das American Printing House for the Blind aus Louisville, Kentucky. Kitchel beschreibt auf der Homepage des APH (American Printing House for the Blind, Louisville, Kentucky/[www.aph.org]) Leitlinien für die optimale Lesbarkeit einer Großdruckschrift für sehbehinderte Leser und bezieht sich auf eine vom APH entwickelte Schrifttype, dem APHont TM (vgl. Kitchel, 2004, o. S.). Diese Schrift wurde auf der Basis von Forschungsergebnissen und eigenen Untersuchungen entwickelt [Schrifttype APHont Pkt. 9]. Der Schrifttyp APHont TM ist gemäß dem Skript eine Schrift, besonders im Großdruck, mit positiven Auswirkungen auf die Lesegeschwindigkeit und Effizienz für die sehbehinderten Leser. Es besteht bei APH nicht der Anspruch, dass diese Schrift als Erstleseschrift geeignet ist. Bei dem Schrifttyp APHont handelt es sich um eine serifenlose Schrift ohne Wechselzug (gleichförmige Buchstabenbalkenstärke). Durch die offene Buchstabengestalt ist lt. APH ein einheitlicher Grauwert erkennbar, was für eine Buchstabenerkennung elementar ist. Auf geballte Dunkelzonen wird hierbei verzichtet. Es wird darauf verwiesen, dass dieser Forschungsbereich fortschreitend (Work in Progress) ist und dadurch Erweiterungen und Veränderungen möglich sind (vgl. Kitchel, 2004, o. S.).

Auf Nachfragen des Verfassers bei APH, mit welchen Probanden und nach welchen Kriterien diese Schrift untersucht wurde, schrieb Frau Kitchel zurück: „Yes a study was undertaken by a teacher of blind and visually impaired students at St. Lucy's Day School in Philadelphia, Pennsylvania, U.S. It was a replication study of the research the American Printing House for the Blind (APH) conducted." (Kitchel, Mailanfrage vom 11.01.2012). Diese Untersuchung, durchgeführt von Sr. E. George, war für den internen Gebrauch bei APH, insofern existieren auch nur die erhobenen Rohdaten: „Right now, nothing exists except raw data." (ebd.) Es wurden laut den Angaben auf der Homepage von APH 500 Personen angeschrieben wovon 184 auf die Fragen antworteten. Zu den befragten Menschen gehörten: „School-aged children, young adults, and adults into their 60s." (Kitchel, Mailanfrage vom 11.01.2012). Diese Untersuchung ist vor mehreren Jahren gemacht worden und die Unterlagen sind nur beschwerlich wieder zu beschaffen.

Ob diese Schrifttype, besonders auch im Vergleich mit anderen Schrifttypen, tatsächlich Vorteile für sehbehinderte Großdruckleser bringt, ist dem Verfasser nicht bekannt. Bei einem positiven Ergebnis sollten jedoch die Bedenken Waneceks, die Isolierung der sehbehinderten Schüler auf eine Schrifttype, beachtet werden. Fraglich erscheint auch der Hinweis auf der Homepage, dass dieser Schrifttyp nicht für den Erstleseunterricht gedacht ist, besonders in dieser Leselernstufe sind klare Formen nötig, die evtl. auch den sehbehinderten Lesern zu Gute kommen können, zumal in der realen Welt dem Leser diverse Schrifttypen begegnen, die er zu lesen in der Lage sein sollte.

Da außer der Untersuchung von Fromm mit sehbehinderten Schülerinnen und Schülern bislang im deutschsprachigen Bereich noch keine spezifischen Untersuchungen zum Thema Schriftwahl für sehbehinderte Leser durchgeführt wurden, stehen die derzeitigen Erkenntnisse für normalsichtige und für sehbehinderte Leser im Widerspruch zueinander.

8.4 Empfehlungen für den Leseunterricht mit sehbehinderten Kindern

Krug stellt die Teilaspekte des Lesens und deren Auswirkungen durch eine Sehbehinderung dem gesamten Leseprozess gegenüber. Demnach ist der Leselernprozess, das Erlernen des Symbolsystems Buchstabe und die Graphem-Phonemzordnung, bei einer Sehbehinderung verlangsamt und sukzessive. Die Lesefertigkeit, gemeint ist die phonetische Rekodierung, kann durch den reduzierten Leselernprozess nicht vollständig erreicht werden. So entsteht die „zusätzliche" Behinderung der Leselernschwierigkeit. Die mittels WpM messbare Leseleistung (WpM = Wörter pro Minute, d. V.) wird durch den gestörten Leselernprozess und die eingeschränkte phonetische Rekodierung erheblich vermindert. Diese Faktoren bewirken im Ergebnis ein herabgesetztes Textverständnis (vgl. Krug, 2001, S. 216).

Hofer benennt in ihrem Skript verschiedene Sehbehinderungen und deren Auswirkungen auf das Leseverhalten. Neben den materiellen Unterstützungsmöglichkeiten wie Lesehilfen und Lernumgebung geht sie zusätzlich auf die Lesestrategien ein (vgl. Hofer, 2004, S. 26). Sie weist auf die Möglichkeiten der Hilfe durch den mitgehenden Lesefinger, Mitsprechen und Aufmerksamkeitstraining hin. Auch bei ihr ist der Grundkonsens erkennbar, dass der Vorrat an gespeicherten Wortbildern durch viele Leseübungen erhöht und das Wiedererkennen des Gelesenen erleichtert wird (vgl. Hofer, 2004, S. 29).

Appelhans und Krebs empfehlen für das Lesegut sehbehinderter Schüler die Möglichkeiten, kontrastreiche Vorlagen zu erstellen, auch mit unterschiedlichen farbigen Folien, die über den Text gelegt werden, um so den Kontrast der Texte, besonders bei einem Nystagmus, zu verstärken. Leseschablonen mit Ausschnitten verhindern das Abgleiten vom Wort oder von der Zeile. Der Zeilenabstand der Texte sollte auf eineinhalb bis zweizeilig vergrößert werden (vgl. Appelhans/ Krebs, 1995, S. 40).

Neben den oben genannten Aspekten muss zusätzlich besondere Aufmerksamkeit beim Lese- und Schreibprozess auf die Lautbildung, deutliche Aussprache und grammatikalisch richtiges

Sprechen gelegt werden. Die Begriffsbildung und die Wortbildvorstellung liegen derart eng beieinander, dass so eine Verbindung zur Laut- und Schriftsprache hergestellt werden kann. Mithilfe verschiedener Methoden können neue Wortbilder kennengelernt und eingeprägt werden. Durch tägliche kurze Übungen, z. B. Schnellsehübungen mit Einzelwörtern, kann eine erhebliche Verbesserung der Lesefertigkeit und der Rechtschreibung erreicht werden (vgl. Fromm/Degenhardt, R., 1990, S. 107).

Eine ähnliche Erkenntnis ermittelten Denninghaus und Hupfeld in ihrer vergleichenden Untersuchung zum Lesen und Textverständnis bei blinden und sehbehinderten Schülern unter Berücksichtigung verschiedener Hilfsmittel und Arbeitstechniken. Sie kamen u. a. zu dem Ergebnis, dass „es ausgesprochen schwierig ist, jedem einzelnen sehgeschädigten Schüler gerecht zu werden" (vgl. Denninghaus/ Hupfeld, 1987, S. 14; S. 19).

Zusammenfassend kann gesagt werden, dass eine einheitliche Lehrmethode und Materialerstellung für sehbehinderte Schüler nicht existieren, was aber auch wegen der Unterschiedlichkeiten der Sehbehinderungen und Entwicklungsstadien nicht erstrebenswert ist. Auch eine spezielle Schrift für sehbehinderte Leser ist nicht zielführend. Es gibt viele Methoden, die von den Unterrichtenden in den Förderschulen für sehbehinderte Kinder selbst bestimmt werden, sie sollten aber immer in der Abstimmung mit dem Kind und den Arten der Sehbehinderungen stehen. Konsens herrscht auch darin, dass Schwarzschrift mit allen Sinnen (wie Sehen, Hören, Fühlen) besser erlernt wird als nur mit Stift und Papier. Von daher gibt es (nicht nur) für sehbehinderte Schüler Medien wie u. a. magnetische Holzbuchstaben etc. in unterschiedlichen Größen und Farben, um die Buchstaben zusätzlich taktil erfahren zu können sowie Hörbücher zur sprachlichen Unterstützung.

9 Anforderungen an eine Diagnostik des Lesens sehbehinderter Schüler

Ausgehend von dem grundlegenden Ansatz, dass eine für alle Sehbehinderungen gleiche Beeinträchtigung des Lesens, eine einheitliche Lehrmethode und einheitliche spezifische Materialien für sehbehinderte Schüler nicht existieren bzw. existieren können, entsteht ein Anspruch an die Diagnostik.

Einerseits sind die für das sehbehinderte Kind existierenden spezifischen visuellen Voraussetzungen für das Lesen zu erheben, andererseits sind die Bedingungen zu betrachten, unter denen dieses Kind einen konkreten Text sich lesend erschließen kann bzw. die förderlich auf das Lesen wirken können. Weiterhin ist es notwendig, das Zusammenspiel dieser beiden Faktoren im Leseprozess selbst zu erfassen: damit entsteht die Aufgabe, die Leseleistungen sehbehinderter Leser mit einer besonderen Aufmerksamkeit zu betrachten.

Diese Ergebnisse müssen in einem IEP (Individueller Entwicklungsplan) fixiert werden, da mit diesen Daten die weiteren Schritte für alle am Prozess beteiligten Personen geplant werden.

Um sehbehinderten Kindern eine spezifische Bildung in der inklusiven Beschulung zu gewährleisten, sollte ein entsprechendes Assessment mit sehbehinderten Schülern durchgeführt werden. Dieses umfasst eine grundlegende Diagnostik im Bereich Sehen bzw. Lesen im realen Lebensumfeld des Kindes und einen auf das Ergebnis basierenden individuellen Erziehungsplan (Individualized Education Plan = IEP) zur Förderung des Lesens (vgl. TSBVI, 2010, o. S.).

Mit dem englischen Begriff Assessment werden alle Formen der Beurteilungs-, Bewertungs- und Diagnoseverfahren bezeichnet. Im deutschen Kontext zur Feststellung des sonderpädagogischen Förderbedarfs wird Assessment im Sinne der Förderdiagnostik oder pädagogischen Diagnostik genutzt. Unterteilt werden kann das Assessment in die sieben beteiligten Bereiche, die sogenannten Indikatoren:

— Schülerinnen und Schüler: Sie sind alle an ihrem Assessment (Entwicklung, Umsetzung und Evaluierung ihrer Lernziele) beteiligt und können dieses beeinflussen.

— Eltern: Auch sie sind beim Assessment ihres Kindes eingebunden und haben die Möglichkeit, dieses zu beeinflussen.

— Lehrkräfte: Das Assessment wird zur Verbesserung des Lernens, wie Ziele setzen für den Lernenden, und für sich in Bezug auf effektive Unterrichtsstrategien mit Feedback an die Schüler genutzt.

— Schulen: Sie setzen den Assessmentplan um, in dem der Zweck und die Verwendung sowie die Rollen und Zuständigkeiten für das Assessment beschrieben sind; er wird ferner zur Unterstützung der unterschiedlichen Bedürfnisse der Schüler genutzt.

— multidisziplinäre Assessment-Teams: Sie setzen sich, unabhängig von ihrer Zusammensetzung, für die Förderung der Inklusion und der Unterrichts- und Lernprozesse aller Schüler ein.

— bildungspolitische Strategien: Die Assessmentstrategien und -verfahren unterstützen und fördern die erfolgreiche Inklusion und Teilhabe aller Schüler (mit und ohne Förderbedarf), die der Gefahr von Schulversagen und Ausgrenzung ausgesetzt sind.

— Rechtsvorschriften: Sie fördern die wirksame und kontinuierliche Umsetzung des inklusionsorientierten Assessments (vgl.
european-agency, ohne Jahr, S. 1–6).

Es wird deutlich, dass die inklusive Beschulung von behinderten
und nichtbehinderten Kindern die Zusammenarbeit verschiedener
Berufsgruppen erfordert, um klare Vereinbarungen für eine effizi-
ente und interdisziplinäre Kooperation zu gewährleisten. Hierfür
werden häufig Abkommen zwischen den beteiligten Institutionen
und Personen (Schule, Lehrer, Schüler, Eltern, Therapeuten, Hilfs-
mittelhersteller etc.) geschlossen, um die Durchführung der Verfahrensweisen von der Feststellung einer Beeinträchtigung bis zur
individuellen Planung pädagogischer Maßnahmen zu regeln (vgl.
Deutsches Schulamt, 2008, S. 4; TSBVI, 2010, o. S.; Erin/Beth, 1996,
S. 203). Die individuelle Planung pädagogischer Maßnahmen für
den behinderten Schüler wird in einem IEP als Bestandteil des Assessments festgeschrieben.

9.1 Diagnostik der visuellen Voraussetzungen für den Leseprozess

Das Sehen wird unterschieden zwischen Elementaren Leistungen
wie: „Gesichtsfeld, Adaption, Kontrastsehen, Sehschärfe, Farb- und
Formsehen, Stereopsis; Wahrnehmung von Position und Entfernung" und Komplexen Leistungen wie: „Erkennen von Objekten,
Gesichtern, Gegenden usw.; visuelle Konstanzleistungen; räumliche Orientierung; Lesen" (Zihl/Priglinger, 2002, S. 9).

Ein Bereich der Diagnostik ist die Funktionsdiagnostik, die sich
auf die Teilbereiche von Funktionen, Teilleistungen oder Leistun-
gen über das visuelle Verhalten konzentriert. Dabei sind nicht die
Defizite sondern die Erfassung der Auswirkungen auf bestimm-
te Alltagsleistungen und die funktionalen Möglichkeiten mit den
Restleistungen relevant. Diese diagnostischen Ergebnisse liefern
Informationen über eine Behandlungsindikation und den weiteren
Therapieverlauf und ermöglichen den Fortschritt einer Behand-

lung durch z. B. Reduzierung der Behinderung des Kindes in seiner Lebenswelt. Untersucht und beobachtet werden Funktions- und Leistungsdefizite in ihrer Bedeutung für die Wahrnehmungsanforderungen. Eine klinische Diagnose sagt wenig darüber aus, wie die alltäglichen Leistungen in der Raum, Form- und Objektwahrnehmung in der Umwelt tatsächlich sind (vgl. Zihl/ Priglinger, 2002, S. 123).

Im Spezifischen Curriculum greift die Diagnostik in sechs verschiedenen Ebenen, die für die Wahrnehmung und im weitesten Sinne für das Lesen eines sehbehinderten Kindes relevant sind. Diagnostik findet demnach in der -Förderung des Sehens, -Wahrnehmung und Lernen, -O&M, LPF; Bewegung, -Technische Hilfen, -Lebensplanung Beruf und Freizeit sowie -Soziale Kompetenz ihre Bezüge. Zusätzlich wird Bezug auf die ICF genommen (vgl. AG-Spezifisches Curriculum, 2011, S. 6 und 21 ff).

Im Einzelnen sollten Überprüfungen des Funktionalen Sehens direkt im Lebensumfeld des Kindes eingesetzt werden. „Überprüfungen des funktionalen Sehens werden nicht um ihrer selbst willen durchgeführt, sondern haben das Ziel, möglichst vielfältige Informationen über die visuellen Fähigkeiten und Voraussetzungen von Kindern und Jugendlichen bereit zu stellen, um im Anschluss Veränderungen im Alltag vorzunehmen, pädagogische Maßnahmen gezielt zu planen, passende Materialien auszuwählen und Räume so zu gestalten, dass der Einsatz des Sehens erleichtert wird." (Henriksen, 2009, S. 4).

9.2 Diagnostik der Rahmenbedingungen für das Lesen sehbehinderter Schüler

Die Rahmenbedingungen wie Umfeld und Material im Unterricht mit sehbehinderten Kindern sind ein wesentliches Kriterium für eine erfolgreiche Beschulung. Dies können die Gestaltungsmöglichkeiten des Arbeitsmaterials, des räumlichen Umfeldes aber auch die individuellen körperlichen Bedürfnisse des Kindes sein. Möglichkeiten der individuell verbesserten Gestaltungen gibt es lt. Henriksen besonders in fünf Bereichen, wie:

1. Vergrößerung: Vergrößerung durch Nähernehmen, Vergrößerung durch Bildschirmlesegerät und durch Formatvergößerung wie Vergrößerungskopien und Großdrucke (vgl. Henriksen, 2009, S. 5).

2. Kontraste: je kleiner ein Objekt ist, desto größer sollte der Kontrast sein um besser differenziert wahrgenommen zu werden. Bei Abbildungen helfen nachgezogene starke kontrastreiche Umrandungslinien. Bei Farbsinnstörungen sind erhöhte individuelle Farbkombinationen nötig. Bei zu schwachem Farbkontrast könnte eine Neukolorierung der Abbildungen durch stärkere Farbkontraste die Wahrnehmung verbessern (vgl. Henriksen, 2009, S. 6).

3. Beleuchtung: sie verstärkt die Sehschärfe als auch das Kontrastsehen. Dies bedingt eine helle aber (tageslicht-)blendfreie, möglichst indirekte Beleuchtung und einen entsprechenden Sitzplatz des Kindes im Klassenraum. Indirektes Licht erhöht zwar den Energiebedarf, es werden aber so Blendungen und evtl. Verbrennungen durch die Berührung der Leuchtmittel (z. B. Halogenlampen) vermieden. Blendungen durch Lichtreflexionen vom Arbeitsmaterial sollten überprüft und vermieden werden (vgl. Henriksen, 2009, S. 8).

4. Reduzierung der Komplexität: klare strukturierte und visuell ablenkungsarme Arbeitsmaterialien erleichtern sehbehinderten Kindern die Wahrnehmung dargebotener Abbildungen. Die Inhalte müssen in ihrer Komplexität reduziert und auf das Wesentliche konzentriert dargestellt werden. Bestehen Probleme in der Trennung nahestehender Elemente wie Buchstaben und Bilder, müssen diese durch weitere Abstände erfolgen. Im Verlauf der Übungen können diese Elemente kleinschrittig wieder zusammengeführt werden. Evtl. müssen aber die umliegenden Flächen, die für die Bildaussage nicht

relevant sind ausgeschnitten werden (vgl. Henriksen, 2009, S. 10).

5. Platzierung: das Kind sollte eine körperlich belastungsfreie Arbeitshaltung einnehmen können. Das bedeutet, dass die Anordnung und Position der Arbeitsmaterialien individuell auf die Körperhaltung und die visuellen Voraussetzungen abgestimmt werden müssen (vgl. Henriksen, 2009, S. 11).

9.3 Diagnostik der Leseleistungen unter den Bedingungen einer Sehbehinderung

Speziell für sehgeschädigte Schüler haben u. a. Corn & Koenig 2004 inhaltliche Überprüfungskriterien aus der alltäglichen Umgebung zusammengetragen, deren Ergebnisse als spezifischer Zusatzbericht in den IEP eingefügt werden können. Auch werden entsprechende Empfehlungen auf der Homepage der „Texas School for blind and visuell impaired" [www.tsbvi.edu/] gegeben, auf die hier im Folgenden ebenfalls mit eingegangen wird. Inhaltlich beschreiben die Autoren das Assessment als Basis eines individuellen Erziehungsplans (IEP) für sehgeschädigte Schüler und liefern hierzu zusätzliche Informationen zur Diagnostik und zur Seh-/Leseförderung.

Überprüfungsmöglichkeiten des Gesichtsfeldes

Anhand von funktionellen Aktivitäten kann das Gesichtsfeld überprüft werden. So eignen sich für diese Überprüfungen Wortsuchspiele, Puzzles, Suchen von Orten auf Landkarten etc. mit stillgehaltenem und bewegtem Kopf. Mittels einer Papprolle, durch die der Schüler einen angegebenen Bereich in der Entfernung finden soll, kann zudem das präferierte und somit das evtl. bessere Auge ermittelt werden. Auch kann durch die allgemeine Kopfhaltung der bevorzugte optische Wahrnehmungsbereich erkannt werden. Bei einem Spaziergang mit dem sehbehinderten Schüler kann durch die Kopfhaltung (wie hält der Schüler den Kopf in die zu beobachtende Richtung) der favorisierte optische Wahrnehmungsbereich festgestellt werden wobei hierbei natürlich eine entsprechende Körpereinschränkung mit in Betracht gezogen werden muss. Ferner kann mit einem Ball, im Straßenverkehr oder mit anderen bewegten Gegenständen (Modellautos, Modelleisenbahn, Ski-, Rodel-, Schwimmveranstaltungen etc.), die Möglichkeiten des Gesichtsfelds überprüft werden (vgl. Erin/Beth, 1996, S. 201).

Überprüfungsmöglichkeiten für das Farbensehen
Der Bereich des Farbensehens wird extra untersucht, da das Erfragen beim sehbehinderten Schüler alleine nicht ausreichend ist. Hier wäre mit großen Abweichungen zu rechnen. Als Untersuchungsgegenstand eignen sich Farbkarten in unterschiedlichen Abstufungen, deren Reihenfolgen gelegt werden müssen um so einen Überblick über die Farbwahrnehmungsmöglichkeiten des Schülers zu bekommen. Zuordnungen einzelner Farbkarten zu den Farbfamilien, wie hell zu dunkel, geben zusätzlichen Aufschluss über die Farbdifferenzierungsmöglichkeiten des Schülers. In der realen Umwelt kann man sich die Farben zeigen und benennen lassen, wie z. B. im öffentlichen Raum (Gebäude, Verkehr), bei Kreisdiagrammen und Grafiken. Die Farberkennung bzw. Farbwahrnehmung erhöht auch die Sicherheit in den Unterrichtsfächern wie Physik und Chemie (vgl. Erin/Beth, 1996, S. 201).

Überprüfungsmöglichkeit der Augenmotilität
Das horizontale Nachschauen kann im Straßenverkehr, mit Fischen im Aquarium und bei Ballspielen, auch mit Berücksichtigung der senkrechten Augenbewegungen, beobachtet werden. Anhand von Computerspielen, in denen die Figuren sich waagerecht und senkrecht bewegen und gegebenenfalls vom sehbehinderten Schüler selbst gesteuert werden müssen, kann die Augenmotilität ebenfalls überprüft werden. Beachtet werden

muss dann, ob die Augenbewegungen stockend oder fließend sind und ob die Blickbewegung über die waagerechte Mittellinie geht. Die senkrechte Blickverfolgung kann mit einem hüpfenden Ball (Basketball) nachvollzogen werden. Eine zusätzliche Untersuchungsmöglichkeit ist das Suchen eines Buches in einem Bücherregal oder das Betrachten und Analysieren eines Kunstwerkes mit großen diagonalen und kreisförmigen farbigen Elementen. Auch hier kann zusätzlich anhand der Kopfhaltung das präferierte Auge erkannt werden (vgl. Erin/Beth, 1996, S. 201–202).

Berücksichtigung der Einflüsse in der optischen Wahrnehmung durch Beleuchtung

Andersartige Sehbehinderungen bedingen verschiedene Varianten der Kompensation in der Umwelt. So können durch unterschiedliche Lichtverhältnisse verschiedene Untersuchungsergebnisse im Innen- und Außenbereich festgestellt werden, die bei jedem Schüler individuell überprüft werden müssen. Bei retinalen Einschränkungen kann für sehbehinderte Schüler eine helle Beleuchtung, bei okulären Einschränkungen, wie Trübungen oder Katarakt, eine mäßige Beleuchtung bzw. bei Albinismus eine noch geringere Beleuchtung angebracht sein oder es können bei schnellen wechselnden Beleuchtungen wie Flimmern und Blinken Sehschwierigkeiten entstehen. Dies muss bei einer Überprüfung mit beachtet werden (vgl. Erin/Beth, 1996, S. 202).

Überprüfungsmöglichkeiten bei der Computerarbeit

Bei der Computerarbeit können die sehbehinderten Schüler in ihrem Wahrnehmungs- bzw. Arbeitsverhalten (Abstand zum Monitor, Sitzhaltung, Monitoreinstellungen) beobachtet werden. Hier sind besonders die Lichteffekte und Farbkombinationen und -variationen ausschlaggebend für die Motivation und Steigerung des Arbeitsverhaltens. Die Figuren- und Formenwahrnehmung und die Figur-Grund-Wahrnehmung sollten überprüft werden. Es ist

nicht immer klar erkennbar, ob die Sehbehinderung auch auf körperlichen oder zusätzlich neurologischen als nur optischen Faktoren basieren. Diese Einflussmöglichkeiten stehen dann entsprechend im Zusammenhang (vgl. Erin/Beth, 1996, S. 202).

9.4 Die Messung der Leseleistungen bei sehbehinderten Schülern

Eine Überprüfung der Leseleistung, ob mit ausreichender Effizienz
komfortabel und erfolgreich gelesen wird, ist ein ständig zu kon-
trollierender Bereich für den IEP. Die wichtigste Voraussetzung
bei der Erstellung eines individuellen Bildungsplans für sehbehinderte Schüler ist die Feststellung der Schwächen und Stärken des
Schülers in Form eines Assessments. Das Assessment für sehbehinderte Schüler umfasst umfangreiche Auswertungen eines mul-
tidisziplinären pädagogischen Teams, das mit dem Schüler arbeitet.
Meist besteht das Team aus Lehrern, pädagogischen Mitarbeitern,
O&M-Trainern, LPF-Trainern, Therapeuten, Eltern und weiteren
Personen, die mit dem Schüler zu tun haben. Die speziell für den
Sehgeschädigtenbereich ermittelten Angaben und Bewertungen
mit Empfehlungen sollten dem IEP beigefügt werden. Die zu
überprüfenden Bereiche beinhalten Ergebnisse
— zum funktionalen Sehen in der Schule und im heimischen
   Umfeld,
— aus dem erweiterten/dualen Curriculum, zur Feststellung der
   optimalen Lernmedien und
— die die klinische Beurteilung der Sehfähigkeit darstellen sowie
   die ophthalmologischen und optometrischen Ergebnisse (vgl.
   TSBVI, 2010, o. S.).

Es gibt zwei grundlegende diagnostische Fragerichtungen für das
Messen der Leseleistung:
Die des **Textverständnisses**, die erfolgt dann über einen Pro-
zentwert richtiger Antworten und die der **Leseeffizienz – Wör-
ter/Minute**, hierbei lässt sich die Leseeffizienz über das Zeitmessen

in Sekunden bzw. in richtig gelesenen Wörter pro Minute (WpM) ermitteln (Wörteranzahl : Lesezeit in Sekunden × 60 = WpM). Diese Art der Leseüberprüfung sollte zu unterschiedlichen Tageszeiten durchgeführt werden, um so die höchste bzw. niedrigste Leseeffizienz zu ermitteln (vgl. Koenig, 1996, S. 256).

Eine Dateninterpretation in Stichproben könnte im Vergleich mit nicht sehbehinderten Lesern erfolgen, jedoch gibt es keine Formel für eine angemessene „Leseeffizienz", zumal Vergleiche mit Lesern ohne Sehbehinderung nur bedingt verwertbar sind (vgl. Koenig, 1996, S. 258). Sollten die Ergebnisse des sehbehinderten Schülers unbefriedigend sein, dürfen die Teammitglieder nicht vorschnell in Richtung mangelnder Motivation, familiärer Umstände oder einer Lernbehinderung urteilen, sondern müssen den Schüler weiter intensiv unterstützen (vgl. Koenig, 1996, S. 260).

Lange Lesephasen sind ein Test für die sehbehinderten Schüler und für das pädagogische Team ein Hinweis zur Beurteilung des weiteren schulischen Wegs. Die bei der Leseüberprüfung erhobenen Datenwerte müssen hierbei im Kontext einschließlich der Lehrer- und Elterninformation sowie der Schülerberichte und -beobachtungen gesehen werden. Das Reiben der Augen, ungewöhnliches Leseverhalten oder Vermeidung von Sehaufgaben könnten auf Müdigkeit zurück zu führen sein, was die Leseleistung, aber auch die Freude und den Genuss am Lesen negativ beeinflusst. Diese Faktoren sind nicht messbar und objektiv zu dokumentieren, hier sind die Lehrerbeobachtungen und die Interaktion mit dem Schüler wichtig. Es ist nicht ungewöhnlich, dass sehbehinderte Schüler nicht gerne lesen, jedoch müssen der Lehrer und das pädagogische Team diese negativen Faktoren ermitteln und Maßnahmen ergreifen, um den Bedürfnissen des Schülers zu entsprechen. So könnte anhand der Ergebnisse ermittelt werden, ob ein Wechsel von der Schwarzschrift zur Brailleschrift anzuraten ist. Unterstützende Medien wie Hörbücher oder Textaufnahmen können motivierend sein und eventuell die Leseeffizienz und -leistung verbessern (vgl. Koenig, 1996, S. 262). Das Leseverhalten des sehbehinderten Schülers kann ferner unter Berücksichtigung der Lesegeschwindigkeit mit unterschiedlichen Schriftgrößen sowie die Ermittlung der Lesezeit bis zu ersten Ermüdungserscheinungen anhand von Texten mit Handschriften und Druckwerken überprüft werden, wobei das Schreiben und Wiedererkennen der eigenen Handschrift, wegen der Alltagswichtigkeit, bei der Überprüfung der Nahsicht einen wesentlichen Bestandteil darstellt. Für diese Überprüfung können Anlässe zum Textschreiben aus dem Alltag des Schülers, wie Briefe an Freunde, Einkaufszettel, Hausaufgaben notieren, Kreuzworträtsel und Formulare ausfüllen etc. zum Einsatz kommen. Hierbei muss auch die bevorzugte Stiftsorte, Filzstift, Kugelschreiber etc. sowie die Elemente Linienfarbe, -stärke und -abstand beachtet werden. Diese Leseüberprüfungen sollten auch mit unterschiedlichen Beleuchtungen, zu unterschiedlichen Tageszeiten, Sitzhaltungen etc. durchgeführt werden (vgl. Erin/Beth, 1996, S. 198f).

Einflüsse für die Leseprobleme bei sehbehinderten Lesern könnten Faktoren wie
— Verlieren der Buchstabenlinie,
— Finden der Zeilen nach einem Seitenwechsel,
— nicht ausreichend großes Lesematerial,
— Zeilenrücksprung,
— Überspringen von Wörtern und Satzzeichen,
— Blendung und Reflexion der Leseseite,
— Position der Lesematerialien,
— höherer Zeitbedarf für die Bilderkennung oder
— visuelle Ablenkungen auf der Leseseite sein (vgl. Koenig, 1996, S. 262).

Neben den spezifischen Fragestellungen muss der Sehgeschädigtenpädagoge die Faktoren (Barrieren oder Förderfaktoren) diagnostizieren. Solche Faktoren sind z. B. der Einsatz von Leseschablonen, optisch auffällige Zeilenmarkierungen etc. (vgl. Koenig, 1996, S. 263).

Eine weitere Möglichkeit zur besseren Leseeffizienz ist der Einsatz von elektronischen Hilfsmitteln, der im Zusammenhang mit einer Low-Vision-Auswertung oder einer ophthalmologischen Untersuchung erfolgt, da ein pauschalierter Großdruck nicht immer angemessen ist (vgl. Koenig, 1996, S. 263).

Koenig/Rex tragen die möglichen, bei der Diagnostik der Leseleistungen mit zu betrachtenden „harten" und „weichen" Faktoren zusammen, wobei die Trennung zwischen allgemein pädagogischen und spezifisch sehgeschädigtenpädagogischen nicht immer möglich erscheint.

Einsatz von konkreten Erfahrungen	- Verwenden von realen Materialien für Lernaktivitäten
	- Verwenden von Modellen zur zusätzlichen vertiefenden Information
	- Einsatz von zusätzlichen sensorischen Informationen (riechen, tasten, schmecken, hören, sehen, bewegen etc.)
Anwendungen durch learning-by-doing	- Sicherstellung der realen aktiven Erfahrungen für die Schüler
	- Teilnahme in allen Schritten an konkreten Handlungen (backen, kochen etc.)
	- Einsatz von zusätzlichen Hilfsmitteln für die sensorische Wahrnehmung

| Vereinheitlichung von Lernerfahrungen | - Unterricht in strukturierten Lerneinheiten mit Bereitstellung von Anwendungsmöglichkeiten, die im Laufe eines Tages zu leisten möglich sind

- Nutzung von außerschulischen realen Lernorten

- Sicherstellung, dass die Schüler aktiv mit allen Aspekten eines realen Erlebnisses und an sequenziellen Tätigkeiten beteiligt sind

- Einsatz von Vergößerungsgeräten und parallel zusätzlichen taktilen Modellen bei Gegebenheiten, die nicht erreichbar sind (Hochhäuser, gefährliche Tiere etc.)

- Einsatz von weiteren sensorischen Hilfsmitteln |

(vgl. Koenig/Rex, 1996, S. 288).

9.5 Leseuntersuchungen mit sehbehinderten Lesern

Javal beschreibt in seinem Werk die Lesbarkeit von Schrift bei Menschen mit Sehbehinderungen. Ausgehend davon, dass es keine vollkommenen Augen gibt und selbst kleine Fehler nicht korrekt gemessen werden können, wird es keine Schrift geben, die für alle mit gleicher Schärfe und ohne Ermüdung gleich gut zu lesen ist. Überdies kann ein weiterer Fehler bei Herstellung der Gläser entstehen (vgl. Javal, 1907, S. 119).

In der deutschen Sehbehindertenpädagogik wird der Einsatz von serifenlosen Schriften favorisiert. In manchen aus der Sekundärliteratur genannten Untersuchungen mit normalsichtigen Lesern zum Leseverhalten bzw. Augenbewegungen beim Lesen wurden überwiegend Serifenschriften eingesetzt. Die Frage nach einer serifenlosen Schrift oder eine Serifenschrift schien sich in manchen Durchführungen nicht zu stellen, wohl weil die Buchdruckerkunst seit Jahrhunderten bis heute überwiegend Serifenschriften einsetzt.

Im Rahmen der Unterrichtstätigkeit des Verfassers wurden diesbezüglich einige Voruntersuchungen mit einer Gruppe von sechs hochgradig sehbehinderten und sehbehinderten jungen Erwachsenen in einer Berufsschule durchgeführt. Es wurden den Auszubildenden in verschiedenen Unterrichtsphasen Texte zwar nach ihren persönlichen Bedürfnissen (Vergrößerungen, Zeilenabstand, blendfreies Papier etc.) aufbereitet, jedoch unterrichtsfachweise mit einer serifenlosen (Arial) bzw. einer Serifen-Schrifttype (Times New Roman) gegeben. Falls es zu Leseschwierigkeiten wegen der Serifenschrift gekommen wäre, hätten immer die gleichen Unterlagen in serifenlosen Schriften vorgelegen. In den Klassen wurden im Politikunterricht wechselweise Texte mit serifenlosen Schriften und im Deutschunterricht wechselweise Texte mit Serifenschriften verteilt. Der Unterschied wurde von den Auszubildenden in den ersten Unterrichtsstunden gar nicht bemerkt. Die Auszubildenden bekamen in den einzelnen Unterrichtsstunden neu erstelltes Textmaterial mit den jeweiligen unterschiedlichen Schriftformen. Erst als die Schriftformen bewusst vom Verfasser vertauscht wurden und die Auszubildenden ihr Material in ihren Ordnern zu den Vorgängern abhefteten, bemerkten sie den typographischen Unterschied. Wie sich in späteren Gesprächen „nebenbei" herausstellte (das Thema wurde bewusst nicht primär angesprochen), waren die Schriftformen den Auszubildenden natürlich bekannt und somit nichts Neues. Probleme mit dem Lesen hatten sie nach eigenen Aussagen nicht, sie fanden Arial moderner und deswegen angenehmer. Bekannt waren die Serifenschriften durch Vergrößerungen aus Büchern, die sie täglich im Unterricht bekamen, und durch das Textmaterial (Zeitungen und Bücher), das sie in ihrer Freizeit lasen.

In der ersten Versuchsphase konnte im Unterrichtsfach Deutsch beim Lesen (laut und leise mit anschließenden Verständnisfragen zur Kontrolle) von Ganzlektüren (wie: Kleider machen Leute von Gottfried Keller) festgestellt werden, dass zwischen den unterschiedlichen Schrifttypen in der Lesegeschwindigkeit keine wesentlichen Unterschiede festzustellen waren, gute Leser konnten weiterhin mit guten Ergebnissen lesen, ungeübte Leser hatten unabhängig von der Schriftform ebenso ihre Probleme. Verbesserungen aufgrund der Schriftform waren nicht erkennbar.

Die zweite Versuchsphase wurde im Politikunterricht durchgeführt. Hier mussten im Bereich der Wortunterscheidungen bestimmte Wörter in einem anspruchsvollen Sachtext (Grundgesetz) gesucht werden. Zugunsten der Serifenschriften fiel ein Resultat auf: Die Wörter in der Serifenschrift konnten in den Gesetzestexten teilweise schneller gefunden werden. Das könnte auf die markanten Unterschiede der Buchstabenformen zurückzuführen sein.

Ein weiterer dritter Versuch hatte im Deutschunterricht zum Inhalt, zwischen willkürlichen und ohne Bedeutung dargestellten Buchstaben, versteckte sinnvolle Wörter zu finden. Die Ergebnisse unterschieden sich nicht von den sonstigen schulischen Leseergebnissen. Gute Leser fanden die versteckten Wörter schnell, ungeübte Leser entsprechend langsamer. Hier war die Schriftform allem Anschein nach egal.

Diese Versuche wurden in parallelen Ausbildungsklassen durchgeführt, ohne gegenüber den Auszubildenden nähere Angaben zum Textmaterial zu machen. Es ergaben sich hierzu keine Nachfragen bei den Auszubildenden. Die Lesezeiten wurden mit der Armbanduhr ermittelt, somit sind sicher zeitliche Abweichungen zwischen den Lesern zu berücksichtigen. Insgesamt wurden die Erwartungen nicht bestätigt, dass eventuell die ungeübten Leser bessere Ergebnisse mit den serifenlosen Texten erzielen können.

Wie bereits erwähnt, sind diese Untersuchungsergebnisse zwar nicht repräsentativ, zeigen aber deutlich auf, dass die Wahl der optimalen Schriftform für sehbehinderte Menschen, unter Berücksichtigung der sonstigen individuellen Bedürfnisse, nicht eindeutig bestimmt werden kann bzw. eine Untersuchung mit verschiedenen Leseaufgaben Klarheit in die Sehbehindertenpädagogik bringen kann.

Erstmalig im deutschen Sprachgebiet hat Fromm die Lese- und Schreibfertigkeit bei sehbehinderten Schülern untersucht, um ein unbehindertes Lesen für die Schüler zu ermöglichen. Beschrieben werden soll an dieser Stelle die Untersuchung zur Lesefertigkeit.

Ausgangslage war Fromms Feststellung, dass die Texte im Unterricht mit sehbehinderten Schülern nicht immer optimal auf sie abgestimmt sind (vgl. Fromm, 1965a, S. 15). In der Leseuntersuchung testete Fromm sehbehinderte und normalsichtige Schülerinnen und Schüler der 5. Klassen, um so die zeitlichen und fehlerbedingten Differenzen beim Lesen zwischen sehbehinderten und normalsichtigen Lesern festzustellen. Methodisch wurde die Untersuchung im normalen Klassenverband durchgeführt. Wie in der damaligen Sehbehindertenpädagogik üblich, wurden erst die Texte vorgelesen und inhaltlich aufbereitet. Später mussten die Schüler die inhaltlich bekannten Texte laut vorlesen, was parallel auf einem Tonband aufgenommen wurde. Individuelle Platz- oder Beleuchtungswünsche wurden bei der Untersuchung berücksichtigt. Die Textqualität war altersangemessen und umfasste lange Wörter sowie unbekannte und zusätzlich solche mit optisch ähnlichen Buchstaben. Feststellen konnte Fromm in der Auswertung mittels eines individuellen Leseindexes, dass die Lesezeiten bei den sehbehinderten Lesern um die Hälfte langsamer waren als bei den normalsichtigen Lesern. Zusätzlich zur Untersuchung über das Leseverhalten überprüfte Fromm die Auswirkungen der Schrifttype beim Lesen anhand von vier Texten mit jeweils unterschiedlicher Schriftart. Hierbei kamen zwei Arten serifenlose und zwei Arten Serifenschriften zum Einsatz. Untersucht wurde dieser Durchgang nur mit den sehbehinderten Schülern (vgl. Fromm, 1965b, S. 16).

Fromm setzte bei den Textvorlagen, die er im Sonderdruck erstellen ließ, Schrifttypen ein, die typographisch in der Strichstärke, Schriftgröße, Zeilenlänge, Zeilenabstand und Kontrast unterschiedlich waren mit der Annahme, dass diese Schriftveränderungen das Lesetempo steigern und die Fehler reduziert werden können. Hier kamen zusätzlich die optisch schwierigen Buchstaben (a-o, e-c, t-f, C-G) zum Einsatz. Er stellte fest, dass, wenn die Textvorlagen typographisch zu groß waren, die Satzteile außerhalb des Gesichtsfeldes waren und durch die geringe Textfeldübersicht das Lesen erschwert wurde. Methodisch wurden von den Schülern wieder die Texte laut vorgelesen und das Vorgelesene mit einem Tonband aufgezeichnet. Alle vier Texte wurden von den Schülern im Abstand von einigen Wochen einzeln im Unterricht ohne Ankündigung des Testers nacheinander laut vorgelesen. Eine Übervorteilung durch den Leselerneffekt sah Fromm wegen der Zeitspanne nicht, zumal auch die Lehrer gebeten wurden, die Texte nicht weiter im Unterricht zu behandeln. Im Ergebnis konnten durch die Schriftart geringfügige Verbesserungen in der Leseleistung festgestellt werden. Mit Vergrößerungen waren die Ergebnisse bezüglich der Lesezeit und Fehlerquote besser. Bei optimaler Textvorlage und guten optischen Bedingungen können die Leseleistungen der sehbehinderten Leser an die der normalsichtigen Leser heranreichen (vgl. Fromm, 1965c, S. 16).

Hupfeld führte 1989 eine Untersuchung mit blinden und sehbehinderten Lesern der siebten bis zehnten Klassen unter Berücksichtigung des Alters und der Deutschnote mit der Fragestellung durch, in welchem Ausmaß für das Lesen mit Sehschädigungen die genannten Einflussfaktoren am Zustandekommen der Gesamtleseleistung beteiligt sind. Unter dem Gesichtspunkt der Visusminderung und der Hilfsmitteleigenschaften sollten aus den Ergebnissen praktische Konsequenzen entwickelt werden (vgl. Hupfeld, 1989b, S. 76). Methodisch wurden von den Schülern vier gattungsspezifisch unterschiedliche Texte laut gelesen und mit einem Kassettenrekorder protokolliert. Jeder Schüler hatte sein sehgeschädigtenspezifisches Hilfsmittel zur Verfügung (Bildschirmlesegerät, Fernrohr- oder Prismenfernrohrlupenbrillen, Lupenbrillen, Brillen, Kontaktlinsen). Unbekannte Begrifflichkeiten im Text wurden vorweg geklärt und Informationen über Inhalt und Autor wurden im Vorfeld besprochen. Hupfeld stellte bei dieser Untersuchung fest, dass bei Bildschirmgeräten das Gesichtsfeld eingeschränkt ist und das Textfenster klein und unübersichtlich ist. Die einfachere Handhabung der Fernrohr- oder Prismenfernrohrlupen ermöglichten deutlich höhere Geschwindigkeiten beim Lesen. Jedoch sind auch bei diesen Hilfsmitteln die Gesichtsfelder eingeschränkt und es muss beim Lesen der Kopf statt der Augen bewegt werden. Auch muss der Leseabstand wegen der Tiefenschärfe bei den Hilfsmitteln genau eingehalten werden, da sonst ein unscharfes Bild produziert wird. Die geringsten Einschränkungen beim Lesen waren mit den Hilfsmitteln Kontaktlinsen und Lupenbrillen zu verzeichnen. Der Vergrößerungsfaktor ermöglichte hierbei ein ausreichendes Gesichtsfeld und die Augenbewegungen konnten besser ausgeführt werden. Auswirkungen des Alters und der Deutschnote auf das Leseverhalten konnte Hupfeld nicht feststellen. Dass eine eingehende Hilfsmittelunterweisung mit fachlicher Unterstützung auch das Lesevermögen steigern kann, wurde ebenfalls festgestellt. Berücksichtigt werden müssen jedoch immer die unterschiedlichen Umweltbedingungen, wie z. B. der Sitzplatz, die Beleuchtung etc. (vgl. Hupfeld, 1989b, S. 82).

Nachdem Nater und Kolaschinsky in der Schulpraxis festgestellt hatten, dass Schüler trotz ausreichender Schriftgröße trotzdem mit den Augen dicht an das Lesematerial gehen, untersuchten sie diese Feststellung unter dem Aspekt, wie zu geringe Leseabstände und zu große Vergrößerungen pädagogisch zu bewerten sind (vgl. Nater/Kolaschinsky, 2004, S. 232). Obwohl z. B. ein Schüler einen für seine Verhältnisse großen Druck forderte, ging er automatisch auf einen geringen Leseabstand. Bei der Aufforderung auf einen Leseabstand von 25 cm zu gehen, ging der Leser sofort auf 13 cm. Hier stellt sich für Nater und Kolaschinsky die Frage, muss pädagogisch eingegriffen werden oder lässt man den Schüler in seiner gewohnten Lesart lesen? Besteht die Gefahr, dass sich eine schlechte Lesegewohnheit entwickeln kann und die tatsächlichen

Sehfähigkeiten nicht ausreichend genutzt, womöglich Haltungs-schäden hervorgerufen werden? Im Ergebnis stellten Nater und Kolaschinsky fest, dass zusätzlich zum kleinstmöglichen lesbaren Vergrößerungsbedarf für den Schüler eine Größe ermittelt werden muss, die für ihn ohne Anstrengung über eine längere Zeit zu lesen ist. Die Schriftgrößen sollten mit der Schrifttype Arial und mit einem Leseabstand von 25 cm individuell festgestellt werden. Die Untersuchung zeigte, dass manche Schüler sich visuell unterfor-derten und eine zu große Schrift forderten. Diese großen Schriften können in kleinen Schritten verkleinert werden, damit die beste Lesefähigkeit mit ausreichender Schriftgröße (minimum legibile) erreicht wird. Ferner konnte in der Untersuchung festgestellt wer-den, dass die sehbehinderten Leser mit dem Kopf dicht an das Text-material herangingen, statt den Text an die Augen heranzuführen. Bei einzelnen Lesern war trotz ausreichender Vergrößerung der Automatismus, mit dem Kopf dicht an das Lesegut heranzugehen, festzustellen. Ob das Lesen bei zu geringem Leseabstand zwischen Auge und Text zu Haltungsschäden führen kann, konnte bei dieser Untersuchung nicht festgestellt werden (vgl. Nater/ Kolaschinsky, 2004, S. 243).

Eine Untersuchung mit sehbehinderten Teilnehmerinnen und Teilnehmern wurde 1999 von dem Royal National Institut for the Blind (RNIB) in England durchgeführt (vgl. Buultjens et al, 1999, S. 1). Mit den Testpersonen wurde untersucht, ob die schriftlichen Unterlagen bei Prüfungen einen Einfluss auf das Leseverhalten enthalten. Anhand unterschiedlicher Stufen der Sehbehinderun-gen bei den Teilnehmerinnen und Teilnehmern und Stufen in den abgeleisteten Ausbildungszeiten wurden die Einflüsse per Tests untersucht. Die Phasen der Untersuchung umfassten die persön-lichen Faktoren (geistiges Niveau in Bezug auf den Textinhalt), Umweltfaktoren (ruhige Raumumgebung mit entsprechendem Mobiliar und die Beleuchtung) und Aufgabe-Faktoren (Schriftwahl der Teilnehmerinnen und Teilnehmer anhand von 10 Schriftty-pen mit und ohne Serifen) (vgl. Buultjens et al, 1999, S. 6). Die dargebotenen Schriften wurden wegen ihres häufigen Gebrauchs und Empfehlungen ausgewählt und beim Test in unterschiedlichen Schriftgrößen präsentiert. In zufälliger Reihenfolge der Textdarbietung wurden das Schnelllesen und die Leserichtigkeit geprüft. Aus den 10 Schrifttypen wurden später drei Schriftarten von den 199 Teilnehmerinnen und Teilnehmern als optimale Leseschriften ausgewählt. Bei der Untersuchungsmethode bediente man sich des Vorlesens und Zeitmessens. Die Wahl fiel im Endergebnis auf die serifenlosen Schrifttypen Arial, Futura und Helvetica (vgl. Buultjens et al, 1999, S. 7). Trotz des Untersuchungsergebnisses betonen Buultjens et al, dass es immer eine individuelle Entscheidung ist, welcher Leser mit welcher Sehbehinderung sich welche Schriftgestaltung auswählt (vgl. Buultjens et al, 1999, S. 8). Eine Verallgemeinerung zur Textgestaltung für sehbehinderte Leser ist demnach nicht zu empfehlen.

Einen Lesevergleich mit sehbehinderten und simulierten pseudokurzsichtigen Lesern führten Mansfield et al. durch. Hierbei wurden die Schrifttypen Times New Roman und die Courier fett in der maximalen Lesegeschwindigkeit und der kritischen lesbaren Druckgröße untersucht (vgl. Mansfield et al, 1996, S. 5). Die Times New Roman ist eine Proportionalschrift, was bedeutet, dass jeder Buchstabe seine typische Breite hat. So ist das „i" schmaler im Darstellungsfeld als das „w". Bei der Courier verhält es sich umgekehrt, sie ist eine nichtproportionale Schrift, jeder Buchstabe hat seine gleiche Feldbreite, in der der Buchstabe seinen Platz hat. Die Schriften der älteren Schreibmaschinen waren, bedingt durch ihren gleichmäßigen Walzenvorschub beim Schreiben, nichtproportionale Schriften. Das hat ferner zur Folge, dass die Laufweite der nichtproportionalen Schriften weiter ist, da hier mehr Platz um die Buchstaben herum vorhanden ist. Als Textsorte wurden Texte des MNREADLesetests eingesetzt. Der Lesetest besteht aus kurzen Texten, die in der Schriftgröße von groß nach klein dargeboten wurden. In diesem Fall wurde der Text als Laufschrift mit schwarzer Schrift auf weißem Untergrund von rechts nach links präsentiert. Die sehbehinderten Leser konnten sich die Monitore nach bester Lesemöglichkeit im Standwinkel individuell einstellen. Um den Leseabstand einzuhalten, wurden dann die Köpfe fixiert. Gemessen wurde die Lesezeit mit der Stoppuhr. Im Ergebnis konnte festgestellt werden, dass die nichtproportionale Schrift Courier fett durch die weiteren Buchstabenabstände in der kritischen Druckgröße und in der Lesegeschwindigkeit von den sehbehinderten Lesern besser gelesen werden konnte als die Times New Roman. Bei den simulierten Lesern waren geringe Vorteile bei der Schrifttype Times New Roman zu verzeichnen. Dieses Ergebnis zeigt deutlich auf, dass die weiten Buchstabenabstände, wie sie bei der nichtproportionalen Schrift vorhanden sind, ein schnelleres Lesen mit kleinen Schrifttypen ermöglichen (vgl. Mansfield et al, 1996, S. 6).

Zusammenfassend kann gesagt werden, dass die Untersuchungen zum Blickverhalten und Leseverhalten mit normalsichtigen und sehbehinderten Leserinnen und Lesern zum einen wertvolle Hinweise auf das physiologische Leseverhalten geben, dass zum anderen die Untersuchungsmethoden nicht bei allen optimal sind, da sie eine Laborsituation darstellen und der Kopf durch Fixierungen in Position gehalten werden muss. Diese Untersuchungssituationen haben bei den Probanden Einfluss auf das Untersuchungsverhalten und somit auf das Gesamtergebnis.

Das APH (American Printing House for the Blind, Louisville, Kentucky) entwickelte speziell für sehbehinderte Schüler einen serifenlosen Schrift-Font [APHont], der in der elektronischen Textverarbeitung auf dem Monitor dargestellt bzw. ausgedruckt werden kann (vgl. APHont, 2012, o. S.) Es wurden in einer Umfrage dazu innerhalb des APH 184 sehbehinderte Schulkinder sowie junge und ältere Erwachsene nach ihren Schriftvorlieben im Großdruck befragt. Es wurden die serifenlosen Schrifttypen Verdana (56%), Arial (24%) und Helvetica (18%) benannt. Eine Untersuchung hierzu durch Sr. Elaine George von APH ergab, das die sehbehinderten Leser APHont (60%), Arial (22%) und Times New Roman (18%) am besten lesen konnten (vgl. APHont, 2012, o. S.; Kitchel,

2004, o. S.; Kitchel, Mailanfrage vom 11.01.2012). Aus welchen einzelnen Kriterien die Untersuchungen/Befragungen bestanden, konnte mir nach einer Mailanfrage nicht mitgeteilt werden, da diese Untersuchungen zeitlich zu weit zurück liegen. Die Resonanz der Leser auf diesen Schriftfont ist aber lt. Kitchel sehr gut: "You may find it helpful to know that hundreds of people have written to APH since it made APHont available in 2002. Virtually all of the customer communications indicate that users find the font useful, readable, and it affords them accessibility they would not otherwise have." (Kitchel, vom 11.01.2012). Es lässt sich anhand der nicht bekannten Untersuchungskriterien und -ergebnisse keine Erleichterung im Leseprozess oder eine erhöhte Leseeffizienz durch den Schrifttype APHont nachweisen.

10 Fragestellung

Das Lesen stellt eine zentrale Kulturtechnik dar und steht in exponierter Stellung innerhalb der Tätigkeiten schulischen Lernens. Unter den Bedingungen einer Sehbehinderung kann es zu Veränderungen des Leseprozesses kommen; diese sind abhängig von den konkreten visuellen Voraussetzungen des Menschen, den äußeren Rahmenbedingungen des Lesens (physikalischer Raum, Beleuchtung, Zeitsetzung, Leseanlass, Geräusche etc.) und von konkreten Parametern des Leseguts (Schrifttype, Schriftgröße, Zeilen- und Buchstabenabstand, normal-fett-kursiv-Satz, Satz [Spalten, linksbündig, Flattersatz, Block], Papier [Größe, Oberfläche, Farbe], Kontrast zwischen Schrift und Untergrund etc.).

Betrachtet man aus dem Kanon schulischer Aufgabenstellungen den Bereich des Lesens unter den Bedingungen einer Sehbehinderung genauer, fällt auf, dass sich seit Jahren ein Widerspruch in Bezug auf eine der o.g. Faktoren verfestigt.

Einerseits wird quasi als „unumstößlicher sehbehindertenpädagogischer Grundsatz" formuliert, dass sehbehinderte Menschen besser, schneller und komfortabler serifenlose Schriften lesen können und diese daher auch präferiert nutzen sollten (Tanner 1985, Krug 2001, FLUSS 2003, Buser 2004a, Lang 2009). Dieser tradierte Grundsatz führt weiterhin zur Veröffentlichung spezifischer serifenloser „Sehbehindertenschriften" z. B. durch die APH [APhont] und zu konsequent in serifenlosen Schrifttypen gedruckten Fachzeitschriften innerhalb der deutschen Blinden- und Sehbehindertenpädagogik und -selbsthilfe (blind-sehbehindert, horus, Die Gegenwart) und greift mit diesem Denkmuster auch in die Ausbildung der allgemeinen Typografen (Gorbach 2001).

Andererseits wird – mit Ausnahme des Erstlesezeitraums – durch Menschen mit Sehbehinderung im Alltag Lesegut jedweder Art und Gestalt (Zeitungen, Zeitschriften, Bücher, Informationsmaterialien, Schulbücher, Wörterbücher, Beschriftung von Produkten etc.) in beiden Schrifttypen – mit und ohne Serifen – gleichermaßen konsumiert. Dabei werden – entgegen der formulierten Grundannahme – aus dem (schulischen) Alltag keine dramatischen Unterschiede in den Parametern Fehler, Sinnentnahme, Geschwindigkeit und Emotionalität beschrieben. Selbst bei der diagnostischen Erhebung des Nahvisus bzw. des Vergrößerungsbedarfs werden in verschiedenen Instrumenten beide Schriftformen eingesetzt und führen zu vergleichbaren Messwerten.

Weiterhin verweisen Forschungsergebnisse und Berufserfahrung aus angrenzenden Wissenschaften und Arbeitsfeldern (z. B. Buchdruck) auf klare Vorteile des Einsatzes von Serifenschriften.
  Ausgewählte Forschungsergebnisse verweisen darüber hinaus auf die Notwendigkeit und die Vorteile einer frühen Gewöhnung an beide Schriftformen; der sehgeschädigtenpädagogische Grundsatz der Konzentration auf schriftliche Angebote in serifenloser Schrift widerspricht diesen.
  Gleichsam erscheint es in Zeiten der Implementation inklusiver Schul- und Bildungssysteme nicht förderlich, für die Gestaltung des Lesegutes für ein Kind mit Sehbehinderung auf eine Schriftform festgelegt zu sein; entweder erhält das Kind mit Sehbehinderung über das notwendige Maß des Nachteilsausgleichs hinausgehend (aus- resp.) besondere Materialien, oder die Schüler ohne Sehbehinderung erhalten ebenfalls mehrheitlich Texte in serifenlo-

sen Schriften, was ihnen sowohl die Gewöhnung an beide Schriften erschweren könnte, als auch insbesondere das Lesen langer Texte negativ beeinflussen kann.
Weiterhin steht der Aussage „Alle sehbehinderten Menschen bevorzugen serifenlose Schriften und können diese besser lesen." im Grundsatz die Erkenntnis gegenüber, dass es DIE Sehbehinderung ebenso wenig gibt, wie DIE Maßnahmen, die eine Sehbehinderung im Rahmen des Reduzierens von Barrieren und der Gestaltung förderlicher Faktoren erzeugt.

Aus dieser Situation entsteht die Notwendigkeit einer systematischen und empirischen Bearbeitung dieses Grundsatzes. Diese stellt sich folgende Fragen:

Können sehbehinderte Schülerinnen und Schüler beim Lesen von Texten gesetzt in Schriften mit und ohne Serifen die gleichen Leistungen (in Bezug auf: Textverständnis, Fehlerhäufigkeit, Geschwindigkeit, Komfortabilität, Emotionalität) erbringen oder gibt es gruppenspezifische Präferenzen für eine Schriftform?

Welche diagnostischen Möglichkeiten bestehen, um individuelle Bedarfe hinsichtlich einer zu präferierenden Schriftform zu ermitteln?

Geleitet von der Hypothese: „Wenn sehbehinderte Schülerinnen und Schüler serifenlose und Serifenschriften lesen, dann können sie diese annähernd gleich gut lesen.", soll diese Leseuntersuchung durchgeführt und aus den Ergebnissen ein diagnostisches Instrumentarium entwickelt werden.

11 Methoden

Für die Bearbeitung der ersten Fragestellung gilt es Methoden zu wählen, die es erlauben, Aussagen über die Aspekte der Leseleistung zu betrachten. Zentrale Aspekte sind:
— die Fehlerhäufigkeit
   Grundlage dieser Methode ist das Abgleichen des gesprochenen Wortes beim lauten Vorlesen eines Textes mit dem Text selbst, wobei eine allgemein gültige und „richtige" lautsprachliche Umsetzung dieses Textes als Norm angenommen wird und diese Normsetzung durch den Versuchsleiter (oder ein geschultes Team verschiedener Versuchsleiter) zu verantworten ist. Problemfelder sind hierbei die Einbeziehung und Würdigung als „richtig" oder „falsch" von Dialekten, Sprach- und Sprechstörungen, Modulationen der Lautsprache durch Beeinträchtigungen des Hörens sowie auch hier der motivationale Rahmen. Nicht betrachtet wird in dem hier gesetzten Zusammenhang das richtige oder falsche Modellieren eines Satzes, z. B. das Anheben der Stimme am Ende eines Fragesatzes; als Fehler gelten das Auslassen, Hinzufügen, Austauschen eines Wortes oder die Umsetzung eines geschriebenen Wortes in eine lautsprachliche Konstruktion ohne Sinnhaftigkeit.
   Analog wird mit dem lauten Lesen von Einzelwörtern verfahren, die ebenfalls als richtig oder falsch bewertet werden.

Wobei durchgehend beachtet werden muss, dass es sich im gewissen Maße bei der Untersuchung um einen Vergleich von zwei Schrifttypen handelt, Fehler also, egal in welcher Schriftform der Text gesetzt wurde, beim Lesen evtl. die gleichen Fehler beinhalten können.

— die Geschwindigkeit
Bei dem Aspekt der Geschwindigkeit werden üblicherweise sowohl die Geschwindigkeit des Lesens eines Textes (laut Lesen eines definierten Textes in einer zu messenden Zeit), als auch die Geschwindigkeit des Lesens eines kurz erscheinenden Wortes (Messung der Zeit zwischen Erscheinen und lautem Benennen des Wortes) gefasst. Auch bei diesen Testszenarien ist der systematische Fehler innewohnend, dass die Ergebnisse (Geschwindigkeiten) stärker von der Lesekompetenz und dem mentalen Lexikon der Leser abhängen können als von der variierten typografischen Eigenschaft des Lesegutes. Dementsprechend sind auch hier die Wahl der Wörter und die Satzkonstruktion so zu wählen, dass nicht die aktuelle, den Entwicklungsstand des Leselernprozesses abbildende Grenze des sicher lesbaren Wortschatzes überschritten wird. So bleibt gesichert, dass die Unterschiede in den Lesegeschwindigkeiten auf die variierte Eigenschaft zurückführbar sind.
Einige Methoden kombinieren das Messen verschiedener Aspekte, indem z. B. das Textverständnis innerhalb vorgegebener Zeitvorgaben abgefragt wird. Dadurch wird aus der Lesegeschwindigkeit ein Leistungskriterium, denn eine hohe Lesegeschwindigkeit ist die Voraussetzung für das Erfüllen der Testaufgabe, wenngleich sie nicht ausdrücklich gemessen wird.

— das Textverständnis
Haben die Leser den Text gelesen und darüber hinaus den Inhalt des Gelesenen „verstanden"? Dieses Verstehen wird üblicherweise durch die korrekte Beantwortung einer auf den Inhalt des Textes bezogenen Frage überprüft, wobei immer offen

bleibt, ob das Nicht-Beantworten der Frage nicht auch in dem Nicht-Verstehen der Fragestellung oder dem Nicht-Formulieren-Können einer Antwort oder dem motivationalen Ablehnen der Beantwortung einer vielleicht als zu simpel empfundenen Frage etc. liegen kann. Diese Situation ist jedoch für alle Probanden gleich und ein in der Konstruktion der üblichen das Textverständnis messenden Szenarien innewohnender systematischer Fehler.

Ein weiterer Ansatz zum Messen des Textverständnisses liegt in dem Auffinden von Satzstellungsfehlern und bewusst gesetzten Fehlern (Fehlen von Wörtern oder Einsetzen von Störwörtern). Durch das Einführen eines Zeitfensters für das Lesen eines Textes wird das Hinterfragen des Textverständnisses mit dem Aspekt der Lesegeschwindigkeit überlagert.

— die Komfortabilität
Inwieweit das Lesen eines Textes für die lesende Person komfortabel ist, ist letztendlich eine subjektive Entscheidung dieser Person selbst. Ein direkter Weg zur Einbeziehung des Aspektes Komfortabilität ist die direkte Frage danach: „Ist dir dieses Szenario angenehm?". In Abhängigkeit von der variierten Umgebungsbedingung (Beleuchtung, Lautstärke, Eigenschaften des Schriftgutes, Leseabstand etc.) kann die lesende Person für sich diese Frage bejahen oder verneinen bzw. Wünsche äußern („Wenn es heller wäre, wäre es mir angenehmer."). Darüber hinaus versuchen ausgewählte Methoden sich über das Setzen fester Parameter der Komfortabilität zu nähern. Das Absinken einer Leistungskurve (Lesegeschwindigkeit über die Zeit) kann als Ermüdungseffekt und damit als sinkende Komfortabilität interpretiert werden. Gleiches gilt für das intuitive Annähern einer Person an das Lesegut (Vergrößerung durch Herannehmen) und letztendlich für das härteste Kriterium, das nicht mehr Lesen-Können eines Textes (selbstständiger Abbruch, Häufung von Lesefehlern). Letzteres geht von der Annahme aus, dass sich die subjektive Grenze zwischen angenehm und

anstrengend in beiden Lesedurchgängen im gleichen Abstand zur Abbruchgrenze platziert.

— die Emotionalität (Emotionale Faktoren)
Um die emotionale Nähe oder Distanz einer lesenden Person zu Leseaufgabe zu erfassen bieten sich Beobachtungen (Interpretationen der Mimik und Körpersprache) und Befragungen an. Direkte Fragen nach dem emotionalen Verhältnis zu einem Aspekt des Leseszenarios („Ist es Dir hell genug? Magst Du DIN-A4- oder DIN-A3 Vorlagen? Ist die Schrift kontrastreich genug?") bergen die Gefahr des Erhaltens „erwünschter" Antworten; insbesondere, wenn die Befragten um die Erwartungen des Fragenden wissen. Hier gilt es also, die Fragen zu maskieren.

Einige Autoren unterscheiden diese Aspekte der Leseleistungen in Lesefertigkeiten (Geschwindigkeit und Genauigkeit/Fehlerhäufigkeit) und die Lesefähigkeit (Textverständnis/Sinnentnahme) (vgl. Krug, 2001, S. 241f; Bonfadelli, 2001, S. 131; König, 2004, S. 73ff).

11.1 Methode zur Erfassung der Leseleistung – Aspekte Lesegeschwindigkeit (in Kombination mit Komfortabilität und Fehlerhäufigkeit), Schriftgrößenveränderung

Testvorstellung Hubacher

Max Hubacher hat 2004 auf Grundlage des MN-Read-Tests (Minnesota-Read) (vgl. Mansfield et al., 1996, S. 3) eine Lesetest-Serie zur Erfassung der Lesegeschwindigkeit und des Lesevisus bzw. zur Feststellung des Vergrößerungsbedarfs für sehbehinderte Menschen entwickelt. Im Rahmen einer Projektarbeit für die Weiterbildung im Low Vision Bereich beim Schweizerischen Zentralverein für das Blindenwesen (SZB) wurde dieser Test zur Prüfung der Anwendbarkeit und zur Datenerhebung für sehbehinderte Leser bearbeitet (vgl. Graf, 2004, S. 22; Riederer, 2005, S. 29). Hubacher befand den MN-Read-Test als optimal für die Bestimmung der Lesegeschwindigkeit und des Lesevisus und hat mit seinem Lesetest eine adäquate ebenbürtige deutschsprachige Lesetestserie für sehbehinderte Menschen mit unterschiedlichen Textarten entwickelt (vgl. Hubacher, 2004, Testmanual-Info).

Beim Hubacher-Lesetest sind für die einzelnen Lesetestschritte die Schriftgrößen mit den Schrifttypen Arial und Times New Roman vorgegeben und können am Computer oder als ausgedruckte Papiertests bearbeitet werden. Um den Lesevergrößerungsbedarf für die Testperson korrekt angeben zu können, müssen die Lesedistanzen bei 40 Zentimetern oder 25 Zentimetern liegen.

Die verschiedenen Lesetesttexte des Hubacher-Lesetests unterscheiden sich in kurze und lange Texte. Die langen Texte (verschiedene Märchen, pro Durchgang neun Textblätter mit jeweils unterschiedlichen Schriftgrößen, je Textblatt ca. 319–325 Zeichen) sind zur Ermittlung der Lesegeschwindigkeit und Lesefähigkeit gedacht. Die kurzen Texte (ebenfalls mit verschiedenen Testblättern in unterschiedlichen Schriftgrößen, je 95 Zeichen) eignen sich zur Feststellung der Lesefähigkeit und zur Ermittlung des ungefähren Förderbedarfs. Der Zahlenwörtertest (Einzelwörter bestehend aus vielen Zahlen und Buchstaben) ist für die schnelle Bestimmung des Vergrößerungsbedarfs geeignet. Die längeren Texte sind neben der Erfassung der Lesegeschwindigkeit und des Lesevisus ideal für das Lesetraining und bieten zudem die Möglichkeit, durch die Textlänge Ermüdungserscheinungen und Leistungsabfälle zu beobachten und zu dokumentieren (vgl. Hofer, 2004, S. 31).

Alle Texte sind in den drei Varianten: weiße Schrift auf schwarzem Grund, schwarze Schrift auf weißem Grund und schwarze Schrift auf hellgrauem Untergrund vorhanden.

Neben den Tests ist dem Programm zudem ein ausführliches Manual mit Auswertungstabellen beigefügt, die ein Ermitteln und Dokumentieren der Lesefähigkeiten und des Lesevergrößerungsbedarfs ermöglichen. Die Lesetestserie kann vom Erstklässler aufwärts bis ins Erwachsenenalter genutzt werden.

Die Schriftgrößen der Lesetexte in Punktangaben bei gleichem metrischem Maß in mm (Maße sind Cirka-Maße)

Lesetext-nummer	1	2	3	4	5	6	7	8	9
Arial Pkt.	31.5	25.0	20.0	15.5	12.5	10.0	8.0	6.5	5.0
TNR Pkt.	36.0	29.0	23.0	18.0	14.5	11.5	9.0	7.0	5.5
metrisches Maß	6,0	4,8	3,8	3,0	2,4	1,9	1,5	1,2	0,9

Begründung der Testauswahl

Der Hubacher-Lesetest ist für die Untersuchung zur Feststellung des Schriftbedarfs für sehbehinderte Menschen geeignet, da die Texte die nötigen typographischen Eigenschaften wie Schrifttypen und Schriftgrößenverhältnisse in neun Stufen in aufeinander aufbauenden Texten beinhalten. Die Reliabilität (Messgenauigkeit) und die Validität (Gültigkeitsaussage des Messinstruments) der Hubacher-Lesetestserie sind durch die Vorlage des MN-Read-Tests (Minnesota-Read) gegeben. Eine Normung des Lesetests MN-Read wird hier vorausgesetzt.

In der amerikanischen Leseforschung wurde der MN-Read-Lesetest zur Ermittlung der Lesegeschwindigkeit mit Buchstabenverkleinerung u. a. bei Lesern im Alter zwischen acht bis 18 Jahren, bei denen sowohl eine Sehbehinderung als auch ein normales Sehvermögen vorhanden ist, mit guten Vergleichsergebnissen eingesetzt (vgl. Rice et al, 2005, o. S.). Der Test ist ursprünglich englischsprachig und englische Wörter haben einen anderen inhaltlichen Aufbau als deutsche Wörter. Da hier aber keine Ergebnisse oder die Textvorlagen aus dem englischen Sprachraum übertragen werden, sondern eine deutschsprachige Version unter Einhaltung der vorgegebenen Kriterien wie Schriftformatierungen und Buchstabenanzahl vorliegt, kann dieser Lesetest ohne Bedenken für diese Untersuchung eingesetzt werden, zumal es sich hier um eine Untersuchung zum Vergleich von serifenlosen und Serifenschriften handelt.

Die Reliabilität bezeichnet, dass die Messgenauigkeit des Tests auch bei Wiederholung ein identisches Ergebnis liefert (vgl. Schnell et al, 2005, S. 151), was mit diesem Test bei sachgemäßer Anwendung durchaus gegeben ist. Nach den Vorgaben angemessener Validität (vgl. Schnell et al, 2005, S. 154) misst der Hubacher-Lesetest den Vergrößerungsbedarf eines Lesetextes für einen sehbehinderten Leser sowie seine Lesefähigkeit.

Hubacher zitiert bezüglich der Anwendbarkeit seines Lesetests in seinem Manual die Empfehlungen der Deutschen Ophthalmologischen Gesellschaft zur „Qualitätssicherung bei sinnesphysiologischen Untersuchungen und Geräten" von 2003:

> **„1.4.2. Sehschärfebestimmung für die Nähe**
> Zurzeit existieren keine idealen Sehprobentafeln für die Nähe mit je 10 Landoltringen in allen Visusstufen von 0,02 bis 1,25. Stattdessen können die kommerziell erhältlichen Tafeln in der angegebenen oder auch in näherer Entfernung benutzt werden, um alle geforderten Visusstufen abzudecken. Bei der gutachtlichen Bestimmung der Nahsehschärfe werden jedoch im Gegensatz zum Fernvisus meist Texte benutzt, welche die Lesefähigkeit des Patienten prüfen. Diese Angaben sind für die Bewertung der Arbeitsfähigkeit eines zu Begutachtenden wichtiger als die Prüfung von einzelnen Landoltringen bei Nahblick. Deshalb sollten auch weiterhin Lesetexte benutzt werden, obwohl sie keine genauen Abbruchkriterien und keine genormte Lesezeit ermöglichen, und obwohl die Lesegeschwindigkeit von der Leseerfahrung der Patienten abhängt. Die vorgeschlagenen Lesetexte nach Radner (7) oder Kolling (5) bedürfen noch der weiteren klinischen Erprobung." (Hubacher, 2004, Testmanual)

Die derzeitigen Empfehlungen der Deutschen Ophthalmologischen Gesellschaft (DOG) von 2009 weichen inhaltlich nicht von denen Hubachers ab. Dort heißt es:

> „Bei der Prüfung des Lesevermögens von Texten wird das flüssige und fehlerfreie Lesen von Texten in einem festgelegten Abstand geprüft. Hierzu werden nicht nur das Gesichtsfeldzentrum, sondern auch die parazentralen Gesichtsfeldanteile und die kortikale Verarbeitung des Textes getestet. Im Gegensatz zur Nahsehschärfe handelt es sich nicht um eine Schwellenwertbestimmung. Die Lesegeschwindigkeit kann beim Lesen von Texten ausgewertet werden." (DOG-Deutsche Ophthalmologische Gesellschaft, 2009, Pkt. 1a.2).

Weiter wird ausgeführt, dass die Sehschärfe für Lesetexte zu bestimmen methodisch schwierig ist, da es nicht, wie bei den Landoltringen, klare Abbruchkriterien gibt und auch die Bezeichnungen „normales" oder „flüssiges" Lesen nicht einheitlich sind, zumal die Höhe der Leseschärfe auch von den Lesegewohnheiten und der Schulbildung abhängt. Im Umkehrschluss bedeutet es, dass Wenigleser oder Leser mit mangelnder Sprachkenntnis automatisch einen „schlechteren" Visuswert hätten (vgl. DOG-Deutsche Ophthalmologische Gesellschaft, 2009, Pkt. 1a.4.4).

Da Lesetests zur Ermittlung des Vergrößerungsbedarfs für sehbehinderte Leser mittels Leseprobetafeln mit abnehmenden Schriftgrößen im „Normaldruck" und im Verlauf der Untersuchung entsprechend dem Zeitungsdruck und im Abstand von 40 Zentimetern bzw. 25 Zentimetern durchgeführt werden sollten (vgl. Diepes et al, 2007, S. 170; DOG-Deutsche Ophthalmologische Gesellschaft, 2009, Pkt. 1a4.3), ist die Hubacher-Lesetestserie eine angemessene Untersuchungsform.

Die Textsorte Märchen ist den Schülern vertraut, da mit hoher Wahrscheinlichkeit der überwiegende Teil der Kinder mit Märchen aufgewachsen ist. Die Sprache in den Texten ist den Lesern altersgemäß sowie nicht unbekannt und von daher angemessen (vgl. Baer et al, 2001, S. 434).

Die Untersuchung mit sehbehinderten Menschen zur Lesefähigkeit unterschiedlicher Schrifttypen wird somit durch den Hubacher-Lesetest ideal ergänzt.

Mit dem Einsatz des Hubacher-Testinstrumentariums werden die Kriterien Fehlerhäufigkeit (Vergleich der Fehleranzahl und des Charakters des Fehlers bei gleichbleibender Schriftgröße und variierenden Schrifttypen) und die Kriterien Lesegeschwindigkeit in Kombination mit dem Kriterium Komfortabilität erfasst.

11.2 Methode zur Erfassung der Leseleistung – Aspekte Lesegeschwindigkeit (in Kombination mit Komfortabilität und Fehlerhäufigkeit), Kurzzeiteinblendung

Testvorstellung Tachistoskop

Leseuntersuchungen mit dem Tachistoskop wurden in der Geschichte der Leseforschung seit Cattell (1885) als gängiges Untersuchungsinstrument eingesetzt (vgl. Wendt, 2000, S. 15; Jegensdorf, 1980, S. 43). Hierbei hat Cattell Javals Aussage ebenfalls bestätigt, dass die Augen beim Lesen in Sakkaden die Schrift abtasten und die Buchstaben in dieser Darbietungszeit nicht einzeln, sondern mehrere zusammen (Wortüberlegenheitseffekt) erkannt werden (vgl. Wendt, 2000, S. 19; Günther, 1988, S. 149).

Mittels eines Tachistoskops können durch die kurzzeitige Präsentation von Zeichen auf einem Monitor oder auf einer Projektionsfläche visuelle Reize ausgelöst werden, die von der Untersuchungsperson erkannt und nachfolgend benannt bzw. aufgeschrieben werden müssen.

In den Anfängen dieser Untersuchungsart zur Wahrnehmungsforschung bediente man sich einfacher Zeichentafeln, die hinter einer Platte mit Sichtschlitzen und Spiegeln von dem Untersucher fallen gelassen wurden und bei kurzzeitiger Freigabe des Bildes durch den Schlitz von der Untersuchungsperson erkannt und benannt werden musste. Zeitlich liegt, je nach Konstruktion der Technik und Informationsgehalt der Zeichenabbildung, die Darbietungszeit im Bereich von Zehntel-Sekunden und niedriger. Da die Verweildauer eines Fixationspunktes bei ca. einer Zehntel- bis einer Viertelsekunde liegt (vgl. Tinker, 1963, S. 12; Gorbach, 2004, S. 42, Piaget, 1983, S. 33; Rayner et al, 2012, S. 101), ist der gewählte Zeitabstand von 0,10 Sekunden zur Erkennung der Wörter für diese Untersuchung angemessen.

"Ordinarily the exposure field with the printed material remains in view so briefly (1/10 second or less) that the eyes of the subject do not have time to move from one fixation to another. This means that the exposure of print is shorter than the reaction time of the eye. An exposure of about 1/10 second provides enough time for a clear view of the exposed print. This arrangement yields a *single act of vision*, since the timing prevents movement of the eyes to a second fixation point." (Tinker, 1963, S. 12).

Mit der heutigen Computertechnik im privaten Haushalt und, wie bei dieser Untersuchung, einer im Handel erhältlichen Tachistoskop-Software ist es möglich, Untersuchungen zur optischen Wahrnehmung technisch einfach und unproblematisch mit individuellen Anpassungen durchzuführen.

Begründung der Testauswahl

Die Lesbarkeit von Schrift ist in diversen Untersuchungen und geschichtlich erstmals 1885 von Cattell mit dem Tachistoskop durchgeführt worden (vgl. Tinker, 1963, S. 12; Jegensdorf, 1980, S. 45; König, 2004, S. 31; Rayner et al, 2012, S. 101). Für die Bestimmung der Buchstabenerkennbarkeit kann das Tachistoskop aufgrund des vielfältigen und historischen Einsatzes in der Wahrnehmungsforschung als valides Untersuchungsinstrument gelten. Hierbei war für die Forschung die Lesegeschwindigkeit das überwiegende Untersuchungskriterium, obwohl in der Fachliteratur schon darauf hingewiesen wurde, dass die individuellen Unterschiede in der Lesegeschwindigkeit nicht allein durch die Typographie bestimmt werden können, wohl aber die Geschwindigkeit als Kriterium der Lesbarkeit genommen werden kann (vgl. Tinker, 1963, S. 14; König, 2004, S. 34; Wendt, 2000, S. 22).

Bei dieser Untersuchung handelt es sich um den Vergleich zweier Schrifttypen mit dem gleichen Wortmaterial bzw. um das Erkennen von Wortgestalten. Somit ist das Kriterium der Lesegeschwindigkeit in diesem Untersuchungsabschnitt anwendbar.

Tachistoskope werden neben der Schriftforschung auch für die Wahrnehmungsforschung im Bereich der Werbung (Werbebanner, Anzeigenmotive, Werbemittel etc.) eingesetzt, um zu ermitteln, welche kurzzeitigen Informationen vom Betrachter gesehen und verarbeitet werden. Bei diesen Untersuchungen werden die Lesbarkeit von Schriften, die notwendige Verstehenszeit einer Textzeile auf den Produkten, aber auch die kognitiven emotionalen Reaktionen der Produktinformationen festgestellt, um dann später das Produkt entsprechend den Kunden zu präsentieren (vgl. Marktforschung, 2006, o. S.).

Neben dem Einsatz in der Lesbarkeitsforschung und in der Werbewahrnehmungsforschung wird das Tachistoskop im Sportbereich beim Screening für Leistungssportler zur Beurteilung der zentralen Erkennungsleistung eingesetzt (vgl. Augsburg, 2001, S. 22). Gemeinsam ist allen Untersuchungen, dass ein kurz dargestellter Stimulus erkannt werden muss und anschließend das Endergebnis fixiert und ausgewertet wird.

Da beim Lesen mit dem Tachistoskop der Wortüberlegenheitseffekt zum Tragen kommt (vgl. Klicpera / Gasteiger-Klicpera, 1998, S. 26) bzw. ein dem Leser bekanntes Wort als abgespeicherte Wortform abgerufen werden muss, eignet sich das Tachistoskop gut zur Feststellung, ob ein dem Probanden bekanntes kurz dargestelltes Wort, einmal mit und einmal ohne Serifen, schneller zu erkennen ist.

Das Verfahren Tachistoskop bildet die Kriterien Geschwindigkeit in Kombination mit Komfortabilität ab.

11.3 Methode zur Erfassung der Leseleistung – Aspekt Textverständnis

Testvorstellung Stolperwörtertest

Der Stolperwörtertest ist ein von Wilfried Metze 2002 konzipierter Lesetest, der kostenlos im Internet [www.lesetest1–4.de] heruntergeladen werden kann.

Der Test ist hauptsächlich als Gruppentest für die Grundschule entwickelt worden und ermöglicht eine Diagnostik zur Lesefertigkeit und -fähigkeit über die Schulstufen 1 bis 4, bei der längsschnittlich die Leistungszuwächse mit dem gleichen Instrumentarium abgebildet werden können (vgl. Metze, 2003, S. 5). Ursprünglich wurde der Stolperwörtertest als Speed- und Powertest konzipiert, bei dem die Bearbeitung der Sätze unter Zeitdruck erfasst werden kann (Speed) oder die Testpersonen die Möglichkeit haben, alle 60 Sätze ohne Zeitdruck zu bearbeiten und es auf das Durchhaltevermögen mit einer möglichst geringen Fehleranzahl (Power) ankommt (vgl. Metze, 2003, S. 21). Die Vorteile des Tests liegen in der zeitökonomischen Anwendung und in den validen Werten zum Leseverständnis. Als Gruppen-Leiselese-Test ist er durch die geringen Bearbeitungszeiten für die Schüler, aber auch der Auswertung durch den Tester gut einsetzbar. Für die Gesamttestzeit mit Instruktion werden ca. 20 Minuten benötigt. Die Instruktionszeit wird mit zehn Minuten angesetzt, der Testdurchlauf schwankt mit zehn Minuten für die 1. Klassen (45 Sätze) und vier Minuten (60 Sätze) für die 4. Klassen. Die Auswertungszeit kann, je nach Klassenstärke, bei ca. einer Stunde liegen. Wird der Stolperwörter-Lesetest in den vier Grundschuljahren mit den Schülern durchgeführt, lässt sich für jedes Schuljahr die Lesefertigkeit diagnostizieren.

Die Wortanzahl des Gesamttestes für die 4. Klassen liegt bei 442 Wörtern bzw. 7,37 Wörter pro Satz. Das Verhältnis von Silben im Wort beträgt durchschnittlich 1,64 Silben und durchschnittlich 5,08 Buchstaben pro Wort.

Der Stolperwörtertest wird in einer sogenannten Parallelform angeboten, es kann der gleiche Test, in geänderter Satz-Reihenfolge, erneut eingesetzt werden. Wichtig für die Ermittlung des Lesestands gleicher Schulstufen ist bei der Anwendung der gleiche Zeitpunkt mit einem Zeitfenster von ca. acht Wochen. Liegen die Zeiten weiter auseinander, ist eine Vergleichbarkeit mit anderen Testpersonen der gleichen Schulstufe nicht mehr möglich. Die Fortschritte im Lesen sind in diesem Zeitabschnitt schon zu weit auseinander und nicht unbedingt bei allen Lesern zu diesem Zeitpunkt gleich.

Der Stolperwörtertest gilt als genormt, hat eine nach der Retest-Methode stimmige Reliabilität aufgewiesen und ist durch eine hohe Korrelation mit anderen Verfahren valide (vgl. Metze, 2003, S. 6). Eine im Jahre 2003 von der Universität Siegen durchgeführte Vergleichsstichprobe (LUST-1, Lese-Untersuchung mit dem Stolperwörter-Test) bestand aus 18.083 Kindern der 2., 3. und 4. Klassen (vgl. Brügelmann, 2003k, S. 2).

Beim Stolperwörtertest lesen die Testpersonen wie in einer natürlichen Lesesituation leise für sich und in der Klassensituation. Bei diesem Lesevorgang kommt das sinnerfassende Lesen unter Zeitdruck zum Tragen. So muss in einem Satz ein „Störer" (Meine Mutter trinkt gern schwach Kaffee.) gefunden und durchgestrichen werden. Die Aufgabe muss hierfür richtig erlesen und durch Aktivierung der grammatikalischen, syntaktischen und semantischen Lexika gelöst werden. Diese Lesart ist dem Alltagslesen am ähnlichsten (vgl. Metze, 2005, S. 9).

Das Schema des Lesetests von Metze, Störfaktoren zu erkennen und zu streichen, wurde bereits 1963 von Tinker entwickelt und mit Studenten bzw. Erwachsenen durchgeführt (vgl. Tinker, 1963, S. 21).

Begründung der Testauswahl

Die auf dem Markt befindlichen Lesetests sind entweder sehr teuer oder sie bringen einen hohen Zeitaufwand mit sich, weil sie als Einzeltests konzipiert sind. Der Stolperwörtertest steht kostenfrei im Internet zur Verfügung, wenn der Nutzer sich verpflichtet, die Testergebnisse, natürlich bei möglicher Anonymisierung der Kinder, dem Test-Autor zur Verfügung zu stellen.

In der Forschung fand der Stolperwörtertest u. a. Einsatz bei Wilfried Metze selbst (Erstellung von Vergleichsstichproben) und im Projekt LUST-1 (vgl. Brügelmann, 2003k) in Siegen (Lese-Untersuchung mit dem Stolperwörter-Test).

Durch die sehr große Anzahl an Untersuchungsteilnehmern ist dieser Lesetest in leicht abgeänderter Form für die Untersuchung zur Feststellung der geeigneten Schriftform für sehbehinderte Leser optimal geeignet.

Nach einer E-Mail-Anfrage beim Testautor Metze gab er sein Einverständnis dafür, den Stolperwörtertest für die Leseuntersuchung bei sehbehinderten Schülern mit individuellen schülerbezogenen typographischen Veränderungen einzusetzen (vgl. Metze, Mail vom 29.03.2006).

Das Verfahren Stolperwörtertest gibt Auskunft über die Leseleistung mit dem Fokus auf den Aspekt des Textverständnisses.

11.4 Methode zur Erfassung der Leseleistung – Aspekt Emotionalität

Testvorstellung

Jeder Leser ist eine individuelle Person, die aus unterschiedlichen Beweggründen einen Text liest. Beeinflusst wird dieser Lesevorgang von individuellen Wahrnehmungsmodalitäten, von der körperlichen Leistungsfähigkeit und von der Lesemotivation. Grundsätzlich müssen dem Leser das Schriftsystem im Druckwerk vertraut sein (Zeichenbekanntheit), er einen sprachlichen Zugang zum Text haben (Mutter- oder Fremdsprache) und den Text kognitiv angemessen verstehen können (vgl. König, 2004, S. 121). Der Grund des Lesens, wie freiwillig oder unter psychischem Druck und mit welchem Ziel, stellt einen emotionalen Faktor beim Lesen dar. Jedes Lesen braucht eine angemessene Typographie, die den Text identifiziert und lesbar macht. Es wird unter anderem zwischen den Lesarten lineares Lesen, informierendes Lesen, differenzierendes Lesen und selektierendes Lesen unterschieden. Ist die Typographie dem Text nicht angemessen, kommt es zu einem Interessenkonflikt beim Leser, was die Lesemotivation herabsetzen kann. Dieses Zusammenspiel der Faktoren der Lesart und Lesbarkeit beeinflussen den subjektiven Leser (König, 2004, S. 122).

Drei Voraussetzungen müssen für einen Text erfüllt sein: Es muss die Typographie vom Leser gelesen werden können, sie muss zum Inhalt der Textaussage passen und sie muss dem Leser gefallen. Eine Beschreibung der subjektiven Schrift-Gefühle käme bei manchen Lesern aber lt. Willberg über ein „gefällt mir" und „gefällt mir nicht" nicht hinaus. Präzisere Ausführungen sind vom Leser nicht unbedingt zu erwarten (vgl. Willberg, 2001, S. 85). Die emotionalen und sozialen Einflüsse sind in der allgemeinen Psychologie und den individuellen Wahrnehmungsarten bei allen Menschen gleich. Unterschiede in der Wahrnehmung sind individualpsychologisch, situativ oder durch soziale Faktoren bedingt. Diese Faktoren können sich aber auch gegenseitig beeinflussen. Laut Untersuchungen können emotionale bzw. soziale Bewertungen Urteile über wahrnehmbare Aspekte von Objekten beeinflussen (vgl. Guski, 2000, S. 124). Emotionale Bewertungen können zudem Einfluss auf die Entdeckbarkeit von Wörtern beim Lesen oder Objekten haben. Bei Versuchen konnte festgestellt werden, dass vom Leser die positiv besetzten Wörter schneller gelesen wurden als die negativ besetzten (vgl. Guski, 2000, S. 126).

Welchen emotionalen Einfluss eine Schriftvorliebe beim Lesen für sehbehinderte Schülerinnen und Schüler haben kann, soll mit dieser Untersuchung ermittelt werden. Mit vier verschiedenen Textsorten in unterschiedlichen Gestaltungen lesen die Probanden die Texte laut vor. Das Vorlesen wird für eine spätere Auswertung mit einem Tonbandgerät aufgezeichnet. Nach dem Vorlesen aller Texte werden die Leser darüber interviewt, ob ihnen an den Texten etwas aufgefallen ist und welche Schriftvorlieben sie haben.

Begründung der Testauswahl

Eine Untersuchung bezüglich der Schriftvorliebe und den Einfluss auf das Ergebnis sind in dieser angestrebten Form, besonders mit sehbehinderten Lesern, meines Wissens im deutschsprachigen sehbehindertenpädagogischen Raum nicht vorhanden.

Bekannt ist, dass ästhetische Empfindungen einen Einfluss auf das Leseverhalten haben und einen Motivationsschub zum Lesen bedingen können. Motivation für eine Handlung wird mit dem Yerkes-Dodson-Gesetz (Aktivationsmodell) beschrieben. Dies ist aber nicht vollständig auf das Lesen übertragbar, da Schrift immer physiologisch lesbar und dem Inhalt angemessen sein muss, aber auch dem Leser gefallen sollte (Wendt, 2000, S. 50). Ob sehbehinderte Leser von ihrer Schriftvorliebe beim Lesen verschiedener Textgattungen und verschiedener Textgestaltungen profitieren können, sollte mit dieser Untersuchung festgestellt werden. Im Verlauf des lauten Vorlesens durch die sehbehinderten Schülerinnen und Schüler wurde das Gesprochene mit einem Tonband aufgezeichnet, anschließend wurden die Leser per Interview zu den Texten befragt. Das Interview gilt als wichtigste Befragungsart für die Datenerhebung. Die hier eingesetzte Befragungsart ist als nicht-standardisiertes Interview einzuordnen, da die Fragen zwar klar formuliert sind, die Fragenreihenfolge jedoch frei wählbar ist. Je nachdem, wie sich der Gesprächsverlauf entwickelt, besteht eine Wahlfreiheit der Fragenabfolge. Der Fragebogen gilt dann als Leitfaden (vgl. Stier, 1999, S. 184; Schnell et al, 2005, S. 322). Ein Interview ist eine künstliche Situation, ähnlich einer Laborsituation, bei der sich auch die Gesprächspartner nicht vorher kennen, es gewährt aber auch so eine gewisse Anonymität der Beteiligten (vgl. Stier, 1999, S. 185). Die Antworten sind durch den einheitlichen

Fragebogen vergleichbar, mit einer anschließenden Verschriftlichung (Transkription) der Tonbandaufnahme können die Antworten zwar gefiltert und schmückende Beiwörter ausgelassen werden, beinhalten aber doch durch die starken Interviewereinflüsse eine schwierige Auswertbarkeit (vgl. Stier, 1999, S. 175; Schnell et al, 2005, S. 388).

Die Art der Fragestellung ließ keine Möglichkeit zu, auf die einfache Frage: „welche Schrift bevorzugst du?" die während der Schulzeit evtl. gelernte Antwort: "serifenlose Schriften", zu äußern. Es besteht die Vermutung, dass die Schüler in ihrer Schulzeit zum sehbehindertenspezifischen Hilfsmittel in der Textgestaltung erzogen wurden, dass sehbehinderte Schüler serifenlose Schriften brauchen. Auch das Wissen des vermeintlichen Vorteils einer serifenlosen Schrift kann zu einem positiven emotionalen Verhältnis führen und somit zu einer zwangsläufigen Antwort leiten. Entsprechend wurde beim Interview vom Textinhalt und die allgemeine Textpräsentation mit offenen Fragen wie „was fällt dir auf?" ausgegangen. Die Rangfolge der Antworten, lässt auf eine Emotionalität der individuellen Wertigkeit schließen, da bei offenen Fragen persönliche Standpunkte zuerst genannt werden können.

12 Durchführung

Hubacher-Lesetest – Testpersonen und -material

Die Leseuntersuchung mit dem Hubacher-Lesetest wurde mit sehbehinderten Schülern der 6., 7. und 8. Klassen (n = 21) und Studenten mit Simulationsbrillen (mit transparenten Folien beklebte Brillen zur Simulation einer Sehbehinderung) der Universität Hamburg (n = 10) durchgeführt. Die sehbehinderten Schüler hatten nur ihre optischen Hilfsmittel zur Verfügung (Brillen etc.), elektronische Hilfsmittel wurden nicht eingesetzt. Von allen getesteten Schülern lagen Einverständniserklärungen der Eltern sowie die Einverständniserklärungen der Schulbehörden Halle und Hannover vor. Die Testpersonen wiesen laut ihren Einverständniserklärungen folgende Sehbehinderungen auf:

Leser	Angegebene Augenkrankheiten der teilnehmenden Schülerinnen und Schüler auf den Schuleinverständnissen
HAL 6.1	Hyperopie bds.
HAL 6.2	Myopie, Opticusatrophie
HAL 7.1	Amblyopie, Anisometropie, Myopie
HAL 7.2	Part. Opticusatrophie
HAL 8.1	Visuomotorische Koordinationsstörungen
HAL 8.2	Zapfen-Stäbchen-Dystrophie, Myopie

HAL 8.3	Myoper Astigmatismus/Stabsichtigkeit, Anisometropie, Opticusatrophie
HAL 8.4	Retinopathia praematurorum (Frühgeborenen Retinopathie)
HAL 8.5	Chorioretinitis (Aderhautentzündung)
HAL 9 Leser	
H 6.1	Hyperopie, Exotropie, Anisometropie
H 6.2	Retinopathie 3. Grades
H 6.3	Nystagmus, Albinismus
H 6.4	Katarakt, Kongenia
H 7.1	Myopie, Astigmatismus, Strabismus convergens, Rucknystagmus
H 7.2	Myopie, Nystagmus, Makulanarbe
H 7.3	Dysfunktion der Hypophyse, Myopie, Astigmatismus, R/L-Amblyopie
H 7.4	R/L-Conjunklivitis, Aniridie, R/L-Hyperopie, Astigmatismus, Nystagmus
H 7.5	extrem Lichtempfindlich, Kongentialer Nystagmus, Hyperopie, Pigmentepitheliopathie
Testabbruch bei Hubacher und Tachistoskop	Nicht verwertbares Ergebnis, Leser liest im Alltag mit elektronischem Lesegerät
H 8.1	Albinismus
H 8.2	Grauer Star, Nystagmus
Testabbruch bei Hubacher	Nicht verwertbares Ergebnis, Leser liest im Alltag mit elektronischem Lesegerät
H 8.3	Myopie
H 8.4	Myopie, Nystagmus, Hornhautverkrümmung
H 11 Leser	

HH HH 1- HH 10	Teilnehmer lasen mit diffuser Folie beklebte Brillen zur Simulation einer Sehbehinderung
HH 10 Leser	
Gesamt 30 Leser	

Tabelle 12.1: Die Teilnehmer des Hubacher- und Tachistoskop-Test und ihre Sehbehinderungen

Testdurchführung

Die Testpersonen saßen an einem Tisch mit Leseständer, auf dem die Lesetexte platziert waren. Die Texte wurden in der Reihenfolge von großer Schrift zu kleiner Schrift vorsortiert. Die Arbeitsplatzbeleuchtung lag bei ca. 1.300 Lux Lesegutbeleuchtung und 1.100 Lux Raumbeleuchtung. Die Leser bekamen in einem Vorgespräch einen Mustertext mit den unterschiedlichen Farbdarstellungen (weiße Schrift auf schwarzem Grund, schwarze Schrift auf weißem Grund und schwarze Schrift auf hellgrauem Untergrund) und konnten sich die für sie am besten zu erkennende Gestaltungsform aussuchen. Diese gewählte Gestaltungsform wurde dann durchgängig beibehalten. Nach der Wahl der Textgestaltung wurden die Probanden über den genauen Testablauf informiert. Mittels einer Digitalkamera wurden die Durchgänge mitgefilmt.

Bei der Auswahl der Textblattfarben entschieden sich die studentischen Teilnehmer der Universität-Hamburg für schwarzen Hintergrund und weiße Schrift, die sehbehinderten Schüler wählten für ihre Textblätter einen weißen Hintergrund mit schwarzer Schrift. Die Leser saßen während der Untersuchung mit dem Tester allein in einem Raum. Auf dem Tisch stand der Leseständer mit den Texten und die Testpersonen mussten nach einer kurzen Einführung in den Testablauf die Texte laut vorlesen. Der Leseabstand zum Lesetext betrug zu Beginn 40 Zentimeter. Laut Ansage zum Testablauf hätten die Leser zwar nicht dichter an das Lesegut herangehen dürfen, die Möglichkeit wurde ungesagt trotzdem gegeben.

Ansage zum Testablauf Hubacher_Lesetest (Papiertexte)
Ich stelle vor dir einen Text in den Leseständer, den du bitte, wenn ich sage: LOS, laut und deutlich sowie zügig vorliest.
Wenn du am Ende angekommen bist, nimmst du bitte das oberste Blatt weg und liest den Text auf dem nächsten Blatt fortlaufend weiter.
Die einzelnen Textabschnitte werden immer kleiner. Halte bitte möglichst den gleichen Leseabstand!
LOS!
(Bei Nachfragen durch die Testpersonen wurde die Ansage wiederholt.)

Die Testpersonen lasen die Texte (Märchen) in wechselnder Reihenfolge. Las ein Leser erst die Texte mit der Schrifttype Arial und danach mit der Schrifttype Times New Roman weiter, begann der nächste Leser mit der Schriftform Times New Roman und las dann mit der Schrifttype Arial weiter. Wenn die ersten Texte von großer Schrift zu kleiner Schrift gelesen waren, bekamen die Leser den zweiten Stapel mit der anderen Schriftform von großer Schrift zu kleiner Schrift. Als Lesetexte wurden aus dem Lesetest von Hubacher „Schwan kleb an" bzw. „Die Prinzessin" eingesetzt.

Das Abbruchkriterium beim Lesen wurde vom Tester ab drei Fehler in einer Zeile festgelegt. Es wurde dem Schüler dann gesagt, dass es gut war und ausreichen würde. Einmalige Versprecher in einer Zeile, wie sie beim Lesen vorkommen, wurden vom Tester toleriert.

Die Kamera stand schräg hinter den Lesern, sie wurde bei der Untersuchung durch den distanzierten Standort kaum wahrgenommen.

Tachistoskopische Untersuchung – Testpersonen und -material
In diesem Abschnitt der Leseuntersuchung wurden die gleichen Testpersonen, wie beim Hubacher-Lesetest eingesetzt. Als Testinstrument diente die Software Uni-Wort 6.5 vom Eugen-Traeger-Verlag in Lotte (vgl. Eugen-Traeger-Verlag: Tachistoskop). Diese Software beinhaltet neben Lese- und Schreibübungen ein Schrift-Tachistoskop mit der Mindestdarstellungszeit von 0,1 Sekunden, was für diesen Testdurchgang ausreichend ist (s. a. Augsburg).

Von allen getesteten Schülern lagen die Einverständniserklärungen der Eltern und der Schulbehörden Halle und Hannover vor.

Die Untersuchung wurde mit einem handelsüblichen Notebook, 15,4 Zoll Bilddiagonale, durchgeführt. Die Raumhelligkeit lag während der Untersuchung bei durchschnittlich 800 Lux. Die Leuchtkraft des Monitorbildschirms war normal (ca. 120 Lux) eingestellt, konnte aber von den Teilnehmern nach Bedarf heller oder dunkler gestellt werden.

Bei den mit dem Tachistoskop dargebotenen Wörtern wurden die Schrifttypen Times New Roman (Pkt. 36) und die Arial (Pkt. 32) eingesetzt. Die Schriftgrößen bei den Schrifttypen Times New Roman und Arial sind in der Monitordarstellung und beim Papierausdruck bei gleicher Punktangabe im Textverarbeitungsprogramm metrisch unterschiedlich hoch. In dieser Untersuchung wurde für beide Schrifttypen (Arial und Times New Roman) die metrische Darstellung von 6 mm Kleinbuchstabenhöhe gewählt. Diese Größe ist identisch mit der größten Kleinbuchstabengröße des Hubacher-Lesetestes, der dieser Untersuchung vorangestellt wurde. Bei den Voruntersuchungen mit den Studenten waren die Ergebnisse mit der größten Schriftgröße des Hubacher-Lesetests durchweg positiv. Von daher konnte diese Schriftgröße bei den sehbehinderten Lesern ebenfalls als gut zu erkennen vorausgesetzt werden. Zudem würde eine zu große Schrift evtl. außerhalb des Gesichtsfeldes der Probanden reichen, was mit der vorgegebenen Größe auf Basis der Hubacher-Größe nicht der Fall war. Der Leseabstand betrug zu Beginn ebenfalls 40 Zentimeter und war variabel.

Die Einzelwörter wurden schwarz auf weißem Hintergrund für 0,1 Sekunden mittig auf dem Bildschirm eingeblendet. Der Proband hatte die Aufgabe, das erschienene Wort laut zu lesen und durch Druck auf die Leertaste, das nächste Wort einzublenden. Dadurch konnte der Leser selbst die Geschwindigkeit der Reihenfolge der einzelnen Wortdarstellungen bestimmen.

Das Wortmaterial wurde auf Grundlage der Wortbilderähnlichkeiten der Lese-, Schriftspracherwerb- und der Legasthenieforschung zusammengestellt (vgl. Tinker, 1963, S. 33; Fromm, 1964, S. 95; Breuer, 2004, S. 81; Füssenich/Löffler, 2005, S. 48; Wespel, 2008, S. 12). Der Schwierigkeitsgrad der Buchstaben-/Wortähnlichkeiten (z. B. m-n, p-q, f-t, Pappe-Puppe etc.) ist in der Leseforschung ein geläufiger Schwierigkeitsgrad.

Die beim Test eingesetzte Wörterliste in den jeweiligen Schrifttypen:

Times New Roman   Arial

Nadel	Nabel		Nadel	Nabel
Beine	Biene		Beine	Biene
Sohlen	sollen		Sohlen	sollen
lieben	leiden		lieben	leiden
prahlen	prallen		prahlen	prallen
Geld	gelb		Geld	gelb
Dünne	Dürre		Dünne	Dürre
Pollen	Pelle		Pollen	Pelle
schwierig	schmierig		schwierig	schmierig
Nesseln	Nester		Nesseln	Nester
Hase	Hose		Hase	Hose
hobeln	hebeln		hobeln	hebeln
reden	roden		reden	roden
Worte	warte		Worte	warte

Zobel	Zelte		Zobel	Zelte
Zeiten	Zierde		Zeiten	Zierde
Tonne	Tanne		Tonne	Tanne
Hafer	Hefe		Hafer	Hefe
Tasse	tosen		Tasse	tosen
Kanne	kenne		Kanne	kenne
verwahren	verwöhnen		verwahren	verwöhnen
Haarausfall	Hosennaht		Haarausfall	Hosennaht
Kinn	Kino		Kinn	Kino
obdachlos	jodeln		obdachlos	jodeln
Gipsdecke	Grashüpfer		Gipsdecke	Grashüpfer
Idee	Jade		Idee	Jade
Falken	Fohlen		Falken	Fohlen
verlaufen	verkaufen		verlaufen	verkaufen
Moor	Meer		Moor	Meer
Beet (30)	Boot (60)		Beet (30)	Boot (60)

Tabelle 12.2: Die Wörterliste für den Tachistoskop-Test mit den Schrifttypen TNR und Arial

Testdurchführung

Der Proband war mit dem Tester allein in einem Raum und somit ungestört. Bei den tachistoskopischen Einzelworteinblendungen werden einzelne Testwörter für 0,10 Sekunden (vgl. Tinker, 1963, S. 12) auf einem Notebookmonitor dargestellt. Der Proband las, nach einer Einweisung durch den Tester, das eingeblendete Wort laut vor. Mittels eines selbst durchgeführten Tastendrucks wurde das nächste Wort eingeblendet und musste dann ebenfalls laut vorgelesen werden.

Ansage zum Testablauf Tachistoskop

Es erscheint gleich auf dem Monitor kurz ein Wort, das du bitte laut und deutlich vorliest. Wenn du die Leertaste drückst, erscheint das nächste Wort, das liest du dann bitte auch vor. Danach betätigst du wieder die Leertaste und dann erscheint wieder das nächste Wort, das du dann bitte auch vorliest und so weiter. Am Ende schaltet sich das Programm von selbst ab. (Bei Nachfragen der Testperson wird die Ansage wiederholt.)

Bei den Testwörtern handelte es sich um Substantive, Verben und Adjektive aus dem allgemeinen deutschen Sprachgebrauch. Ein Durchgang mit einer Schrifttype bestand aus 60 Wörtern und war jeweils in der Schrifttype Arial und in der Schrifttype Times New Roman geschrieben. Die Schüler lasen erst einen Durchgang in einer Schrifttype, unmittelbar danach in der anderen Schrifttype laut vor.

Die Reihenfolge der Schrifttypen der dargebotenen Worteinblendungen wurde mit dem Wechsel der lesenden Probanden getauscht, sodass einmal mit der Schrifttype Arial und danach mit der Schrifttype Times New Roman und einmal mit der Schrifttype Times New Roman und darauf mit der Schrifttype Arial gelesen wurde.

Der Leseabstand zwischen Monitor und Leser begann mit 40 Zentimetern und war im Laufe des Lesens vom Leser frei wählbar und veränderbar.

Ein Abbruchkriterium wegen einer hohen Fehleranzahl war nicht vorgesehen, da im Endergebnis bei der Filmanalyse die falsch gelesenen Wörter nicht gewertet wurden.

Die gesamte Untersuchung wurde mit einer Digitalkamera mitgefilmt und später am Computer ausgewertet und tabellarisch fixiert (s. Anhang Tachistoskop). Die Kamera stand schräg hinter den Lesern, sie wurde bei der Untersuchung durch den distanzierten Standort kaum wahrgenommen.

Stolperwörtertest – Testpersonen und -material

An dieser Leseuntersuchung nahmen 48 Schüler der vierten Klassen von acht deutschen Sehbehindertenschulen teil. Die Einverständniserklärungen der Eltern und Schulbehörden für diesen Testdurchgang wurden von den Schulen eingeholt. Bei acht Schülern musste das Ergebnis gesondert berechnet werden, da bei ihnen die Durchführung von den anderen abwich. Trotzdem wird das Ergebnis dieser Gruppe berechnet und bewertet, da auch diese geänderte Durchführungsform ein zusätzlich interessantes Ergebnis aufweist.

Die Sehbehindertenschulen bekamen vom Tester die Textvorlagen mit Zeitangaben zur Durchführung per E-Mail zugesandt. Die Lehrer vor Ort hatten die Aufgabe, die Tests für ihre sehbehinderten Schüler so aufzubereiten, wie die Schüler im schulischen Alltag auch ihr Lesematerial bekommen, und entsprechend den Anweisungen durchzuführen.

Testdurchführung

Um eine Vergleichbarkeit der Ergebnisse mit der herkömmlichen Durchführung zu gewährleisten, ist es wichtig, den Stolperwörtertest in einem bestimmten Zeitabschnitt jedes Schuljahres schreiben zu lassen. Auch damit die Testergebnisse für die zu dem Zeitpunkt anstehenden Zeugnisse mit verwendet werden konnten, galten als verbindlicher Zeitrahmen für die Sehbehindertenschulen, basierend auf den Angaben des Testautors Metze, die letzten vier bis fünf Wochen vor den Sommerferien 2006. Die Tests mit genauen Durchführungsangaben bekamen die Sehbehindertenschulen vom Tester per E-Mail zugesandt.

Jeder Schüler bekam von seinen Lehrern den Stolperwörtertest in der für ihn wie im normalen Unterricht gewöhnlich am besten zu lesenden Textaufbereitung (Schriftgröße und -stärke, Zeilenabstand, Schrift- und Papierfarbe). Beibehalten wurden die in den einzelnen Tests eingesetzten Schriftarten Arial und Times New Roman sowie die Satzreihenfolge. Die Schüler mussten die

Sätze lesen und ein inhaltlich nicht dazugehöriges Wort erkennen und durchstreichen. Die Schüler hatten dafür vier Minuten Zeit und sollten in dieser Zeit so viele Sätze wie möglich bearbeiten. Dieser Testdurchgang wurde an zwei aufeinanderfolgenden Tagen mit geänderter Satzreihenfolge und gleich bleibender Schrifttype durchgeführt. Die nebeneinandersitzenden Sitznachbarn bekamen abwechselnd ihren Text in Arial bzw. Times New Roman und in Version A bzw. Version B (Parallelversionen), so war ein Abschreiben unmöglich. Jeder Testlesedurchgang beinhaltete jeweils 60 Sätze, was unter normalen Bedingungen auch für sehr gute Leser in dieser Klassenstufe nicht zu schaffen ist.

Der Durchführungszeitraum wurde für alle teilnehmenden Sehbehindertenschulen (48 Schüler) für den Mai 2006 festgelegt und auch eingehalten. Die Ergebnisse von acht Schülern liefen außerhalb der allgemeinen Bewertung, da hier die Reihenfolge des Schrifteinsatzes unplanmäßig geändert wurde. Diese Ergebnisse werden gesondert beschrieben, da diese Ergebnisse auch einen zusätzlichen Einblick in das Leseverhalten der Schüler geben.

Leseuntersuchung zur Ermittlung des Einflusses emotionaler Faktoren – Testpersonen und -material

Bei dieser Untersuchung lasen acht sehbehinderte Berufsschüler, verteilt auf zwei Tage, Texte der Gattungen Sport-Zeitungsartikel, Liedtext in deutscher Sprache, Jugendroman und Sachtext aus der Wirtschaft (s. Anhang). Der Visus der Teilnehmerinnen und Teilnehmer lag zwischen 0,05 und 0,2.

Das Textmaterial beinhaltete verschiedene Niveaus der Leseschwierigkeiten, was sich durch Fremdwörter und lange Sätze (Wirtschaftstext) sowie einfache kurze Sätze (Liedtext) bemerkbar machte. Die Textstrukturen waren als Fließtexte (HSV, BSC), in Versform (Liedtext) und mit Absätzen (Liedtext, Jugendroman) gegliedert. Es konnte davon ausgegangen werden, dass die Textinhalte durch den Bezug zum Alltag und zu ihrer Lebenswelt die Leser überwiegend ansprachen (HSV-Text, Liedtext von Udo Lindenberg, Jugendroman Biss zur Mittagsstunde). Der Wirtschaftstext entsprach vermutlich nicht dem Sprachstil der Jugendlichen, bot aber für sie eine gute Möglichkeit, eine unbekannte Textsorte kennenzulernen und sich damit lesetechnisch auseinanderzusetzen.

Im Vorfeld haben die Leser ihre benötigten Textgestaltungen (Schriftgröße, Zeilenabstand) angegeben, entsprechend deren Angaben wurden ihre Textvorlagen erstellt, die Texte wurden auf Papier mit schwarzer Schrift auf weißem Untergrund gedruckt. Die eingesetzten Schrifttypen umfassten in der Lesereihenfolge die Texte mit den entsprechenden Schrifttypen:

HSV-Zeitungsartikel (New Century Schoolbook, Serifenschrift, hier 10 Pkt.),

Lindenberg-Liedtext (Arial, serifenlos, hier 10 Pkt.),

Edward-Jugendroman (Times New Roman, Serifenschrift, hier 10 Pkt.) und

Balanced Sorecard-Wirtschaftstext (APhont, serifenlos, hier 10 Pkt.).

Lesereihenfolge der Teilnehmer

Reihenfolge der Schüler	gelesene Schriftgröße
Erster Tag, 03.07.2009	
Schüler 5	20pt
Schüler 6	20pt
Schüler 3	20pt
Schüler 7	20pt
Schüler 8	14pt
Zweiter Tag, 06.07.2009	
Schüler 2	14pt 1,5 Zeilenabstand
Schüler 4	20pt
Schüler 1	14pt 1,5 Zeilenabstand

Tabelle 12.3: Lesereihenfolge und Textaufbereitung für den Lesetest der emotionalen Faktoren

Testdurchführung

Die Lesesituation fand in einem Einzelraum statt und die Arbeitsplätze der Leser waren entsprechend ihren Bedürfnissen (Möbel, Beleuchtung) ausgestattet. Die Leser waren mit dem Tester allein im Raum, die Leser lasen in der angegebenen Reihenfolge die Texte laut vor. Den Lesern wurde zu Beginn des Durchgangs mitgeteilt, dass es um eine Untersuchung des Leseverhaltens von Schülern mit einer Sehbehinderung geht. Nach dem Lesedurchgang mit den vier Texten wurden die Leser direkt zu den Texten interviewt. Der gesamte Testdurchlauf wurde für die spätere Auswertung auf einem Tonband aufgenommen. Während des Lesens wurde nach Ermessen des Testers der Durchgang abgebrochen, dies geschah bei erheblichem Zeitbedarf beim Lesen bzw. um die Motivation der Leser nicht zu beeinträchtigen. Der Fragenkatalog beinhaltete die Fragen:

- **Ist dir beim Lesen etwas aufgefallen?**
  - Ist dir noch etwas aufgefallen?
  - War noch was unterschiedlich?
- **Ist dir noch etwas an der Präsentation aufgefallen?**
  - Wo ist für dich der größte Unterschied zwischen den Schriftarten?
  - Was ist für dich besonders unterschiedlich?
  - Was ist der Unterschied für dich?
- **Welche Schrift liest du denn ganz gerne?**
  - Was ist, wenn du Bücher kaufst und die eine andere Schrift haben?
  - Und am Computer?
- **Legst du ein Buch weg, wenn du die Schrift nicht magst?**
  - Benutzt du Times New Roman auch Zuhause?
  - Du hast auch im Alltag keine Probleme, wenn du andere Schriften liest?

Die fett gedruckten Fragen waren die Hauptfragen, die eingerückten Fragen waren die Nachhakfragen, wenn keine eindeutigen Antworten kamen.

Das gesamte Datenmaterial zu diesem Untersuchungsabschnitt wurde von der Universität Hamburg erhoben und zur Auswertung dem Verfasser dankenswerterweise zur Verfügung gestellt.

13 Testauswertungen

Im Folgenden werden die Testergebnisse aller durchgeführten Leseuntersuchungen vorgestellt. Die Parameter der Untersuchungen werden hierbei nicht explizit neu beschrieben (s. hierzu Kapitel 12).

13.1 Hubacher-Lesetest

Die Auswertung der Ergebnisse des Hubacher-Lesetests wird zunächst beschrieben und dargestellt.

13.1.1 Darstellung der Testergebnisse

Die Testergebnisse und alle anderen relevanten Angaben wurden nach der Filmauswertung in ein für jeden Leser vorbereitetes Tabellenblatt eingetragen (s. Tabelle 13.1). Für das Gesamtergebnis wurden jeweils der Mittelwert und die Standardabweichung einmal für den Lesedurchgang Arial und anschließendem Durchgang mit Times New Roman und umgekehrt, einmal für den Lesedurchgang Times New Roman und anschließendem Durchgang Arial errechnet.

Relevant für die Ergebnisberechnungen waren die Lesezeiten der Schrifttypen Arial und Times-New-Roman im Verhältnis zueinander sowie die Antwort auf die Frage, welche Schriftgröße für die sehbehinderten Leser am besten (zeitlich) bzw. am weitesten (erkennen) zu lesen ist.

Die gefilmten Testdurchgänge wurden am Computer mit dem Videobearbeitungsprogramm „Pinnacle Studio Version 9.1.0 SE" ausgewertet. Die Filmsequenzen pro Sekunde lassen sich mit diesem Programm in 25 Einzelbilder (Frames) zerlegen. Neben der Darstellung der Frames in 25-stel bzw. 0,04 Sekunden wird mit diesem Programm zeitgleich die gesprochene Sprache in Form einer weißen Amplitudenlinie visualisiert (vgl. Abbildung 13.1).

Die Durchgänge von zwei Lesern, sie lasen üblicherweise mit einem Bildschirmlesegerät, mussten wegen unzureichender Lesefähigkeit abgebrochen werden.

Zwei Leser wiesen vor dem Durchgang darauf hin, dass sie eine nachgewiesene Lese-Rechtschreib-Schwäche hätten. Sie bekamen vom Tester nur die Antwort, dass es hier nicht um das eigentliche Lesen, sondern um das Erkennen der Schriften geht. Bei der Auswertung fielen die beiden Leser im Vergleich zu den anderen nicht auf, ihre Ergebnisse waren im Mittelfeld.

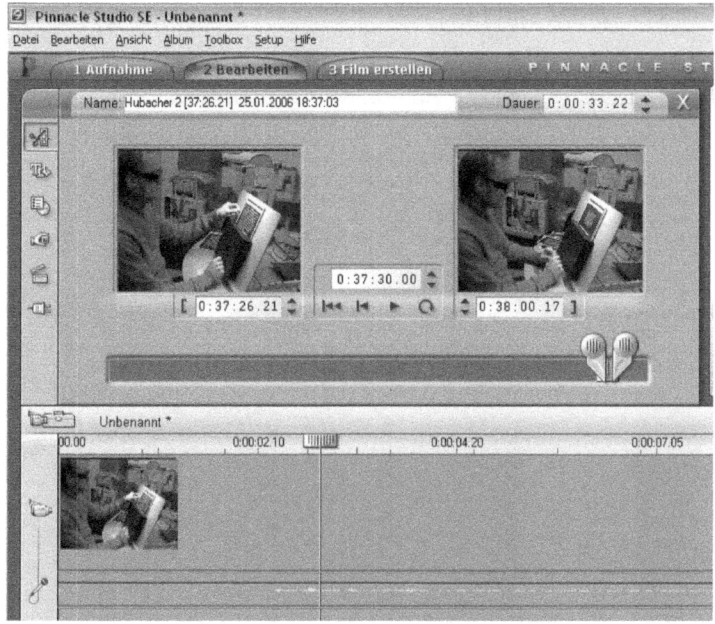

Abbildung 13.1: Die Bedienoberfläche des Videobearbeitungsprogramms

Der Leseabstand betrug zu Beginn 40 Zentimeter, bei Bedarf konnte der Abstand während des Lesens individuell verändert werden.

Zur besseren Übersicht werden trotz Wechsel der Schrifttypen beim Lesen in der Tabelle in Gruppe 1 und Gruppe 2 unterschieden.

Die Gruppe 1 begann im ersten Durchgang mit der Schrifttype Arial (1D Arial) und las im nächsten zweiten Durchgang mit der Schrifttype Times New Roman (2D TNR).

Die Gruppe 2 begann im ersten Durchgang mit der Schrifttype Times New Roman (1D TNR) und las da, rauffolgend im zweiten Durchgang mit der Schrifttype Arial (2D Arial).

Zu jedem Durchgang wurde individuell eine Lesezeit pro Textblatt ermittelt.

Für die Ergebnisermittlung wurden die zeitlichen Leseergebnisse der gelesenen Textblätter zu jedem Durchgang (1D Arial und 2 D TNR bzw. 1D TNR und 2D Arial) zusammengefasst und jeweils der Mittelwert sowie die Standardabweichung errechnet.

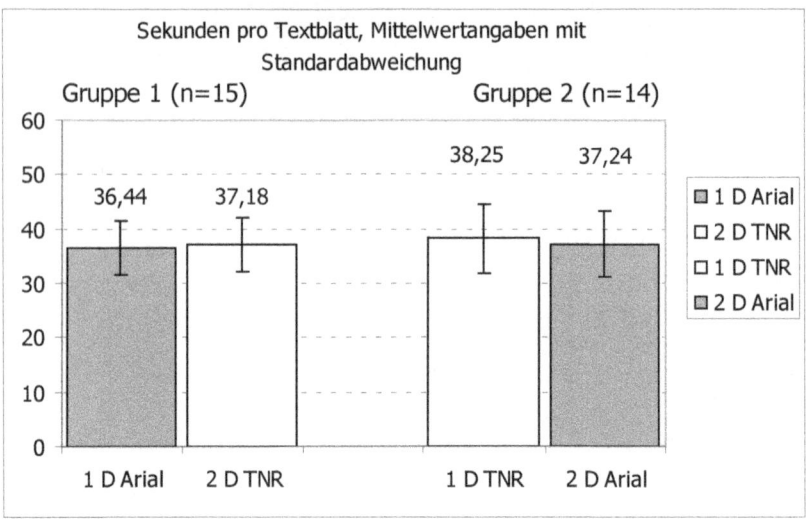

Abbildung 13.2: Darstellung der Lesezeiten der Gruppe 1 und Gruppe 2

Die Gruppe 1 las im ersten Durchgang (1D Arial) mit Arial schneller, die Gruppe 2 las im zweiten Durchgang (2D Arial) ebenfalls mit Arial schneller. Insgesamt wurden die Texte mit Arial um 1,75 Sekunden schneller gelesen als die Texte mit Times New Roman.

Welche Schriftgröße und welche Schrifttype (n=29) wurde am weitesten gelesen?

Aus den Leseergebnissen der einzelnen Textblattergebnisse lässt sich feststellen, welche Schriftgröße mit welcher Schrifttype am weitesten gelesen werden konnte.

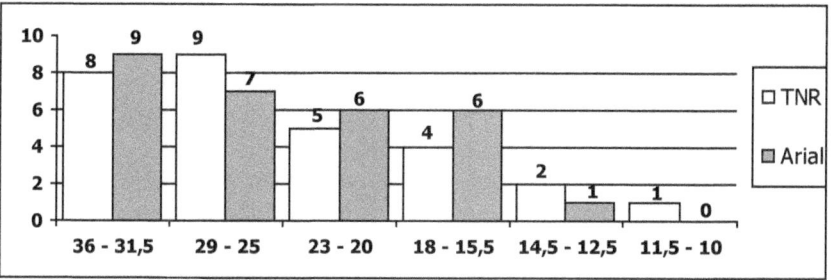

Abbildung 13.3: Lesbarkeit der Schriften bei gleicher metrischer
Buchstabenhöhe

Von den 29 teilnehmenden Lesern konnten bei gleicher metrischer
Schriftgröße, hier in entsprechenden Punktangaben auf der x-Achse, die Schrifttype Arial (9 Leser) mit der größten Schriftgröße besser lesen als mit der Times New Roman (8 Leser). Das Verhältnis
verändert sich bei der nächstkleineren Schriftgröße, da konnte die
Times New Roman (9 Leser) besser gelesen werden als mit Arial
(7 Leser). Die kleinste Schriftgröße in Times New Roman (Punkt
11,5), konnte ein Leser noch erkennen, was mit Arial (Punkt 10)
nicht mehr möglich war.

13.1.2 Diskussion der Testergebnisse
Für die Gesamtgruppe stellt sich ein ausgewogenes Ergebnis dar.
Beim Vergleich der Daten kann hierbei nicht auf den Vorteil einer
bestimmten Schrifttype verwiesen werden.

Im Durchgang der Gruppe 1 (n = 15), beginnend mit der
Schrifttype Arial, wurden die Textblätter im Mittel mit der Schrift-
type Arial (36,44 sec) um 0,74 Sekunden schneller gelesen als die
Texte in Times New Roman (37,18 sec).

Beim Durchgang der Gruppe 2 (n = 14), beginnend mit der Schrifttype Times New Roman (38,25 sec) wurden im Mittel die Textblätter in Arial (37,24 sec) um 0,99 Sekunden schneller gelesen. Werden die Arial- (73,68 sec) und Times-New-Roman- (75,43 sec) Durchgänge addiert und verglichen, beträgt die Differenz 1,75 Sekunden zugunsten von Arial.

Bei einer durchschnittlichen Lesezeit von 37,28 Sekunden je Textblatt kann die Differenz von 0,87 Sekunden als nicht bedeutsam angesehen werden.

Startschwierigkeiten schien der Leser HH6 gehabt zu haben. So benötigte er für den ersten Text in Arial 43,08 Sekunden und für den Vergleichstext in TNR nur noch 23,36 Sekunden. Dass die große Schrift eine Orientierung auf dem Textblatt erschwerte, ist nicht anzunehmen, da es beim Vergleichsblatt nicht diese erheblichen Abweichungen gab. Bei den Textseiten 2 usw. veränderten sich die Lesezeiten bzw. glichen sich einander an.

Bemerkenswert ist auch das Leseergebnis der Leser HH1 und HH4 bei Textblatt 5. Für sie war die Arialschrift nicht mehr zu lesen, wohl aber die TNR. Die Lesezeiten verlängerten sich hierbei mit der Reduzierung der Schriftgrößen. Umgekehrt war es mit dem Leser HH6, er konnte bis zum Textblatt 6 noch die Arialschrift lesen.

Eine schnellere Lesezeit im zweiten Durchgang durch den Übungseffekt ist nicht überall festzustellen. Diese Zeiten variieren untereinander erheblich, was m. E. auf die kontinuierliche Verringerung der Schriftgröße zurückzuführen ist, jedoch nicht von den Schrifttypen abhängt. Auch eine Regelmäßigkeit: Je kleiner die Schrift, desto länger die Lesezeiten, lässt sich nicht durchweg ableiten. Es sind immer individuell variierende Ergebnisse, mal schneller, mal langsamer, bei jedem Textblatt vorhanden.

Aus den 9 einzelnen Lesetests des Hubacher-Lesetests lässt sich die für einen Leser am besten zu lesende Schriftgröße auf Basis der Lesegeschwindigkeit und -richtigkeit ablesen. Beim Lesedurchgang mit dem Lesetest von Hubacher, bei dem die Leser, wenn möglich, alle neun Texte lesen sollten, ergab sich eine für jeden Leser am besten zu lesende Schriftgröße. Hier ist die Verteilung der Schrifttypen Arial und Times-New-Roman (s. Abbildung 13.3 Schriftgröße) relativ gleichmäßig. Es wird an dieser Tabelle aber auch deutlich, dass die Unterschiede in den für die sehbehinderten Leser am besten zu lesenden Schriftgrößen erheblich variieren. In der Tabelle sind die metrischen Schriftgrößenverhältnisse von Times New Roman (Pkt. 36 = 6 mm Kleinbuchstabenhöhe) und Arial (Pkt. 31,5 = 6 mm Kleinbuchstabenhöhe) gleich. Der überwiegende Anteil der am schnellsten zu lesenden Schriftgrößen liegt zwar im Bereich der großen Schriften, jedoch konnten einige der Leser auch eine kleinere Schrift schneller lesen. Das Ergebnis zeigt deutlich auf, dass für jeden sehbehinderten Leser individuell überprüft werden muss, welche Schriftgröße für ihn am besten zu lesen ist. Die Ergebnisse lassen auch nicht auf den Unterricht mit einer speziellen Schrifttype schließen, dafür liegen die Ergebnisse zu dicht beieinander.

Auswertungsbogen Leseuntersuchung, Testmaterial: Hubacher,
Ort: _____ **, Datum:** _____

Name:
Beleuchtung: Lesegut: 1x, Raumbeleuchtung: 1x

Sehbehinderung:
Leseabstand: 40 cm

Text: **Form:** schwarze Schrift, weißer Hintergrund

Text: **Form:** schwarze Schrift, weißer Hintergrund

Seite Pkt	Lesezeit Sek	Fehler/Wörter	Seite Pkt	Lesezeit	Fehler/Wörter
1			1		
2			2		
3			3		
4			4		
5			5		
6			6		
7			7		
8			8		
9			9		

Tabelle 13.1: Auswertungsbogen für den Lesetest mit dem Testmaterial von Hubacher

13.2 Tachistoskopische Untersuchung

Mit der Auswertung der tachistoskopischen Untersuchung werden die Lesezeiten (optisches Erfassen und Benennen des Wortes) und die Wortmenge aufgezeigt.

13.2.1 Darstellung der Testergebnisse

Die Testergebnisse des Untersuchungsdurchgangs mit dem Tachistoskop wurden anhand der Filmanalyse berechnet. Relevant für die Ergebnisberechnungen waren zum einen die Lesezeiten der Schrifttypen Arial und Times-New-Roman im Verhältnis zueinander (Erscheinen des Wortes bis zum Nennen des Wortes) und zum andern die erlesene prozentuale Wortmenge von der Gesamtwortanzahl der jeweiligen Schrifttypen.

Die gefilmten Testdurchgänge wurden wie beim Hubacher-Lesetest ausgewertet.

Beim Testdurchgang mit dem Tachistoskop ließen sich zwei Ergebnisse ermitteln, die eventuelle Unterschiede in der Lesbarkeit der unterschiedlichen Schrifttypen aufzeigen. Für das erste Ergebnis wurde der zeitliche Faktor zwischen dem Punkt des Erscheinens des Wortes und dem Benennen des Wortes anhand des Films ausgemessen und in einer Tabelle fixiert. Aus diesem Ergebnis wurde dann die richtig benannte Wortmenge innerhalb der kürzesten Zeit, hier angegeben in Sekunden pro Wort (SpW), berechnet.

Das zweite Ergebnis zeigt die prozentuale Menge der richtig erkannten Wörter beider Schrifttypen im Verhältnis auf.

Für die Darstellung der beiden Ergebnisse wurden jeweils der Mittelwert und die Standardabweichung einmal für den Lesedurchgang Arial und den anschließenden Durchgang mit Times New Roman und einmal für den Lesedurchgang Times New Roman mit anschließendem Durchgang Arial für die Universität

Hamburg und jede Klassenstufe sowie der Gesamtvergleich beider Schrifttypen addiert angegeben.

Für die Berechnungen der Untersuchungsdaten sowie die Erstellung der Diagramme wurde das Programm Microsoft-Excel bzw. SPSS eingesetzt.

Die benötigte Zeit für das Erkennen und richtige Benennen eines Wortes

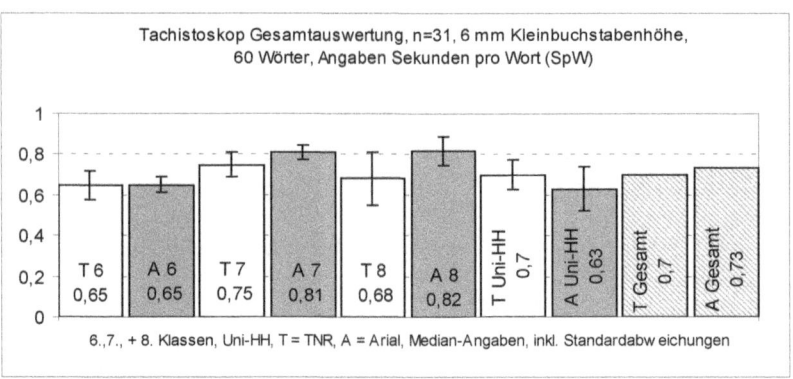

Abbildung 13.4: Gesamtauswertung der Zeit für das Erkennen und Benennen eines Wortes (SpW) mit dem Tachistoskop

Zum Vergleich wurde hier die Kontrollgruppe der Studenten (Uni-HH), die mit einer simulierten Sehbehinderung teilnahmen, mit einbezogen. Erkennbar ist, dass das Leseverhalten bei ihnen unwesentlich ausgeprägter ist. Im Vergleich und unter Berücksichtigung der simulierten Sehbehinderungen der Studenten der Uni-HH liegen die Mittelwerte ohne sie bei 0,69 (T) bzw. 0,76 (A), was für das Gesamtergebnis keinen bedeutsamen Unterschied ausmacht.

13.2.2 Diskussion der Testergebnisse

Der zeitliche Faktor zwischen dem kurzfristigen Worterscheinen und der Wortbenennung durch die Probanden ist mit den Schrifttypen Arial und TNR ohne große Unterschiede.

Die Erkennungszeiten der Wörter mit den Schrifttypen Times New Roman (TNR) und Arial (A) mit dem Tachistoskop zeigen keine bemerkenswerten Unterschiede auf (Einzelauswertungen der Probanden im Anhang Tachistoskop). Sie liegen im Durchschnitt unter einer Sekunde. Im Gesamtergebnis beträgt der zeitliche Unterschied des schnelleren Erkennens bei 0,03 SpW zugunsten von Times New Roman (TNR 0,70 SpW / Arial 0,73 SpW). Einzig bei den Achtklässlern besteht ein „größerer" Lesezeitunterschied von 0,14 Sekunden ebenfalls zugunsten des Schrifttyps Times New Roman.

Schaut man sich in den nachfolgenden Aufstellungen die Zeiten der Probanden im direkten Vergleich an, so fällt auf, dass beim ersten Durchgang (A) überwiegend langsamer gelesen wurde und die Lesegeschwindigkeit sich im zweiten Durchgang, unabhängig von der Schrifttype erhöhte. Einzig die Leser HH 6, H 6.4 und HAL 8.4 lasen beim ersten Durchgang schneller. Das ist auf das Einlesen bei dieser Untersuchungstechnik zurückzuführen, da ein gewisser Trainingseffekt verzeichnet werden kann.
  Betrachtet man die Unterschiede der Einrichtungen, so lasen die Studenten der Uni-Hamburg schneller (ca. 6 %), was auf die höhere Altersstufe und ein höheres Lesetraining zurückzuführen ist.

Gesamte Lesezeiten in Sekunden pro Wort (SpW) mit dem Tachistoskop
Aufstellung sortiert nach Einrichtungen
Präsentationszeit: 0,1 Sek
(A) = Angefangen mit der Schrifttype
Fett = schneller gelesener Text
[richtig erkannte und bewertete Wörter]

WpP = Wörter pro Person

Uni-Hamburg

Leser	Times New Roman PKT 36, entspricht 6mm Kleinbuchstabenhöhe/ 60 Wörter	Arial PKT 32, entspricht 6mm Kleinbuchstabenhöhe/60 Wörter
HH1	0,54 SpW [51 Wörter] (A)	0,52 SpW [58 Wörter]
HH 2	0,82 SpW [57]	0,96 SpW [56] (A)
HH 3	0,50 SpW [59]	0,55 SpW [58] (A)
HH 4	0,52 SpW [58]	0,64 SpW [58] (A)
HH 5	0,73 SpW [58] (A)	0,64 SpW [58]
HH 6	0,96 SpW [33] (A)	1,21 SpW [25]
HH 7	0,69 SpW [56] (A)	0,60 SpW [58]
HH 8	0,71 SpW [56]	0,74 SpW [55] (A)
HH 9	0,57 SpW [56]	0,62 SpW [58] (A)
HH 10	0,76 SpW [55] (A)	0,52 SpW [57]
Durchschnittlich erkannte Wörter pro Person (W pP)	539 : 10 = 53,9 WpP 89,83%	541 : 10 = 54,1 WpP 90,17%

Franz-Mersi-Schule Hannover

Leser	Times New Roman PKT 36, entspricht 6mm Kleinbuchstabenhöhe/60 Wörter	Arial PKT 32, entspricht 6mm Kleinbuchstabenhöhe/ 60 Wörter
H 6.1	0,65 SpW [57 Wörter]	0,69 SpW [55 Wörter] (A)
H 6.2	0,76 [57] (A)	0,65 [56]
H 6.3	0,64 [50] (A)	0,51 [55]
H 6.4	0,46 [56] (A)	0,51 [58]
H 7.1	0,70 [53]	0,83 [49] (A)
H 7.2	0,96 [47] (A)	0,78 [52]
H 7.3	0,74 [43]	0,83 [40] (A)
H 7.4	0,76 [41] (A)	0,69 [46]
H 8.1	0,68 [54]	0,82 [51] (A)
H 8.2	0,85 [33] (A)	0,84 [38]
H 8.3	0,83 [52]	0,87 [48] (A)
H 8.4	0,66 [53] (A)	0,59 [58]
Durchschnittlich erkannte Wörter pro Person (pP)	596 W: 12 = 50,00 WpP 83,33%	606 W : 12 = 5 0,50 WpP 84,17%

Landesbildungszentrum für Blinde und Sehbehinderte Halle

Leser	Times New Roman PKT 36, entspricht 6mm Kleinbuchstabenhöhe/ 60 Wörter	Arial PKT 32, entspricht 6mm Kleinbuchstabenhö-he/60 Wörter
Hal 6.1	0,57 SpW [53 Wörter]	0,64 SpW [49 Wörter] (A)
Hal 6.2	0,86 SpW [36] (A)	0,68 SpW [48]
Hal 7.1	0,68 SpW [54]	0,75 SpW [49] (A)
Hal 7.2	0,94 SpW [37] (A)	0,89 SpW [38]
Hal 8.1	1,4 SpW [48] 0,2 Sek (A) Präsentation	0,83 SpW [42]
Hal 8.2	0,58 SpW [59]	0,69 SpW [59] (A)
Hal 8.3	0,97 SpW [55] (A)	0,75 SpW [55]
Hal 8.4	0,55 SpW [56]	0,54 SpW [53(A)]
Hal 8.5	0,76 SpW [60]	0,97 SpW [56] (A)
Durchschnittlich erkannte Wörter pro Person (pP)	458 W : 9 = 50,88 WpP 84,8%	449 W : 9 = 49,88 WpP 83,13%

Tabelle 13.2: Gesamte Lesezeiten in Sekunden pro Wort (SpW) mit dem Tachistoskop

Berechnet mit SPSS (Wilcoxon-Vorzeichen-Rang-Test verbundener Stichproben, Signifikanzniveau von .05) zeigt sich zwischen den Mittelwerten kein signifikanter Unterschied. Es kann die Nullhypothese, dass der Schriftunterschied sich in der Lesemenge nicht wesentlich auswirkt, behalten werden.

Für das zweite Ergebnis wurde die richtig erkannte und benannte Menge der Wörter jedes Durchganges ermittelt. Diese Werte werden im folgenden Diagramm in Prozent dargestellt.

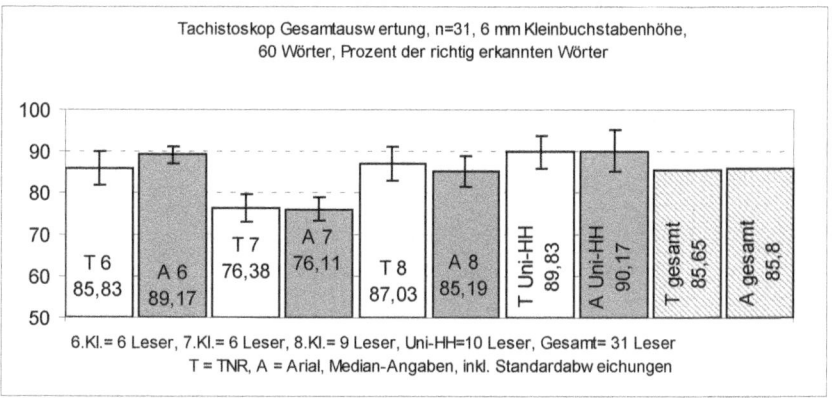

Abbildung 13.5: Tachistoskop Gesamtauswertung der erkannten Wortmenge

Unter Berücksichtigung der simulierten Sehbehinderungen der Studenten der Uni-HH liegen die Mittelwerte ohne sie bei 83,08 (T) bzw. 83,49 (A), was für das Gesamtergebnis keinen bedeutsamen Unterschied ausmacht.

Berechnet mit SPSS (Wilcoxon-Vorzeichen-Rang-Test verbundener Stichproben, Signifikanzniveau von .05) zeigt sich auch hier zwischen den Mittelwerten kein signifikanter Unterschied. Es kann ebenfalls die Nullhypothese, dass der Schriftunterschied sich in der Lesemenge nicht wesentlich auswirkt, behalten werden.

Auch bei dieser Auswertung sind keine augenscheinlichen Unterschiede erkennbar, die auf eine bessere Lesbarkeit einer Schrifttype hinweisen. Außer in den 7. Klassen (n=6) liegt der Durchschnitt der richtig erkannten Wörter bei über 85%. Da die Abweichungen der 7. Klassen bei beiden Schrifttypen nahe beieinanderliegen, kann die Ursache für die Abweichung, im Verhältnis zu den anderen Klassenstufen, auf ein unterschiedliches Lesetraining zurückzuführen sein. Im Verhältnis 7. Klassen zur Gesamtgruppe ist diese Menge ein kleiner Teil (20%). Im Gesamtvergleich (gesamt) aller Ergebnisse liegt die Differenz bei 0,15%.

Im Vergleich der Einrichtungen sind die Unterschiede der Worterkennungen ebenfalls geringfügig, die Abweichungen liegen bei unter 1%, was für das Gesamtergebnis unerheblich ist.

Welche Wörter wie oft falsch gelesen wurden, soll als Nächstes dargestellt werden:

Wortliste, Tachistoskop, Fehlerliste Arial-TNR, gesamt

Nr.	Wort	Arial	TNR	Nr.	Wort	Arial	TNR
1	Nadel	14	17	31	Nabel	5	6
2	Beine	7	6	32	Biene	7	4
3	Sohlen	5	7	33	sollen	1	4
4	lieben	2	5	34	leiden	3	4
5	prahlen	4	3	35	prallen	6	8
6	Geld			36	gelb	2	1
7	Dünne	6	9	37	Dürre	4	2
8	Pollen	3	2	38	Pelle	5	4
9	schwierig	3	3	39	schmierig	9	8
10	Nesseln	7	5	40	Nester	4	4
11	Hase	1	1	41	Hose	2	1
12	hobeln	4	4	42	hebeln	2	4
13	reden	1	3	43	roden	9	11
14	Worte	2	1	44	warte	3	4
15	Zobel	4	5	45	Zelte	6	4
16	Zeiten	4	1	46	Zierde	8	6
17	Tonne	2	3	47	Tanne	1	1
18	Hafer	1	2	48	Hefe	3	5
19	Tasse			49	Tosen	7	7
20	Kanne			50	kenne	1	2

21	verwahren	8	8	51	verwöhnen	10	7
22	Haarausfall	12	11	52	Hosennaht	20	20
23	Kinn	2	1	53	Kino	1	2
24	obdachlos	9	12	54	Jodeln	2	4
25	Gipsdecke	16	12	55	Grashüpfer	6	6
26	Idee	2		56	Jade	1	
27	Falken	2	3	57	Fohlen	5	5
28	verlaufen	4	2	58	verkaufen	2	2
29	Moor		1	59	Meer		1
30	Beet	2	1	60	Boot	1	2
	Fehler 1–30	**127**	**128**		**Fehler 31–60**	**136**	**139**
					Gesamtfehler	**263**	**267**

Tabelle 13.3: Menge der falsch gelesenen Wörter mit dem Tachistoskop

Die Probanden lasen jeweils 60 Wörter in Arial und 60 Wörter in TNR. Auffällig an diesem tabellarischen Vergleich ist die hohe Fehlerquote am Beginn des Lesetests bei fast jedem zweiten Leser. Sie ist darauf zurückzuführen, dass es der Beginn des Lesedurchgangs ist und noch keine Eingewöhnung stattgefunden hat. Die höchste Startschwierigkeit ist bei der Uni-HH festzustellen, was evtl. auf eine nicht ausreichende Programmerklärung des Testers zurückzuführen ist. In den nachfolgenden Leseuntersuchungen mit dem Tachistoskop wurden die Probanden eingehend über die Technik aufgeklärt, was zu weniger Startproblemen führte. Da die Schrifttypen beim Beginn eines jeden Lesedurchgangs wechselten, kann die hohe Fehlerquote nicht auf sie zurückgeführt werden.

Weitere hohe Fehlerquellen (ab 10 Fehlern) sind bei den fünf Wörtern Haarausfall, obdachlos, Gipsdecke, verwöhnen und Hosennaht feststellbar. Hier kann die Dreisilbigkeit und somit die Wortlänge zum Tragen gekommen sein. Abweichend von dieser Betrachtungsweise sind die ebenfalls dreisilbigen Wörter verwahren, verlaufen, Grashüpfer und verkaufen im Rahmen der durchschnittlichen Fehlerhäufigkeit angesiedelt. Hier ist evtl. das Erkennen der Buchstabenfolgen/Worterkennen bei den Lesern unterschiedlich abgespeichert. Die höchste Fehlerdifferenz liegt bei dem Wort Gipsdecke, sie beträgt vier und ist bei der gelesenen Gesamtwortmenge von 1.800 Wörtern je Schrifttype (3.600 Wörter gesamt) ein relativ geringer Teil, der nicht auf die Schrifttype zurückgeführt werden kann. Auch kann bei der Gesamtfehlerzahl von 263 (Arial) und 267 (TNR) von einem ausgewogenen Verhältnis gesprochen werden, was ebenfalls nicht auf die bessere Erkennbarkeit einer Schrifttype zurückzuführen ist. Da im Unterricht mit sehbehinderten Schülern serifenlose Schriften empfohlen werden, ist trotzdem im Gesamtergebnis keine höhere Lesemenge zu Gunsten der Schrifttype Arial erkennbar.

13.3 Stolperwörtertest
Welche Auswirkungen eine Schrifttype auf das sinnentnehmende Lesen und das Lesen unter Zeitdruck auf sehbehinderte Schüler der 4. Klassen hat, wurde mit dem Stolperwörtertest untersucht.

13.3.1 Darstellung der Testergebnisse
Mit dem Stolperwörtertest sollten zwei unterschiedliche Fragestellungen geklärt werden. Das erste Ergebnis sollte Aufschluss darüber geben, wie viele Sätze mit welcher Schrifttype im Vergleich unter Zeitdruck inhaltlich richtig bearbeitet werden konnten, und mit dem zweiten Ergebnis sollte ermittelt werden, ob durch die Testwiederholung mit der gleichen Schrifttype am folgenden Tag eine Steigerung der bearbeiteten Sätze erreicht werden konnte.

Für die Berechnungen der Untersuchungsdaten sowie die Erstellung der Diagramme wurde das Programm Microsoft-Excel und SPSS eingesetzt.

Darstellung des ersten Ergebnisses der Leseuntersuchung mit
dem Stolperwörtertest durchgeführt an acht deutschen Sehbehindertenschulen, Teilnahme von 40 Schülerinnen und Schülern
(n=20 je Durchgang), vier Minuten Bearbeitungszeit für 60 Sätze,
je Gruppe zwei Durchgänge an zwei aufeinanderfolgenden Tagen
mit der Schrifttype Arial und je zwei Durchgänge an zwei aufeinanderfolgenden Tagen mit der Schrifttype Times New Roman (vgl.
Abbildung 13.6).

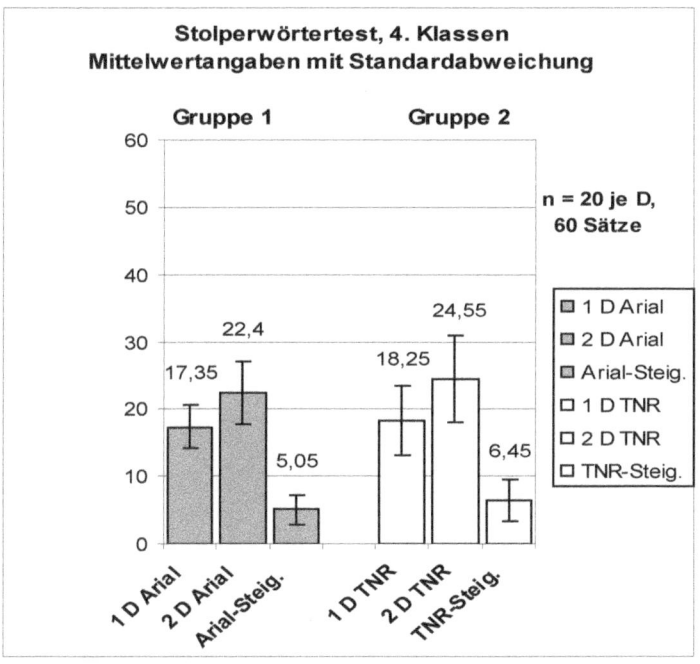

Abbildung 13.6: Menge der richtigen Antworten im Stolperwörtertest beider
Durchgänge

Beim nächsten Ergebnis des Stolperwörtertests (vgl. Tabelle 13.4)
wurde im Mittel im ersten Durchgang mit der Schrifttype Times

New Roman (Gruppe 2) mehr Sätze richtig bearbeitet (0,90 Sätze) als im ersten Durchgang mit der Schrifttype Arial (Gruppe 1).

Auch beim zweiten Durchgang ist im Mittel das Ergebnis der Satzbearbeitung mit dem Schrifttyp Times New Roman (Gruppe 2) höher (2,15 Sätze).

Die Steigerung nach beiden Durchgängen bei Times New Roman (Gruppe 2) ist um 1,40 Sätze höher als bei Arial (Gruppe 1).

Im Folgenden werden die Einzelergebnisse dargestellt.

Lesemenge (D1) und Steigerung der Lesemenge (D2) durch Wiederholung in zwei Durchgängen des Stolperwörtertests mit jeweils g l e i c h e r Schrifttype (4 Minuten Lesezeit)

Leser	Durchgang 1 richtige Sätze	Durch-gang 2 richtige Sätze	Schrift-type	Gesamt-menge D1+D2	Steige-rung
1	17	28	Arial	45	11
2	16	17	Arial	33	1
3	10	16	Arial	26	6
4	13	14	Arial	27	1
5	22	26	Arial	48	4
6	22	29	Arial	51	7
7	13	13	Arial	26	0
8	18	24	Arial	42	6
9	24	27	Arial	51	3
10	17	30	Arial	47	13
11	15	15	Arial	30	0
12	7	8	Arial	15	1
13	21	27	Arial	48	6
14	17	30	Arial	47	13
15	12	13	Arial	25	1

16	15	16	Arial	31	1
17	7	13	Arial	20	6
18	34	46	Arial	80	12
19	20	24	Arial	44	4
20	27	32	Arial	59	5
Gesamt Ø	**347:20=** **17,35 Sätze**	**448:20=** **22,4 Sätze**		**795:20 =** **39,75 Sätze**	**101:20=** **5,1 Sätze**
1	30	41	TNR	71	11
2	15	23	TNR	38	8
3	17	22	TNR	39	5
4	28	41	TNR	69	13
5	28	31	TNR	59	3
6	17	41	TNR	58	24
7	19	28	TNR	47	9
8	17	26	TNR	43	9
9	35	39	TNR	74	4
10	17	21	TNR	38	4
11	60 ? Ent- fällt	60 ? Ent- fällt	TNR	120?	0
12	53 ? Ent- fällt	56 ?Ent- fällt	TNR	109?	3
13	14	12	TNR	26	- 2
14	7	13	TNR	20	6
15	18	24	TNR	42	6
16	3	5	TNR	8	2
17	17	27	TNR	44	10
18	23	35	TNR	58	12
19	24	32	TNR	56	8
20	36	30	TNR	66	- 6

Gesamt Ø	365:18= 20,3 Sätze	491:18= 27,3 Sätze		856:18 = 47,6 Sätze	126:18= 7,0 Sätze

? = Abweichungen/ Menge nur durch Zeitüberschreitung möglich

Tabelle 13.4: Darstellung der Ergebnisse und die Steigerung durch den zweiten
Durchgang mit dem Stolperwörtertest

Berechnet mit SPSS (Wilcoxon-Vorzeichen-Rang-Test verbunde-
ner Stichproben) ergibt es hier im Vergleich einen signifikanten
Unterschied in der Lesemenge bei Arial und bei TNR. Die Null-
hypothese, keine Steigerung in der Lesemenge, gilt als abgelehnt.
Eine Steigerung der Lesemenge ist beim Lesen mit der gleichen
Schrifttype vorhanden.

Abweichend vom Testdurchgang Stolperwörtertest mit **gleicher**
Schrifttype an zwei aufeinanderfolgenden Tagen, wurde an zwei
Sehbehindertenschulen der Stolperwörtertest mit **wechselnder**
Schrifttype an zwei aufeinanderfolgenden Tagen durchgeführt. Jeweils 4 Schüler haben an dieser Form teilgenommen, wobei eine
Schule mit Arial begann und eine Schule mit Times New Roman
und am folgenden Testtag die Schrifttype wechselte. So hatte jeder
teilnehmende Schüler ebenfalls beide Schrifttypen bearbeitet. Aufgrund der kleinen Teilnehmermenge ist die Zahl zwar nicht repräsentativ, sie gibt aber trotzdem einen Überblick, ob sich aufgrund
der Schrifttypenwechsel stark unterscheidende Ergebnisse bei der
Bearbeitung des Stolperwörtertests ergaben.

Zusammengefasst nur Arial D1 + Arial D2 und nur TNR D1 + TNR D2
Bei der folgenden Auswertung wurden die Ergebnisse der Schrift-
typen Arial (D1) mit Arial (D2) und Times New Roman (D1) mit
Times New Roman (D2) addiert.

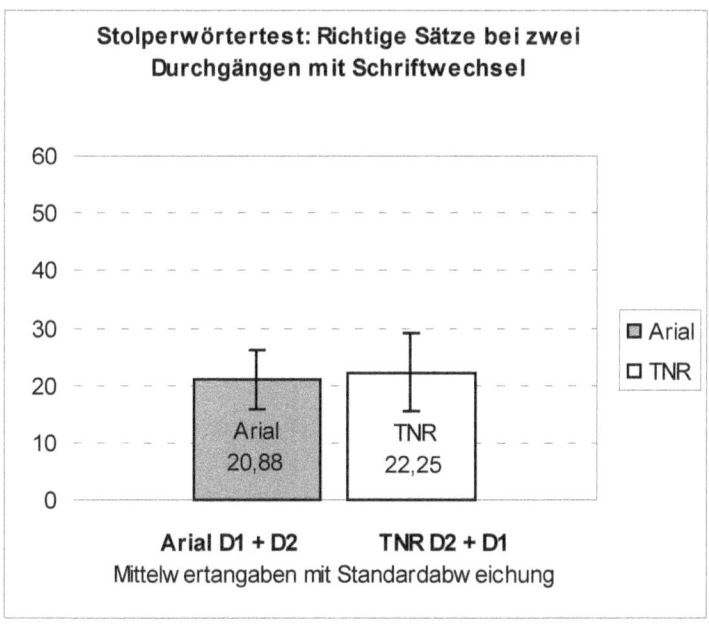

Abbildung 13.7: Richtige Sätze beim Stolperwörtertest mit unterschiedlichen Schrifttypen in beiden Durchgängen

Der Stolperwörtertest mit unterschiedlichen Schriften und unterschiedlicher Reihenfolge zeigt im Mittelwert ein höheres Ergebnis zugunsten von Times New Roman von 1,37 Sätzen (20,88 -> 22,25) auf (vgl. Tabelle 13.5). Im Verhältnis zu den geleisteten Sätzen ist hier die Differenz als nicht bedeutsam anzusehen.

Leser	Durchgang 1 richtige Sätze	Type	Durchgang 2 richtige Sätze	Type	Steigerung
1	30	Arial	44	TNR	14
2	19	Arial	28	TNR	9
3	17	Arial	15	TNR	- 2

4	9	Arial	12	TNR	3
Gesamt	**75 Sätze**		**99 Sätze**		**26 Sätze**
5	4	TNR	12	Arial	8
6	24	TNR	25	Arial	1
7	36	TNR	40	Arial	4
8	15	TNR	15	Arial	0
Gesamt	**79 Sätze**		**92 Sätze**		**13 Sätze**

Tabelle 13.5: Richtige Sätze beim Stolperwörtertest mit wechselnder
Schrifttype

Es wurden im Mittelwert in den Durchgängen mit **gleicher** Schrifttype bei Arial 19,88 Sätze (17,35+22,40:2) und bei der Schrifttype Times New Roman 21,40 Sätze (18,25+24,55:2) richtig bearbeitet, bei **wechselnder** Schrifttype liegen die Mittelwertergebnisse von Arial bei 20,88 (+1) Sätzen und von Times New Roman bei 22,25 (+0,85) Sätzen unerheblich höher.

Bemerkenswert ist hier, dass bei Leser 3 keine Steigerung im 2. Durchgang mit Times New Roman erreicht wurde.

In den Durchgängen D1 und D2 wurde im direkten Vergleich der Stolperwörtertest mit der Schrifttype Times New Roman schneller bearbeitet.

Berechnet mit SPSS (Wilcoxon-Vorzeichen-Rang-Test verbundener Stichproben) gibt es auch hier keinen signifikanten Unterschied zu verzeichnen, der auf die unterschiedlichen Schrifttypen zurückzuführen ist. Das Signifikanzniveau liegt bei .05, die Nullhypothese kann behalten werden.

13.3.2 Diskussion der Testergebnisse

Beim Durchgang der Leseuntersuchung mit dem Stolperwörtertest und **gleicher** Schrifttype ist das Ergebnis ohne augenscheinliche

Unterschiede. Einzig die Leser Nummer 11 und 12 des Times New Roman-Durchgangs stellen in der Menge der bearbeiteten Sätze starke Ausreißer dar, die mit 0 bewertet wurden. Die erreichten Ergebnisse lassen sich nur durch Zeitüberschreitung in der Bearbeitungszeit erreichen. Die Steigerung von drei Sätzen bei Nummer 12 wurde herausgenommen, was einen Durchschnitt von 18 bewertbaren Personen ergibt.

Zwei weitere Abweichungen finden sich ebenfalls beim Durchgang von Times New Roman bei der Nummer 13 (Rückgang der Lesemenge von minus zwei Sätzen) und der Nummer 20 (Rückgang der Lesemenge von minus sechs Sätzen). Eine Interpretation dazu kann nicht geleistet werden, da nicht bekannt ist, ob die Minderung der bearbeiteten Sätze mit der Schrifttype Times New Roman zusammenhängt oder die Konstitution beider Leser an diesem Tag nicht so gut wie am Vortag war. Ebenfalls ist hier kein Vorteil im Ergebnis zugunsten einer Schrifttype erkennbar.

Bei der Durchführungsform mit **wechselnder** Schrifttype liegt der Mittelwert von Arial (20,88) leicht mit 1,37 Sätzen unter dem von TNR (22,25) nahe dem Durchgang mit gleicher Schrifttype. Auch beim Durchgang mit wechselnder Schrifttype gab es einen Rückgang nach der zweiten Bearbeitung von minus zwei Sätzen (Leser 3).

Die Ergebnisse des Stolperwörtertests beider Durchführungsformen liegen bei den Durchgängen mit **gleicher** Schrifttype und **wechselnder** Schrifttype jedoch so dicht beieinander, dass hier keine Übervorteilung zugunsten einer Schrifttype erkennbar ist. Auch die Bearbeitung und Steigerung mit wechselnder oder gleicher Schrifttype weist keinen frappanten Unterschied auf. So gesehen ist auch durch den Unterricht mit evtl. ausschließlich serifenlosen Schriften keine Übervorteilung erkennbar.

13.4 Leseuntersuchung zur Ermittlung des Einflusses emotionaler Faktoren

Die Ergebnisse zur Untersuchung des Einflusses emotionaler Faktoren auf das Lesen durch eine Schrifttype werden im Folgenden beschrieben.

13.4.1 Darstellung der Testergebnisse

Die Auswertung des Tests wurde auf der Grundlage von Tonbandaufzeichnungen der Universität Hamburg vom Verfasser durchgeführt. Die Interviews wurden transkribiert, tabellarisch nach Frageinhalt sortiert und die Antworten, abweichend von der tatsächlichen Gesprächsreihenfolge, in die jeweiligen Spalten eingeordnet.

Die Textlesezeiten wurden in einer Tabelle (vgl. Tabelle 13.6) zusammengefasst und die Lesezeiten in Sekunden dargestellt und in Wörter pro Minute (WpM) umgerechnet. Hierbei werden die Summe, der Mittelwert und die Standardabweichung angegeben.

Für die Berechnungen der Untersuchungsdaten wurden das Programm Microsoft-Excel und SPSS eingesetzt.

Leseuntersuchung: Berufsschule Carl-Cohn-Straße, Hamburg

Textsorte/ Schrifttyp	Schriftgröße/ Zeilenabstand	Schriftgröße/ Zeilenabstand	Schriftgröße/ Zeilenabstand	Schriftgröße/ Zeilenabstand	Schriftgröße/ Zeilenabstand
Zeitungstext, HSV, New Century Schoolbook	Pkt. 15 einzeilig	Pkt. 15 1,5-zeilig	Pkt. 20 einzeilig	---	---
Songtext, U. Lindenberg, Arial	Pkt. 14 einzeilig	Pkt. 14 1,5-zeilig	Pkt. 16 einzeilig	Pkt. 20 einzeilig	---
Jugendbuch, Edward, Times New Roman	Pkt. 14 einzeilig	Pkt. 15 einzeilig	Pkt. 15 1,5-zeilig	Pkt. 16 einzeilig	Pkt. 20 einzeilig
Sachtext, Balanced Scorecard, APhont	Pkt. 14 einzeilig	Pkt. 14 1,5-zeilig	Pkt. 16 einzeilig	Pkt. 20 einzeilig	---

Tabelle 13.6: Textsorten mit den angebotenen Schrifttypen und -größen in der
Lesereihenfolge

Für die Untersuchung eingesetzte Schriften (Arial)

Für die Untersuchung eingesetzte Schriften (APhont)

Für die Untersuchung eingesetzte Schriften (Times New Roman)

Für die Untersuchung eingesetzte Schriften (New Century Schoolbook)

Die transkribierten Interviews, die Antworten wurden sinngemäß den Spalten zugeordnet, Anmerkungen in Klammern vom Verfasser.

Leitfragen in fett. Ist dir beim Lesen etwas aufgefallen?	Ist dir noch etwas aufgefallen?	War noch was unterschiedlich?	Ist dir noch was an der Präsentation aufgefallen?	Wo ist für dich der größte Unterschied zwischen den Schriftarten?	Was ist für dich besonders unterschiedlich? Was ist der Unterschied für dich?	Welche Schrift liest du denn ganz gerne?	Was ist, wenn du Bücher kaufst und die eine andere Schrift haben? Und am Computer? Legst du ein Buch weg, wenn du die Schrift nicht magst?	Benutzt du die Times New Roman auch im Alltag auch Zuhause? Du hast auch im Alltag keine Probleme, wenn du andere Schriften liest?
Tn 1 Pkt. 14/Za 1,5 — Texte anders aufgebaut. Absätze besser zu lesen als ohne.	Ich glaube, unterschiedliche Textgrößen (länge). Manche Schriften dicker.	Eins war ein Gedicht, eins aus der Zeitung	Nein. Unterschiedliche Schriftarten genutzt.	Lange Pause. HSV- und Gedichttext sind unterschiedlich. Eins war fett geschrieben und unterschiedliche Größen.	Lange Pause. Ich glaube, das hier ist Arial, normale Schriftart, die anderen anders, größer und so.	Eigentlich Arial.	Ist okay, lese ich auch. Am PC, lese ich auch Arial, bei Arbeiten und so.	Zuhause nehme ich immer verschiedene. Nee. T:1
Tn 2 Pkt. 14/Za 1,5 — Es geht. Nö, eigentlich nicht. Wenn man unsicher ist, nimmt man das Blatt dichter ran und versucht das Wort noch mal auszusprechen, mehr ist mir nicht aufgefallen.	Gar nichts sonst.	...	I: am Äußeren? Da habe ich gar nicht drauf geachtet. Das eine, war das ein Reim oder so? I: Ist dir sonst noch was aufgefallen? Nö, Darauf habe ich nicht geachtet. Der letzte war ein bisschen kompliziert.	I: Wenn du guckst, sind sie unterschiedlich? Ne, der erste war wie ein Artikel, der zweite wie ein Gedicht, der dritte wie eine Erzählung, der vierte wie eine Nacherzählung, so allgemein. ...	I:... an den Schriften was aufgefallen? Schriften waren verschieden. I: Ist dir noch was aufgefallen? Nö, nur die Größe.	Am besten kann ich vom Buchstabenabstand her die Arial lesen. I: und die du vor die liegen hast, liest du davon eine gerne? Ja, die vom Gedicht (Arial), die hat gute Abstände, nicht so dicht geschrieben, dicker gedruckt, allgemein schönere Schrift zum lesen. I: Ist ein Unterschied zwischen dem HSV-Text (NCS) und dem Gedicht (Arial)? Die vom HSV ist dicker und dichter.	Nö, ist ja nicht so. I: Die vom HSV-Text hat so kleine Häkchen dran, deswegen dicht beieinander? Ja, genau. I: macht das für dich einen Unterschied? Ja, ich sehe dadurch etwas verschwommen damit, es ist so runtergezogen, bei den Linien (Serifen) fällt es mir schwerer zu Lesen. I: Liest du außer Arial noch eine ganz gerne? Nö, eigentlich nicht, am besten Arial.	Ja, ich lese alles. T:2

Tn 3 Pkt. 20/Za 1	Ja, ich habe etwas viel gehackt. Schriftarten waren mal größer als die anderen. Sonst nichts.	I: Ist dir sonst noch was außer der Größe aufgefallen? Ja, das war mal eine andere Schriftart als die hier, die ist auch anders als die, alle unterschiedlich.	---	---	Ja, Times New Roman. I: Es gibt ja Schriften, die haben Serifen, die TNR ist auch so eine, die findest du gut? Ja.	Am PC würde ich mir die TNR einstellen.	Ja. Nein, nein, wenn es interessant ist, lese ich es durch. T:3
Tn 4 Pkt. 20/ Za 1	Es waren unbekannte Texte, ich hatte Schwierigkeiten Wörter auszusprechen.	Unbekannte Texte, die ich noch nicht gelesen hatte.	Alle über eine Seite geschrieben, der davor in 4 Absätze eingeteilt (Edw), der davor in noch mehr Absätze eingeteilt. I: Das hilft dir, wenn er in Absätzen eingeteilt ist? Ja, eigentlich schon und ist sonst am PC lese. I: Noch etwas? Einer mehr in Gedichtform, der erste (HSV) und der letzte (BSC) waren richtige Texte	I: Ist dir bei den Schriftarten etwas aufgefallen? Die letzten drei konnte ich besser erkennen (Arial, TNR, APhont) als den ersten (NCS). Da hatte ich so meine Schwierigkeiten, ja, der zweite und dritte (Arial, TNR) gingen am besten.	Wenn, dann bevorzuge ich Arial oder Verdana.	Hauptsächlich lese ich am PC mit einer Vergrößerungssoftware. Ich lese entweder digital oder höre ein Hörbuch oder mit einem BLG, Lupe ist anstrengend. Das Buch lege ich nicht weg, beim Kauf der Bücher achte ich schon drauf.	Wenn ich den Text unter das BLG lege, geht es schon. Die Schrift ist egal. T:4
Tn 5 Pkt. 20/ Za 1	Der erste und letzte Text waren so Wirtschaftstexte, der zweite und dritte gingen eindeutig besser.	Der erste und letzte Text waren länger als die anderen.	Die beiden mittleren waren in Absätze eingeteilt, dadurch konnte man es besser lesen.	I: Ist dir bei den Schriftarten etwas aufgefallen? Lange Pause. Ja, es sind unterschiedliche.	Comic MS heißt sie glaube ich, Arial und TNR. I: Stören dich die Serifen? Die Serifen sind mir egal.	Nein, das Buch lege ich nicht wegen der Schrift weg.	--- T:5

Tn 6 Pkt. 20/ Za 1	Eins war glaube ich ein Gedicht, das waren verschiedene Texte, eins war ein Sachtext, eins ein Gedicht. Sie waren unterschiedlich aufgebaut, eins war in mehrere Teile unterschnitten, zwei waren fließend.	...	...	I: Vom Äußeren? Ich glaube es sind andere Schriftarten, oder?	Ich gucke sie mir noch mal an kurz. Die vom Gedicht (Arial). I: Ist es für dich einfacher Schriften mit oder ohne Serifen zu lesen? Ich schau mal. Ich glaube, ohne ist es angenehmer.	Ich weiß nicht, wenn ich meine Bücher lese, welche Schriftarten es sind. Nein, das Buch lege ich nicht weg. Am PC nehme ich meistens Arial.	In einigen Büchern werden Abschnitte in kursiver Schrift geschrieben, das fällt mir auf, dann brauche ich länger, aber es geht auch. T:6
Tn 7 Pkt. 20/ Za 1	Text 1 und drei war mit gerundetem Buchstaben (NCS, TNR), mit Schnörkeln, relativ dich aneinander, besonders der erste Text (NCS), am angenehmsten fand ich den zweiten Text (Arial), der zweite und vierte waren am angenehmsten, weil da der Zeilenabstand zwischen den Sätzen größer sind, der zweite (Arial) war am einfachsten zu lesen.	I: woran liegt es, weißt du es? Ja, die Schnörkel und die Buchstaben sind mal dicker und dünner (Wechselzug), je nach dem, was für ein Buchstabe es ist, das ist bei den Texten zwei (Arial) und vier (APhont) nicht so, hier sind die Buchstaben gleich dick und klarer und klarer zu erkennen	...	...		Ich lese am PC und ändere mir dann die Schriftart und -grad.	Nein, den Text lege ich nicht weg, das ist kein Grund. Ich muss ja die andere Schrift lesen.	T:7

Tin 8 Pkt. 14/ Za 1	Die Texte waren immer unterschiedlich aufgebaut. Der erste war ein Absatz, nicht strukturiert, schwieriger zu lesen. Der zweite ??? der dritte in sinnmäßige Abschnitte gegliedert, der vierte ein dämlicher Sachtext.	I: Ist dir an der äußeren Form der Texte noch etwas aufgefallen, außer Absätze, den Teilen und Abständen? Eigentlich schon. Der erste war ein normaler Artikel, der zweite eigentlich mehr ein Dialog und gut zu lesen, weil ??? normale Textstruktur, obwohl es nicht der normale Wortgebrauch ist. Edward kommt mir bekannt vor, den kenne ich....	s. l.	I: Ist dir etwas bei den Schriftarten aufgefallen? Ja, für die erste (NCS) bin ich nicht für, weil sie so verschnörkelt ist, da und da noch so 'ne Ecke, das ist relativ schwer zu lesen. Beim zweiten, dem Dialogtext (Lindenberg, Arial), finde ich eigentlich schon besser, ich vermute Verdana oder Arial ist sehr schön zu lesen, weil er einfach schlicht gehalten ist, ohne Verschnörkelungen weiten Zeilenabständen, das man es sehr gut lesen kann. Die Schrift kennt man zu gut, das ist die TNR, bin ich auch nicht so für, weil sie auch dieses Gehackte daran, kann man kaum unterscheiden. Das hier ist auch so etwas wie Arial oder Verdana (APhont), ich aber Arial besser finde.	s. l.	Im Alltag lese ich auch diese (Serifen)-Schriften, obwohl ich ein Fan von Verdana bin. Ein Buch lege ich eigentlich nicht wegen der Schrift weg. Ich habe meine Augen auch schon sehr überanstrengt, da ich nicht von der Regelschule komme und meine Sehbehinderung nicht nur in Betracht gezogen worden ist, deswegen eine Mehrbelastung für meine Augen gewohnt. Ich lese nicht viel am PC. Ich lese alles und wandele es nicht in eine andere Schrift um, bin ich zu faul.	Ich bin jemand, der gerne auf Zetteln liest, da liest es sich besser. Beim Buch achte ich darauf, ob die Schrift zu klein sind. T:8

Tabelle 13.7: Transkription der Interviews

Hieraus ergibt sich eine übersichtliche Darstellung zu den Fragen und Antworten jedes Lesers.

Bei der ersten Frage, ob den Lesern beim Lesen etwas aufgefallen ist, kamen unterschiedliche Antworten von den Lesern (L), die sich überwiegend auf die Textarten bezogen, wie z. B. dass die Texte anders aufgebaut (Sachtext, Wirtschaftstext, Gedicht) und mit Absätzen (L1) versehen sind. L2 bemerkte die Unterschiede in der Typographie gar nicht, nur seine Leseunsicherheit, die er auf den Leseabstand zurückführte. Auch L3 stellte bei sich eine „gehackte" Lesart fest und empfand die Schriften größer als sonst. L4 merkte die unbekannten Texte und die Schwierigkeiten beim Lesen an. L5, L6 und L8 gingen ebenfalls auf die Textsorte und -struktur ein, wie Gedicht, Sachtext etc., sowie auf die Untergliederung in Abschnitte in manchen Texten. Einzig L7 stellt auf Anhieb die unterschiedlichen Schriften fest. Die anderen Leser kamen erst durch mehrmaliges Nachfragen (Frage zwei) ebenfalls auf die Schriftunterscheidungen zu sprechen. Die Zuordnungen der Schriftunterschiede wurden an größeren Schriften oder Buchstabenabständen festgemacht. Nur L2 gab an, dass durch die Serifen das Lesen verschwommener und Arial schöner sei. Alle anderen Leser hatten keine Probleme beim Lesen durch die Serifen. L6 merkte an, das Schriften ohne Serifen angenehmer und kursive Schriften schwerer zu lesen seien. Die Lieblingsschriften der Leser (Frage drei) verteilten sich auf 5x Arial/Verdana (serifenlose Schrift), 2x Times New Roman (Serifenschrift) und 1x auf beides (serifenlose und Serifenschriften). Obwohl Lieblingsschriften bei den Lesern vorhanden sind, würde kein Leser ein Buch weglegen (Frage vier), nur weil der Schrifttyp nicht gefällt, relevant ist für sie der Textinhalt (L1-L8). Auch mithilfe eines Bildschirmlesegerätes und Vergrößerungssoftware kann L4 alle Schriften lesen. Werden am Computer Texte gelesen, stellen sich die Leser überwiegend ihre Lieblingsschriften ein.

Teilnehmer (TN), Schriftgrößen in Punkt und Zeilenabstand (Za), Angabe der Lieblingsschrift der Leser	HSV-Zeitungsartikel (New Century Schoolbook)	Lindenberg-Liedtext (Arial)	Edward Jugendromantext (Times New Roman)	Balanced Scorecard (BSC) Sachtext (APHont)	Durchschnittlich gelesene Wörter pro Minute (WpM) der TN
Tn 1 **Pkt. 14/ Za 1,5** **gelesene Wörter** *Arial*	Sek.: 100 Fehler: 0 Wörter: 144 **WpM: 86,4**	Sek.: 94 Fehler: 0 Wörter: 187 **WpM: 119,36**	Sek.: 89 Fehler: 3 Wörter: 169 **WpM: 111,91**	Sek.: 104 Fehler: 9 Wörter: 120 **WpM: 64,03**	Summe:381,7 **Mittelwert:95,42** StAbw:25,24
Tn 2 **Pkt. 14/ Za 1,5** *Arial*	Sek.: 106 Fehler: 0 Wörter: 118 **WpM: 66,79**	Sek.: 70 Fehler: 0 Wörter: 137 **WpM: 117,42**	Sek.: 109 Fehler: 3 Wörter: 169 **WpM: 91,37**	Sek.: 105 Fehler: 4 Wörter: 99 **WpM: 54,28**	Summe:329,86 **Mittelwert:82,46** StAbw:27,935

Tn 3 **Pkt. 20/Za 1** *TNR*	Sek.: 131 Fehler: 4 Wörter: 144 **WpM: 64,12**	Sek.: 87 Fehler: 0 Wörter: 137 **WpM: 94,48**	Sek.: 106 Fehler: 3 Wörter: 137 **WpM: 91,37**	Sek.: 96 Fehler: 3 Wörter: 99 **WpM: 60**	Summe:309,97 **Mittelwert:77,49** StAbw:17.944
Tn 4 **Pkt. 20/ Za 1** *Arial, Verdana* *(ohne Serifen)*	Sek.: 142 Fehler: 4 Wörter: 124 **WpM: 50,70**	Sek.: 109 Fehler: 3 Wörter: 187 **WpM: 101,28**	Sek.: 142 Fehler: 6 Wörter: 169 **WpM: 68,87**	Sek.: 100 Fehler: 6 Wörter: 80 **WpM: 44,4**	Summe:265,25 **Mittelwert:66,31** StAbw:25,515
Tn 5 **Pkt. 20/ Za 1** *Comic MS (ohne* *Serifen), Arial,* *TNR*	Sek.: 137 Fehler: 6 Wörter: 93 **WpM: 38,10**	Sek.: 133 Fehler: 4 Wörter: 187 **WpM: 82,56**	Sek.: 155 Fehler: 9 Wörter: 169 **WpM: 61,93**	Sek.: 128 Fehler: 4 Wörter: 73 **WpM: 32,34**	Summe:214,93 **Mittelwert:53,73** StAbw:23,095

Tn 6 **Pkt. 20/ Za 1** *Arial*	Sek.: 131 Fehler: 7 Wörter: 118 **WpM: 50,84**	Sek.: 121 Fehler: 4 Wörter: 187 **WpM: 90,74**	Sek.: 128 Fehler: 6 Wörter: 169 **WpM: 76,41**	Sek.: 154 Fehler: 7 Wörter: 80 **WpM: 28,44**	Summe:246,43 **Mittelwert:61,61** StAbw:27,591
Tn 7 **Pkt. 20/ Za 1** *Arial*	Sek.: 103 Fehler: 0 Wörter: 67 **WpM: 39,01**	Sek.: 107 Fehler: 1 Wörter: 137 **WpM: 76,26**	Sek.: 158 Fehler: 5 Wörter: 169 **WpM: 62,28**	Sek.: 96 Fehler: 3 Wörter: 80 **WpM: 48,12**	Summe:225,67 **Mittelwert:56,42** StAbw:16,329
Tn 8 **Pkt. 14/ Za 1** *Verdana*	Sek.: 80 Fehler: 0 Wörter: 144 **WpM: 108**	Sek.: 76 Fehler: 0 Wörter: 187 **WpM: 147,63**	Sek.: 79 Fehler: 1 Wörter: 169 **WpM: 127,59**	Sek.: 77 Fehler: 1 Wörter: 120 **WpM: 92,73**	Summe:475,95 **Mittelwert:118,99** StAbw:23,836
Durchschnittlich gelesene Wörter pro Minute (WpM) pro Text	Summe:503,96 **Mittelwert:63,1** StAbw:24,15	Summe:829,73 **Mittelwert:103,71** StAbw:23,37	Summe:691,73 **Mittelwert:86,47** StAbw:23,86	Summe:424,34 **Mittelwert:53,04** StAbw:20,28	

Tabelle 13.8: Auswertung der laut gelesenen Texte

Rechnungsgrundlage: Richtig gelesene Wörteranzahl : Lesezeit in Sekunden × 60 = WpM.

Häufigste Fehler beim lauten Vorlesen waren das Verschlucken der Endungen und Veränderung der Zeiten (macht statt machte oder umgekehrt etc.), diese Fehler wurden bei der Fehlerzahl nicht berücksichtigt. Korrigierte Wiederholungen wurden ebenfalls nicht als Fehler gewertet. Als Fehler wurden grundsätzlich falsch gelesene bzw. gesprochene Wörter gewertet.

Die einzelnen Texte dieses Leseuntersuchungsteil bestanden aus unterschiedlichen Textsorten mit unterschiedlichen Schrifttypen. Jedem Text wurde eine spezielle Schrifttype zugewiesen.

HSV-Zeitungsartikel = New Century Schoolbook (Serifenschrift)

Lindenberg-Liedtext = Arial (serifenlose Schrift)

Edward, Jugendromantext = Times New Roman (Serifenschrift)

Balanced Scorecard (BSC), Wirtschaftstext = APHont (serifenlose Schrift)

Alle Texte wurden von den Teilnehmern in derselben Reihenfolge gelesen. Formatierungswünsche wie Schriftgrößen und Zeilenabstände wurden von den Lesern im Vorfeld angegeben und entsprechend eingesetzt.

Der HSV-Text ist ein typischer Zeitungsartikel in sachlicher Schreibweise. Die Schrifttype New Century Schoolbook ist eine Zeitschriftenschrifttype, die für die Zeitschrift Century Magazin hergestellt und 1918 herausgegeben wurde (www.tradebit.de, o. S., 2011). Charakteristisch an dieser Schriftform sind die Serifen und der Wechselzug. Dieser Schrifttyp wird für Texte in Büchern und Zeitschriften häufig eingesetzt. Die Wortwahl im Text entspricht einem gewöhnlichen Zeitungstext mit Wörtern aus dem Grundwortschatz bzw. dem aktuellen Sprachgebrauch. Seltene Fremdwörter sind, mit evtl. der Ausnahme des Wortes Makulatur, nicht vorhanden. Beim Lesen des Textes hat nur der Leser 8 mehr als 100 WpM erreicht, die anderen Leser lagen darunter. Insgesamt liegt der Mittelwert der Lesemenge für alle Beteiligten Leser bei 63,10 WpM.

Der Lindenberg-Liedtext wurde in der Schrifttype Arial präsentiert. Dieser Schrifttyp ist in der Textverarbeitung ein gängiger serifenloser Typ mit gleichförmigem Buchstabengerüst. Hergestellt wurde sie für die Textverarbeitung am Monitor und sollte dem Charakter der Helvetica angeglichen sein. Die Helvetica ist eine häufig eingesetzte serifenlose Schrift in Buch- und Zeitschriftentexten. Die Textabschnitte in Strophenform und die kurzen Zeilenlängen erleichterten den Lesern das Lesen. Die Wortwahl ist dem Grundwortschatz zuzuordnen. Unbekannt und ungewohnt zu lesen war für alle der Name Kujau im Lindenberg-Text. Hierbei handelt es sich um einen Kunstfälscher, der 1983 die Hitlertagebücher gefälscht hergestellt und an eine Zeitschrift verkauft hatte. Leseverbesserungen waren aufgrund der Wiederholungen der Refrains im Lindenberg-Text erkennbar. Bis auf drei Leser, kamen die anderen fünf Leser auf über 100 WpM, im Mittelwert liegen sie bei 103,71. Insgesamt war dieser Text im Ergebnis bei allen Lesern der mit den meisten WpM.

Der Text Edward ist ein Ausschnitt aus dem Jugendroman Edward. Die Textvorlage wurde in Times New Roman gesetzt, einer ebenfalls typischen Buch- und Zeitungsschrift mit Wechselzug und Serifen. Der Text war in kleine Absätze gegliedert, so dass eine Orientierung innerhalb der Textblöcke erleichtert wurde. Die Lexik entspricht weitestgehend dem Grundwortschatz. Ausnahme bildet der Name der englischen Stadt Forks, hier waren Schwierigkeiten in der Aussprache zu hören. Weitere Probleme entstanden durch mehrsilbige Wörter wie Regenbogenscherben, zersplitterten und verregnetsten. Bei diesem Text kam neben dem Leser 8 auch der Leser 1 auf über 100 WpM. Der Mittelwert der Lesung mit diesem

Text lag bei 86,47 WpM. Jugendbücher und Zeitschriften werden meist mit diesem Schrifttyp gedruckt werden.

Der Text Balanced Scorecard (BSC) ist ein Sachtext aus dem Wirtschaftsbereich. Die Lexik enthält viele Fachbegriffe wie Unternehmensstrategie, Erfolgsfaktoren und Management-System, die nicht unbedingt dem Grundwortschatz dieser Schüler zuzuordnen sind, aber innerhalb ihrer Berufsausbildung bekannt sein könnten. Der Text ist in sachlicher Sprache verfasst, so dass bekannte Wörter aus dem Sinnzusammenhang nicht unbedingt zu erwarten sind. Der Text wurde in der Schrifttype APHont gesetzt und sollte, lt. den Schriftherstellern, besonders gut von sehbehinderten Lesern zu lesen sein. Charakteristisch an dieser Schrift sind der Gleichzug bei den Buchstabenbalken und die fehlenden Serifen. Da der Text inhaltliche Probleme bereitete und als Textblock ohne Unterteilungen abgedruckt war, sind die Leseergebnisse entsprechend schwach. Kein Leser kam auf über 100 WpM, die geringste Leistung lag bei Leser 6 mit 28,44 WpM.

Sollten die Texte in Schwierigkeitsstufen eingeteilt werden, würde die Reihenfolge aufgrund der Lesemengen WpM von leicht nach schwer folgendermaßen aussehen:

Lindenberg-Text = 103,71 WpM
Edward = 86,47 WpM
HSV-Text = 63,10 WpM
Balanced Scorecard (BSC) = 53,04 WpM

Außer Leser 8 kam kein Leser dieses Lesedurchgangs im Mittelwert über 100 WpM hinaus. Die geringste Leseleistung liegt beim Leser 5 mit 53,73 WpM.

Werden die Einzelwerte der einzelnen Leser genauer betrachtet, sind diese Werte bei allen in der Reihenfolge identisch. Nur beim Leser 7 war das Ergebnis des BSC-Textes höher als beim HSV-Text. Die Leseleistungen sind beim Lindenberg-Text am höchsten, was auf die Textstruktur (kurze Zeilen, Strophenform), Zeilenwiederholungen und die einfachen Worte zurückzuführen ist. Auch der Edward-Text war für die Leser gut zu lesen, da wohl auch hier die Absätze und die einfache Wortwahl sicher eine Erleichterung beim Lesen waren. Trotz der mehrsilbrigen Worte in dem Text, die einigen Lesern Probleme bereiteten, ist das Ergebnis besser als beim HSV-Text (einzig die Ausnahme Leser 7). Bis auf Leser 8 sind alle im Mittelwert unter 100 WpM. Auch die Angabe der am liebsten zu lesenden Schrifttype zeigt keine Auswirkungen auf das Leseergebnis, da auch diese Schrifttypen beim Lesen berücksichtigt wurden.

Berechnet mit SPSS (Friedman-Test, vgl. Tabelle 13.9) ergeben sich signifikante Unterschiede in der Textstruktur, jedoch nicht zugunsten einer Schrifttype. Da ein bestimmter Zusammenhang im Ergebnis zwischen den Schrifttypen und den Leseergebnissen nicht besteht, gilt die Nullhypothese zur Lesbarkeit der Schrifttypen als bestätigt.

	N	Minimum	Maximum	Mittelwert	Standardabweichung
HSV	8	38,10	108,00	62,9950	24,15091
Lindenberg	8	76,26	147,63	103,7163	23,36663
Edward	8	61,93	127,59	86,4663	23,85791
BSC	8	28,44	92,73	53,0425	20,27864
Gültige Werte (Listenweise)	8				

Tabelle 13.9: Auswertungstabelle mit SPSS

13.4.2 Diskussion der Testergebnisse

Aufgrund der Ergebnisse kann festgestellt werden, dass die Leser eine Lieblingsschrift nennen konnten, jedoch der Text in dieser Lieblingsschriftart nicht unbedingt zu einem besseren Leseverhalten führte.

Auch der Aspekt, dass die sehbehinderten Leser wohl, wie es die gängige Sehbehindertenpädagogik fordert, mit serifenlosen Schriften das Lesen gelernt haben, führte nicht zu einem höheren Leseergebnis, was m. E. auf das geübte Lesen in der Freizeit/Umwelt und die Buchstabengestalt an sich zurückzuführen ist. Viele Jugendbücher und -zeitschriften werden mit serifenlosen und Serifenschriften gedruckt, was nicht zu einer Belastung für die Leser führt, sondern ihren Lesespaß durch die Inhalte fördert. Kein lesender Mensch kann sich den unterschiedlichen Schriftgestaltungen in den Medien vollständig entziehen.

Entscheidend ist für die Leser neben der richtigen Schriftgröße und der Textaufteilung in sinngemäße Abschnitte der lexikalisch bekannte Textinhalt. Kurze Zeilen und das Gliedern der Texte in Blöcke durch Strophen/Absätze waren für das Lesen sehr förderlich. Dies bestätigt sich laut Leseprotokoll durch die mündlichen Angaben der Schüler nach den Lesedurchgängen. Ob die schwachen Leseleistungen am Stress beim lauten Vorlesen liegen oder die Leser noch nicht genügend Lesetrainung haben, lässt sich anhand dieser Untersuchung nicht feststellen.

Geht man davon aus, dass unterhalb von 100–125 Wörtern pro Minute bei sehbehinderten Lesern evtl. die Brailleschrift anzuraten ist (vgl. Koenig, 1996, S. 262), müssten die Leser dieser Untersuchung aufgrund der Ergebnisse diesbezüglich überprüft und ein gezieltes Lesetraining durchgeführt werden (s. auch Koenig, 1996, S. 256).

Deutlich wird hier im direkten Schriftvergleich, dass das metrische Maß im Vergleich zu den Punktgrößen der Schriften voneinander abweicht, was dazu führt, dass die Schriften tatsächlich, trotz der gleichen Punktangaben, minimal unterschiedliche Größen haben. Diese Größenunterschiede sind für den Leser wahrnehmbar und die Schrift dadurch evtl. besser lesbar. Von daher dürfen die Schriftgrößenangaben mit Punktangaben für Texte nicht pauschaliert angewandt, sondern müssen immer im Zusammenhang mit der metrischen Größe der Schrifttype gesehen werden.

14 Diskussion der Ergebnisse und Resümee

Die Ergebnisse der Untersuchung sollen im Folgenden diskutiert und sich daraus ergebende Empfehlungen, wie ein Text typographisch für sehbehinderte Leser aufbereitet sowie die Textbearbeitung beim Lesen individuell gestaltet werden kann, aufgezeigt werden. Ein im schulischen Alltag anwendbares Diagnostikum für den IEP und den Schülerarbeitsplatz mit daraus zu entwickelnden Förderungsmöglichkeiten wird darauf aufbauend vorgestellt. Dazu gehört eine Form der Leseförderung für sehbehinderte Leser, die mit Erfolg in anderen Ländern und auch bei normalsichtigen Lesern eingesetzt wird.

14.1 Diskussion der Ergebnisse in Bezug auf die Hypothese

Die Hypothese für die durchgeführte Leseuntersuchung lautete:

„Wenn sehbehinderte Schülerinnen und Schüler serifenlose und Serifenschriften lesen, dann können sie diese annähernd gleich gut lesen."

Die Problematik ist, dass laut Empfehlungen der Sehbehindertenpädagogik serifenlose Schriften für sehbehinderte Leser eingesetzt werden sollten, da diese Schriften für sie besser lesbar seien. Für normalsichtige Leser werden Serifenschriften hingegen als gut lesbar eingestuft. Den Empfehlungen folgend werden serifenlose

Schriften in Texten für sehbehinderte Leser eingesetzt. Bis auf eine im Ergebnis relativ offene vergleichende Leseuntersuchung mit sehbehinderten Schülern (in der amerikanischen Sehbehindertenpädagogik wurde mit Probanden unterschiedlicher Altersstufen und mit unterschiedlichen Untersuchungsverfahren getestet) wurde das Thema nicht weiter aufgearbeitet, sondern weiterhin die Empfehlung gegeben, serifenlose Schriften für sehbehinderte Leser einzusetzen. Von daher war eine vertiefende Leseuntersuchung mit sehbehinderten Lesern angezeigt.

Anhand der dargestellten verschiedenen, bereits durchgeführten Leseuntersuchungen mit normalsichtigen und sehbehinderten Menschen, die tlw. andere Fragestellungen hatten, ergaben sich Untersuchungsbedingungen für eine spezifischere Leseuntersuchung mit sehbehinderten Schülern. Die Vielfältigkeit der durchgeführten Untersuchungen sollten alle Eventualitäten, die das Ergebnis infrage stellen könnten, berücksichtigen. Die vier Untersuchungsbereiche

— Texte mit kleiner werdenden Schriften,
— kurzzeitige Worteinblendungen,
— sinnentnehmendes Lesen und die
— Einflüsse der emotionalen Faktoren,

die mit serifenlosen und Serifenschriften durchgeführt wurden, decken inhaltlich alle infrage kommenden Bereiche ab.

Die kurzen Startschwierigkeiten bei manchen Lesern zu Beginn eines Lesedurchgangs sind nicht zugunsten eines Schrifttyps auffällig oder zu verallgemeinern, da die Schrifttype mit jedem Durchgang gewechselt wurde. Auch machen die Ergebnisse deutlich, dass immer mit dem sehbehinderten Leser eine individuelle Überprüfung zur Schriftgröße durchgeführt werden muss. Die individuellen Sehbehinderungsarten und -ausprägungen lassen keine Verallgemeinerung zu.

Die Ergebnisse des Untersuchungsbereichs Lesen von Texten mit kleiner werdenden serifenlosen und Serifenschriften (Hubacher) zeigte auf, dass weder die Zeitunterschiede beim Lesen der Texte noch die am weitesten zu lesende Schriftgröße bei den sehbehinderten Lesern signifikante Unterschiede erbrachten. Die Resultate ermöglichen auch keine Rückschlüsse auf einzelne Personen oder Sehbehinderungsarten, das Verhältnis der Ergebnisse zueinander ist sehr unterschiedlich und deswegen ausgewogen.

Das Lesen mit kurzzeitigen Worteinblendungen (Tachistoskop) brachte auch hier keine zeitlichen und mengenmäßig unterschiedlichen Ergebnisse hervor. Abweichungen entstanden zu Beginn des Lesedurchgangs beim Einlesen mit der Technik, was sich aber bei allen schnell normalisierte. Im Verhältnis zueinander wurden die Wörter in beiden Schriftformen annähernd in gleicher Zeit und Menge ausgewogen gelesen.

Das sinnentnehmende Lesen unter Zeitdruck (Stolperwörtertest) und die Steigerung der Lesemenge durch Wiederholung mit serifenloser und Serifenschrift ergab ebenfalls ein gleichmäßiges Ergebnis. Weder an der Gesamtmenge der bearbeiteten Sätze mit gleicher Schrifttype noch an der Steigerung durch Wiederholung mit gleicher Schrifttype ist zugunsten einer Schrifttype ein Unterschied erkennbar. Das Verhältnis zueinander ist ausgewogen. Ebenso zeigt weder der gleiche Lesedurchgang mit wechselnder Schrifttype Vorteile in der Menge noch in der Steigerung auf.

Ein besseres Lesen durch für den Leser emotional angenehme Schriften mit und ohne Serifen konnte bei der Leseuntersuchung nicht festgestellt werden. Die Leser konzentrierten sich so intensiv auf die Textinhalte und das Lesen, das ihnen kaum auffiel, dass sie unterschiedliche Schrifttypen lasen. Im Nachhinein wurden Sympathien für Schriftformen geäußert, auf die Leseergebnisse hatten sie aber keinen Einfluss. Deutlich wurde jedoch, dass auch bei diesem Durchgang zwar mit der gleichen Punktgröße gelesen wurde, die Schriften aber metrisch unterschiedlich hoch waren, was ein besseres Erkennen der Buchstaben ermöglichte.

Die gesamten Ergebnisse der Leseuntersuchung ergaben, dass sehbehinderte Schülerinnen und Schüler serifenlose und Serifenschriften annähernd gleich gut lesen können.

Somit gilt die Hypothese als bestätigt.

Wenn das Ergebnis verdeutlicht, dass die Wahl der Schrifttype keine gruppenspezifischen Resultate erzeugt, man aber gleichzeitig als pädagogischen Auftrag das Abbauen von Barrieren zur Teilhabe an schulischem Lernen hat, stellt sich die Frage, ob im Einzelfall und in besonderen Lernphasen und/oder -situationen die bewusste Wahl einer Schrifttype als barrierabbauend wirken kann.

Von daher muss ein diagnostisches Material für die sehbehinderten Leser angewandt werden, das individuell auf ihre Bedürfnisse abgestimmt ist, ihren spezifischen Fördbedarf aufzeigt und zu mindern ermöglicht.

Es lassen sich aus dem gesamten Text Empfehlungen für die Gestaltung des Lesematerials für sehbehinderte Leser ableiten. Diese Empfehlungen basieren tlw. aus diversen Handbüchern, Fortbildungen, Medien-Kommissionssitzungen für sehgeschädigte Menschen, Fachgesprächen oder sind durch die jahrelange Erfahrung des Autors als Pädagogischer Leiter der Niedersächsischen Medienzentrale zur Erstellung von Unterrichtsmaterialien für blinde, hochgradig sehbehinderte und sehbehinderte Schülerinnen und Schüler sowie Auszubildenden und Rehabilitanden entstanden. Nicht alle einzelnen Empfehlungen können von daher durch Quellenangaben nachgewiesen werden.

Aus diesen Ergebnissen werden zusätzlich Überprüfungsbögen abgebildet, die bei sachgemäßer Handhabung eine Diagnostik bei sehbehinderten Lesern ermöglicht. Gleichzeitig können anhand der Diagnostik weiterführende Bedingungen für den sehbehinderten Schüler im Unterricht abgeleitet und für zukünftige Schritte eingeplant werden. Zudem bilden diese Überprüfungsbögen eine Grundlage im IEP für den Förderschwerpunkt Sehen.

14.2 Empfehlungen für sehbehindertengerechte Mediengestaltung

Die Zugänge zu den Informationen im Unterricht können über unterschiedliche Wege ermöglicht werden. Die für sehgeschädigte Menschen möglichen Methoden sind einfache Drucke, Drucke mit Vergrößerungen, Brailleschrift, taktile Grafiken, auditiver Zugriff auf Inhalte, vorlesende Hilfe durch Vorlesekraft, durch die Möglichkeiten eines Computers (Sprachausgabe, Textformatierungen, Farbeinstellungen etc.) oder auch Kombinationen mit den genannten Medien. Hierbei ist der Sehgeschädigtenpädagoge in der Verantwortung, mit dem Schüler die bestmöglichen Zugänge zu ermitteln und entsprechende Kompensationsmöglichkeiten zu organisieren. Diese Erkenntnisse müssen als Informationsgrundlage mit im individuelle Bildungsplan (IEP) aufgenommen werden (vgl. Allman, 2004, o. S.). In Deutschland existiert für blinde und sehbehinderte Schüler eine einheitliche grundlegende Dokumentstruktur in der Computertextverarbeitung (E-Buch-Standard), wie er von den Medienzentralen des Blinden- und Sehbehindertenbildungswesens erarbeitet und beschlossen wurde und entsprechend von den Kolleginnen und Kollegen in den Blinden- und Sehbehinderteneinrichtungen sowie in der integrativen Beschulung Anwendung findet (siehe hierzu: [www.augenbit.de]). Prüfungsunterlagen werden entsprechend den Vereinbarungen für jede sehgeschädigte Person individuell angefertigt. Für den täglichen Unterricht wird das Textmaterial für sehbehinderte Schülerinnen und Schüler ebenfalls individuell angemessen erstellt. Hierbei sollte die Texterstellung nicht nur auf den Vergrößerungsmodus eines Kopierers mit der Vergrößerungsstufe 1,4 bzw. DIN-A3 reduziert werden. Bei dieser Vergrößerungsart wird zum einen die Druckqualität der Kopie schlechter und zum anderen das Schriftgut durch die Größe für den Leser unhandlich. Nicht bei jeder Sehbehinderung ist zudem eine Vergrößerung nötig, es müssen bei der Anfertigung einer Vergrößerung bzw. des Textmaterials die individuellen Bedingungen der sehbehinderten Schülerinnen und Schüler berücksichtigt werden. Ein Großdruck lässt zwar die Buchstaben größer erscheinen, ein flüssiges Lesen wird jedoch durch das verkleinerte

Buchstabenfeld erschwert, es leidet dann die Lesemotivation und führt zur Ermüdung beim Lesen. Eine entspannte Lesefähigkeit erhöht sich nicht mit der Schriftgröße.

Die Variation der Schriftgröße ist in der elektronischen Textverarbeitung die meist genutzte Art, Texte für sehbehinderte Leser lesbar zu machen. Je nach Schrifttype liegt die häufigste Vergrößerung für sehbehinderte Leser bei einer Punktgröße von 16–18, wobei das metrische Maß der Buchstabenhöhe berücksichtigt werden muss. Auch hier gilt wieder, dass nicht bei allen Sehbehinderungsarten eine Schriftvergrößerung angebracht ist. Ein Text muss in seiner Struktur als Text erkennbar sein und nicht als eine Aneinanderreihung von Buchstaben oder Einzelwörtern, die als Ganztext nicht erkannt werden (vgl. auch Arditi, 2009, o. S.; Kitchel, 2004, o. S.; Tanner, 1971, S. 178). Dies gilt auch für die Textverarbeitung mit dem Computer, da mit der Vergrößerung eines Monitorbildes zwangsläufig die Gesamttextstruktur verkleinert wird und so keine Übersicht übder den Gesamttext gegeben ist.

Typographisch sollten mit den betroffenen sehbehinderten Schülern Gestaltungsmöglichkeiten bei der Textanfertigung abgeklärt werden, Parameter hierfür sind Schriftgröße, Schriftformat schmal, halbfett oder fett, erweiterter Buchstaben- oder Wortabstand, Verbreiterung der Buchstaben, erhöhter Zeilenabstand, Schriftfarbe und Hintergrundfarbe, Absätze zur besseren Orientierung in Texten oder Spaltenformat für kurze Zeilen. Grundsätzlich zu vermeiden sind Texte in Großbuchstaben und reflektierendes Papier, bedingt eingesetzt werden sollten kursive Schriften.

Die Textspiegel von zwei gegenüberliegenden Seiten dürfen im Mittelbereich nicht zu eng gedruckt werden. Ein weiter Abstand erleichtert das Lesen von gebundenen Büchern. Das mühevolle Entziffern des Textes in der Bindung, besonders mit elektronischen Hilfsmitteln, wird so vermieden. Optimal sind Spiralbindungen für Texte, hierbei wird durch die flache Auflage die Nutzung eines elektronischen Kameralesegeräts, Bildschirmlesegeräts oder einer Lupe begünstigt (vgl. auch Arditi, 2009, o. S.; Allman, 2004, o. S).

Einzelblätter sind, gebunden in Ordnern, gut bei elektronischen Hilfsmitteln einsetzen.

Längere Texte sollten in kurze thematische Abschnitte, evtl. mittels einer Freizeile oder Linie hervorgehoben, aufgeteilt werden, dies erleichtert die Orientierung im Textfeld. Um das Finden einzelner Kapitel oder Sätze zu erleichtern, kann an der oberen Blattkante bei den einzelnen Kapiteln jeweils eine Büroklammer eingeschoben werden. An den seitlichen Blattkanten können die Büroklammern auf die zu merkenden Sätze weisend befestigt werden. Beim Streichen über die markierten Kanten mit dem Finger lassen sich dann die betreffenden Stellen schnell finden. Auch im Text farbige und taktil erkennbare Klebepunkte können hierfür eingesetzt werden.

Leser mit einer Sehbehinderung können häufig auch Buchstaben mit weitem Buchstabenabstand (Laufweite) gut erkennen. Der in der Breite unveränderte Buchstabe steht dann im größeren Abstand zum nächsten Buchstaben und steigert bei manchem Leser die Erkennbarkeit bzw. vermindert ein „Verschwimmen" der Buchstaben. Zu enge Buchstabenabstände erschweren die Differenzierung der Buchstabengestalt (vgl. auch Arditi, o. S., 2009; Christiaen, 2005, S. 44). In der Breite erweiterte Buchstaben können den Leseprozess ebenfalls erleichtern. Bei Word 2010 von Microsoft lassen sich die Einstellungen Buchstabenabstände und -breiten unter „Schriftart -> Erweitert" problemlos vornehmen.

Schriftformatierungen wie kursiv, fett, schmal oder gestaucht sind ebenfalls nicht unbedingt für jeden Leser gleichgut zu erkennen. Die schrägen, fetten, dünnen bzw. gedrungenen Linien erschweren manchmal eine klare Differenzierung der Buchstabengestalt (Grauwert des Buchstabens). Diese Schriftformatierungen sollten möglichst vermieden werden. Texthervorhebungen wie Überschriften sollten sparsam eingesetzt werden (vgl. Arditi, o. S., 2009).

Um ein Verrutschen aus der Zeile, die gerade gelesen wird, zu vermeiden, muss ein ausreichender Zeilenabstand berücksichtigt werden. Ist der Zeilenabstand zu eng, entsteht für den sehbehinderten Leser die Schwierigkeit, nach einem Zeilensprung die richtige Zeile zu treffen. Ein zu weiter Zeilenabstand erschwert das Wiederfinden der nächsten Zeile nach einem Zeilensprung ebenfalls. Zur besseren Orientierung kann eine Leseschablone mit Aussparungen für die Diskriminierung der einzelnen Wörter oder Lineale als optische Zeilenunterkante eingesetzt werden (vgl. auch Arditi, o. S., 2009; Appelhans/ Krebs, 1995, S. 40; Tanner, 1971, S. 179). Manchmal kann aber das Mitführen des Zeigefingers unterhalb der Buchstabenreihe beim Lesen ausreichend sein.

Wesentlich bei der Wahl einer Schrifttype ist es, auf einen gleichwertigen Helligkeitswert zwischen dem Buchstabenumfeld und den Buchstabeninnenräumen zu achten (Snellen-Prinzip). Komplizierte und dekorative Schrifttypen sind für sehbehinderte Leser verwirrend. Gewöhnliche bzw. alltägliche Schrifttypen mit und ohne Serifen sind gut lesbar (vgl. auch Arditi, o. S., 2009; Beck, F.-J., 2009, S. 10; Tanner, 1971, S. 178).

Um die Unterscheidungen von Schulbüchern, Ordnern, Blöcken und Heften zu erleichtern, sollte die Einbandgestaltung der Bücher in stark kontrastierenden Farben erfolgen. Beachtet werden müssen hier evtl. individuelle Einschränkungen in der Farbwahrnehmung. Großflächige Nummern und Schriften geben weitere Hilfen zur Unterscheidung der Bücher. Klebebuchstaben und -folien dafür sind in gängigen Baumärkten zu bekommen. Zusätzlich taktil unterschiedlich strukturierte Einbände (rau/glatt) erleichtern bei der Unterscheidung von Lesematerialien (vgl. Arditi, o. S., 2009).

Ein Arbeitsplatz mit blendfreier und ausreichender Beleuchtung sowie einem Tisch mit höhenverstellbarer und neigbarer Arbeitsfläche und einem entsprechenden Stuhl ermöglicht ein ermüdungsfreies Arbeiten (s. a. Buser, 2003, S. 2331; Degenhardt, 2007b, S. 61f).

Hilfsmittel für sehbehinderte Schüler wie Lupen, Monokulare, Fernrohrbrillen, Bildschirmlesegeräte, Computer mit Vergrößerungssoftware etc. müssen, individuell auf die Sehbehinderung und den Menschen abgestimmt, im Unterricht und am heimischen Arbeitsplatz vorhanden sein. In Kooperation mit Eltern, O&M-Trainern, technischen Fachleuten sowie Sehbehindertenpädagogen werden die Möglichkeiten der Hilfsmittelversorgung erprobt und jene beschafft. Eine fachlich angemessene Einführung in den Gebrauch der Technik (Textverarbeitung, Zehnfinger-Schreibsystem, Vorlesesystem etc.) muss gewährleistet sein.

Die für die sehbehinderten Schüler individuell zu erstellenden Medien (Texte, Karten, Modelle) sind von speziell ausgebildeten Pädagogen aus dem Bereich der Sehbehindertenpädagogik herzustellen, die nach den vereinbarten Herstellungsstandards der Sehgeschädigtenpädagogik arbeiten (siehe hierzu auch [www.augenbit.de]).

Werden Lehrwerke, taktile Karten, Modelle etc. für sehbehinderte Schüler benötigt, muss das für sie zuständige Medienzentrum diese herstellen bzw. besorgen. Nach bundesweit einheitlichen Standards und unter Berücksichtigung der pädagogischen und wissenschaftlichen Erkenntnisse werden dort die Medien für alle blinden und sehbehinderten Schüler erstellt. In allen Bundesländern gibt es Medienzentren oder Medienverantwortliche, die für blinde und sehbehinderte Schüler individuell angepasste Lehrwerke herstellen bzw. übertragen. Es besteht ein bundesweiter Verbund aller Medienzentralen der Blinden- und Sehbehindertenpädagogik, sodass bereits in anderen Bundesländern hergestellte Medien kurzfristig beschafft werden können.

Fort- und Weiterbildungen sowie Schülerkurse zu aktuellen Themen der Blinden- und Sehbehindertenpädagogik werden über die Fachverbände (z. B. Verband für Blinden- und Sehbehindertenpädagogik e.V. (VBS)) oder die zuständigen Förderzentren für

Eltern, Regelschullehrer, blinde und sehbehinderte Schüler, Blinden- und Sehbehindertenpädagogen etc. in diversen Arten (Wochenendkurse, Kurshaus, Work-Camps) angeboten. So ist der Zugriff auf aktuelle pädagogische und sozialpolitische Entwicklungen sowie fachliche Unterstützung für alle gewährleistet.

Eine fortzuführende Dokumentation über die einzelnen Entwicklungsstufen des sehbehinderten Lesers ist vonnöten. Hierbei kann eine vorgeschaltete allgemeine Diagnostik (Kind-Umfeld-Analyse) auf Grundlage der ICF und ICD-10 inklusive einer speziellen sehgeschädigtenspezifischen Überprüfung beim Optiker oder Orthoptisten und in Form eines individuellen Entwicklungsplans (IEP) für den sehbehinderten Schüler erstellt werden. Die in der vorliegenden Arbeit dargestellten und eingesetzten Untersuchungsmethoden sind leicht und kostengünstig zu beschaffen und ermöglichen ein brauchbares Diagnostikum für sehbehinderte Schülerinnen und Schüler. Für die Überprüfung von Unterrichtsmedien und zur Dokumentation der Weiterentwicklung werden im Folgenden Überprüfungsbögen vorgestellt, die eine Hilfe bei der Ermittlung der individuellen Mediengestaltung und zum Leseverhalten sein soll.

Die beigefügten Texte müssen für die Überprüfungsabschnitte mittels der elektronischen Textverarbeitung entsprechend angefertigt und ausgedruckt werden, die Autorenrechte müssen bei Texten beachtet werden.

Grundsätzlich gilt: Weitere Überprüfungs- bzw. Beobachtungsbereiche finden sich im alltäglichen Umfeld wie Werbung, Beschriftungen, Speisepläne, Medikamentenzettel etc. Das Ziel ist es, durch Leseübungen eine Angleichung an das allgemein übliche Lesematerial zu bekommen, so dass der Leser irgendwann alltägliche Texte mit möglichst geringen Textveränderungen komfortabel lesen kann.

14.3 Überprüfungsbögen zur Diagnostik von Behinderungen im Alltag sehbehinderter Schüler

Aus der gesamten Darstellung zur Pädagogik und den Textmedien für sehbehinderte Schüler resultieren Überprüfungsbögen, mit denen behindernde Elemente im Alltag für sehbehinderte Schüler diagnostiziert und diesen präventiv begegnet werden können. Diese Überprüfungsbögen sind für den pädagogischen Alltag erstellt und ersetzen nicht den Besuch beim Augenarzt für eine medizinische Diagnostik. Auch soll mit diesem Überprüfungsbogen keine klinischen Diagnosen benannt werden, sondern die Auffälligkeiten bei einem sehbehinderten Schüler im Alltag mit diesen Überprüfungsbögen beschrieben und ihnen fachlich angemessen begegnet werden. Zur Unterstützung und Verwendung einer einheitlichen Sprache sollten die ICF- und ICD-10-Angaben eingesetzt werden. Bei einer Überprüfung handelt es sich immer um den augenblicklichen Ist-Zustand, der innerhalb eines Tages oder über einen unbestimmbaren Zeitraum Veränderungen mit sich bringen kann. Wichtig hierbei ist während des gesamten Prozesses das Einbeziehen des sehbehinderten Schülers in die Überprüfung und Ergebnisfindung. Die Überprüfungen sollten nicht nur an einem bestimmten Zeitpunkt durchgeführt werden, sondern über einen längeren Zeitraum alltagsbegleitend ermittelt werden. Sehbehinderte Schüler können unterschiedliche Tagesverfassungen haben, von daher kann das an einem bestimmten Zeitpunkt festgestellte Verhalten nicht verallgemeinert werden. Überprüfungen dieser Art müssen mindestens halbjährlich durchgeführt und dem IEP bzw. der Schülerakte beigefügt und an die am Schulprozess beteiligten Menschen weitergegeben werden.

Wie bei vielen Untersuchungsinstrumenten sind die hier angebotenen Überprüfungsbögen noch nicht der Weisheit letzter Schluss, sie unterliegen durch den technischen und pädagogischen Fortschritt ständigen Veränderungen. Dies bedeutet, dass die Überprüfungsbögen für die Anwender individuell erweiterbar bzw. veränderbar sind.

Zudem sei darauf hingewiesen, dass die im Folgenden vorgestellten drei Überprüfungsbögen im Anhang und zum kostenlosen Download als barrierearme Versionen für das Ausfüllen und
Speichern am Computer auf der Verlagshomepage zur Verfügung
stehen: http://www.tectum-verlag.de/cms/tl_files/Zusatzinfos/
Beck_Sehbehinderung.zip.

14.3.1 Der Überprüfungsbogen zur Ersteinschätzung für sehbehinderte Schüler

Der Überprüfungsbogen zur Ersteinschätzung für sehbehinderte
Schüler ist als ein Grundlagenbogen in die Thematik mit einem
Schüler gedacht, der Auffälligkeiten im Bereich Sehen zu haben
scheint und dadurch in seiner Lebensführung unbewusst eingeschränkt wird. Für eine angemessene und leistbare Leseförderung
muss ein adäquates Diagnostikum vorliegen, in dem der Ist-Stand
und die aufbauenden Förderungen übersichtlich dargestellt werden können. Zuerst muss das Problem der visuellen Wahrnehmung
im Kontext Lesen bzw. dem schulischen Alltag an sich herausge-
arbeitet werden.

Dafür wird zu Beginn ein Bogen zur **Erstüberprüfung** (siehe
Anhang) abgebildet. Die Zielgruppe bzw. Anwender sind hierbei
die Regelschullehrer und weitere Personen aus dem Umfeld des
Schülers. In Zusammenarbeit mit dem Schüler sollen grundsätz-
liche Verhaltensauffälligkeiten durch die optischen Einschränkungen in unterschiedlichen alltäglichen Situationen fragend und
beobachtend dokumentiert werden. Mit diesem Bogen soll eine
Ersteinschätzung mit dem Schüler durchgeführt und ermittelt werden, inwieweit Sehstörungen vorliegen und wie sie sich für den
Schüler im Alltag äußern. Diese Angaben könnten als Groborien-
tierung bei Schülern, die bislang noch nicht sehauffällig waren,
eine Grundlage für weitere Interventionen bilden. Werden auf das
Sehen basierende Verhaltensauffälligkeiten durch das Sehen festgestellt, sollte dieser Untersuchungsbogen dem Augenarzt bei einem

Besuch vorgelegt werden. Durch die Diagnosen im Alltag kann der medizinische Befund vom Augenarzt besser festgestellt und beschrieben werden.

Nach der Überprüfung wird dieser Bogen dem IEP bzw. der Schülerakte des Schülers beigefügt. Die Überprüfungsart mit Beispielen für die festgestellten Einschränkungen müssen in dem Überprüfungsbogen angegeben werden.

Der Überprüfungsbogen ist in sechs Bereiche eingeteilt. Der erste Bereich ist für die grundlegenden Eintragungen der persönlichen Schülerdaten und evtl. vorliegenden (augen-) ärztlichen Gutachten sowie, falls vorhanden, Medikamentenverordnung. Zu diesen Angaben gehört das Datum des Überprüfungszeitpunktes mit namentlicher Nennung der Prüfer und den Angaben des letzten und nächsten Überprüfungstermins.

Im Bereich „1 Visuelle Fähigkeiten" sind die Auffälligkeiten durch das Sehen im Alltag der letzten sechs Monate einzutragen. Zusätzlich sollte, möglichst mit Beispielen, angegeben werden, wie sich festgestellte Auffälligkeiten bei diesem Schüler äußern. Eine Überprüfung kann handelnd im Alltag und durch Befragung des Schülers durchgeführt werden. Der Bereich „2 Gesichtsfeld/ Raumwahrnehmung" und Bereich „3 Farb-, Objekt-, Gesichts- und Bewegungswahrnehmung" kann Einschränkungen und dadurch entstehende Behinderungen im Alltag durch Beobachtungen des Prüfers, durch Schülerberichte und anhand von Aussagen der unmittelbar mit dem Schüler in Kontakt stehenden Menschen (Familienmitglieder, Lehrer, Mitschüler, Therapeuten etc.) aufzeigen. Die individuellen Auswirkungen der Sehbehinderung auf den sehbehinderten Schüler in seinem Alltag im öffentlichen Leben werden im Bereich „4 Alltagswahrnehmung" beachtet. Hier lassen sich dann entsprechende Kompensationsstrategien in Kooperation u. a. mit dem Lehrer für Orientierung und Mobilität (O&M) und Lebenspraktische Fertigkeiten (LPF) entwickeln.

Am Ende des Überprüfungsbogens müssen das Datum und die Unterschriften der prüfenden Personen eingetragen werden. Ein zusätzlicher Verteilereintrag zur Weitergabe der Ergebnisse an die im Bildungsprozess des Schülers involvierten Personen erleichtert den Kommunikationsfluss untereinander.

14.3.2 Erläuterung und Handhabung des Überprüfungsbogen für sehbehinderte Schüler im Unterricht

Nach der Erstüberprüfung wird ein umfassender Überprüfungsbogen für die Bedingungen (siehe Anhang) des sehbehinderten Schülers im Unterricht vorgestellt. Dieser zweite Schritt dient als Diagnostikum für die Überprüfung des Sehens hinsichtlich der Lesetätigkeit im schulischen Alltag und im Umfeld des sehbehinderten Schülers. Die Zielgruppe bzw. Anwender des Überprüfungsbogens sind das im Förderschwerpunkt Sehen pädagogische Personal. Sie kennen die Bedingungen und Faktoren einer Sehbehinderung und die indizierten Fördermöglichkeiten am besten. Der Überprüfungsbogen sollte halbjährlich aktualisiert und dem IEP bzw. der Schülerakte beigefügt werden. Hierbei sollte ein augenärztliches Gutachten bzw. ein Optikerbericht immer mit berücksichtigt werden.

Des Weiteren werden in diesem Überprüfungsbogen unterschiedliche Lesevarianten (Papier, Computer) zur Verbesserung des Leseverhaltens mit entsprechenden Möglichkeiten der Lesediagnostik dargestellt. So lassen sich die im Text beschriebenen Möglichkeiten zur Verbesserung des Leseverhaltens anwenden und schriftlich fixieren. Die für die Leseuntersuchung beigefügten Lesetexte müssen/können digital bearbeitet werden, um den Lesern eine optimale und individuelle Lesevoraussetzung zu ermöglichen. Bei den beigefügten Texten handelt es sich um Texte, die frei von Autorenrechten sind und über das Projekt-Gutenberg (vgl. Projekt [gutenberg.de], 2009, o. S.) bezogen werden können.

Der Überprüfungsbogen für sehbehinderte Schüler im Unterricht basiert zum einen auf den Überprüfungsbogen zur Ersteinschätzung mit dem Gutachten des Augenarztes, der bei dem Schüler eine Sehbehinderung festgestellt hat, und zum anderen auf den Bedingungen, die dem sehbehinderten Schüler für den Unterricht ermöglicht werden. Mit diesem Überprüfungsbogen werden die aus der Sehbehinderung resultierenden Faktoren festgestellt und mit dem Unterrichtablauf sowie der Unterrichtsumgebung abgestimmt. Die Bereiche müssen beobachtend im Alltag des sehbehinderten Schülers und bei Unklarheiten des Prüfers fragend ausgefüllt werden.

Dieser Überprüfungsbogen ist spezifisch auf die räumlichen und medialen Bedingungen im Unterricht mit sehbehinderten Schülern abgestimmt. Er ist in elf Bereiche eingeteilt

Im ersten Bereich werden die persönlichen Daten des sehbehinderten Schülers sowie die an der Überprüfung teilnehmenden Personen mit Datum der Überprüfung eingetragen. Evtl. vorliegende Arztberichte mit evtl. Medikamentenabgabe und die letzte sowie nächste Überprüfung müssen eingetragen werden. Der Eintragungsbereich „1 Visuelle Fähigkeiten" gibt den in der Bildung des sehbehinderten Schülers involvierten Personen einen Überblick, wie das Sehvermögen des Schülers allgemein im Unterricht einzusetzen ist. Besonders der Helligkeitsfaktor muss beobachtet werden, da bei angemessener Lichthelligkeit der Schüler sein vorhandenes Sehvermögen noch adäquater nutzen kann. Eingetragen werden muss die Art der Überprüfung, unter welchen Bedingungen das Ergebnis ermittelt wurde, damit bei Differenzen zu anderen Überprüfungsphasen nachgeprüft werden kann. Der Bereich „2 Arbeitsplatz im Klassen-/ Fachraum" dient der Ermittlung der unmittelbaren Bedingungen des Arbeitsplatzes für den sehbehinderten Schüler. Hierbei ist der Ist-Zustand anzugeben und sind die nächsten Ziele einzutragen, wie der Arbeitsplatz/Fachraum unter den individuell sehbehindertenspezifischen Aspekten optimiert werden kann. Ein besonderes Augenmerk ist auf die Klassenskizze zu legen, da hier schon wesentliche Vereinfachungen (Blendung, Wege etc.) übersichtlich zeichnerisch festgestellt und Veränderungen bei Bedarf geplant werden können. Inwieweit die elektronische Hilfsmittelausstattung vom sehbehinderten Schüler optimal genutzt wird, ist im nächsten Bereich „3 Elektronische Hilfsmittel" festzustellen. In den Unterpunkten werden Bereiche zur Einweisung genannt, womit das effektive Arbeiten mit den Hilfsmitteln im Nachhinein vereinfacht werden kann und bei Bedarf erweitert werden muss. Hier sind die ständigen Erneuerungen bei der Software zu beachten, die anderenfalls ein Arbeiten mit den zusätzlich angeschlossenen Geräten unmöglich machen und für alle Beteiligten sehr nervenaufreibend sein können. Der Umgang mit optischen Hilfsmitteln (Lupe, Monokular etc.) muss ebenfalls eingeübt werden, da diese Hilfsmittel auch in Situationen genutzt werden können, wo andere Techniken (Busfahrplan lesen) oder Stromquellen nicht zur Verfügung stehen. Die für den sehbehinderten Schüler bevorzugte Arbeitsflächengröße bzw. Tastraum ist besonders bei motorisch eingeschränkten Schülern wichtig zu ermitteln, da sie sonst keine Möglichkeit haben, sich Informationen zu beschaffen (überdimensionale Karten) oder sich schriftlich mitzuteilen (Plakate). Hierbei sollte auch angegeben werden, inwieweit die Taststrategien vermittelt wurden und mit welchen Medien sie optimal genutzt werden.

Die „Textmediengestaltung für das Schreiben und für Arbeitsblätter" ermöglicht es, Formatierungen und Hilfsdarstellungen für den sehbehinderten Schüler aufzuzeigen, die gebraucht werden, damit der Schüler problemlos handschriftlich Texte schreiben bzw. Arbeitsblätter ausfüllen kann, ohne die Orientierung auf dem Textblatt zu verlieren.

Der Bereich „Lesen" erfragt zunächst, welche Textsorten vom sehbehinderten Schüler bevorzugt gelesen werden, um so einen Überblick über seine literarischen Interessen zu bekommen. Hieraus lassen sich dann Texte für einen angemessenen Lesetest zur Überprüfung des effektiven Lesens herstellen. Zusätzlich zu den Lesetexten werden zu nutzende Möglichkeiten für die Bucheinbandgestaltung zum schnellen und gezielten Finden (taktil, visuell) des Buches ermittelt. Die vom sehbehinderten Schüler allgemein bevorzugten Textformatierungen müssen festgestellt werden, um die Motivation und den Spaß am Lesen zu erhalten und zu fördern. Inwieweit Leseschablonen, Lineale oder farbige Farbfolien hilfreich sind, sollte mit dem sehbehinderten Schüler durch Testungen festgestellt werden. Hilfreiche Unterstützung beim Lesen können durch Medien wie CD-Player oder PC-Vorlesesysteme geleistet werden. Besonders in der Leseförderung, z. B. durch lautes Mitlesen, sind Hörbücher etc. ideal. Ob eine zusätzlich Unterstützungskraft im Unterricht für den Schüler zu empfehlen ist und in welcher Form, kann bei den weiteren Hinweisen vermerkt werden.

Der sehbehinderte Schüler kann einen Lesetest durchführen, bei dem die optischen Wahrnehmungsschwierigkeiten und das Leseverständnis genauer eingegrenzt werden können. Hierzu werden dem Überprüfungsbogen exemplarisch vier Texte mit jeweils unterschiedlichen Formatierungen und Inhalten (Zeilen-, Buchstaben- und Wortabstand, Schriftgrößen, Textdarstellung) beigefügt. Anzuraten ist, dass ein Text individuell für jeden Schüler erstellt werden sollte, in dem seine Formatierungswünsche und sein Leseinteresse beachtet werden. Dies wird bei den beigefügten Texten nicht durchgehend gewährleistet. Um dem inhaltlich und formal nahe zu kommen, können Texte aus den jeweiligen Schulbüchern des Schülers, Lieblingsbücher des Schülers oder digital vorhandene Texte von Literatursammlungen wie vom Projekt Gutenberg.de, das über 5.000 Texte aus Unterhaltung, Lyrik, Politik, Sachbuch etc. enthält, genutzt werden. Zu beachten ist bei der Weitergabe der Lesetexte immer die Einhaltung der Autorenrechte (vgl. Projekt [gutenberg.de], 2009, o. S.).

In den Überprüfungsbogen muss der Titel des Testtextes, Formatierungshinweise, Wortanzahl und das Leseergebnis in WpM eingetragen werden. Handelt es sich um die Überprüfung mit dem „wiederholten Lesen", müssen die Anzahl der Lesedurchgänge angekreuzt und das Ergebnis fixiert werden. Zur Vereinfachung und zur optischen Verdeutlichung soll das Leseergebnis in das abgebildete Diagrammraster eingetragen werden.

Bei einer Überprüfung mit dem Tachistoskop müssen zusätzlich neben der Wortanzahl die Geschwindigkeit sowie Schriftgröße und -type eingetragen werden. Das Programm Tachistoskop sowie weitere Leseprogramme sind z. B. beim Eugen-Traeger-Verlag [www.etverlag.de] in Lotte erhältlich.

Wird bei der Überprüfung zum Lesen der Stolperwörtertest eingesetzt, muss die entsprechende Stufe vermerkt werden. Diese Tests sind z. B. kostenlos unter der Internet-Adresse [www.wilfriedmetze.de] erhältlich.

Aus den beobachteten Angaben zum Leseverhalten wie Fehleranzahl, Fehlerart und den Anmerkungen zum Lesefluss ergibt sich die weitere Zielsetzung zur Leseförderung.

Bei allen Überprüfungen sind immer der Ist-Stand und die weiteren beabsichtigten Ziele anzugeben. Abschließend wird ein zusammenfassender Bericht anhand der Ergebnisse verfasst und an den angegebenen Verteiler weitergegeben. Das Ergebnis ist mit dem betroffenen Schüler und mit allen am Lehr-/Lernprozess beteiligten Personen durchzusprechen und die zukünftigen Zielsetzungen zu planen. Der ausgefüllte Überprüfungsbogen ist dem IEP bzw. der Schülerakte beizufügen.

14.3.3 Checkliste für die Medienerstellung und Arbeitsplatzgestaltung für den Unterricht mit sehbehinderten Schülern

Zusätzlich, als dritter Überprüfungsbogen, wird eine im Schulalltag arbeitsunterstützende Maßnahme in Form einer **Checkliste** angeboten (siehe Anhang). Zielgruppe bzw. Anwender hierfür sind die Regelschullehrer, Assistenzkräfte, Schüler, Eltern und weitere mit dem sehbehinderten Schüler arbeitende Personen. In dieser Checkliste sind allgemeine, zu berücksichtigende Kriterien zur Medienerstellung und Arbeitsplatzbedingungen für sehbehinderte Schüler im Unterricht aufgeführt. Mit diesem Skript lassen sich die einzelnen Bereiche zur Medienerstellung und Arbeitsplatzbedingungen direkt überprüfen (Ist-Ergebnis) und Veränderungen (Folgeschritte bzw. Ziel) übersichtlich dokumentieren. Diese Checkliste sollte, möglichst laminiert für änderbare Beschriftungen, am Arbeitsplatz des sehbehinderten Schülers verbleiben, damit wechselnde Unterstützungspersonen einen schnellen Zugriff auf die spezifischen Bedürfnisse und Fördermöglichkeiten des sehbehinderten Schülers haben. Die Checkliste ist ein Instrumentarium, das am Arbeitsplatz des Schülers platziert wird. Eingetragen werden hierin individuell festgestellte Bedingungen zur Texterstellung, spezifische Bedingungen für das Arbeiten mit Arbeitsblättern, Karten oder Modellen oder auch separate Einstellungen des Computers. Es handelt sich um eine Vereinfachung für den alltäglichen Unterricht, wenn z. B. unterschiedliche Personen mit dem sehbehinderten Schüler arbeiten und eine individuelle gleichartige Text-/Arbeitsplatzgestaltung oder Computereinstellung gewährleistet sein soll. In der mittleren und rechten Spalte werden die unmittelbar benötigten und erledigten Bedingungen eingetragen und abgehakt, so ist die Überprüfung aller Bereiche gewährleistet.

Die Checkliste ist in fünf Bereiche gegliedert. Der erste Bereich beinhaltet die schulischen Angaben zum sehbehinderten Schüler. Der zweite Bereich (Schreiben/Arbeitsblätter) ermöglicht Angaben zur individuellen sehbehindertenspezifischen Gestaltung eines Arbeitsblatts für den sehbehinderten Schüler. Besonders zu beachten ist hierbei, dass die vom sehbehinderten Schüler benötigte Strichstärke eines Stiftes auch ein Ausfüllen der Arbeitsblätter gewährleisten muss. Sehbehinderte Schreiber benötigen meist dickere Linien und Stifte für ihre Textaufzeichnungen, wodurch die Schrift größer wird und somit mehr Platz im Eintragungsbereich benötigt wird. Vereinfachungen für eine gut leserliche Handschrift (Schreib- oder Druckschrift) müssen regelmäßig überprüft werden. Die Vergrößerungsstufe mit dem Kopierer für Arbeitsblätter sollte angegeben werden, der Kopierer darf jedoch nicht das Universalvergrößerungsgerät sein, da sich die Qualität der Kopienausdrucke negativ (Konturenschärfe, Verblassungen der Buchstabengebilde, Räume zwischen den Buchstaben etc.) verändern. Pauschalierte Vergrößerungen mit einem Kopierer bedeuten keine individuelle Berücksichtigung im Sinne des sehbehinderten Schülers. Meist haben die zu vergrößernden Texte unterschiedliche und nicht zu verändernde Strukturen (Spalten, Abbildungen, Zeilenabstand, Schrifttypen, Textblöcke, Farben etc.), die bei der Herstellung einer Kopie nicht berücksichtigt werden, sondern kontraproduktiv die optische Wahrnehmung eher erschweren. Inwieweit zusätzlich taktile Markierungen (Büroklammern am Zeilenanfang oder an Kapiteln, Klebepunkte zur Gliederung oder an den Freizeilenanfängen, Fensterfarben für bessere Konturen bei einfachen Abbildungen etc.) die Textarbeit erleichtern, sollte mit überprüft und fixiert werden. Der nächste Bereich beinhaltet die Textgestaltung beim Erstellen für das Lesen von Papiertexten und am Computer. Hierbei handelt es sich um die gewöhnlichen Einstellungen für die Textverarbeitung, deren Texte entweder später ausgedruckt, evtl. taktil verstärkt und gelesen oder direkt am Computer bearbeitet werden können. Dabei müssen für die Computerdarstellung unterstützende Formatierungen zur Textstruktur beachtet werden. Zum Abschluss der Checkliste gibt es die Möglichkeit, weitere Anmerkungen (z. B. helfende Software, individuelle Schülerangaben zu den Arbeitsvorlieben etc.) hinzuzufügen.

14.4 Steigerung des Leseflusses für sehbehinderte Schüler

Der Lesefluss kann nur durch die Lesepraxis gezielt gesteigert werden. Hierbei sind Techniken wie lautes Lesen mit oder ohne Hilfsmittel und wiederholtes Textelesen sinnvoll. Der sehbehinderte Leser fühlt sich beim mehrmaligen Textelesen durch die Textbekanntheit wohler und ist vertraut mit den Vokabeln, Charakteren und Handlungen und kann mit größerem Vertrauen und Geläufigkeit diesen Text besser erkennen und lesen (vgl. Koenig/Rex, 1996, S. 290; siehe hierzu auch Rosebrock/Nix, 2006 und 2008). Der Text kann solange wiederholt werden, bis eine gesetzte Lesezeit erreicht wird. Dieses trainierte Lesen kann sich lt. erfolgter Untersuchungen positiv auf andere ungeübte Lesetexte auswirken (vgl. Koenig/Rex, 1996, S. 290), erweitert das mentale Wörterbuch und trainiert die Speicherung der optischen Wortgestalt. Zudem erzeugt das mehrmalige laute und leise Lesen eine sprachliche und optische Vertrautheit mit unbekannten bzw. Fremdwörtern.

Das wiederholte Lesen des gleichen Textes kann für die Diagnostik mit Veränderungen wie verschiedene Beleuchtungen und Hilfsmittel aber auch Farben, Schriften, Schriftgrößen, Leseabstand etc. durchgeführt bzw. die Leseausdauer trainiert werden. Durch diesen integrierten Ansatz der realen Begegnungen und Handlungen und dem Lesematerial werden die besonderen Lesefähigkeiten des sehbehinderten Lesers im Kontext mit sinnvollen Aktivitäten entwickelt (vgl. Koenig/Rex, 1996, S. 290).

Die folgende Tabelle (vgl. Tabelle 14.1) verdeutlicht die „Strategien zur Erhöhung des Leseflusses", wie sie von Samuel et al. mit ihrer „Methode des wiederholten Lesens" 1979 und 1990 für Leser erfolgreich entwickelt wurde und auch für sehbehinderte Leser nutzbar ist (vgl. Koenig/Rex, 1996, S. 290; s. a. Wember 1999, 2006).

Lehrstrategie	Verfahren
Wiederholte Messungen	Für die Bestimmung der durchschnittlichen mündlichen Lesezeit liest ein Schüler einen von ihm bevorzugten Text. Durch die wiederholten Textlesungen kann eine Steigerung durch die Geläufigkeit der Wortwiederholungen erzielt werden. Wählen Sie kurze, interessante Geschichten mit einem dem Schüler didaktisch angemessenen Niveau, die in drei bis fünf Minuten abgelesen werden können. Legen Sie ein Zeitkriterium als Ziel fest, das für den Schüler nach drei oder vier Leseeinheiten erreicht sein sollte. Nach der ersten Lesung informieren Sie den Schüler über die erreichte Lesezeit. Die Schüler lesen dann weiter und werden über ihre Ergebnisse informiert. Die Wiederholungen können solange durchgeführt werden, bis das vorgegebene Ziel erreicht wurde. Bei schwierigen Passagen werden gegebenenfalls nur diese bis zur Lesegeläufigkeit wiederholt. Im Nachhinein ist der Schüler in der Lage, diesen Text zeitlich angemessen flüssig zu lesen.

Paar-Lesung	Wählen Sie einen Schüler ohne Sehbehinderung, der schneller und fließender liest, als der sehbehinderte Schüler. Der Lesestoff sollte angemessen sein, bei unbekannten Wörtern werden diese vorweg erklärt. Hat der sehbehinderte Schüler eine Passage aus dem Text gelesen, soll er dem Mitschüler den Inhalt zur Sicherung des Textverständnisses erklären. Bei diesem Ansatz ist der bessere Leser das Vorbild für das fließende mündliche Lesen.
Chor-Lesung	Wählen Sie einen einfachen Lesestoff für ein Lesepaar oder eine kleine Lesegruppe und lassen Sie den Text im Chor vorlesen. Der Lehrer kann hierbei als Lese-/Sprachvorbild mitlesen. Wird ein Leser langsamer, wird er automatisch durch die Gesamtheit im Lesefluss mitgezogen. Da hier kein Vorleseeffekt eines einzelnen Lesers besteht, ist diese Form für leseschwache Leser ein komfortabler Weg, Vertrauen in das laute Lesen aufzubauen und flüssiger zu lesen.
Echo-Lesung	Dieser Ansatz ist vergleichbar mit der Choral-Lesung. Hier wird in der gesamten Gruppe (Schüler und Lehrer) gelesen. Wählen Sie einen täglichen Zeitraum von 15 Minuten für diese Leseeinheit. Das Lesematerial sollte den Interessen der Schüler entsprechen. Sagen Sie den Schülern, sie sollen beim Lesen den Textinhalt ignorieren und sich auf das sanfte Augengleiten über den Text konzentrieren. Hierfür lesen alle den Text und gehen gleichmäßig mit dem Finger parallel unterhalb der Schrift mit. Zunächst liest der Lehrer lauter als die Schüler mit, bei den nächsten Durchgängen nimmt er sich dann zurück. Der Lehrer bestimmt so das Lesetempo und beurteilt später die Lesefortschritte der Schüler. Schwierig zu lesende Wörter werden zwar laut gelesen, der Lehrer gibt aber in der Aussprache durch sein lautes Mitlesen den Schülern Vertrauen und Lesesicherheit.

Tabelle 14.1: Verschiedene Lesarten für sehbehinderte Schüler zur Steigerung des Leseflusses (vgl. Koenig/Rex, 1996, S. 291)

Aus diesen Leseübungen lässt sich später eine funktionale Bewertung zum Lesen ableiten, was in allen Unterrichtsfächern, in denen Texte gelesen werden, möglich ist. Das Ziel hierbei ist die Weiterentwicklung des Leseflusses bzw. der Leseeffizienz, bestehend aus Lesegeschwindigkeit und Textverständnis, wobei das Textverständnis vom Lehrer immer nachgeprüft werden muss. Viele ähnliche Lesestrategien zur Erhöhung der Lesekompetenz sind überwiegend für Schüler ohne Sehbehinderung entwickelt worden, diese lassen sich nach individuellen Anpassungen aber auch auf sehbehinderte Leser anwenden (vgl. Koenig/Rex, 1996, S. 292). Die erreichten Leseziele bzw. Basisdaten müssen entsprechend dokumentiert und weitere aufbauende Maßnahmen mit dem pädagogischen Team geplant werden. Die Steigerung der Lesestufen sollte jedoch nur dann erfolgen, wenn die letzten Übungen komfortabel und gut gelesen wurden. Der sehbehinderte Schüler ist in die Ergebnisdokumentation mit Unterstützung von Grafiken, Tabellen oder Diagrammen zum jeweiligen Lesestand (Geschwindigkeit, Ausdauer, Wortanzahl etc.) einzubeziehen. Zusätzlich kann der sehbehinderte Schüler bei den Phasen des wiederholten Lesens individuelle optimale Arbeitsplatzveränderungen vornehmen, um für sich die effektivste und komfortabelste Lesesituation zu erkunden. Hierbei sind eventuelle Möglichkeiten wie Arbeitsabstand, Beleuchtung, Blickwinkel etc. mit zu beachten (vgl. Koenig/Rex, 1996, S. 293). Der sehbehinderte Schüler sollte zudem Lesestrategien zum Umgang mit Müdigkeit beim Lesen (kurze Pausen), den Zusatz von anderen Medien (Hörbuch), angepasste Körperhaltung, aber auch das Finden von bestimmten Textstellen, Informationen etc. in einem Text kennenlernen. Sind Fortschritte für den Lehrer nicht erkennbar, muss er reagieren, indem er den Wortschatz beim Schüler, die visuellen Bedingungen, Einsatz von Tondokumenten oder evtl. den Einsatz der Brailleschrift überprüft (vgl. Koenig/Rex, 1996, S. 294).

Die Leseform des Flüssigen Lesens (fluency) wurde vor ca. 30 Jahren in Amerika entwickelt und wird häufig angewandt. Die Steigerung der fluency durch Trainingsverfahren bringt bei schwachen

Lesern meist eine erhöhte Leseverstehensleistung mit sich, ohne dass in der Hierarchie höhere Textverständnisprozesse geübt werden mussten (vgl. Rosebrock/Nix, 2006, S. 4). Durch die Wiederholungen lernen die schwachen Schüler neue bedeutende Buchstaben- und Wortkombinationen, vergrößern fortlaufend ihren (Sicht-) Wortschatz und verbessern durch die Korrekturen mit Hilfe eines Tutors nach und nach sowie ihre Fähigkeiten in Wortzergliederungen. Das Ergebnis des Trainings ist: „Übung macht das Lesen flüssig" (vgl. Rosebrock/Nix, 2006, S. 12). Auch die bekannte und zu erwartende Verbindung von Wortfolgen im Satz erleichtert dem Leser das Lesen in Bezug auf Automatisierung, Dekodiergenauigkeit und ausdruckstarkes Lesen sowie die Wissenserweiterung. Der Leser arbeitet entsprechend in drei verschiedenen Ebenen beim Leseprozess, die parallel und unterschiedlich ausgeprägt vorhanden sind. Die Prozessebene des Buchstaben- und Worterkennens mit dem dazugehörigen Satzbau, die Subjektebene, die Erweiterung der Blickspanne, bei dem der Leser ein Selbstkonzept für das Lesen hat, und die soziale Ebene, in der der Leser das Gelesene in irgendeiner Weise anwendet (vgl. Rosebrock/Nix, 2008, S. 38). Wember stellt diese Form des geübten Lesens anhand der Merkmale Selektivität, Interaktivität und Automatisierung dar und entwirft hierbei ein Strukturmodell des Leseprozesses durch die vier Stufen Rekodieren, Dekodieren, Satzverstehen und Textverstehen (vgl. Wember, 1999, S. 11). Demnach muss die Automatisierung des Leseprozesses ein primäres Ziel in der Leseförderung sein, was anhand von unterschiedlichen Untersuchungen in anderen Ländern belegt werden kann: „Schwache Leser brauchen gezielte pädagogische Hilfen. Wie aber erreicht man Automatisierung? Kognitions- und Lernpsychologen sagen, durch Überlernen, zu deutsch: durch wiederholtes und ausreichend langdauerndes Üben." (Wember, 1999, S. 29; Wember, 2006, S. 265f). Insofern decken sich die von Wember mit Erfolg getesteten Leseübungsstrategien mit denen von Koenig/Rex und Rosebrock/Nix und können für sehbehinderte Leser eine Erfolg versprechende Möglichkeit sein, die Leseeffizienz zu steigern.

15 Ausblick

Wie die durchgeführte Leseuntersuchung aufgezeigt hat, können sehbehinderte Leser serifenlose und Serifenschriften annähernd gleich gut lesen, unabhängig davon, mit welcher Schrift den sehbehinderten Schülern das Lesen beigebracht wurde. Es ist allein die methodische Freiheit des Pädagogen zu entscheiden, welche Schriftart er im Unterricht einsetzt. Wird jedoch aufgrund gut gemeinter tradierter, aber unreflektierter Ansichten die Nutzung von serifenlosen Schriften in sämtlichen Druckmedien für sehbehinderte Menschen in der Bildung und im Alltag weiterhin bevorzugt eingesetzt, muss jedem verantwortlichen Menschen bewusst sein, dass dies eine zusätzliche Beeinträchtigung in der Aktivität und in der Partizipation/Teilhabe am gesellschaftlichen Leben der sehbehinderten Menschen bedeuten kann.

Zudem besteht pädagogisch die Verpflichtung, den sehbehinderten Schülern eine schulische Bildung zu vermitteln, mit der sie nach der Schulzeit ohne neue Eingewöhnungsphasen in eine andere Alltagsschrift Texte ermüdungsfrei und problemlos lesen können. Diese Aufgabe kommt besonders in der inklusiven Beschulung zum Tragen. Hier lesen die sehbehinderten Schüler die gleichen Texte wie ihre Mitschüler, aber es kommt auch hier darauf an, ein Leseverhalten zu entwickeln, dass die Freude am Lesen auch außerhalb der Schule vorhanden bleibt. Es konnte deutlich nachgewiesen werden, dass sehbehinderte sowie normal sehende

Leser serifenlose und Serifenschriften gleich gut erkennen bzw. lesen können. Bei den normalsichtigen Lesern wird dieser Leselernprozess durch Schriftmischungen bereits ab der zweiten Klasse eingesetzt und gefördert. Hierzu muss auch die Sehbehindertenpädagogik den didaktischen Mut aufbringen, dieses ebenfalls zu tun.

Alle Methoden der vorgestellten Leseuntersuchung, Tachistoskop, Hubacher-Lesetest, Stolper-Wörtertest sowie des flüssigen Lesens mit zusätzlichen Tonmedien sind probate Programme, gezielte Leseförderungen (nicht nur) für sehbehinderte Kinder durchzuführen. Mit den dargestellten Methoden ist ein Lesetraining möglich die Sakkaden-Amplituden, Blickmotorik, den Wortüberlegenheitseffekt, Wortgestaltübungen sowie das laute und stille Lesen mit Wissenszuwachs zu steigern. Auch die Möglichkeiten, die Texte für sehbehinderte Leser individuell angemessen herzustellen wie durch die Wahl der Schrifttype, Buchstaben- und Wortabstände, Hintergrund- und Schriftfarben etc. wurden beschrieben um den sehbehinderten Schülern den Zugang zum Lesen zu erleichtern und zu fördern.

Wie eine eventuelle Sehbehinderung bei einem Schüler im Unterricht erkannt werden kann, ist für jeden unkundigen Lehrer anhand des im Anhang beigefügten Erstüberprüfungsbogens feststellbar. Der Erstüberprüfungsbogen gibt hierzu ausreichend Anhaltspunkte, dies durch Alltagsbeobachtungen festzustellen und zu dokumentieren. Eine anschließende umfassende prozessbegleitende Diagnostik sollte mit Protokollierung mittels des im Anhang beigefügten Überprüfungsbogens durchgeführt werden, um über einen längeren Beobachtungszeitraum die vorhandenen optischen Möglichkeiten und die Veränderungen der Lesefertigkeit bei dem Schüler detailliert zu diagnostizieren. Diese Diagnostikauswertung muss der Schülerakte bzw. dem IEP beigefügt werden.

Die mediale Versorgung im Alltag eines sehbehinderten Schülers wird, abgeleitet aus dem IEP und durch die im Anhang beigefügte Checkliste, für die pädagogisch unterstützenden Mitarbeiter und Eltern erleichtert. Diese Checkliste befindet sich für alle zugänglich am Arbeitsplatz des Schülers. Sie können hiermit die individuellen Bedürfnisse des sehbehinderten Schülers berücksichtigen. Alle drei im Anhang beigefügten Überprüfungsbögen bieten eine solide Grundlage für eine Beschulung sehbehinderter Kinder, egal ob in einer Sehbehindertenschule oder in der inklusiven Beschulung, die jedoch ständig neu überprüft werden muss.

Die methodischen Aspekte zur Förderung des flüssigen Lesens sind im amerikanischen Bildungsbereich nachgewiesener Maßen besonders für sehbehinderte Leser eine hervorragende Art der Leseförderung. Hier müsste sich das Forschungsfeld in der deutschsprachigen Leseforschung, nicht nur für die sehbehinderten Leser, erweitern und zusätzliche Untersuchungen unter dem Aspekt der Lesesteigerung, Sinnentnahme und der Leseeffizienz durchgeführt werden.

Weiteren Bedarf für Untersuchungen mit sehbehinderten Lesern könnten das Lesen am Computermonitor und das Lesen mit längeren Texten für die Ermittlung des komfortablen Lesens, aufbauend auf den bereits begonnenen Untersuchungen, sein. Besonders das Leseverhalten unter dem Aspekt des CVI (cerebral visuell impairment) muss untersucht und Interventionen müssen gefunden werden, die vorhandenen Untersuchungsergebnisse sind noch nicht ausreichend. Bekannt ist aber, dass diese Sehbehinderung Auswirkungen auf die Buchstabenwahrnehmung hat (s. Mundhenk; Jaritz-Tschinkel)
　　Auch Leseuntersuchungen im öffentlichen Bereich wie das bestmögliche Erkennen von Schriften und Farbkontrasten auf Straßenschildern, Bahnhofsanzeigen etc. könnten Ergebnisse liefern, die für sehbehinderte Menschen die Orientierung und somit die Teilhabe am gesellschaftlichen Leben erleichtern.

Literaturangabe

absv-Allgemeiner Blinden- und Sehbehindertenverband Berlin; Online verfügbar unter: [www.absv.de], zuletzt geprüft am 17.08.2009.

Aebli, Hans (1989): Die Psychologie des Lesens. In: Gibson Eleanor J.; Levin, Harry. Ungekürzte Ausg., Frankfurt am Main: Fischer. S. 7–10.

AG-Spezifisches Curriculum (2011): Bildung, Erziehung und Rehabilitation blinder und sehbehinderter Kinder und Jugendlicher in einer inklusiven Schule in den Ländern der Bundesrepublik Deutschland. •Standards •Spezifisches Curriculum •Modell-Leistungsbeschreibung. Ergebnis der Arbeitsgruppe der Leiterinnen und Leiter von Blinden- und Sehbehindertenbildungseinrichtungen. Stand 21.07.2011. Online verfügbar unter [http://www.vbs-gs.de/uploaded_files/110721_spezifisches_curriculum.pdf?PHPSESSID=dg7ac1e03fkb7crs2vdllo2p87] zuletzt geprüft am 19.01.2012.

Allman, Carol B. (2004): Making Tests Accessible for Students with Visual Impairments: A Guide for Test Publishers, Test Developers, and State Assessment Personnel. Hg. v. American Printing House for the Blind. American Printing House for the Blind. Louisville, Kentucky. Online verfügbar unter [http://www.aph.org], zuletzt aktualisiert 2010, zuletzt geprüft am 14.01.2011.

APH-American Printing House for the blind, Inc.: [http://www.aph.org/] zuletzt geprüft am 30.04.2012.

APHont-Schriftfont: [http://www.aph.org/products/aphont.html] zuletzt geprüft am 30.04.2012.

Appelhans, Peter; Krebs, Eva (1995): Kinder und Jugendliche mit Sehschwierigkeiten in der Schule. Eine Handreichung für Lehrer, Eltern und Schüler. 3., unveränd. Aufl., Heidelberg: Edition Schindele.

Arntzen Andrew, Tove; Groben, Frank; Henriksen, Anne (2006): Beurteilung des funktionalen Sehens bei Kindern mit mehrfachen Behinderungen. In: Henriksen, Anne; Henriksen, Christoph (Hrsg): Focus MDVI. Informationen für die Beratung bei Kindern und Jugendlichen mit mehrfachen Behinderungen und Sehschädigung. Comenius Projekt der Europäischen Union. Staatliche Schule für Sehgeschädigte, Schleswig. S. 2–4.

Arditi, Aries (2009): Making Text legible. Designing for people with partial sight. Online verfügbar unter [http://www.lighthouse.org/accessibility/legible] zuletzt geprüft am 18. September 2009.

augenbit: [http://www.augenbit.de], zuletzt geprüft am 10.02.2011.

Augsburg, Frank (2008): Screening von Leistungssportlern. Online verfügbar unter [http://www.visus.de/GProdukt/G-Sportsehen/01-DOZ-Sportscreening.pdf], zuletzt geprüft am 22.06.2009.

Baalbaki, Amir (2003): Eine objektive Methode zur Schätzung der Mindestsehschärfe unter Anwendung der Infrarotnystagmographie. 1. Aufl. Wettenberg: VVB Laufersweiler Verlag.

Bachmann, Walter (1987): Die „Leyenschul" von 1533. Giessen: Justus-Liebig-Universität; Institut für Heil- und Sonderpädagogik.

Baer, Andreas; Banse, Michael; Buhrfeind Anne (2001): Politische Rahmenbedingungen der Lesekultur. In: Franzmann, Bodo; Hasemann, Klaus; Löffler, Dietrich; Schön, Erich (Hg.).: Handbuch Lesen. Hoheneggelsen, Baltmannsweiler: Schneider Verlag. S. 432–470.

Bals, Irmgard (2009): Zerebrale Sehstörung. Würzburg: Edition Bentheim.

Batscheider, Markus (2009): Farbenblindheit: Die farbarme Welt. Online verfügbar unter: [http://www.netdoktor.de] zuletzt geprüft am 11.12.2009.

Beck, Franz-Josef (2009): Unterrichten wir die sehbehinderten Schüler nach dem Prinzip der Schriftschonung? In: Verband der Blinden- und Sehbehindertenpädagogen und -pädagoginnen e.V. (VBS) (Hg.): Kongressbericht: Teilhabe gestalten. XXXIV. Kongress. 14.-18. Juli 2008 in Hannover. Würzburg: Edition Bentheim (1), CD-ROM. S. 1–13.

Beck, Friedrich (2006): „Schwabacher Judenlettern". Schriftverruf im Dritten Reich. In: Die Kunst des Vernetzens. Festschrift für Wolfgang Hempel. Berlin: Verlag für Berlin und Brandenburg. S. 251–269.

Beck, Iris (1996): Normalisierung. Behindertenpädagogische und sozialpolitische Perspektiven eines Reformkonzeptes. Heidelberg: Winter Programm Ed. Schindele.

Beck, Iris (2001): Normalisierung. In: Antor, Georg; Bleidick, Ulrich: Handlexikon der Behindertenpädagogik. Stuttgart. Kohlhammer Verlag 2001. S. 83–85.

Beck, Iris (2009): Teilhabe gestalten – Bedeutung und Dimension der Umsetzung. In: Verband der Blinden- und Sehbehindertenpädagogen und -pädagoginnen e.V. (VBS) (Hg.): Kongressbericht: Teilhabe gestalten. XXXIV. Kongress. 14.-18. Juli 2008 in Hannover. Würzburg: Edition Bentheim (1), Hauptband. S. 209–217.

Beermann, Uwe (1966): Erziehung von Sehbehinderten. Weinheim: Julius Beltz (Pädagogische Studien, 14).

Beyer, Friederike (2006): „Ein neues, der Dämmerung vergleichbares Zwischengebiet". Die Bildung sehbehinderter Kinder. In: Drave, Wolfgang (Hg.): 200 Jahre Blindenbildung in Deutschland: (1806 – 2006). Würzburg: Ed. Bentheim. S. 127–136.

Beyer, Friederike (2008): Didaktik des gemeinsamen Unterrichts – Blindenpädagogische Kompetenzen und Erfordernisse als Bestandteil einer „Schule für alle". In: Lang, Markus; Hofer, Ursula; Beyer, Friederike: Didaktik des Unterrichts mit blinden und hochgradig sehbehinderten Schülerinnen und Schülern. Stuttgart: Kohlhammer. S. 68–104.

Beyer, Friederike; Delgado, Reiner (2009): AG 3- Qualitätsanforderungen an einen Unterricht mit blinden und sehbehinderten Schülerinnen und Schülern – Arbeitsergebnisse. In: Die UN-Behindertenrechtskonvention und die Bildungspolitik für Menschen mit Behinderungen – Tagung 29. Januar 2009 in Berlin im Rahmen der Kampagne „Alle Inklusive" der Beauftragten der Bundesregierung für die Belange behinderter Menschen Karin Evers-Meyer Januar bis März 2009. Online verfügbar unter: [www.vbs-gs.de] zuletzt geprüft am 20.03.2010.

Bibliothek der Deutschen Friedrich-Schiller-Stiftung e. V. (Hg.) (1969): Der rasende Schuster und andere Geschichten. Ein Lesebuch für sehbehinderte Kinder. Darmstadt: Verlag der Deutschen Friedrich-Schiller-Stiftung GmbH.

Blanz, Bernhard (2001): Wie arbeitet das Gehirn beim Lesen? Die Möglichkeiten bildgebender Verfahren in der Forschung über Lese-Rechtschreibstörungen. In: Schulte-Koerne, Gerd (Hg.): Legasthenie: erkennen, verstehen, fördern. Beiträge zum 13. Fachkongress des Bundesverbandes Legasthenie 1999. Bochum: Winkler. S. 23–29.

Blankenagel, Anita (1990): Versorgung von Sehbehinderten mit Sehhilfen. In: Wissenschaftliche Vereinigung für Augenoptik und Optometrie e.V. (WVAO) (HG.): Sehhilfen für besondere Sehprobleme Bd. 1. Mainz: Universitätsdruckerei und Verlag H. Schmidt GmbH & Co. S. 21–32.

Bleckwenn, Ruth (1991): Gestaltungslehre. Hamburg: Verlag Handwerk und Technik.

BMAS-Nationaler Aktionsplan (2011): Nationaler Aktionsplan der Bundesregierung zur Umsetzung des Übereinkommens der Vereinten Nationen über die Rechte von Menschen mit Behinderungen. Referentenentwurf nach Ressortabstimmung, Stand 27.04.2011. Online verfügbar unter: [http://www.paritaet-alsopfleg.de/index.php?option=com_content&view=article&catid=56:arbeitsmarktpolit-ik&id=1205:referentenentwurf-zum-nationalen-aktionsplan-zur-um-setzung-der-un-behindertenrechtskonvention], zuletzt geprüft am 01.11.2011.

BMAS-Staatenbericht (2011): Übereinkommen der Vereinten Nationen über Rechte von Menschen mit Behinderungen. Erster Staatenbericht der Bundesrepublik Deutschland. Vom Bundeskabinett beschlossen am 3. August 2011. Online verfügbar unter: Online verfügbar unter: [http://www.netzwerk-artikel-3.de/attachments/103_2011_08_03_staatenbericht.pdf], zuletzt geprüft am 24.10.2011.

Boban, Ines; Hinz, Andreas (Hg.) (2003): Index für Inklusion. Halle/ Saale: Martin-Luther-Universität.

Boban, Ines; Hinz, Andreas (2009): Integration und Inklusion als Leitbegriffe der schulischen Sonderpädagogik. In: Opp, Günther; Theunissen, Georg (Hg.): Handbuch schulische Sonderpädagogik. Bad Heilbrunn: Klinkhardt, S. 29–36.

Boeselager, Elke von (2004): Schriftkunde. Basiswissen. Hannover: Hahn.

Boldt, Werner (1971): Erziehung und Rehabilitation der Sehbehinderten. In: Blinde und Sehbehinderte in unserer Welt. Karlsruhe: Braun. S. 55–62.

Bonfadelli, Heinz (2001): Befunde zur Lesekompetenz. In: Franzmann, Bodo; Hasemann, Klaus; Löffler, Dietrich; Schön, Erich (Hg.).: Handbuch Lesen. Hoheneggelsen, Baltmannsweiler: Schneider Verlag. S. 131–144.

Breuer, Helmut (2004): Erst die Lautsprache, dann die Schriftsprache. In: Möckel, Andreas; Bolkart, Martin (Hg.): Lese-Schreibschwäche. Vorbeugen, Erkennen, Helfen. Würzburg: Edition Bentheim. S. 75–94.

Brügelmann, Hans (2000): Kinder auf dem Weg zur Schrift. Eine Fibel für Lehrer und Laien. 7. Aufl. Bottighofen: Libelle-Verlag.

Brügelmann, Hans (2003k): Lese-Untersuchung mit dem Stolperwörter-Test. Abschlussbericht des Projekts LUST-1. Siegen.

Brühlmeier, Arthur (2007): Schreiben und Lesen. Online verfügbar unter: [http://www.bruehlmeier.info], zuletzt geprüft am 25. Mai 2007.

Buser, Fritz (1990): Beurteilung der Sehleistung bei sehbehinderten Schülern. In: blind/sehbehindert- Zeitschrift für das Blinden- und Sehbehindertenbildungswesens, Heft 1, 1990. S. 3–10.

Buser, Fritz (2003): Sehbehindertengerechte Beleuchtung in der Schule und daheim. In: Optometrie, 51. Jahrgang, Heft 4. S. 2331

Buser, Fritz (2004a): SZB-Test zum Messen des Vergrößerungsbedarfs bei Kindern. Online verfügbar unter: [http://www.szb.ch/files/417_Test_SZB_Kinder_Deutsch.pdf], zuletzt geprüft am 26. August 2009.

Buser, Fritz (2004b): SZB-Test zum Messen des Vergrößerungsbedarfs, deutsch-DE. Online verfügbar unter: [http://www.szb.ch/files/59_Test_SZB_Deutsch.pdf], zuletzt geprüft am 26.August 2009.

Buser, Fritz (2005): SZB-Test zum Messen des Vergrößerungsbedarfs bei geistig behinderten Personen. Online verfügbar unter: [http://www.szb.ch/files/417_SZB-Test%20geistig%20behinderte%20Menschen.pdf], zuletzt geprüft am 26. August 2009.

Buultjens, Marianna; Aitken, Stuart; Ravenscroft, John; Carey, Kevin (1999): Size Counts: The Significance of Size, Font and Style of Print for Readers with Low Vision Sitting Examinations. In: British Journal of Visual Impairment 1999; 17; 5. [http://jvi.sagepub.com] at Univ. Dortmund on September 26, 2008.

Christiaen, Marie Paule (2005): Sehbehinderte Menschen in Alterseinrichtungen. Vorschläge für eine sehbehindertenfreundliche Gestaltung des Wohn- und Lebensbereiches. Online verfügbar unter: [http://www.abage.ch/themes/content/Sehbehinderte.pdf] zuletzt aktualisiert am 17.03.2006, zuletzt geprüft am 13.02.2010.

Christmann, Ursula; Groeben, Norbert (2001): Psychologie des Lesens. In: Handbuch Lesen. Franzmann; Bodo (Hg.). Baltmannsweiler: Schneider-Verl. Hohengehren. S. 145–223.

Corn, Anne Lesley; Koenig, Alan J. (2004): Perspectives on Low Vision. In: Corn, Anne Lesley; Koenig, Alan J.: Foundations of low vision. Reprint. New York: AFB Press. S. 3–25.

Costard, Sylvia (2007): Störungen der Schriftsprache. Modellgeleitete Diagnostik und Therapie; 63 Tabellen. Stuttgart: Thieme (Forum Logopädie).

Degenhardt, Sven (1998): Daten zur Angebotsqualität blindenpädagogischer Förderung (AQUA-Studie). Ergebnisse einer Erhebung im Bereich Schule durch die Arbeitsgruppe Qualitätssicherung (AQUA). Berlin: VWB-Verl. für Wiss. und Bildung.

Degenhardt, Sven; Rath, Waldtraut (2001): Blinden- und Sehbehindertenpädagogik. Neuwied: Luchterhand (Studientexte zur Geschichte der Behindertenpädagogik, 2).

Degenhardt, Sven (2003): Pädagogische Intervention bei Beeinträchtigung der visuellen Wahrnehmung. Die Ebene der Rahmenbedingungen. In: Leonhardt, Annette; Wember, Franz B. (Hg.): Grundfragen der Sonderpädagogik. Bildung – Erziehung – Behinderung ; ein Handbuch. Weinheim: Beltz (Beltz-Handbuch). S. 376–398.

Degenhardt, Sven (2007): Blindheit und Sehbehinderung. In: Borchert, Johann: Einführung in die Sonderpädagogik. München: Oldenbourg (Hand- und Lehrbücher der Pädagogik). S. 39–75.

Degenhardt, Sven (2007b): Beleuchtung und Kontraste in der Schule. In: LowVision-Stiftung gGmbH (Hg.): 3. Interdisziplinärer LowVision-Kongress. Diagnostik, Therapie, Rehabilitation. Würzburg, 19. und 20. Oktober 2007. Würzburg: Spurbuchverlag. S. 61–63.

Degenhardt, Sven (2008): Gute Schule. „Gute Schule" in der Bundesrepublik Deutschland – auch eine „Gute Schule" für blinde und sehbehinderte Schülerinnen und Schüler? Gutachten zur Präsenz von Bildung, Erziehung und Rehabilitation von Kindern mit Sonderpädagogischem Förderbedarf im Bereich Sehen in den Qualitäts- und Evaluationshandbüchern der Bundesrepublik Deutschland. Verband für Blinden- und Sehbehindertenpädagogik e.V. (VBS) (Hg.). Würzburg.

Degenhardt, Sven (2009a): Sehbehindertenpädagogik-ein eigenständiges Fach oder untrennbar mit der Blindenpädagogik verbunden? In: Horus. Zeitschrift des Deutschen Vereins der Blinden und Sehbehinderten in Studium und Beruf e.V. – DVBS. Ausgabe 02/2009. Marburg: DVBS. S. 66–69.

Degenhardt, Sven (2009b): Förderschwerpunkt Sehen: 200 Jahre Blindenbildung – 200 Jahre Diskussion von Standards für die Beschulung blinder und sehbehinderter Kinder und Jugendlicher. In: Wember, Franz B.; Prändl, Stephan (Hrsg.): Standards der sonderpädagogischen Förderung. München: Ernst Reinhardt. S. 219–232.

Degenhardt, Sven (2010): Spezifische Didaktik im Unterricht blinder und sehbehinderter Schülerinnen und Schüler. Abbildung Hand-out. Universität Hamburg 26.02.2010.

Degenhardt, Sven (2011): Bildung, Erziehung und Rehabilitation blinder und sehbehinderter Kinder und Jugendlicher in einer inklusiven Schule in den Ländern der Bundesrepublik Deutschland. •Standards •Spezifisches Curriculum •Modell-Leistungsbeschreibung – der VBS schlägt ein neues Kapitel auf dem Weg zur inklusiven Schule auf. In: blind/sehbehindert. Fachzeitschrift des Verbandes für Blinden- und Sehbehindertenpädagogik, VBS e.V. 131. Jahrgang. Heft 03/2011. S. 157–165.

Denninghaus, Erwin; Hupfeld, Jörg (1987): Lesen und Textverständnis bei blinden und sehbehinderten Schülern – Vergleichende Untersuchung verschiedener Hilfsmittel und Arbeitstechniken. In: blind/sehbehindert – Zeitschrift für das Blinden- und Sehbehindertenbildungswesen. Heft 1, S. 11–20.

Deutsche Fotothek, Buchmuseum der Sächsischen Landesbibliothek-Staats-und Universitätsbibliothek Dresden (SLUB) (2005): Lesen lernen. ABC-Bücher aus fünf Jahrhunderten /// Lesen lernen. CD-ROM zur Ausstellung vom 28.01. bis 30.04.2005 /// ABC-Bücher aus fünf Jahrhunderten; [Ausstellung Buchmuseum der SLUB 28. Januar bis 30. April 2005]. Sächsische Landesbibliothek /// Dresden: SLUB Deutsche Fotothek.

Deutsche Friedrich-Schiller-Stiftung e. V. (Hg.) (1970): Der Leseteufel und andere Geschichten. Ein Lesebuch für sehbehinderte Kinder. Darmstadt: Verlag der Deutschen Friedrich-Schiller-Stiftung GmbH.

Deutsches Schulamt (2008): Handreichung zum Abkommen zwischen Kindergärten, Schulen und territorialen Diensten. Verfahrensweisen von der Feststellung der Beeinträchtigung bis zur Planung und Durchführung der individuellen Maßnehman für Kinder und Schüler mit Behinderungen. Hg. v. Deutsches Schulamt – Autonome Provinz Bozen-Südtirol. Autonome Provinz Bozen-Südtirol. Bozen-Südtirol. Online verfügbar unter: [http://www.provinz.bz.it/schulamt/aktuelles/416.asp?redas=yes&367_action=300&367_image_id=118626] zuletzt geprüft am 06.01.2011.

Diepes, Heinz; Krause, Kunibert; Rohrschneider, Klaus (2007): Sehbehinderung. Ursachen – Auswirkungen – Versorgung. Heidelberg: DOZ-Verlag.

DIMDI-Deutsches Institut für Medizinische Dokumentation und Information (2009): Online verfügbar unter: [http://www.dimdi.de/static/de/klassi/diagnosen/icd10/htmlgm2010/block-f80-f89.htm] zuletzt geprüft am 04.06.2010.

DOG – Deutsche Ophthalmologische Gesellschaft (2009): Empfehlungen der DOG zur Qualitätssicherung bei sinnesphysiologischen Untersuchungen und Geräten. Online verfügbar unter: [http://www.dog.org.], zuletzt geprüft am 25.01.2010.

Dürrwächter, Ute (2003): Analyse der Blickbewegungen von Kindern mit einer Lese- und Rechtschreibstörung. Dissertation der Fakultät für Informations- und Kognitionswissenschaften. Tübingen: Eberhard-Karls-Universität Tübingen.

DUK – Deutsche UNESCO-Kommission e.V. (Hg.) (2009): Inklusion: Leitlinien für die Bildungspolitik. Bonn: Organisation der Vereinten Nationen für Bildung, Wissenschaft, Kultur und Kommunikation.

Dutton, Gordon N. (2009): Cerebrale Sehschädigung – ein Thema an den Grenzen des Sehens. In: Verband der Blinden- und Sehbehindertenpädagogen und -pädagoginnen e.V. (VBS) (Hg.): Kongressbericht: Teilhabe gestalten. XXXIV. Kongress. 14.-18. Juli 2008 in Hannover. Würzburg: Edition Bentheim (1). S. 15–37.

Eichwaelder (2009): Abbildung Kinderfibel. Online verfügbar unter: [http://www.eichwaelder.de/Altes/altesbuch206.htm], zuletzt geprüft am 02.01.2012.

Eißfeldt, Jan (2008): Ganz anders. In: Udo Lindenberg: Stark wie Zwei. Musik-CD. Unterföhring: Starwatch Entertainment GmbH. Online verfügbar unter [http://www.udo-lindenberg.de/03_ganz_anderS. 60385.htm] zuletzt geprüft am 11.05.2013.

Erin, Jane N.; Paul, Beth (1996/2004): Functional vision assessment and instruction of children an youths in academic programs. In: Corn, Anne Lesley; Koenig, Alan J.: Foundations of low vision. Reprinting. New York: AFB Press. S. 185–220.

Eugen-Traeger-Verlag. Tachistoskop. 49504 Lotte. [www.etverlag.de].

european-agency (o. J.): Online verfügbar unter: [http://www.european-agency.org/publications] zuletzt geprüft am 16.08.2010

Felder, Marion (2009): Sehfunktionen und funktionales Sehen nach rechter Hemisphärektomie (Teil 1). In: blind/sehbehindert – Zeitschrift für das Blinden- und Sehbehindertenbildungswesen, Jg. 129, H. 2. S. 139–143.

Fischer, Burkhart (1999): Blick-Punkte. Neurobiologische Prinzipien des Sehens und der Blicksteuerung. Bern: Huber.

Fleischhauer, René; Junghänel, Gerald (17.11.2009): Exkurs Blickbewegungen: Maße, Methoden, Fakten und die Bedeutung für die kognitive Psychologie. TU-Dreden. Online verfügbar unter: [http://rcswww. urz.tu-dresden.de/~cogsci/pdf/emotionen08.pdf.] zuletzt geprüft am 06.06.2010.

FLUSS (2003): Fortbildung von Lehrkräften für gemeinsamen Unterricht mit sehgeschädigten Schülern. Würzburg: Edition Bentheim.

Fromm, Wolfgang (1964): Untersuchungen zur Lese- und Schreibfertigkeit sehschwacher Schüler. Unveröffentlichte Dissertation. Berlin.

Fromm, Wolfgang (1965a): Lesen und Schreiben bei Sehschwachen (1). In: Die Gegenwart. Zeitschrift des Deutschen Blinden- und Sehbehindertenverbandes. Heft 1. S. 15–17.

Fromm, Wolfgang (1965b): Lesen und Schreiben bei Sehschwachen (2). In: Die Gegenwart. Zeitschrift des Deutschen Blinden- und Sehbehindertenverbandes. Heft 2. S. 14–17.

Fromm, Wolfgang (1965c): Lesen und Schreiben bei Sehschwachen (3). In: Die Gegenwart. Zeitschrift des Deutschen Blinden- und Sehbehindertenverbandes. Heft 3. S. 13–15.

Fromm, Wolfgang; Degenhardt, Rita (1990): Rehabilitationspädagogik für Sehgeschädigte. 2. Aufl. Berlin: VEB Verlag Volk und Gesundheit.

Frutiger, Adrian; Heiderhoff, Horst (1989): Der Mensch und seine Zeichen. Schriften, Symbole, Signete, Signale. 8. Aufl. Wiesbaden: Fourier.

Frutiger, Adrian (2005): Adrian Frutigers Buch der Schriften. Anleitungen für Schriftentwerfer. Wiesbaden: Marix Verlag GmbH.

Füssenich, Iris; Löffler, Cordula (2005): Schriftspracherwerb. München, Basel: E. Reinhardt (Schriftspracherwerb, Hauptbd.).

Gesetzentwurf der Fraktion Bündnis 90/ Die Grünen (2009): Gesetz zur Verwirklichung des Rechtes auf Inklusion von Schülerinnen und Schülern mit sonderpädagogischem Förderbedarf in der Schule. Niedersächsischer Landtag – 16. Wahlperiode. Drucksache 16/769 – 06.01.2009. Hannover.

Gibson, Eleanor J.; Levin, Harry (1989): Die Psychologie des Lesens. Ungekürzte Ausg. Frankfurt am Main: Fischer.

Gitter, Alfred H. (2004): Anleitung zum Praktikum. Biophysik. Ausgabe vom 15. Dezember 2004. Jena: Fachhochschule Jena.

Goersch, Helmut; Zeiss, Carl (Hrsg). (2000): Handbuch für Augenoptik. Oberkochen: C. Maurer Verlag.

Goldstein, E. Bruce; Herbst, Gabriele (2002): Wahrnehmungspsychologie. 2. dt. Aufl. Heidelberg: Spektrum Akad. Verl.

Gontscharowa, Natalija A. (1984): Didaktische Typografie. Struktur, Erfahrungen und Aussichten. In: Nadolski, Dieter (Hg.): Didaktische Typografie. Ein Sammelband. Informationstypographie, Pädagogische Typographie. Leipzig: VEB Fachbuchverlag, Didaktische Typografie. S. 23–27.

Gorbach, Rudolf Paulus (2001): Typografie professionell. Bonn: Galileo Press GmbH.

Gorbach, Rudolf Paulus (2004): Typografie muss lesbar sein. In: Typografie value. Ausgabe Juni 2004. München. S. 41–42.

Gottlob, Heinz (1990): Vergrößernde optische Sehhilfen für Sehbehinderte. In: Wissenschaftliche Vereinigung für Augenoptik und Optometrie e.V. (WVAO) (HG.): Sehhilfen für besondere Sehprobleme Bd. 1. Mainz: Universitätsdruckerei und Verlag H. Schmidt GmbH & Co. S. 13–20.

Gottlob, I. (1999): Entwicklung visueller Funktionen und verzögerte Reifung. In: Kaiser, Hedwig J. (Hg.): Kinderophthalmologie. Auge und Allgemeinerkrankungen. Bern: Huber. S. 193–203

Götz, Margarete (2005): Der Einfluss der nationalsozialistischen Ideologie auf den lehrplanmäßigen Unterricht in der Grundschule. In: Teistler, Gisela (Hg.): Lesen lernen in Diktaturen der 1930er und 1940er Jahre. Fibeln in Deutschland, Italien und Spanien. Braunschweig: Hahn (Studien zur internationalen Schulbuchforschung, 116). S. 39–49.

Graf, Arnd (2004): Neuer Lesetest (Hubacher). In: SZB-Information, Fachzeitschrift für das Sehbehindertenwesen, Heft 131. S. 22.

Graßmann, Thomas (2006): Die Entwicklung der Lehr-, Lern- und Hilfsmittel für den Unterricht von Blinden und Sehbehinderten. In: 200 Jahre Blindenbildung in Deutschland (1806–2006). Würzburg: Edition Bentheim. S. 87–100

Gregory, Richard L. (2001): Auge und Gehirn. Psychologie des Sehens. Reinbek bei Hamburg: Rowohlt.

Grehn, Franz (2006): Augenheilkunde. Mit 20 Tabellen ; [neue Approbationsordnung]. 29., überarb. und aktualisierte Aufl. Berlin, Heidelberg: Springer-Verlag Berlin Heidelberg (Springer eBook CollectionMedicine /Dig. Serial]).

Gross, Sabine (1994): Lese-Zeichen. Kognition, Medium und Materialität im Leseprozeß. Darmstadt: Wiss. Buchgesellschaft.

Gruber, Hildegard; Hammer, Andrea (2000): Ich sehe anders. Medizinische, psychologische und pädagogische Grundlagen der Blindheit und Sehbehinderung bei Kindern. 2. erweiterte Aufl. Würzburg: Edition Bentheim.

Günther, Hartmut (1988): Schriftliche Sprache. Strukturen geschriebener Wörter u. ihre Verarbeitung beim Lesen. Tübingen: Niemeyer (Konzepte der Sprach- und Literaturwissenschaft, 40).

Guski, Rainer (2000): Wahrnehmung. Eine Einführung in die Psychologie der menschlichen Informationsaufnahme. 2. überarb. Aufl. Stuttgart: Kohlhammer (Grundriss der Psychologie, 7).

Hatlen, Phil (1991): Die Rolle des Betreuungslehrers für blinde und sehbehinderte Schüler für eine erfolgreiche Integration. In: Horus. Zeitschrift des Deutschen Vereins der Blinden und Sehbehinderten in Studium und Beruf e.V. – DVBS. Übersetzung von Frau Heidi Theiß-Klee. Ausgabe 01/1991. Marburg: DVBS. S. 92–101.

Heike, Frank (2009): Der HSV beginnt mal wieder von vorn. Artikel der Frankfurter Allgemeine vom 26.05.2009. Online verfügbar unter [http://www.faz.net/aktuell/sport/fussball/bundesliga/hamburger-sv-der-hsv-beginnt-mal-wieder-von-vorn-1798080.html] zuletzt geprüft am 11.05.2013.

Henriksen, Anne (2009): Die fünf wichtigsten Low Vision Maßnahmen oder: Wie Sie Ihr Wissen über das funktionale Sehen von Kindern mit mehrfachen Behinderungen erweitern und in Handlungen umsetzen können. In: Verband der Blinden- und Sehbehindertenpädagogen und -pädagoginnen e.V. (VBS) (Hg.): Kongressbericht: Teilhabe gestalten. XXXIV. Kongress. 14.-18. Juli 2008 in Hannover. Würzburg: Edition Bentheim (1), CD-ROM. S. 1–13.

Hiller, Helmut (1980): Wörterbuch des Buches. 4., vollst. neu bearb. Aufl. Frankfurt am Main: Klostermann.

Hinz, Andreas (2009): Inklusive Pädagogik in der Schule-veränderter Orientierungsrahmen für die schulische Sonderpädagogik? Oder doch deren Ende? In: Zeitschrift für Heilpädagogik. Fachzeitschrift vom Verband Sonderpädagogik e.V. Würzburg. 60. Jahrgang. Ausgabe 05/2009. S. 171–179.

Hofer, Ursula (2004): Schrift, Schreiben und Lesen bei Kindern und Jugendlichen mit einer Sehschädigung. Modul D3: Lernförderung Sprache. Skript der Heilpädagogischen Hochschule Zürich.

Hofer, Ursula (2008): Sehen oder Nichtsehen: Bedeutung für Lernen und aktive Teilhabe in verschiedenen Bereichen des Lernens. In: Lang, Markus; Hofer, Ursula; Beyer, Friederike: Didaktik des Unterrichts mit blinden und hochgradig sehbehinderten Schülerinnen und Schülern. Stuttgart: Kohlhammer Verlag. S. 17–67

Hoffmann, Thomas (2000): Historische und interkulturelle Fragen geistiger Entwicklung und ihre Behinderung. Seminarpapier der Universität Hamburg. Online verfügbar unter: [http://www.erzwiss.uni-hamburg. de/personal/hoffmann/lehre/sose2000/Arbeitspapier2.html], zuletzt geprüft am 05.04.2007.

Hofmeister, Jörg (1998): Über Korrektursakkaden beim Lesen von Texten und bei leseähnlichen Aufgaben. Als Manuskript gedruckt. Aachen: Shaker.

Hollenweger, Judith; Lienhard, Peter (2010): Schulische Standortgespräche. Ein Verfahren zur Förderplanung und Zuweisung von sonderpädagogischen Maßnahmen. Bildungsdirektion Kanton Zürich (Hg.). Online verfügbar unter: [http://www.vsa.zh.ch/internet/bildungsdirektion/vsa/de/schulbetrieb_und_unterricht/sonderpaedagogisches0/zuweisungsverfahren/_jcr_content/contentPar/downloadlist_0/downloaditems/1138_1308922615860.spooler.download.1308922917846. pdf/Broschüre%2BSSG%2BLMV_2.pdf], zuletzt geprüft am 10.09.2011

Hubacher, Max (2004): Lesetestserie in LogMar-Stufen. CD-ROM. Reitnau/Schweiz.

Huber, Alfred; Kömpf, Detlef (Hg.) (1998): Klinische Neuroophthalmologie. Stuttgart: Thieme.

Hudelmayer, Dieter (2006): Tradition und Umgestaltung der Blinden- und Sehbehindertenpädagogik in der BRD nach 1945. In: Drave, Wolfgang (Hg.): 200 Jahre Blindenbildung in Deutschland: (1806 – 2006). Würzburg: Ed. Bentheim. S. 197–210.

Hüppe, Hubert (2010): Die UN-Behindertenrechtskonventionen. Deutsch, mit Schattenübersetzung und leichte Sprache. Beauftragter der Bundesregierung für die Belange behinderter Menschen (Hg.). Stand: Oktober 2010. Berlin Druck: Hausdruckerei BMAS, Bonn. Online verfügbar unter: [http://www.behindertenbeauftragter.de/Share dDocs/Publikationen/DE/Broschuere_UNKonvention_KK.pdf?__ blob=publicationFile], zuletzt geprüft am 06.12.2011

Hunziker, Hans Werner (2006): Im Auge des Lesers. Vom Buchstabieren zur Lesefreude; foveale und periphere Wahrnehmung. Orig.-Ausg. Zürich: Transmedia.

Hupfeld, Jörg (1989a): Lesegeschwindigkeit und Sehschädigung. In: blind/sehbehindert – Zeitschrift für das Blinden- und Sehbehindertenbildungswesen, Heft 1. S. 4–10.

Hupfeld, Jörg (1989b): Lesegeschwindigkeit und Sehschädigung. In: blind/sehbehindert – Zeitschrift für das Blinden- und Sehbehindertenbildungswesen, Heft 2. S. 76–86.

Hyvärinen, Lea (1993): Sehen im Kindesalter. Normale und abweichende Entwicklung. Würzburg: Ed. Bentheim.

Hyvärinen, Lea (2009): Nahsehproben für präverbale Kinder. Online verfügbar unter: [http://www.lea-test.fi], zuletzt geprüft am 05.05.2009.

Hyvärinen, Lea (o. J.; o. S.): Das funktionale Sehen in der Frühbetreuung und im Spezialunterricht der sehgeschädigten Kinder. Online verfügbar unter: [http://www.lea-test.fi/de/sehuberp/waldkirc.html,], zuletzt geprüft am 10.09.2011.

i4.Psychologie.Uni-Würzburg (o. J.): Multimediaforschung mittels eytracking. Online verfügbar unter: [http://www.i4.psychologie.uni-wuerzburg. de/fileadmin/06020400/user_upload/Rey/E-Learning/5_Eyetracking. pdf], zuletzt geprüft am 09.08.2009.

Jacobs, Kurt (2009): Eltern blinder Kinder im Entscheidungszwang für integrative oder Spezialbeschulung im weiterführenden gymnasialen Schulbereich. In: blind/sehbehindert. Fachzeitschrift des Verbandes für Blinden- und Sehbehindertenpädagogik, VBS e.V. 129. Jahrgang. Heft 04/2009. S. 270–277.

Jaedicke, Martin (1971): Von Büchern in Großdruck. In: Die Gegenwart. Zeitschrift des Deutschen Blinden- und Sehschwachenverbandes. Berlin. Heft 4. S. 86–87.

Jaedicke, Martin (1990): Wie weiter mit dem DZB-Großdruck. In: Die Gegenwart. Zeitschrift des Deutschen Blinden- und Sehschwachenverbandes. Berlin. Heft 4. S. 20–21.

Jänisch, Sebastian (2007): Prüfungsvorbereitung. Spezialgebiete der Bildverarbeitung. Thema: Farben. Wintersemester 2007/2008. Berlin: Humboldt-Universität.

Jaritz-Tschinkel, Gerti (2009): Wenn die Buchstaben miteinander tanzen. In: Verband der Blinden- und Sehbehindertenpädagogen und -pädagoginnen e.V. (VBS) (Hg.): Kongressbericht: Teilhabe gestalten. XXXIV. Kongress. 14.-18. Juli 2008 in Hannover. Würzburg: Edition Bentheim (1), CD-ROM. S. 1–4.

Javal, Emile (1907): Die Physiologie des Lesens und Schreibens. Autorisierte Übersetzung nach der 2. Auflage des Originals von F. Haass. Leipzig: Engelmann.

Jegensdorf, Lothar (1980): Schriftgestaltung und Textanordnung. Theorie und didaktische Praxis der visuellen Kommunikation durch Schrift. Ravensburg: Maier.

Joos, Markus; Rötting, Matthias; Velichkovsky, Boris M. (2003): Bewegungen des menschlichen Auges: Fakten, Methoden und innovative Anwendungen. Online verfügbar unter: [http://tu-dresden.de/die_tu_dresden/fakultaeten/fakultaet_mathematik_und_naturwissenschaften/fachrichtung_psychologie/i3/applied-cognition/publikationen/pdf/joos2002.pdf], zuletzt geprüft am 17.10.2011.

Kaiser, Hedwig J. (Hg.) (1999): Kinderophthalmologie. Auge und Allgemeinerkrankungen. Bern: Huber.

Kapr, Albert (1971): Schriftkunst. Geschichte, Anatomie u. Schönheit d. latein. Buchstaben. 3., unveränd. Aufl. München: Saur.

Käsmann-Kellner, Barbara (2009): Vom Sinn des Sehens: Visuelle Wahrnehmung. Online verfügbar unter: [http://www.integrationskinder.org/artikel/wahrnehmungsstoerung_symptome_therapieansatz.pdf], zuletzt geprüft am 19.03.2009.

Kitchel, J. Elaine (2004): Large Print: Guidelines for Optimal Readability and APHont TM a font for low vision. Hg.european v. American Printing House for the Blind. American Printing House for the Blind (APH Educational Research). Online verfügbar unter [www.aph.org], zuletzt aktualisiert am 2010, zuletzt geprüft am 16.01.2011.

Kitchel, J. Elaine (2012): Mailanfrage vom Verfasser an Frau Kitchel vom 11.01.2012.

Klicpera, Christian; Gasteiger-Klicpera, Barbara (1998): Psychologie der Lese- und Schreibschwierigkeiten. Entwicklung, Ursachen, Förderung. 2. Aufl. Weinheim: Beltz Psychologie-Verl.-Union.

KMK-Kultusministerkonferenz der Länder in der Bundesrepublik Deutschland (20.03.1998): Empfehlungen zum Förderschwerpunkt Sehen. Online verfügbar unter: [http://www.kmk.org/fileadmin/veroeffentlichungen_beschluesse/1998/1998_03_20-FS-Sehen.pdf], zuletzt geprüft am 10.09.2011.

KMK-Beschluss (2011): Inklusive Bildung von Kindern und Jugendlichen mit Behinderungen in Schulen. Beschluss der Kultusministerkonferenz vom 20.10.2011. Online verfügbar unter: [http://www.kmk.org/fileadmin/veroeffentlichungen_beschluesse/2011/2011_10_20-Inklusive-Bildung.pdf], zuletzt geprüft am 07.12.2011.

Koenig, Alan J. (1996/2004): Selection of Learning and Literacy Media for Children and Youths with Low Vision. In: Corn, Anne Lesley; Koenig, Alan J.: Foundations of low vision. Reprint. New York: AFB Press. S. 246–279.

Koenig, Alan J.; Rex Evelyn J. (1996/2004): Instruction of Literacy Skills to Children and Youths with Low Vision. In: Corn, Anne Lesley; Koenig, Alan J.: Foundations of low vision. Reprint. New York: AFB Press. S. 280–305.

König, Anne Rose (2004): Lesbarkeit als Leitprinzip der Buchtypographie. Eine Untersuchung zum Forschungsstand und zur historischen Entwicklung des Konzeptes „Lesbarkeit". Reihe: Alles Buch; Studien der Erlanger Buchwissenschaft VII. Erlangen-Nürnberg.

Körner, Hilmar (1995): Visuelle Auflösungsgrenzen und Fehlsichtigkeit. Neue Strategien zu ihrer Bestimmung. Hildesheim: Olms.

Koitzsch, Andrea Michaela (2007): Augenbewegungen legasthener Kindern beim Lesen von Texten untersucht mit dem Scanning-Laser-Ophthalmoskop. Online verfügbar unter: [http://deposit.ddb.de/cgi-bin/dokserv?idn=987192221&dok_var=d1&dok_ext=pdf&filename=987192221.pdf], zuletzt geprüft am 22.06.2009.

Konrad, Franz-Michael (2007): Geschichte der Schule. Von der Antike bis zur Gegenwart. München: C. H. Beck-Verlag oHG.

Korrespondenz zwischen der Deutschen Zentral Bibliothek zu Leipzig und dem Verfasser. Brief vom 18.01.2010.

Krahl, Ingeborg (1990): Großdruck – So geht es weiter. In: Die Gegenwart. Zeitschrift des Deutschen Blinden- und Sehschwachenverbandes. Berlin. Heft 7. S. 18–19.

Krug, Franz-Karl (2001): Didaktik für den Unterricht mit sehbehinderten Schülern. München: Reinhardt.

Kunst-Brockhaus (1987): Jugendstil. Band 5. Int-Lae. BI-Taschenbuchverlag. Mannheim

Lang, Markus (2008): Inhaltsbereiche und konkrete Ausgestaltung einer spezifischen Didaktik des Unterrichts mit blinden und hochgradig sehbehinderten Schülerinnen und Schülern. In: Lang, Markus; Hofer, Ursula; Beyer, Friederike: Didaktik des Unterrichts mit blinden und hochgradig sehbehinderten Schülerinnen und Schülern. Stuttgart: Kohlhammer. S. 151–197.

Lang, Markus (2009): Erziehung und Bildung im Grundschulbereich Förderschule. In: Opp, Günther; Theunissen, Georg (Hg.): Handbuch schulische Sonderpädagogik. Bad Heilbrunn: Klinkhardt. S. 206–210.

Lehrerfortbildung-Baden-Württemberg: Landesakademie für Fortbildung und Personalentwicklung an Schulen. Online verfügbar unter: [http://lehrerfortbildung-bw.de/kompetenzen/gestaltung/typografie/schrwand/schgesch/], zuletzt geprüft am 27.05. 2009.

Levinsohn, Dr. (1908): Gehören Schwachsichtige in die Blindenanstalt? In: 12. Blindenlehrerkongreß Kongreßbericht. Verein zur Förderung der Blindenbildung (VzFB). Hannover 1908. S. 200–214.

Linotype (o. J.): Abbildungen von Schrifttypen. Online verfügbar unter: [http://www.linotype.com], zuletzt geprüft am 15.10.2011.

Lurija, Alexander R. (1998): Das Gehirn in Aktion. Einführung in die Neuropsychologie. Reinbek: Rowohlt.

Mansfield, Stephen J.; Legge, Gordon E.; Bane, Mark C. (1996): XV. Font effects in normal and low vision. Investigative Ophthalmology & Visual Science. In: Psychophysics of reading, Heft 37, 1492–1501.

Marktforschung.de (2006). Online verfügbar unter: [http://195.227.242.151/marktforschung_de/marktforschungs_lexikon/tachistoskop__1], zuletzt geprüft am 16.08.2006.

Meister, Monika (1998): Die historische Entwicklung der Nahsehproben. Dietikon: Juris-Dr. und Verl. (Zürcher medizingeschichtliche Abhandlungen, 277).

Mersi, Franz (1975): Die Erziehung Sehbehinderter. In: Deutscher Bildungsrat. Gutachten und Studien der Bildungskommission. Band 52. Stuttgart: Ernst Klett Verlag. S. 139–223.

Mersi, Franz (1985): Konzepte der Erziehung Sehgeschädigter. In: Rath, Waldtraut; Hudelmayer, Dieter (Hrsg.): Pädagogik der Blinden und Sehbehinderten (Handbuch der Sonderpädagogik, Bd.2). Berlin: Marhold. S. 49–62.

Methling, Dieter; Maxam, Ulrich (1989): Bestimmen von Sehhilfen. Thun und Frankfurt/M.: Verlag Harri Deutsch.

Methling, Dieter (1996): Bestimmen von Sehhilfen. 2. Auflage, neu bearb. A.; Stuttgart: Verlag Thieme.

Metze, Wilfried (2003): Stolperwörter-Lesetest (Stolper -1). Forschungsmanual. Berlin 01.12.2003.

Metze, Wilfried (2005): Stolperwörter-Lesetest. Handanweisung. Version 2005. Online verfügbar unter:[http://www.lesetest1–4. de/Handreichung_2005.pdf], zuletzt geprüft am 12.01.2009.

Metze, Wilfried (2006): Mail vom 29.03.2006

Meyer, Stephenie (2007/2009): Bis(s) zur Mittagsstunde. Hamburg: Carlsen Verlag. S. 10–11.

Möller, Klaus (1994): Medienversorgung in den Sehschwachenschulen der ehemaligen DDR. In: blind-sehbehindert. Fachzeitschrift des Verbandes für Blinden- und Sehbehindertenpädagogik e.V. Heft 02/1994. S. 100.

Mundhenk, Susanne (2008): Die Schleswiger Sehkiste. Würzburg: Edition Bentheim.

Nadolski, Dieter (1984) (Hg.): Didaktische Typografie. Ein Sammelband. Informationstypographie, Pädagogische Typographie. Leipzig: VEB Fachbuchverlag.

Nater, Paul (1988): Zum Erstleseunterricht bei lernbeeinträchtigten Sehbehinderten – Argumente für eine Lehrmethode auf „Silbenbasis". In: blind-sehbehindert – Zeitschrift für das Blinden- und Sehbehindertenbildungswesen, Heft 1. S. 27–39.

Nater, Paul; Kolaschinsky, Doreen (2004): Visusminderung, Schriftvergrößerungsbedarf und Leseabstand. In: blind-sehbehindert – Zeitschrift für das Blinden- und Sehbehindertenbildungswesen, Heft 4. S. 232–243.

Niedersächsisches Kultusministerium (Hg.) (2004): Curriculare Vorgaben. Sonderpädagogischer Förderbedarf: Schwerpunkt Lernen, Deutsch. Hannover.

Oculus (o. J.): Nahsehprobe: Oculus-Testbuch. Bestellnummer 4717a. ohne Ort.

Oerter, Rolf (1998): Kindheit. In: Oerter, Rolf; Montada, Leo (Hg.): Entwicklungspsychologie. Ein Lehrbuch. 4., korrigierte Aufl. Weinheim: Beltz Psychologie-Verl.-Union. S. 249–309.

optiker.at (2009): Nahsehprobe mit Frakturschrift. Online verfügbar unter: [http://www.optiker.at/archiv/museum/1920/geraete.htm], zuletzt geprüft am 05.05.2009.

Panzer, Fritz (2007): Lust auf Lesen. In: Die Gegenwart. Zeitschrift des Deutschen Blinden- und Sehbehindertenverbandes. H.eft 11. S. 21–22.

Piaget, Jean (1983): Die Psychologie des Kindes. Stuttgart: Ernst Klett

Pirr, Uwe (1999): Eine Forderung ist Lesbarkeit. RZM_18_6.QXD. Herausgegeben von rz.hu-berlin. Rechenzentrum Humboldt-Universität Berlin. (RZ-Mitteilungen, 18). Online verfügbar unter: [http://edoc. hu-berlin.de/e_rzm/18/pirr-uwe-1999–08–01-b/PDF/7.pdf], zuletzt geprüft am 13.03.2010.

Projekt [gutenberg.de] (2009): DVD: Das Literaturarchiv – Edition 11. Hg. v. Hille&Partner GbR. Hamburg. Online verfügbar unter [http://projekt. gutenberg.de/], zuletzt geprüft am 10.01.2011.

Pschyrembel, Willibald (1982): Klinisches Wörterbuch. 254. Auflage. Berlin, New York: De Gruyter.

Radach, Ralph (1996): Blickbewegungen beim Lesen. Psychologische Aspekte der Determination von Fixationspositionen. Münster: Waxmann.

Rath, Waldtraut (1987): Sehbehindertenpädagogik. Stuttgart, Berlin: Kohlhammer.

Rautenberg, Ursula; Wetzel, Dirk (2001): Buch. Tübingen: Niemeyer.

Rautenberg, Ursula (2003): Reclams Sachlexikon des Buches. Stuttgart: Reclam.

Rayner, Keith; Pollatsek, Alexander; Ashby, Jane; Clifton, Charles jr. (2012): Psychology of reading. Second Edition. New York: Taylor and Francis Group, LLC.

Reinecker (ohne Jahr): Nahsehprobe. Reinecker Leseprobe für Elektronische Bildschirm-Lesegeräte. Ohne Ort.

Rice, Melissa; Birch, Eileen; Holmes, Jonathan (2005): An abbreviated Reading speed Test, MN-Read. Herausgegeben von Optometry and vision science : official publication of the American Academy of Optometry und 82(2):128–33. Online verfügbar unter: [http://www.biomedexperts. com/Abstract.bme/15711459/An_abbreviated_reading_speed_test], zuletzt geprüft am 07.01.2009.

Riedel, Eibe (2010): Zur Wirkung der internationalen Konvention über die Rechte von Menschen mit Behinderung und ihres Fakultativprotokolls auf das deutsche Schulsystem. Gutachten erstattet der Landesarbeitsgemeinschaft Gemeinsam Leben, Gemeinsam Lernen Nordrhein-Westfalen in Projektpartnerschaft mit der Bundesarbeitsgemeinschaft Gemeinsam Leben, Gemeinsam Lernen und dem Sozialverband Deutschland (SoVD). Mannheim/Genf am 15. Januar 2010. Online verfügbar unter: [http://www.sovd.de/fileadmin/downloads/pdf/positionspapiere/Kurzfassung_Riedel-Gutachten.pdf], zuletzt geprüft am 07.12.2011.

Riederer, Silvia (2005): Praktische Anwendung des neu entwickelten Max Hubacher-Lesetests. In: SZB-Information, Fachzeitschrift für das Sehbehindertenwesen, Heft 136. S. 29.

Rosebrock, Cornelia; Nix, Daniel (2006): Forschungsüberblick: Leseflüssigkeit: (Fluency) in der amerikanischen Leseforschung und –didaktik. Online verfügbar unter: [http://sprachfoerderung.bildung-rp.de/fileadmin/user_upload/sprachfoerderung.bildung-rp.de/sprachunterricht/lesen_fluency.pdf], zuletzt geprüft am 10.01.2011.

Rosebrock, Cornelia; Nix, Daniel (2008): Grundlagen der Lesedidaktik und der systematischen schulischen Leseförderung. Online verfügbar unter http://deutschseminar-frankfurt.de/Lesefoerderung/Rosebrock%20&%20Nix%20(2008)%20Lesedidaktik.pdf, zuletzt geprüft am 10.01.2011.

Salberg-Steinhard (1983): Schriftgestaltung und Textanordnung. Köln: DuMont.

Sander, Alfred (2006): Interdisziplinarität in einer inklusiven Pädagogik. Vortrag von A. Sander im Rahmen der ANCE-Symposiums in Luxemburg am 12.10.2006. Online verfügbar unter: [http://www.ance.lu/index.php?option=com_content&view=article&id=83:profdr-a-sander-interdisziplinaritaet-in-einer-inklusiven-paedagogik&catid=31:online-dokutheik&Itemid=36], zuletzt geprüft am 26.01.2010.

Schindele, Rudolf (1985): Didaktik des Unterrichts bei Sehgeschädigten. In: Rath, Waldtraut; Hudelmayer, Dieter (Hg.): Pädagogik der Blinden und Sehbehinderten. Berlin: Marhold (Handbuch der Sonderpädagogik/hrsg. von Heinz Bach, Bd. 2). S. 91–126.

Schnell, Rainer; Hill, Paul B.; Esser, Elke (2005): Methoden der empirischen Sozialforschung. 7. völlig überarb. und erw. Aufl. München: Oldenbourg.

Schönpflug, Wolfgang; Schönpflug, Ute (1995): Psychologie. Weinheim.

Schultze, Wolfgang (2002): Sehschärfenbestimmung bei Kindern. In: Schweizer Low-Vision-Info; A. Schweizer GmbH, Forchheim (Hg.). Heft 03. S. 5–8.

Schuntermann, Michael F. (2006): Die Internationale Klassifikation der Funktionsfähigkeit, Behinderung und Gesundheit (ICF). Aktuelle Entwicklungen. Online verfügbar unter: [http://www.medinf.uni-luebeck.de/gmds-ag-stm/archiv/2006/symposium_140906/09_Schuntermann_GMDS.Leipzig_060914.pdf], zuletzt geprüft am 19.02.2010.

Schweizer-Optik (ohne Jahr): Nahsehprobe: Schweizer-Optik Testkarte. Ohne Ort.

Sehhelfer: Online verfügbar unter [http://www.sehhelfer.de], zuletzt geprüft am 12.01.2011.

Simulator für Computer-Farbabbildungen Colororacle: Online verfügbar unter: [http://colororacle.cartography.ch/], zuletzt geprüft am 11.12.2009.

Simulator für Computer-Farbabbildungen Vischeck: Online verfügbar unter: [http://vischeck.com/vischeck/], zuletzt geprüft am 11.12.2009.

Solarová, Svetluse (1983): Sehbehindertenpädagogik. In: Solarová, Svetluse; Dupuis, Gregor (Hg.): Geschichte der Sonderpädagogik. Stuttgart: Kohlhammer. S. 332–361.

Stier, Winfried (1999): Empirische Forschungsmethoden. 2. Auflg. Berlin: Springer.

Tanner, Margarete (1971): Schriftgut für sehbehinderte Schüler. In: Der Blindenfreund. Zeitschrift für das Blinden- und Sehbehindertenbildungswesen. Hannover, Jg. 91, Heft 6. S. 175–186.

Tanner, Margarete (1985): Schrift, Schreiben und Lesen im Unterricht mit Sehbehinderten. In: Rath, Waldtraut; Hudelmayer, Dieter (Hrsg.): Pädagogik der Blinden und Sehbehinderten (Handbuch der Sonderpädagogik, Bd.2). Berlin: Marhold. S. 143–148.

Taschenwörterbuch Deutsch-Englisch (1989). Verlag Enzyklopädie. LVZ-Druckerei „Herrmann Duncker", Leipzig.

Teistler, Gisela (Hg.) (2006): Lesen lernen in Diktaturen der 1930er und 1940er Jahre. Fibeln in Deutschland, Italien und Spanien. Braunschweig: Hahn (Studien zur internationalen Schulbuchforschung, 116).

Teschner, Christian (2004): Lesevorgang bei Gesunden und Patienten mit Makuladegeneration: Ansätze für Lesetraining und Rehabilitation. Zugl.: Tübingen, Univ., Diss., 2004. Berlin: wvb Wiss. Verl.

ThILLM (Thüringer Institut für Lehrerfortbildung, Lehrplanentwicklung und Medien) (2004): Ich kann lesen. Eine methodische Handreichung. Thüringer Kultusministerium (Hrsg.). Bad Berka.

Thimm, Walter (1971): Blinde in der Gesellschaft von heute. Untersuchungen zu einer Soziologie der Blindheit. Berlin-Charlottenburg: Marhold.

Thimm, Walter (1977): Mit Behinderten leben. Hilfe durch Kommunikation u. Partnerschaft. Orig.-Ausg., 3. Aufl. Freiburg im Breisgau: Herder.

Tinker, Miles Albert (1958): Recent Studies of Eye Movements in Reading. In: Psychological Bulletin 4/1958. University of Minnesota. S. 215–229.

Tinker, Miles Albert (1963): Legibility of print. Iowa State University Press Ames, Iowa, U.S.A.

tradebit.de (2011): Information zum Schriftfont New Century Schoolbook, zuletzt geprüft am 17.08.2011

Trauzettel-Klosinski, Susanne; Reinhard, Jens; Mackeben, Manfred et al. (2001): Die Abbildung von Lesematerial auf der Netzhaut. In: Schulte-Koerne, Gerd (Hg.): Legasthenie: erkennen, verstehen, fördern. Beiträge zum 13. Fachkongress des Bundesverbandes Legasthenie 1999. Bochum: Winkler. S. 83–88.

TSBVI (Texas School for the Blind and Visually Impaired) (o. J.): Online verfügbar unter: [http://www.tsbvi.edu/], zuletzt geprüft am 10.08.2010.

Tschichold, Jan (1965): Meisterbuch der Schrift. 2., neubearb. Aufl. Ravensburg: Otto Maier.

Typo-Info (2010): Stammbaum der Schrift. Online verfügbar unter: [http://www.typo-info.de/entwicklungderschrift.htm], zuletzt geprüft am 13.10.2010.

UN-BRK (Übereinkommen der Vereinten Nationen vom 13. Dezember 2006 über die Rechte von Menschen mit Behinderungen (Behindertenrechtskonvention)) (2010). Zwischen Deutschland, Liechtenstein, Österreich und der Schweiz abgestimmte Übersetzung. Online verfügbar unter: [www.behindertenbeauftragter.de], zuletzt geprüft am 26.01.2010.

UN-Behindertenrechtskonventionen (2009): Convention on the Rights of Persons with Disabilities an Optional Protocol. United Nations (Hrsg.). Online verfügbar unter: [http://www.un.org/disabilities/documents/convention/convoptprot-e.pdf], zuletzt geprüft am 11.06.2009.

Uni-Leipzig (2010): Abbildung des Anfangs der 42-zeiligen Gutenbergbibel. Online verfügbar unter [http://www.uni-leipzig.de/studienart/blogs/typograf/], zuletzt geprüft am 03.01.2012.

VBS-Position, Verband der Blinden- und Sehbehindertenpädagogik e. V. (Hrsg.) (2009): Position zur inklusiven Beschulung und Bildung blinder und seh- behinderter Menschen in der Bundesrepublik Deutschland. 09.06.2009. Online verfügbar unter: [www.vbs-gs.de], zuletzt geprüft am 12.02.2010.

vds-Pressemitteilung (2010): Inklusion braucht Professionalität, Gesellschaftliche Teilhabe ist das Ziel. Internetdokument des Verbandes für Sonderpädagogik (vds): Online verfügbar unter: [http://www.ver- band-sonderpaedagogik.de], zuletzt geprüft am 26.01.2010.

Walthes, Renate (2003): Einführung in die Blinden- und Sehbehindertenpädagogik. Mit 14 Tabellen und 21 Übungsaufgaben. 2. Aufl. München: Reinhardt (UTB Sonderpädagogik, 2399).

Walthes, Renate (2009): Assessment. In: Opp, Günther; Theunissen, Georg (Hg.): Handbuch schulische Sonderpädagogik. Bad Heilbrunn: Verlag Klinkhardt. S. 197–201.

Wanecek, Ottokar (1970): Zur Begründung des Sehbehindertenbildungswesens in Mitteleuropa. In: Bürklen, Karl; Benesch, Friedrich; Wanecek, Ottokar. (Schriftenreihe zur Bildung und Rehabilitation Sehgeschädigter, 1). Neuburgweier/Karlsruhe: G. Schindele. S. 36–158.

Watkins, Amanda (Hrsg.) (2007): Assessment in Inclusive Settings: Key Issues for Policy and Practice. Deutsche Übersetzung: Assessment in inklusi- ven Schulen. Bildungspolitische und praxisorientierte Aspekte. Odense, Dänemark: European Agency for Development in Special Needs Education.

Weigl, Erich; Wachtel, Peter (2010): Umsetzung des Leitbildes der Behindertenrechtskonvention der Vereinten Nationen. In: Schulverwaltung Bayern (SchVw BY): Zeitschrift für Schulleitung und Schulaufsicht. Ausgabe: 4/2010, Kronach; München: Link. S. 105–107.

Wember, Franz B. (1999): Besser lesen mit System. Ein Rahmenkonzept zur indi- viduellen Förderung bei Lernschwierigkeiten. Neuwied, Berlin: Hermann Luchterhand Verlag GmbH.

Wember, Franz B. (2006) Leseübung mit System. Über Bedeutung und Förderung des automatisierten Lesens im medialen Informationszeit alter. In: Fritz, Annemarie; Klupsch-Sahlmann; Ricken, Gabi: Handbuch Kindheit und Schule. Neue Kindheit, neues Lernen, neuer Unterricht. Weinheim, Basel: Beltz Verlag.

Wendt, Dirk (2000): Lesbarkeit von Druckschriften. In: Gorbach, Rudolf Paulus (Hg.) Lesen Erkennen. Ein Symposium der Typographischen Gesellschaft München. München. S. 9–63.

Wespel, Manfred (2003): Leseleichte Texte. Pädagogische Hochschule Schwäbisch Gmünd. Online verfügbar unter: [http://www.ph-gmuend. de/deutsch/downloads/forschung/Leseleichte_Texte.pdf], zuletzt geprüft am 26.08.2009.

Wespel, Manfred (2005): Mailanfrage vom Verfasser an Herrn Wespel vom 18.01.2005

Wespel, Manfred (2008): Leseleichte Texte. Pädagogische Hochschule Schwäbisch Gmünd. (Forum Forschung März 2008). Online verfügbar unter: [http://www.ph-gmuend.de/deutsch/downloads/forschung/Leseleichte_Texte.pdf], zuletzt geprüft am 28.08. 2009.

WHO (1992): Management of Low Vision in Children. Report of a WHO Consultation. Bangkok, 23–24 July 1992. Online verfügbar unter: [http://whqlibdoc.who.int/hq/1993/WHO_PBL_93.27.pdf], zuletzt geprüft am 10.09.2011.

WHO/PBL/03.91; (2003): Consultation on development of standards for characterization of vision loss and visual functioning. Geneva, 4–5 September 2003. Online verfügbar unter [http://whqlibdoc.who. int/hq/2003/WHO_PBL_03.91.pdf], zuletzt geprüft am 13.09.2011.

WHO (2001/2005): ICF, Internationale Klassifikation der Funktionsfähigkeit, Behinderung und Gesundheit. Online verfügbar unter: [http://www. dimdi.de/static/de/klassi/icf/index.htm], zuletzt geprüft am 10.09.2011.

Wiese, Jens (1998–2007): Was ist eine Balanced Scorecard? Online verfügbar unter [http://www.balanced-scorecard.de/konzept.htm] zuletzt geprüft am 11.05.2013.

Willberg, Hans Peter (1984): Deutsch für Ausländer. Eine Untersuchung über die Möglichkeiten, mit den Mitteln der Typografie das Erlernen einer schwierigen Fremdsprache zu erleichtern oder zu erschweren. In: Nadolski, Dieter (Hrsg.) u. a.: Didaktische Typografie. Leipzig: VEB Fachbuchverlag. S. 126–133.

Willberg, Hans Peter (2001): Wegweiser Schrift. Erste Hilfe für den Umgang mit Schriften ; was passt, was wirkt, was stört. 3. überarb. und korr. Aufl. Mainz: Schmidt.

Wißmann, Klaus (2006): Zeittafel zur Blinden- und Sehbehindertenbildung in Deutschland. In: 200 Jahre Blindenbildung in Deutschland (1806–2006). Würzburg: Edition Bentheim. S. 251–286.

Wittmann, Marc; Pöppel, Ernst (2001): Neurobiologie des Lesens. In: Handbuch Lesen. In: Franzmann, Bodo (Hg.). Baltmannsweiler: Schneider-Verl. Hohengehren. S. 224–239.

Woods, Rebecca; Davis, Kristi; Scharff, Lauren F. V. (2005): Effects of typeface and font size on legibility for children. In: American Journal
of Psychological Research. Number1. Austin State University 2005.
S. 86–102.

Wygotski, Lew Semjonowitsch; Helm, Johannes; Luckmann, Thomas (1974):
Denken und Sprechen. 5., korr. Aufl. d. Lizenzausg. Frankfurt (Main):
Fischer (Conditio humana).

Zeiss (2007): Zeiss-Nahsehproben. Oberkochen 2007.

Zeiss (2007): Zeiss-Sehproben für Sehbehinderte. Oberkochen 2007.

Zihl, Josef; Priglinger, Siegfried (2002): Sehstörungen bei Kindern. Diagnostik
und Frühförderung. Wien: Springer-Verlag.

Anhang

Abbildungen zu Nahseh- und Leseproben aus dem Alltag

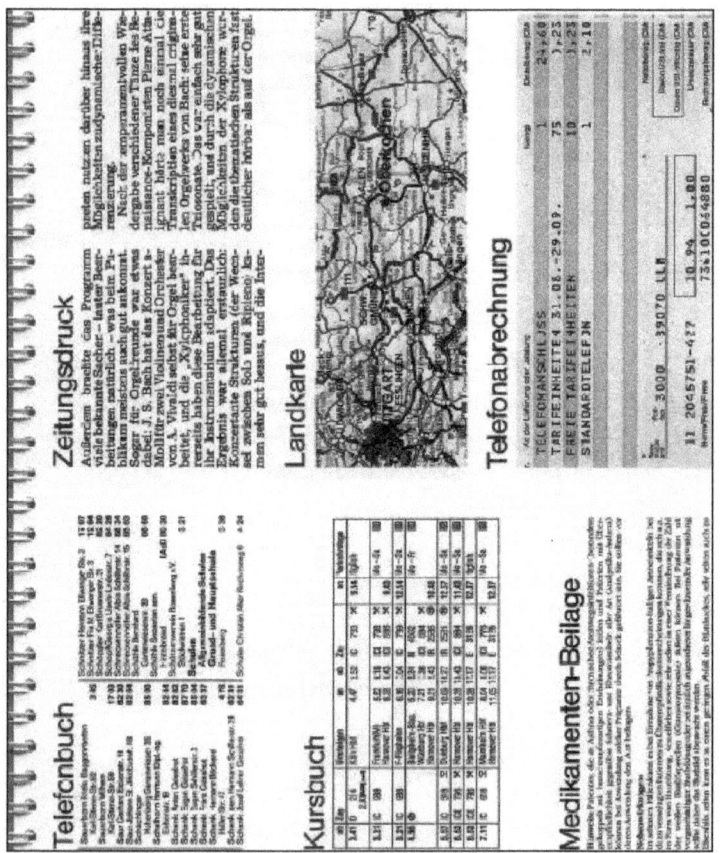

Abbildung: Nahsehprobe von Zeiss, 2007, Oberkochen

Nr. 8

DS 1,1 — bei einer Sonnenfinsternis, kann auf der Netzhaut eine
schadhafte Stelle hinterlassen, die als ein „Dunkel-
fleck" das Sehen besonders beim Lesen, zeitlebens
8 3 0 1 2 7 6 4 9 5 1 7 6

Nr. 9

DS 1,25 — empfindlich stört. Nervengifte, wie Nikotin,
Alkohol, besonders aber Methylalkohol, auch
einige stark wirkende Medikamente in hohen
2 5 1 6 0 2 9 4 7 8 1 5 4

(Elektrischer Betrieb) **541** Gesamtverkehr **Wetzlar – Gießen** und zurück

km	BD Frankfurt(M)	ZugNr		7055	7057		7059	7252	6953		8752		3553	8955		5451	6957
0	Wetzlar	ⓜ ab	...	5.28	6.05	...	6.06	6.42	6.42	...	6.48	...	07.04	7.09	...	7.23	7.39
8	Dutenhofen (Kr Wetzl)	▼	...	5.34	6.11	...	6.11	6.30	6.49	...	6.56	...		07.16	...	7.29	7.46
13	Gießen	ⓜ an	...	5.40	6.17	...	6.17	6.36	6.55	...	7.03	...	7.16	7.22	...	7.35	7.52

BD Frankfurt(M)	ZugNr		911		E 3753		7065	7067		E 2841	6963		E2078	7071
Wetzlar	ⓜ ab	...	9.03	...	9.10	...	9.38	10.18	...	10.50	10.53	...	11.19	11.43
Dutenhofen (Kr Wetzl)	▼	...		...		...	9.46	10.25	...		11.00	...		11.50
Gießen	ⓜ an	...	9.14	...	9.20	...	9.50	10.32	...	11.00	11.08	...	11.29	11.55

BD Frankfurt(M)	ZugNr		6967	3557		6971	843		5465	D 715		6975	E 3759	5469	7075
Wetzlar	ⓜ ab	...	13.45	14.36	...	14.39	15.16	...	15.43	15.50	...	15.56	16.14	16.28	17.00
Dutenhofen (Kr Wetzl)	▼	...	13.52	14.41	...	14.46		...	15.49		...	16.01		16.35	17.07
Gießen	ⓜ an	...	13.58	14.47	...	14.53	15.14	...	15.55	16.01	...	16.06	16.25	16.40	17.12

BD Frankfurt(M)	ZugNr		E 3763	6985		945		7079	E 3767	D 717	7081		6993	D 847		E35
Wetzlar	ⓜ ab	...	18.53	18.56	...	19.12	...	19.40	19.57	20.47	21.27	...	21.32	21.46	...	22
Dutenhofen (Kr Wetzl)	▼	...	18.53	19.02	...	19.22	...	19.46			21.34	...	21.40		...	
Gießen	ⓜ an	...	18.53	19.08	...	19.22	...	19.52	20.08	20.58	21.91	...	21.46	21.57	...	22

Text aus „Dinger, Vom gesunden und kranken Auge," Hippokrates Verlag, Stuttgart 1.

Abbildung: Nahsehprobe von Oculus, o. J., Bestell-Nr. 4717a, Wetzlar

Nr. 10

DS 2,25 –

Dosen, wie Chinin, können die Sehnerven bis zur Blindheit schädigen. Zahlreiche Methylalkohol-

6 4 9 0 2 5 1 3 7 2 8 4 9

Nr. 11

DS 3,5 –

Vergiftungen nach dem letzten Kriege haben das nur allzu

4 0 3 7 1 5 2 8 6

Nr. 12

DS 4,5 –

deutlich gezeigt. Häufig wird der Augenarzt auch

9 2 7 5 1 3 6

Abbildung: Nahsehprobe von Oculus, o. J., Bestell-Nr. 4717a, Wetzlar

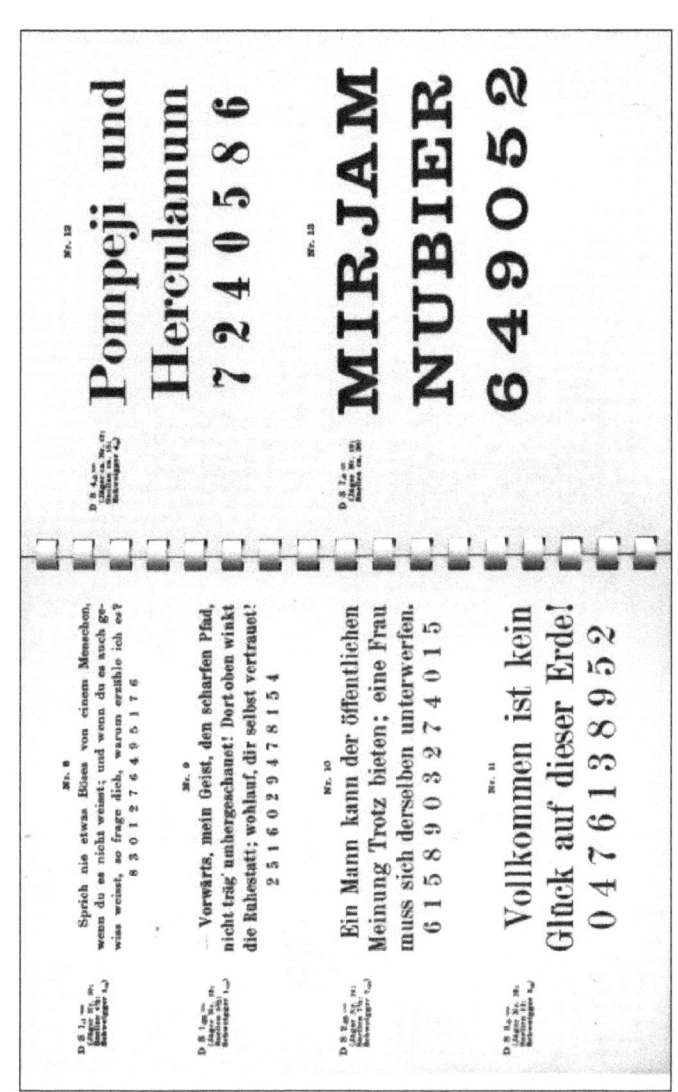

Abbildung: Nahsehprobe von Oculus, o. J., Bestell-Nr. 4717a, Wetzlar

Leseprobe für Elektronische Bildschirm-Lesegeräte

6-Punkt-Schrift — z.B. Duden

Das Lesen hat einen hohen Stellenwert unter den Freizeitbeschäftigungen des Menschen. Daneben verschafft es eine unüberschaubare Vielfalt an Informationszugang im alltäglichen Leben. Für die meisten "normalsichtigen" Leute ist das einfach selbstverständlich, niemand denkt darüber nach, solange die Augen gut funktionieren. Und wenn die Schrift einmal zu klein ist oder die Augen langsam schlechter werden, hilft in aller Regel ein Vergrößerungsglas und eine Brille weiter. Was ist aber, wenn diese Hilfsmittel nicht (mehr) ausreichen?

7-Punkt-Schrift — z.B. Telefonbuch

Das Lesen hat einen hohen Stellenwert unter den Freizeitbeschäftigungen des Menschen. Daneben verschafft es eine unüberschaubare Vielfalt an Informationszugang im alltäglichen Leben. Für die meisten "normalsichtigen" Leute ist das einfach selbstverständlich, niemand denkt darüber nach, solange die Augen gut funktionieren. Und wenn die Schrift einmal zu klein ist oder die Augen langsam schlechter werden, hilft in aller Regel ein Vergrößerungsglas und eine Brille weiter. Was ist aber, wenn diese Hilfsmittel nicht (mehr) ausreichen?

8-Punkt-Schrift — z.B. Arzneimittelbeipackzettel

Das Lesen hat einen hohen Stellenwert unter den Freizeitbeschäftigungen des Menschen. Daneben verschafft es eine unüberschaubare Vielfalt an Informationszugang im alltäglichen Leben. Für die meisten "normalsichtigen" Leute ist das einfach selbstverständlich, niemand denkt darüber nach, solange die Augen gut funktionieren. Und wenn die Schrift einmal zu klein ist oder die Augen langsam schlechter werden, hilft in aller Regel ein Vergrößerungsglas und eine Brille weiter. Was ist aber, wenn diese Hilfsmittel nicht (mehr) ausreichen?

9-Punkt-Schrift — z.B. Tageszeitung

Das Lesen hat einen hohen Stellenwert unter den Freizeitbeschäftigungen des Menschen. Daneben verschafft es eine unüberschaubare Vielfalt an Informationszugang im alltäglichen Leben. Für die meisten "normalsichtigen" Leute ist das einfach selbstverständlich, niemand denkt darüber nach, solange die Augen gut funktionieren. Und wenn die Schrift einmal zu klein ist oder die Augen langsam schlechter werden, hilft in aller Regel ein Vergrößerungsglas und eine Brille weiter. Was ist aber, wenn diese Hilfsmittel nicht (mehr) ausreichen?

10-Punkt-Schrift — z.B. Buch

Das Lesen hat einen hohen Stellenwert unter den Freizeitbeschäftigungen des Menschen. Daneben verschafft es eine unüberschaubare Vielfalt an Informationszugang im alltäglichen Leben. Für die meisten "normalsichtigen" Leute ist das einfach selbstverständlich, niemand denkt darüber nach, solange die Augen gut funktionieren. Und wenn die Schrift einmal zu klein ist oder die Augen langsam schlechter werden, hilft in aller Regel ein Vergrößerungsglas und eine Brille weiter. Was ist aber, wenn diese Hilfsmittel nicht (mehr) ausreichen?

12-Punkt-Schrift — z.B. Geschäftsbrief

Das Lesen hat einen hohen Stellenwert unter den Freizeitbeschäftigungen des Menschen. Daneben verschafft es eine unüberschaubare Vielfalt an Informationszugang im alltäglichen Leben. Für die meisten "normalsichtigen" Leute ist das einfach selbstverständlich, niemand denkt darüber nach, solange die Augen gut funktionieren. Und wenn die Schrift einmal zu klein ist oder die Augen langsam schlechter werden, hilft in aller Regel ein Vergrößerungs-

S	H	K	L	M	C	R
1	3	5	7	9	4	6

Abbildung: Leseprobe für Elektronische Lesegeräte, Reinecker Reha-Technik, o. J., Alsbach-Hähnlein

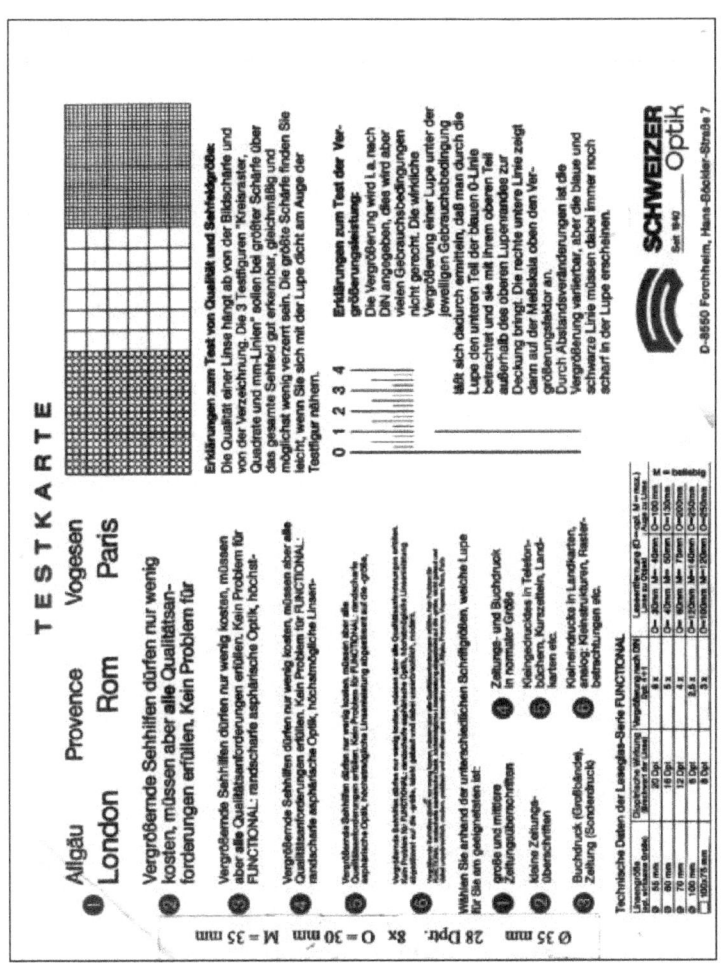

Abbildung: Testkarte zur Ermittlung der Linsengröße für Sehhilfen, Schweizer-
Optik, o. J., Forchheim

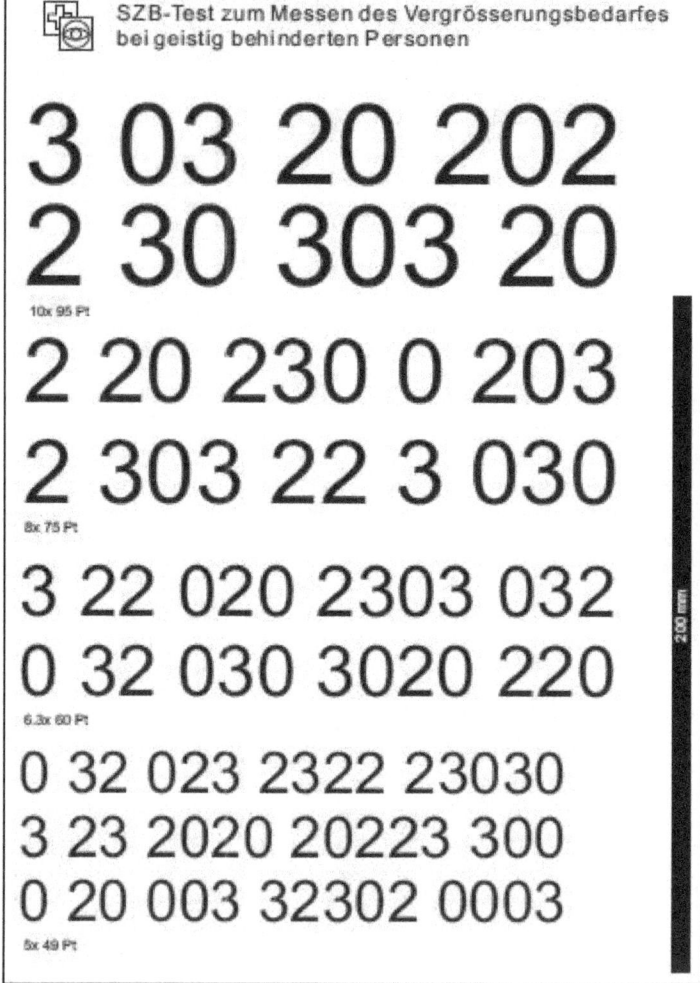

Abbildung: Buser Nahsehprobe zur Ermittlung des Vergrößerungsbedarfs bei geistig behinderten Menschen mit einer Sehbehinderung, Online verfügbar unter [www.szb.ch] Stand 30.08.2005, zuletzt geprüft am 17.08.2009

Lesetexte zur Untersuchung Einfluss Emotionaler Faktoren auf das Lesen

Lesetext: HSV-Text

„Der HSV beginnt mal wieder von vorn

Von Frank Heike, 26. Mai 2009

Plötzlich weg: Martin Jol

Die Hamburger Zeitungen räumten für die Mittwochsausgabe ihre Titelseiten frei und die dritte Seite gleich mit, die regionalen Fernsehsendungen hatten ihre Spitzenmeldung gefunden, beim Bäcker, am Imbiss und im Supermarkt gab es nur noch ein Thema: Martin Jol ist weg. Der eigentliche Star dieser gesichtslosen Mannschaft. In den vergangenen Jahren hat keine Meldung vom Hamburger SV die Stadt so bewegt wie der völlig überraschende Abgang des vier-Millionen-Euro-Mannes, der den HSV doch in eine erfolgreiche Zukunft hätte führen sollen. Alle Macht, alles (damals vorhandene) Geld dem Trainer hatte es noch im Juni 2008 geheißen, als Jol mit seinem großen Trainerteam beim HSV anheuerte, von der Stadt, den Menschen, dem Verein schwärmte und erzählte, er wolle drei, vier Jahre bleiben. Das ist seit Montagabend alles Makulatur. Nicht Jol selbst, sondern sein Bruder und sein Berater konfrontierten den völlig perplexen HSV-Chef Bernd Hoffmann mit den Forderungen Jols: vorzeitige Vertragsverlängerung seines noch bis 2010 laufenden Vertrages nur, wenn er ab sofort die Position des Sportdirektors bekomme, fortan für alle Transfers verantwortlich sei und nicht mehr Sportchef und Vorstandsmitglied Dietmar Beiersdorfer" (Heike, 2009, o. S.).

Lesetext: Lindenberg-Text

„Ganz anders

Eigentlich bin ich ganz anders,
ich komm nur viel zu selten dazu
Du machst hier bald mit einem Bekanntschaft,
den ich genauso wenig kenne wie du

Ich hab so viel Termine:
In der Disko, vor Gericht und bei der Bank,
da schicke ich einfach meine vierzehn Egos
und das wahre ich bleibt lieber im Schrank

Ich sage:
Ich bin doch nicht der Typ, den jeder in mir sieht,
und das werde ich euch bei Zeiten auch alles
noch beweisen

Eigentlich bin ich ganz anders,
ich komm nur viel zu selten dazu
Du machst hier bald mit einem Bekanntschaft,

den ich genauso wenig kenne wie du

Ich sag:
du hast bestimmt ein falsches Bild von mir,
so was wie einen echten Kujau
es tut mir leid da kann ich nix dafür,
denn mein eigentliches Ich ist um Urlaub

Ich bin doch nicht der Typ, den jeder in mir sieht,
ich sag:
und das werde ich euch bei Zeiten auch alles
noch beweisen

Eigentlich bin ich ganz anders,
ich komm nur viel zu selten dazu
Du machst hier bald mit einem Bekanntschaft,
den ich genauso wenig kenne wie du" (Eißfeldt,
2008, o. S.)

Lesetext: biss-zur-mittagsstunde

„Edward.
Obwohl ich mich immer wahnsinnig freute, ihn zu sehen – ob ich wach war oder nicht –, und obwohl ich mir
fast sicher war zu träumen, geriet ich in Panik, als Edward durch das grelle Sonnenlicht auf uns zukam.

In Panik geriet ich deshalb, weil Oma nicht wusste,

dass ich einen Vampir liebte – niemand wusste davon –, wie also sollte ich den Umstand erklären, dass die leuchtenden Sonnenstrahlen auf seiner Haut in tausend Regenbogenscherben zersplitterten, als wäre er ein Kristall oder ein Diamant?

Oma, vielleicht ist dir aufgefallen, dass mein Freund glitzert. Das ist bei ihm immer so in der Sonne. Mach dir deswegen keine Gedanken ...

Was machte er hier bloß? Der einzige Grund dafür, dass er in Forks, der verregnetsten Stadt der Welt lebte, war der, dass er sich dort im Freien aufhalten konnte, ohne das Geheimnis seiner Familie preiszugeben. Doch jetzt war er hier und kam anmutig auf mich zugeschlendert – mit diesem wunderschönen Lächeln auf seinem Engelsgesicht –, so als wären wir allein.

In diesem Moment wäre ich sehr gern nicht die Einzige gewesen, bei der seine geheimnisvolle Gabe nicht wirkte, während ich normalerweise dankbar dafür war, dass er meine Gedanken nicht hören konnte, als würde ich sie laut aussprechen. Doch jetzt wäre es mir sehr lieb gewesen, wenn er die Warnung hören könnte, die ich ihm in Gedanken zuschrie.

Ich schaute panisch zu Oma und sah, dass es zu spät war. Sie drehte sich gerade um und starrte mich an, und sie sah genauso erschrocken aus wie ich" (Meyer, 2007/2009, S. 10–11).

Lesetext: Balanced Scorecard

"Was ist eine Balanced Scorecard?

Die Balanced Scorecard (BSC) ist ein Konzept zur Umsetzung Ihrer Unternehmensstrategie. Eine BSC beginnt bei der Vision und Strategie Ihres Unternehmens und definiert auf dieser Basis kritischen Erfolgsfaktoren (KEF). Kennzahlen werden dann so aufgebaut, dass sie die Zielsetzung und Leistungsfähigkeit in kritischen Bereichen der Strategie fördern. Die BSC ist daher ein aus Vision und Strategie abgeleitetes Management-System, welches die wichtigsten Aspekte eines Unternehmens widerspiegelt. Das BSC-Konzept unterstützt strategische Planung und Implementierung durch eine Bündelung der Maßnahmen aller Einheiten eines Unternehmens auf der Basis eines gemeinsamen Verständnisses seiner Ziele und durch einen leichteren Zugang zur Bewertung und Fortschreibung der Strategie. Traditionelles, auf finanzielle Kennzahlen fokussiertes, Management kann den heutigen Anforderungen von Unternehmen im Informationszeitalter nach effektiven Planungswerkzeugen nicht mehr gerecht werden. Aus diesem Grunde haben Kaplan & Norton vier verschiedene Perspektiven eingeführt, aus deren Blickwinkel die Aktivitäten eines Unternehmens bewertet werden können:

- **Finanzperspektive**
  (Wie sehen uns unsere Aktionäre?)

- **Kundenperspektive**
  (Wie sehen uns unsere Kunden?)

- **Prozessperspektive**
  (In welchen Prozessen müssen wir uns auszeichnen um Erfolg zu haben?)

- **Lern- und Innovationsperspektive**
  (Wie stärken wir unsere Fähigkeit, uns zu verändern und zu verbessern?)

Entwicklung einer Balanced Scorecard
Zunächst gilt es eine Vision zu iden-tifizieren: wohin soll sich das Unter-nehmen entwickeln? Mit der Definition einer Strategie legen Sie dann fest, wie Sie dieses Ziel erreichen wollen. Im nächsten Schritt definieren Sie Pers-pektiven und kritische Erfolgsfaktoren, indem Sie sich fragen, welches Ihre Ziele in den einzelnen Perspektiven sind. Daran anschließend stellen Sie sich die Frage, wie Sie die Erreichung dieser Ziele messen können. Zur Aus-wertung Ihrer Scorecard müssen Sie sodann sicherstellen, dass das Richtige

gemessen wird. Auf dieser Basis sollten Sie Maßnahmenpläne erstellen sowie Management und Betrieb Ihrer Score-card planen. Schließlich ist zu ent-scheiden, an wen berichtet werden soll und wie diese Berichte gestaltet sein sollen" (Wiese 2007, o. S.).

Typographisch unterschiedlich formatierte Lesetexte

Reisebilder: Die Nordsee

Das Seefahren hat für diese Menschen einen großen Reiz; und dennoch, glaube ich, daheim ist ihnen allen am wohlsten zumute. Sind sie auch auf ihren Schiffen sogar nach jenen südlichen Ländern gekommen, wo die Sonne blühender und der Mond romantischer leuchtet, so können doch alle Blumen dort nicht den Leck ihres Herzens stopfen, und mitten in der duftigen Heimat des Frühlings sehnen sie sich wieder zurück nach ihrer Sandinsel, nach ihren kleinen Hütten, nach dem flackernden Herde, wo die Ihrigen, wohlverwahrt in wollenen Jacken, herumkauern, und einen Tee trinken, der sich von gekochtem Seewasser nur durch den Namen unterscheidet, und eine Sprache schwatzen, wovon kaum begreiflich scheint, wie es ihnen selber möglich ist, sie zu verstehen.

Heinrich Heine: Reisebilder: Die Nordsee

Times New Roman Pkt.14, Zeilenabstand 1,5, Buchstabenbreite 130%	116 Wörter
Leser	Datum
WpM	Tester

Vom Fichtenbaum, dem Teiche und den Wolken

Die herrliche Abendsonne beschien mit ihren goldenen Strahlen einen großen Fichtenbaum, welcher an einer felsigen Berghalde stand. Sein lichtes Laub prangte im schönsten Grün, und seine Äste waren wie mit Feuer übergossen und glänzten weithin durch die Gegend. Er freute sich dieses Glanzes und meinte, all diese Herrlichkeit gehe von ihm selbst aus und sei sein eigenes Verdienst, so dass er sehr eitel ward und prahlend ausrief: „Seht her, ihr andern Gewächse und Geschöpfe um mich her, wo erscheint eines in solcher Pracht wie ich edle Fichte? Gewiss, ihr seid sehr zu bedauern, dass euch der Schöpfer nicht schöner geschmückt hat."

Die Sonne hörte diese eitle Rede und wurde darüber unwillig, so dass sie ihre Strahlen von dem Baume weg auf einen dunklen Teich wandte, der unten am Berge in tiefer Ruhe lag. Der Fichtenbaum sah nun so öd und traurig aus wie vorher; der Teich aber bewegte sich freudig in kleinen goldenen Wellen und widerstrahlte das Bild der Sonne in tausend Feuerpunkten. Allein auch er wurde stolz darauf und glaubte am Ende, er selbst sei die Quelle all dieser Klarheit, und verspottete die anderen Gewässer, welche im Schatten lagen.

Da wurde die Sonne abermals unwillig, zog Wolken zusammen, in denen sie sich verhüllte, und der Teich lag nun wieder in seinem düsteren melancholischen Grau wie zuvor und schämte sich. Die Wolken hingegen begannen jetzt zu glühen und zu scheinen wie Purpur und verbreiteten sich wohlgefällig im abendlichen Himmel, als die Erde schon im Schatten lag. Da wurden auch sie übermütig und riefen:

„Erglänzen wir nicht viel schöner denn die Sonne?" Und zum dritten Male wurde die Sonne unwillig, und indem sie hinter den Horizont hinabstieg, entzog sie ihre Strahlen den undankbaren Luftgebilden, und Wolken, See und Bäume verschwammen nun in der grauen Dämmerung, endlich die Nacht all diese eitlen Geschöpfe der Vergessenheit übergab.

Gottfried Keller: Vom Fichtenbaum, dem Teiche und den Wolken

Arial Pkt. 12, Zeilenabstand 1,5, Buchstabenbreite 130%	304 Wörter
Leser	Datum
WpM	Tester

Von der Stadtmaus und der Feldmaus

Eine Stadtmaus ging spazieren und kam zu einer Feldmaus. Die tat sich gütlich an Eicheln, Gersten, Nüssen und was sie konnte. Aber die Stadtmaus sprach: „Was willst du hier in Armut leben! Komm mit mir, ich will dir und mir genug schaffen von allerlei köstlicher Speise."

Die Feldmaus zog mit ihr hin in ein herrlich schönes Haus, darin die Stadtmaus wohnte, und sie gingen in die Kammern, die voll waren von Fleisch, Speck, Würsten, Brot, Käse und allem. Da sprach die Stadtmaus: „Nun iss und sei guter Dinge. Solche Speisen habe ich täglich im Überfluss."

Da kam der Kellner und rumpelte mit den Schlüsseln an der Tür.

Die Mäuse erschraken und liefen davon. Die Stadtmaus fand bald ihr Loch, aber die Feldmaus wusste nirgends hin, lief die Wand auf und ab und gab schon ihr Leben verloren.

Da der Kellner wieder hinaus war, sprach die Stadtmaus: „Es hat nun keine Not, lass uns guter Dinge sein."

Die Feldmaus antwortete: „Du hast gut reden, du wusstest dein Loch fein zu treffen, derweil bin ich schier vor Angst gestorben. Ich will dir sagen, was meine Meinung ist: bleib du eine Stadtmaus und friss Würste und Speck, ich will ein armes Feldmäuslein bleiben und meine Eicheln essen. Du bist keinen Augenblick sicher vor dem Kellner, vor den Katzen, vor so vielen Mäusefallen, und das ganze Haus ist dir feind. Von alldem bin ich frei und bin sicher in meinem armen Feldlöchlein."

Wer reich ist, hat viel Sorge.

Martin Luther: Von der Stadtmaus und der Feldmaus

Verdana Pkt. 12, Zeilenabstand 1,5, Buchstabenbreite 130%	244 Wörter
Leser	Datum
WpM	Tester

Koala

Eines der merkwürdigsten aller Beutelthiere, ist der Koala (Phascolarctus cinereus). Der schwanzlose Leib ist gedrungen, der Kopf sehr dick, kurzschnauzig, das Ohr groß und buschig behaart; die vorn und hinten fünfzehigen Pfoten bilden wahre Greiffüße.

Der wissenschaftliche Name, welcher »Beutelbär« bedeutet, ist bezeichnend; denn wirklich hat der Koala in der Gestalt wie in seinem Gange und in der ganzen Haltung entschiedene Ähnlichkeit mit einem jungen Bären. Seine Länge beträgt etwa 60 Zentimeter, die Höhe am Widerriste ungefähr die Hälfte. Der Gesamteindruck ist

ein eigentümlicher, hauptsächlich wegen des dicken Kopfes
mit den auffallend rau behaarten, weil auseinander stehenden
Ohren, den lebhaften Augen
und der breiten und stumpfen
Schnauze.

Die Zehen der Vorderfüße sind
wie bei dem Chamäleon in zwei
Bündel geteilt und die Hinterfüße durch die Verwachsung der
zweiten und dritten Zehe sehr
merkwürdig.

Der Schwanz besteht aus einem
warzenartigen Höcker, welcher
leicht übersehen werden kann.
Die Behaarung ist sehr lang,
fast zottig und dicht, dabei aber
fein, weich und wollig, das Gesicht längs des Nasenrückens
und von der Schnauze bis zu

den Augen beinahe nackt, die Behaarung der Außen- und Innenseite der Ohren und die des übrigen Leibes um so dichter, die Färbung der Oberseite rötlichaschgrau.

Alfred Edmund Brehm: Koala

Aphont Pkt. 13, Zeilenabstand 1,5, Buchstabenbreite 130%	197 Wörter
Leser	Datum
WpM	Tester

Reisebilder: Die Nordsee

Das Seefahren hat für diese Menschen
einen großen Reiz; und dennoch, glaube
ich, daheim ist ihnen allen am wohlsten
zumute. Sind sie auch auf ihren Schiffen sogar nach jenen südlichen Ländern
gekommen, wo die Sonne blühender
und der Mond romantischer leuchtet, so
können doch alle Blumen dort nicht den
Leck ihres Herzens stopfen, und mitten
in der duftigen Heimat des Frühlings
sehnen sie sich wieder zurück nach ihrer Sandinsel, nach ihren kleinen Hütten,
nach dem flackernden Herde, wo die Ihrigen, wohlverwahrt in wollenen Jacken,
herumkauern, und einen Tee trinken, der
sich von gekochtem Seewasser nur durch
den Namen unterscheidet, und eine Sprache schwatzen, wovon kaum begreiflich
scheint, wie es ihnen selber möglich ist,

sie zu verstehen.

Heinrich Heine, Reisebilder: Die Nordsee

Times New Roman Pkt. 14, Zeilenabstand 1,5, Buchstabenabstand 1 Pkt. erweitert	116 Wörter
Leser	Datum
WpM	Tester

Vom Fichtenbaum, dem Teiche und den Wolken

Die herrliche Abendsonne beschien mit ihren goldenen Strahlen einen großen Fichtenbaum, welcher an einer felsigen Berghalde stand. Sein lichtes Laub prangte im schönsten Grün, und seine Äste waren wie mit Feuer übergossen und glänzten weithin durch die Gegend. Er freute sich dieses Glanzes und meinte, all diese Herrlichkeit gehe von ihm selbst aus und sei sein eigenes Verdienst, so dass er sehr eitel ward und prahlend ausrief: „Seht her, ihr andern Gewächse und Geschöpfe um mich her, wo erscheint eines in solcher Pracht wie ich edle Fichte? Gewiss, ihr seid sehr zu bedauern, dass euch der Schöpfer nicht schöner geschmückt hat."

Die Sonne hörte diese eitle Rede und wurde darüber unwillig, so dass sie ihre Strahlen von dem Baume weg auf einen dunklen

Teich wandte, der unten am Berge in tiefer Ruhe lag. Der Fichtenbaum sah nun so öd und traurig aus wie vorher; der Teich aber bewegte sich freudig in kleinen goldenen Wellen und widerstrahlte das Bild der Sonne in tausend Feuerpunkten. Allein auch er wurde stolz darauf und glaubte am Ende, er selbst sei die Quelle all dieser Klarheit, und verspottete die anderen Gewässer, welche im Schatten lagen.

Da wurde die Sonne abermals unwillig, zog Wolken zusammen, in denen sie sich verhüllte, und der Teich lag nun wieder in seinem düsteren melancholischen Grau wie zuvor und schämte sich. Die Wolken hingegen begannen jetzt zu glühen und zu scheinen wie Purpur und verbreiteten sich wohlgefällig im abendlichen Himmel, als die Erde schon im Schatten lag. Da wurden auch sie übermütig und riefen: „Erglänzen wir nicht viel schöner denn die

Sonne?" Und zum dritten Male wurde die Sonne unwillig, und indem sie hinter den Horizont hinabstieg, entzog sie ihre Strahlen den undankbaren Luftgebilden, und Wolken, See und Bäume verschwammen nun in der grauen Dämmerung, endlich die Nacht all diese eitlen Geschöpfe der Vergessenheit übergab.

Gottfried Keller: Vom Fichtenbaum, dem Teiche und den Wolken

Arial Pkt. 12, Zeilenabstand 1,5, Buchstabenabstand 1 Pkt. erweitert	304 Wörter
Leser	Datum
WpM	Tester

Von der Stadtmaus und der Feldmaus

Eine Stadtmaus ging spazieren und kam zu einer Feldmaus. Die tat sich gütlich an Eicheln, Gersten, Nüssen und was sie konnte.
Aber die Stadtmaus sprach: „Was willst du hier in Armut leben! Komm mit mir, ich will dir und mir genug schaffen von allerlei köstlicher Speise."

Die Feldmaus zog mit ihr hin in ein herrlich schönes Haus, darin die Stadtmaus wohnte, und sie gingen in die Kammern, die voll waren von Fleisch, Speck, Würsten, Brot, Käse und allem. Da sprach die Stadtmaus: „Nun iss und sei guter Dinge. Solche Speisen habe ich täglich im Überfluss."

Da kam der Kellner und rumpelte mit den Schlüsseln an der Tür. Die Mäuse erschraken und liefen davon. Die Stadtmaus fand bald ihr Loch, aber die Feldmaus wusste nirgends hin, lief die Wand auf und ab und gab schon ihr Leben verloren.

Da der Kellner wieder hinaus war, sprach die Stadtmaus: „Es hat nun keine Not, lass uns guter Dinge sein."

Die Feldmaus antwortete: „Du hast gut reden, du wusstest dein Loch fein zu treffen, derweil bin ich schier vor Angst gestorben. Ich will dir sagen, was meine Meinung ist: bleib du eine Stadtmaus und friss Würste und Speck, ich will ein armes Feldmäuslein bleiben und meine Eicheln essen. Du bist keinen Augenblick sicher vor dem Kellner, vor den Katzen, vor so vielen Mäusefallen, und das ganze Haus ist dir feind. Von alldem bin ich frei und bin sicher in meinem armen Feldlöchlein."

Wer reich ist, hat viel Sorge.

Martin Luther: Von der Stadtmaus und der Feldmaus

Verdana Pkt. 12, Zeilenabstand 1,5, Buchstabenabstand 1 Pkt. erweitert	244 Wörter
Leser	Datum
WpM	Tester

Koala

Eines der merkwürdigsten aller Beutelthiere, ist der Koala (Phascolarctus cinereus). Der schwanzlose Leib
ist gedrungen, der Kopf sehr dick,
kurzschnauzig, das Ohr groß und
buschig behaart; die vorn und hinten fünfzehigen Pfoten bilden wahre
Greiffüße.

Der wissenschaftliche Name, welcher
»Beutelbär« bedeutet, ist bezeichnend; denn wirklich hat der Koala
in der Gestalt wie in seinem Gange
und in der ganzen Haltung entschiedene Ähnlichkeit mit einem jungen
Bären. Seine Länge beträgt etwa 60
Zentimeter, die Höhe am Widerriste
ungefähr die Hälfte. Der Gesamteindruck ist ein eigentümlicher, hauptsächlich wegen des dicken Kopfes
mit den auffallend rau behaarten,

weil auseinander stehenden Ohren, den lebhaften Augen und der breiten und stumpfen Schnauze. Die Zehen der Vorderfüße sind wie bei dem Chamäleon in zwei Bündel geteilt und die Hinterfüße durch die Verwachsung der zweiten und dritten Zehe sehr merkwürdig. Der Schwanz besteht aus einem warzenartigen Höcker, welcher leicht übersehen werden kann. Die Behaarung ist sehr lang, fast zottig und dicht, dabei aber fein, weich und wollig, das Gesicht längs des Nasenrückens und von der Schnauze bis zu den Augen beinahe nackt, die Behaarung der Außen- und Innenseite der Ohren und die des übrigen Leibes um so dichter, die Färbung der Oberseite rötlichaschgrau.

Alfred Edmund Brehm: Koala

Aphont Pkt. 13, Zeilenabstand 1,5, Buchstabenabstand 1 Pkt. erweitert	197 Wörter
Leser	Datum
WpM	Tester

Lesetexte für den Überprüfungsbogen. Aus: Projekt-Gutenberg.de, 2009

Heinrich Heine

Reisebilder: Die Nordsee

Das Seefahren hat für diese Menschen einen großen Reiz; und dennoch, glaube ich, daheim ist ihnen allen am wohlsten zumute.

Sind sie auch auf ihren Schiffen sogar nach jenen südlichen Ländern gekommen, wo die Sonne blühender und der Mond romantischer leuchtet, so können doch alle Blumen dort nicht den Leck ihres Herzens stopfen, und mitten in der duftigen Heimat des Frühlings sehnen sie sich wieder zurück nach ihrer Sandinsel, nach ihren kleinen Hütten, nach dem flackern-

den Herde, wo die Ihrigen, wohlverwahrt
in wollenen Jacken, herumkauern, und
einen Tee trinken, der sich von gekochtem Seewasser nur durch den Namen unterscheidet, und eine Sprache schwatzen,
wovon kaum begreiflich scheint, wie es
ihnen selber möglich ist, sie zu verstehen.

**Times New Roman Pkt.16, 1,5-zeilig,
116 Wörter**

Martin Luther: Von der Stadtmaus und der Feldmaus

Eine Stadtmaus ging spazieren und kam zu einer Feldmaus. Die tat sich gütlich an Eicheln, Gersten, Nüssen und was sie konnte.
Aber die Stadtmaus sprach: „Was willst du hier in Armut leben! Komm mit mir, ich will dir und mir genug schaffen von allerlei köstlicher Speise."

Die Feldmaus zog mit ihr hin in ein herrlich schönes Haus, darin die Stadtmaus wohnte, und sie gingen in die Kammern, die voll waren von Fleisch, Speck, Würsten, Brot, Käse und allem. Da sprach die Stadtmaus: „Nun iss und sei guter Dinge. Solche Speisen habe ich täglich im Überfluss."

Da kam der Kellner und rumpelte mit den Schlüsseln an der Tür. Die Mäuse erschraken und liefen davon. Die Stadtmaus fand bald ihr Loch, aber die Feldmaus wusste nirgends hin, lief die Wand auf und ab und gab schon ihr Leben verloren.

Da der Kellner wieder hinaus war, sprach die Stadtmaus: „Es hat nun keine Not, lass uns guter Dinge sein."

Die Feldmaus antwortete: „Du hast gut reden, du wusstest dein Loch fein zu treffen, derweil bin ich schier vor Angst gestorben. Ich will dir sagen, was meine Meinung ist: bleib du eine Stadtmaus und friss Würste und Speck, ich will ein armes Feldmäuslein bleiben und meine Eicheln essen. Du bist keinen Augenblick sicher vor dem Kellner, vor den Katzen, vor so vielen Mäusefallen, und das ganze Haus ist dir feind.

Von alldem bin ich frei und bin sicher in meinem armen Feldlöchlein."

Wer reich ist, hat viel Sorge.

Verdana Pkt. 14, 1,5-zeilig, 244 Wörter

Alfred Edmund Brehm: Koala

Eines der merkwürdigsten aller Beu-
teltiere, ist der Koala. Der schwanzlose
Leib ist gedrungen, der Kopf sehr dick,
kurzschnauzig, das Ohr groß und buschig
behaart; die vorn und hinten fünfzehigen
Pfoten bilden wahre Greiffüße.

Der wissenschaftliche Name, welcher
»Beutelbär« bedeutet, ist bezeichnend;
denn wirklich hat der Koala in der Gestalt wie in seinem Gange und in der
ganzen Haltung entschiedene Ähnlichkeit mit einem jungen Bären. Seine Länge beträgt etwa 60 Zentimeter, die Höhe
am Widerrist ungefähr die Hälfte.

Der Gesamteindruck ist ein eigentümlicher, hauptsächlich wegen des dicken
Kopfes mit den auffallend rau behaarten,
weil auseinander stehenden Ohren, den

lebhaften Augen und der breiten und stumpfen Schnauze.

Die Zehen der Vorderfüße sind wie bei dem Chamäleon in zwei Bündel geteilt und die Hinterfüße durch die Verwachsung der zweiten und dritten Zehe sehr merkwürdig. Der Schwanz besteht aus einem warzenartigen Höcker, welcher leicht übersehen werden kann.

Die Behaarung ist sehr lang, fast zottig und dicht, dabei aber fein, weich und wollig, das Gesicht längs des Nasenrückens und von der Schnauze bis zu den Augen beinahe nackt, die Behaarung der Außen- und Innenseite der Ohren und die des übrigen Leibes umso dichter, die Färbung der Oberseite rötlich-aschgrau.

Century Schoolbook Pkt. 14, 1,5-zeilig, 197 Wörter

Gottfried Keller
Vom Fichtenbaum, dem Teiche und den Wolken

Die herrliche Abendsonne beschien mit ihren goldenen Strahlen einen großen Fichtenbaum, welcher an einer felsigen Berghalde stand. Sein lichtes Laub prangte im schönsten Grün, und seine Äste waren wie mit Feuer übergossen und glänzten weithin durch die Gegend. Er freute sich dieses Glanzes und meinte, all diese Herrlichkeit gehe von ihm selbst aus und sei sein eigenes Verdienst, so dass er sehr eitel ward und prahlend ausrief:

„Seht her, ihr andern Gewächse und Geschöpfe um mich her, wo erscheint eines in solcher Pracht wie ich edle Fichte? Gewiss, ihr seid sehr zu bedauern, dass euch der Schöpfer nicht schöner geschmückt hat."

Die Sonne hörte diese eitle Rede und wurde darüber unwillig, so dass sie ihre Strahlen von dem Baume weg auf einen dunklen Teich wandte, der unten am Berge in tiefer Ruhe lag. Der Fichtenbaum sah nun so öd und traurig aus wie vorher; der Teich aber bewegte sich freudig in kleinen goldenen Wellen und widerstrahlte das Bild der Sonne in tausend Feuerpunkten. Allein auch er wurde stolz darauf und glaubte am Ende, er selbst sei die Quelle all dieser Klarheit, und verspottete die anderen Gewässer, welche im Schatten lagen.

Da wurde die Sonne abermals unwillig, zog Wolken zusammen, in denen sie sich verhüllte, und der Teich lag nun wieder in seinem düsteren melancholischen Grau wie zuvor und schämte sich. Die Wolken hingegen begannen jetzt zu glühen und zu scheinen wie Purpur und verbreiteten sich wohlgefällig im abendlichen Himmel, als die Erde schon im Schatten lag. Da wurden auch sie übermütig und riefen: „Erglänzen wir nicht viel schöner denn die Sonne?" Und zum dritten Male wurde die Sonne unwillig, und indem sie hinter den Horizont hinabstieg, entzog sie ihre Strahlen den undankbaren Luftgebilden, und Wolken, See und Bäume verschwammen nun in der grauen Dämmerung, endlich die Nacht all diese eitlen Geschöpfe der Vergessenheit übergab.

Arial Pkt. 12, 1,5-zeilig, 304 Wörter

Reisebilder: Die Nordsee

Das Seefahren hat für diese Menschen einen großen Reiz; und dennoch, glaube ich, daheim ist ihnen allen am wohlsten zumute. Sind sie auch auf ihren Schiffen sogar nach jenen südlichen Ländern gekommen, wo die Sonne blühender und der Mond romantischer leuchtet, so können doch alle Blumen dort nicht den Leck ihres Herzens stopfen, und mitten in der duftigen Heimat des Frühlings sehnen sie sich wieder zurück nach ihrer Sandinsel, nach ihren kleinen Hütten, nach dem flackernden Herde, wo die Ihrigen, wohlverwahrt in wollenen Jacken, herumkauern, und einen Tee trinken, der sich von gekochtem Seewasser nur durch den Namen unterscheidet, und eine Sprache schwatzen, wovon kaum begreiflich scheint, wie es ihnen selber möglich ist, sie zu verstehen.

Heinrich Heine: Reisebilder: Die Nordsee

Times New Roman Pkt.14, Zeilenabstand 1,5	116 Wörter
Leser	Datum
WpM	Tester

Vom Fichtenbaum, dem Teiche und den Wolken

Die herrliche Abendsonne beschien mit ihren goldenen Strahlen einen großen Fichtenbaum, welcher an einer felsigen Berghalde stand. Sein lichtes Laub prangte im schönsten Grün, und seine Äste waren wie mit Feuer übergossen und glänzten weithin durch die Gegend. Er freute sich dieses Glanzes und meinte, all diese Herrlichkeit gehe von ihm selbst aus und sei sein eigenes Verdienst, so dass er sehr eitel ward und prahlend ausrief:

„Seht her, ihr andern Gewächse und Geschöpfe um mich her, wo erscheint eines in solcher Pracht wie ich edle Fichte? Gewiss, ihr seid sehr zu bedauern, dass euch der Schöpfer nicht schöner geschmückt hat."

Die Sonne hörte diese eitle Rede und wurde darüber unwillig, so dass sie ihre Strahlen von dem Baume weg auf einen dunklen Teich wandte, der unten am Berge in tiefer Ruhe lag. Der Fichtenbaum sah nun so öd und traurig aus wie vorher; der Teich aber bewegte sich freudig in kleinen goldenen Wellen und widerstrahlte das Bild der Sonne in tausend Feuerpunkten. Allein auch er wurde stolz darauf und glaubte am Ende, er selbst sei die Quelle all dieser Klarheit, und verspottete die anderen Gewässer, welche im Schatten lagen.

Da wurde die Sonne abermals unwillig, zog Wolken zusammen, in denen sie sich verhüllte, und der Teich lag nun wieder in seinem düsteren melancholischen Grau wie zuvor und schämte sich. Die Wolken hingegen begannen jetzt zu glühen und zu scheinen wie Purpur und verbreiteten sich wohlgefällig im abendlichen Himmel, als die Erde schon im Schatten lag. Da wurden auch sie übermütig und riefen: „Erglänzen wir nicht viel schöner denn die Sonne?" Und zum dritten Male wurde die Sonne unwillig, und indem sie hinter den Horizont hinabstieg, entzog sie ihre Strahlen den undankbaren Luftgebilden, und Wolken, See und Bäume verschwammen nun in der grauen Dämmerung, endlich die Nacht all diese eitlen Geschöpfe der Vergessenheit übergab.

Gottfried Keller:

Vom Fichtenbaum, dem Teiche und den Wolken

Arial Pkt. 12, Zeilenabstand 1,5	304 Wörter
Leser	Datum
WpM	Tester

Von der Stadtmaus und der Feldmaus

Eine Stadtmaus ging spazieren und kam zu einer Feldmaus. Die tat sich gütlich an Eicheln, Gersten, Nüssen und was sie konnte. Aber die Stadtmaus sprach: „Was willst du hier in Armut leben! Komm mit mir, ich will dir und mir genug schaffen von allerlei köstlicher Speise."

Die Feldmaus zog mit ihr hin in ein herrlich schönes Haus, darin die Stadtmaus wohnte, und sie gingen in die Kammern, die voll waren von Fleisch, Speck, Würsten, Brot, Käse und allem. Da sprach die Stadtmaus: „Nun iss und sei guter Dinge. Solche Speisen habe ich täglich im Überfluss."

Da kam der Kellner und rumpelte mit den Schlüsseln an der Tür. Die Mäuse erschraken und liefen davon. Die Stadtmaus fand bald ihr Loch, aber die Feldmaus wusste nirgends hin, lief die Wand auf und ab und gab schon ihr Leben verloren.

Da der Kellner wieder hinaus war, sprach die

Stadtmaus: „Es hat nun keine Not, lass uns guter Dinge sein."

Die Feldmaus antwortete: „Du hast gut reden, du wusstest dein Loch fein zu treffen, derweil bin ich schier vor Angst gestorben. Ich will dir sagen, was meine Meinung ist: bleib du eine Stadtmaus und friss Würste und Speck, ich will ein armes Feldmäuslein bleiben und meine Eicheln essen. Du bist keinen Augenblick sicher vor dem Kellner, vor den Katzen, vor so vielen Mäusefallen, und das ganze Haus ist dir feind. Von alldem bin ich frei und bin sicher in meinem armen Feldlöchlein.»

Wer reich ist, hat viel Sorge.

Martin Luther: Von der Stadtmaus und der Feldmaus

Verdana Pkt. 12, Zeilenabstand 1,5	244 Wörter
Leser	Datum
WpM	Tester

Koala

Eines der merkwürdigsten aller Beutelthiere, ist der Koala (Phascolarctus cinereus). Der schwanzlose Leib ist gedrungen, der Kopf sehr dick, kurzschnauzig, das Ohr groß und buschig behaart; die vorn und hinten fünfzehigen Pfoten bilden wahre Greiffüße.

Der wissenschaftliche Name, welcher »Beutelbär« bedeutet, ist bezeichnend; denn wirklich hat der Koala in der Gestalt wie in seinem Gange und in der ganzen Haltung entschiedene Ähnlichkeit mit einem jungen Bären. Seine Länge beträgt etwa 60 Zentimeter, die Höhe am Widerriste ungefähr die Hälfte. Der Gesamteindruck ist ein eigentümlicher, hauptsächlich wegen des dicken Kopfes mit den auffallend rau behaarten, weil auseinander stehenden Ohren, den lebhaften Augen und der breiten und

stumpfen Schnauze. Die Zehen der Vorderfüße sind wie bei dem Chamäleon
in zwei Bündel geteilt und die Hinterfüße durch die Verwachsung der zweiten
und dritten Zehe sehr merkwürdig. Der
Schwanz besteht aus einem warzenartigen Höcker, welcher leicht übersehen
werden kann. Die Behaarung ist sehr
lang, fast zottig und dicht, dabei aber
fein, weich und wollig, das Gesicht längs
des Nasenrückens und von der Schnauze
bis zu den Augen beinahe nackt, die Behaarung der Außen- und Innenseite der
Ohren und die des übrigen Leibes um so
dichter, die Färbung der Oberseite rötlichaschgrau.

Alfred Edmund Brehm: Koala

Aphont Pkt. 13, Zeilenabstand 1,5	197 Wörter
Leser	Datum
WpM	Tester

Überprüfungsbogen zur Ersteinschätzung für sehbehinderte Schüler/-innen

Dieser Überprüfungsbogen ist dem IEP (Individuellen Erziehungsplan) bzw. der Schülerakte beizufügen!

Name: _____ Klasse: _____

Schule: _____

Sehschädigung/ ICD-Angabe: _____

Zusätzliche Hinweise (Augenarzt-/ Optikerbericht, Anfallsleiden, motorische Einschränkungen, Rollstuhl, Medikamente): _____

_____

Beginn: Datum _____ Uhrzeit _____, Ende: Datum _____ Uhrzeit _____

Prüfer/-innen: _____

Nächste Überprüfung, Datum, Uhrzeit: _____

Für die überprüften Bereiche das ermittelte Ergebnis eintragen!

1 Visuelle Fähigkeiten	Beschreibungen/ Beispiele
Sind in letzter Zeit Besonderheiten beim Sehen im Alltag aufgefallen (Visuelle Reaktionen, Kopfzwangshaltung, Augenmotilität)? Wenn ja, welche und wie?	
Wie veränderte sich die Licht-/Umweltwahrnehmung (heller/dunkler)?	
Wie ist jetzt die optimale Lichteinstellung für das Lesen (heller, dunkler)?	
Wie ist die visuelle Wahrnehmung der Umgebung (mit Lücken, wie durch Nebel, Doppelbilder, verschwommen, dunkle Flecken etc.)?	
Wie verändert sich nach längerem Sehen/Lesen die Wahrnehmung (zitterig, verschwommen, schwankend etc.)?	
Bestehen Erscheinungen wie Lichtblitze, Farben, verschwommen (ein-beidäugig)?	

Sind visuelle Reaktionen bei Licht (blinzeln, zucken, Augen-Kneifen etc.) beobachtbar?	
2 Gesichtsfeld/ Raumwahrnehmung	**Überprüfungsart**
Gibt es Probleme beim Ausweichen von statischen Personen und Gegenständen (Türrahmen, Tische etc.)?	
Gibt es Probleme beim Ausweichen von bewegten Personen und Gegenständen?	
Werden Gegenstände gesucht, die dann doch vor einem liegen?	
Wird beim Greifen von Gegenständen der Greifabstand richtig eingeschätzt oder wird danebengegriffen?	
Gibt es Schwierigkeiten in der Orientierung auf dem Lesegut beim Lesen?	
Bestehen Probleme beim Steigen von Treppen in die Tiefe?	
Sind diese Sehprobleme räumlich einseitig oder beidseitig?	
3 Farb-, Objekt-, Gesichts- und Bewegungs-wahrnehmung	**Überprüfungsart**
Hat sich die Farbwahrnehmung verändert (heller, dunkler, fleckig, „neue" Farben)?	
Werden bekannte Objekte in Kisten, Schubladen etc. gefunden (Kontrast)?	
Werden die Geschwindigkeiten im Verkehr richtig eingeschätzt?	

4 Alltagswahrnehmung	Überprüfungsart
Können Einkäufe erledigt werden (Waren finden, Etiketten lesen etc.)?	
Können öffentliche Aushänge, Beschilderungen (Busfahrplan, Schwarzes Brett, Raum-/ Ladenbeschriftungen etc.) gelesen werden?	
Bestehen Unsicherheiten, allein bzw. ohne fremde Unterstützung, im Straßenverkehr?	
Werden öffentliche Verkehrsmittel alleine genutzt?	
Werden Reisen alleine unternommen?	
Werden große öffentliche Plätze mit vielen Menschen genutzt?	
Allgemeine Anmerkungen, ICF-Angaben nutzen	

Datum, Ort, Unterschrift: _____

Namentlicher Verteiler

1 Schüler/-in/ Erziehungsberechtigte: _____

2 Schulakte: _____

3 Klassenlehrer: _____

4 Fachlehrer: _____

5 Fachlehrer: _____

6 Pädagogische/-r Mitarbeiter/-in: _____

7 Therapeut/-in: _____

8 Augenarzt/-ärztin: _____

9 Optiker:/-in _____

10 : _____

Überprüfungsbogen für sehbehinderte Schüler im Unterricht

Dieser Überprüfungsbogen ist dem IEP (Individuellen Erziehungsplan) bzw. der Schülerakte beizufügen!

Name: _____ Klasse: _____

Schule: _____

Sehschädigung/ICD-/ICF-Angabe: _____

Zusätzliche Hinweise (Augenarzt-/Optikerbericht, Medikamente, Anfallsleiden, motorische Einschränkungen, Rollstuhl): _____

Datum: _____ Beginn/Uhrzeit: _____ Ende/Uhrzeit: _____

Prüfer/-innen: _____

letzte Überprüfung, Ort/Datum/Uhrzeit: _____

nächste Überprüfung, Ort/Datum/Uhrzeit: _____

Für die überprüften Bereiche das ermittelte Ergebnis und das nächste zu erreichende Ziel eintragen!

1 Visuelle Fähigkeiten	Überprüfungsart
Visuelle Reaktionen bei Licht (Kopfzwangshaltung, blinzeln, zucken, Augen-Kneifen etc.)	
Augenmotilität (ruckartig/ gleitend, senkrecht/ waagerecht)	
Gesichtsfeld, Blickspanne (Buchstaben)	
Nah-/Fernsicht	
Lichtempfindlichkeit	
Farbensehen	
Kontrast	

Anwendung des Sehens im Alltag, Ausdauer	

2 Arbeitsplatz im Klassen- bzw. Fachraum (Raumskizze beachten)	Ergebnis/ nächstes Ziel durch:
Raum- Arbeitsplatzorientierung, taktile Strukturen	
bevorzugte Arbeitshaltung	
Möbel-/Raum-/Bodenfarben	
Tischanordnung im Raum; Schüler-/ Lehreranzahl	
Sitzplatz im Raum/Weg zur Tafel	
Informationsbrett	
Fenster/Tür	
Stromanschluss	
Arbeitsplatz-/Raumbeleuchtung/ Lux-Wert, dimmbar	
Leseständer	
Schrank für Materialien	
höhenverstellbarer Stuhl	
höhen-/ neigungsverstellbarer Tisch	
ausreichende Arbeitsplatzablage/ Extratisch	
Tafelfläche/-farbe, Kreidefarbe	
Platz für Unterstützungspartner	

Klassenraumskizze

3 Optische bzw. elektronische Hilfsmittel Einweisung in	Ergebnis/ nächstes Ziel durch:
Lupe, optische Vergrößerungen	
Lesegerät/Tafelkamera	
Computersystem	
Scanner	
Vergrößerungssoftware	
Textverarbeitung	
Zehnfingersystem	
Dateien- und Ordnersystem	
Drucker	
Einstellungen: Schriftgrößen	
Einstellungen: Schriftfarben	
Einstellungen: Hintergrundfarben	
Einstellungen: Buchstabenbreiten	
Einstellungen: Buchstabenabstand	

Einstellungen: Zeilenabstand	
Unterstützte Kommunikation	
zusätzliche Hinweise	
Optische Hilfsmittel Lupe/Brille/Monokular	

4 Bevorzugte Arbeitsflächengröße Handraum/Greifraum	**Ergebnis/ nächstes Ziel durch:**
Schreiben und Lesen bis Größe	
Kartenarbeit bis Größe	
vorhandene Taststrategien ein-/beidhändig (mit Schwellkopien, Ilvesheimer- Zeichenfolie, Tiefziehfolien, Fensterfarben, Modelle)	

5 Textmediengestaltung **Schreiben/Arbeitsblätter**	**Ergebnis/ nächstes Ziel durch:**
Linienabstände beim Schreiben (Ober-/Unterlängen und Schreibstiftstrichstärke beachten)	
Strichstärke der Lineaturen	
Schreibstiftstrichstärke	
Schreibstiftfarbe	
Handschrift (Druckschrift oder verbundene Schrift)	
Lückentext mit kontrastreichen durchgehenden Linien, Eintragungsbereich evtl. mit Rahmen und/oder taktil mit Klebepunkten	
Eintragungsbereich linksbündig zur Blattkante (evtl. taktil mit Klebepunkten)	
Darstellungen mit Konturen verstärken (evtl. taktil mit Fensterfarbe)	

Einheitliche Struktur der Arbeitsblätter in der Kopfzeile: Fach, Thema, Datum; Fußzeile: Seitenzahl rechts	
Kopierervergrößerungsstufe für Arbeitsblätter	

6 Lesen	**Ergebnis/ nächstes Ziel durch:**
Bevorzugtes Lesemedium in der Freizeit (Bücher, Zeitschriften)	
Bucheinband/Buchmarkierungen (farbig, taktil)	
Bindungsart	
Zeilenabstand	
Schrifttyp	
Textfeld/ Textspalten	
Buchstabenanzahl in einer Zeile/ Zeilenlänge	
keine Worttrennungen	
Leseschablone (Folie/Pappe)	
Farbige Folie für den Lesetext	
Kopierervergrößerungsstufe für Texte	

Verdeutlichungen der gesamten Textstruktur durch	**Ergebnis/ nächstes Ziel durch:**
Freizeilen	
kräftige Striche	
Einrückungen	
Gliederungsstriche/-punkte (auch taktil)	
Buchstabenstärke/-größe	
Buchstabenstreckung	
Buchstabenabstand	

7 Zusätzliche Unterstützung durch / Einweisung in	**Ergebnis/ nächstes Ziel durch:**
PC-Vorlesesystem/ Daisy-Player (Software, Modell)	_____
Filmmedien (Vergrößerungsfaktor, Monitor, Beamer, OHP)	_____
Modelle/taktile Medien (Schwellkopie, Fensterfarben, Ilvesheimer Zeichenfolie)	_____
Orientierung und Mobilität (O&M)	_____ _____ _____
Lebenspraktische Fertigkeiten (LPF)	_____ _____ _____
weitere Hinweise (z. B. zusätzliche Unterstützung im Unterricht)	_____ _____

8 Texte/Wörter zum Leseverhalten individuell gestaltet	**Ergebnis/ nächstes Ziel durch:**
Testart bitte ankreuzen: O **Text** Titel/Wortanzahl O **Wiederholtes Lesen** Anzahl O **Tachistoskop** Wortanzahl O **Stolperwörtertest** Stufe 1,2,3,4	_____ _____ _____ _____
Lesemenge/ Lesezeiten (WpM) (richtig gelesene Wörter : Lesezeit in Sekunden X 60 = Wörter pro Minute)	_____ _____

Durchgang   Wörter pro Minute (WpM)

Durchgang	80	85	90	95	100	105	110	115	120	125	130	135	140	145	150	155	160	165	170	WpM	WpM	WpM	WpM
4																							
3																							
2																							
1																							

Fehleranzahl

_____   _____
_____   _____
_____   _____

Fehlerart	
Lesefluss/Anmerkungen	

9 Zusammenfassender Bericht mit Punktbezug:

Datum, Ort, Unterschrift: _____

Namentlicher Verteiler

1 Schüler/-in/ Erziehungsberechtigte: _____

2 Schulakte: _____

3 Klassenlehrer: _____

4 Fachlehrer: _____

5 Fachlehrer: _____

6 Pädagogische/-r Mitarbeiter/-in: _____

7 Therapeut/-in: _____

8 Augenarzt/-ärztin: _____

9 Optiker:/-in _____

10 : _____

Checkliste Textmedienerstellung für den Unterricht (Arbeitsplatz)

Diesen Bogen bitte am Arbeitsplatz des Schülers beilegen.

Schüler: _____ Schuljahr: _____

Klasse: _____ Fach: _____

Schreiben Arbeitsblätter		√
Linienabstände beim Schreiben (Ober- und Unterlängen einrechnen)		
Schreibstiftstrichstärke		
Strichstärke der Lineaturen		
Schreibstiftfarbe		
Besonderheiten Handschrift (Druckschrift oder verbundene Schrift)		
Lückentext mit kontrastreichen durchgehenden Linien, Eintragungsbereich evtl. mit Rahmen und/oder taktil hervorheben		
Eintragungsbereich linksbündig zur Blattkante		
Darstellungen mit Konturen verstärken (evtl. taktil)		
Einheitliche Struktur der Arbeitsblätter in der Kopfzeile: Fach, Thema, Datum; Fußzeile: Seitenzahl rechts		
Kopierervergrößerungsstufe für Arbeitsblätter		

Lesen: Papier/ Computer Textgestaltung		√
Bucheinband/Buchmarkierungen (farbig, taktil)		
Bindungsart (Ringbuchordner, Buch)		
Zeilenabstand		
Schrifttyp		
Textfeld/ Textspalten		

Buchstabenanzahl in einer Zeile		
keine Worttrennungen		
Leseschablone (Folie/Pappe)		
farbige Folie für den Lesetext		
Kopierervergrößerungsstufe für Texte		

Lesen: Papier/Computer Verdeutlichungen der Textstruktur durch		√
Freizeilen		
kräftige Striche		
Einrückungen		
Gliederungsstriche/-punkte (evtl. taktil)		
Buchstabenstärke/-größe		
Buchstabenstreckung		
Buchstabenabstand		

Anmerkungen

Datum/Namen: